"十三五"国家重点图书

 海上共同开发国际案例与实践研究丛书／总主编　杨泽伟

海上共同开发国际法理论
与实践研究

杨泽伟　主编

WUHAN UNIVERSITY PRESS
武汉大学出版社

图书在版编目（CIP）数据

海上共同开发国际法理论与实践研究/杨泽伟主编．—武汉:武汉
大学出版社,2018.11
海上共同开发国际案例与实践研究丛书/杨泽伟总主编
十三五国家重点图书　湖北省学术著作出版专项资金资助项目
ISBN 978-7-307-20241-2

Ⅰ.海…　Ⅱ.杨…　Ⅲ.海洋资源—合作—资源开发—海洋法—研
究　Ⅳ.D993.5

中国版本图书馆 CIP 数据核字（2018）第 106571 号

责任编辑:张　欣　　　责任校对:汪欣怡　　　版式设计:汪冰滢

出版发行:**武汉大学出版社**　　（430072　武昌　珞珈山）
　　　　　　（电子邮件：cbs22@whu.edu.cn　网址：www.wdp.com.cn）
印刷:武汉中远印务有限公司
开本:720×1000　1/16　　印张:24.75　　字数:358 千字　　插页:2
版次:2018 年 11 月第 1 版　　　2018 年 11 月第 1 次印刷
ISBN 978-7-307-20241-2　　　定价:68.00 元

　　本书得到了 2017 年度教育部人文社会科学重点研究基地重大项目"维护中国国家权益的国际法问题研究"（项目编号17JJD820006)、国家海洋局海洋发展战略研究所"极地周边国家共同开发研究"项目、教育部哲学社会科学研究重大课题攻关项目"海上共同开发国际案例与实践研究"的资助，特致谢忱。

总　序

　　一般认为，海上共同开发是指两国或两国以上的政府在协议的基础上，共同勘探开发跨界或争议海域的自然资源。例如，德国教授雷纳·拉戈尼（Rainer Lagoni）认为，海上共同开发是建立在协议的基础上，对一块有争议海域的非生物资源进行以开发为目的的国家间经济合作方式。① 日本学者三好正弘（Masahiro Miyoshi）强调："共同开发是一种临时性质的政府间安排，以功能性目的旨在共同勘探和（或）开发领海之外海床的碳氢化合物资源。"② 中国学者高之国博士也指出："共同开发是指两个或两个以上的国家达成政府间的协议，其目的是为开发和分配尚未划界的领土争议重叠区的潜在自然资源，而共同行使在此区域内的主权和管辖权。"③

　　从国际法角度来看，海上共同开发是和平解决国际争端原则的具体化。按照《联合国海洋法公约》第 74 条和第 83 条的规定，在达成划界协议前，"有关各国应基于谅解和合作的精神，尽一切努力作出实际性的临时安排，并在此过渡期间内，不危害或阻碍最后协议的达成。这种安排应不妨碍最后界限的划定"。此外，国际法院在 1969 年 "北海大陆架案"（the North Sea Continental Shelf

① 参见 Rainer Lagoni, Oil and Gas Deposits Across National Frontiers, American Journal of International Law, Vol. 73, 1979, p. 215。

② Masahiro Miyoshi, The Joint Development of Offshore Oil and Gas in Relation to Maritime Boundary Delimitation, Maritime Briefing（International Boundaries Research Unit）, Vol. 2, No. 5, 1999, p. 3.

③ Zhiguo Gao, The Legal Concept and Aspects of Joint Development in International Law, in Ocean Yearbook , Vol. 13, the University of Chicago Press 1998, p. 112.

Cases）的判决中也确认，大陆架划界可通过协议解决，或达不成协议时通过公平划分重叠区域，或通过共同开发的协议解决。① 可见，无论是国际条约还是国际司法实践，都把海上共同开发看做相关海域划界前的一种临时性安排。

自 1958 年巴林与沙特阿拉伯签订《巴林—沙特阿拉伯边界协定》、实施海上共同开发以来，共同开发跨界或争议海域资源的国家实践已成为一种较为普遍的现象，迄今海上共同开发的国际案例也有近 30 例。回顾海上共同开发 60 年左右的发展历程，海上共同开发可以分为以下四个阶段：第一，海上共同开发的产生阶段（1958—1969 年），在波斯湾和西欧一共出现了 5 例海上共同开发案。第二，海上共同开发的发展阶段（1970—1993 年），一共出现了 14 例海上共同开发案，涉及 26 个国家，包括亚洲国家 11 个，欧洲国家 5 个，非洲国家 7 个，美洲国家 2 个及大洋洲的澳大利亚。第三，海上共同开发的回落阶段（1994—2000 年），只有一例海上共同开发案，即 1995 年 9 月英国与阿根廷签订的《关于在西南大西洋近海活动进行合作的联合声明》。第四，海上共同开发的平稳阶段（2001 年至今），进入 21 世纪以来，海上共同开发活动又渐趋增多，产生了近 10 例的海上共同开发实践。

就中国而言，中国拥有约 1.8 万千米的大陆海岸线，海上与 8个国家相邻或相向。中国与一些周边海上邻国存在岛屿主权争议和海域划界争端。早在 20 世纪 70 年代末，中国政府就提出了"主权属我、搁置争议、共同开发"原则，试图解决中国与周边海上邻国间的岛屿主权和海洋权益争端。然而，30 多年过去了，从中国整体的周边海域来看，海上共同开发举步维艰，迄今尚未得到真正实现。

---

① 杰塞普（Jessup）法官在该案的个别意见中也强调，在有争议但尚未划界而又有部分领土重叠的大陆架区域，共同开发的方法更合适。参见 North Sea Continental Shelf Cases（Federal Republic of Germany/Denmark, Federal Republic of Germany/Netherlands），Judgments, I. C. J. Reports 1969, available at http：//www. icj-cij. org/docket/files/52/5561. pdf，最后访问日期 2017 年 11 月29 日。

值得注意的是，2013 年 10 月，中国、文莱两国发表了《中华人民共和国和文莱达鲁萨兰国联合声明》，双方决定进一步深化两国关系，并一致同意支持两国相关企业开展海上共同开发、勘探和开采海上油气资源。紧接着，中国、越南两国发表了《新时期深化中越全面战略合作的联合声明》，双方同意积极研究和商谈共同开发问题，在政府边界谈判代表团框架下成立中越海上共同开发磋商工作组；本着先易后难、循序渐进的原则，稳步推进湾口外海域划界谈判并积极推进该海域的共同开发。① 2014 年 11 月，中国国家主席习近平分别会见前来参加亚太经合组织第 22 次领导人非正式会议的文莱苏丹哈桑纳尔、马来西亚总理纳吉布时也指出："中方愿意同文方加强海上合作，推动南海共同开发尽早取得实质进展"；中、马"双方要推进海上合作和共同开发，促进地区和平、稳定、繁荣"。2015 年 11 月，《中越联合声明》再次强调："双方将稳步推进北部湾湾口外海域划界谈判并积极推进该海域的共同开发，同意加大湾口外海域工作组谈判力度，继续推进海上共同开发磋商工作组工作，加强低敏感领域合作。"可以预见，海上共同开发问题将成为未来中国对外关系的重要内容之一。因此，全面深入研究"海上共同开发国际案例与实践"，无疑具有重要的理论价值与现实意义。

为了进一步推动海上共同开发的国际法理论与实践研究，2013年 10 月，在武汉大学中国边界与海洋研究院和国际法研究所的鼎力支持下，特别是在武汉大学资深教授胡德坤老师的鼓励和帮助下，我以首席专家的身份，联合国内外 20 多家教研机构和实务部门的专家，成功申报了教育部哲学社会科学研究重大课题攻关项目——"海上共同开发国际案例与实践研究"，并被批准立项。经过几年的悉心研究，我们逐步推出了一些研究成果。"海上共同开发国际案例与实践研究丛书"就是其中之一。

"海上共同开发国际案例与实践研究丛书"的出版，具有以下

---

① 早在 2005 年 10 月，中国海洋石油总公司和越南石油总公司就在越南河内签署了《关于北部湾油气合作的框架协议》。

学术价值和现实意义。

第一，它将开拓海洋法理论的新视野。传统海洋法研究是以《联合国海洋法公约》中的相关制度为主，而在"和平、发展、合作"的新时代背景下，"中国梦"的实现、中国海洋权益的维护给我们提出了许多新问题。"海上共同开发国际案例与实践研究丛书"从海上共同开发国际案例的分析入手，着眼于海上共同开发在"和平、发展、合作"的时代背景下面临的重大挑战，对海上共同开发的相关法律问题进行深入细致的研究，同时总结归纳出海上共同开发的优势、不足、经验、教训及启示，指出中国与周边海上邻国进行海上共同开发的困境与出路，具有十分重要的现实性和前瞻性。因此，"海上共同开发国际案例与实践研究丛书"可以拓新海洋法理论研究的视野，扩大中国在该领域的国际话语权。

第二，它有利于进一步促进国际法与国内法的互动、多学科的交叉。海上共同开发问题，涉及国际公法、国际私法、国际经济法、国际投资法、国际环境法、民商法以及国际关系、国际政治和外交学等内容。"海上共同开发国际案例与实践研究丛书"对海上共同开发合同进行研究，将扩大特殊国际民商事合同的范畴，丰富国际民商事合同法的内容；对海上共同开发中的投资保护、投资保险等内容的研究，是对特殊领域的国际投资法的完善；对海上共同开发争端解决机制的研究，有利于促进对国际民商事争议解决理论的研究；对海上共同开发优势、局限及其影响因素等方面的总结，将进一步推动国际法与国际关系的相互交融。同时，海上共同开发活动的复杂性和挑战性将促使我们采用以问题为中心、多学科方向共同研究一个问题的理论研究方法，这有利于扩展研究的视角，丰富研究内容和研究方法。

第三，它有助于进一步推动能源安全问题的研究。早在1993年中国就成为了石油净进口国，到目前中国石油对外依存度已达到60%左右。因此，中国学术界一直在关注能源安全问题，这方面的研究成果也比较多。然而，已有的研究成果主要是从能源安全保障的宏观角度出发，涉及能源安全的战略、政策和法律体系的构建等问题，或对能源领域的合作做一些整体研究，并局限于一国领域内资源的合作开发。"海上共同开发国际案例与实践研究丛书"则从微观上对维护能源安全的一个具体措施——海上油气资源共同开发问题进行研究，对海上油气资源共同开发涉及的基本问题、公私法问题、争端解决机制等都进行了详细的论述，有利于进一步发展和完善有关能源安全以及海上石油资源共同开发的理论。

第四，它将为中国与周边邻国进行海上共同开发提供理论支撑。"海上共同开发国际案例与实践研究丛书"在深入研究海上共同开发基本理论问题的基础上，重点剖析已有的海上共同开发的国际案例和协定文本，详细探讨海上共同开发所涉及的第三方权利的处理、共同开发区块的划定、管理模式、税收制度、收益分配、海洋环境保护、管辖权以及争端解决程序等问题，并总结归纳出海上共同开发的优势、局限、经验、教训与启示等。"海上共同开发国际案例与实践研究丛书"的上述研究内容，无疑将为中国与周边邻国进行海上共同开发提供智力支持。同时，探讨海上共同开发周边近海资源的可行性和相关制度，为中国今后对外合作做好理论准备，也是十分必要的。

第五，它将为中国与周边邻国实现海上共同开发的突破提供法律政策建议。"海上共同开发国际案例与实践研究丛书"的出发点是分析国际社会已有的海上共同开发案例和协定文本，落脚点是中国与周边邻国海上共同开发的实践。因此，"海上共同开发国际案例与实践研究丛书"将在研究海上共同开发典型案例和协定文本的基础上，通过回顾中国与周边邻国海上共同开发的有关实践，深刻剖析中国与周边邻国的海上共同开发究竟存在哪些困境，产生这些困境的原因又是什么；最后为中国与周边邻国海上共同开发的突破提供一些具有操作性的法律政策建议。

第六，它将为维护中国岛屿主权和海洋权益提供法律解决参考方案。中国可主张的管辖海域面积约为 300 万平方千米。由于历史和现实的复杂原因，在属于中国主张管辖的 300 万平方千米的海域中，近一半存在争议，海域被分割、岛礁被占领、资源被掠夺的情况较普遍。中国的 8 个海上邻国，对中国的一些岛屿主权和海洋权益均提出不同程度的无理要求。然而，已有的海上共同开发的国际案例均表明，海上共同开发与海域划界存在着密切的关系。因此，"海上共同开发国际案例与实践研究丛书"的研究成果将为中国国家领导人、国家机关、政府部门在制定和实施中国海洋维权措施的过程中、在中国合理解决与邻国海洋权益争端的问题上，提供国际法方面的智讯，从而为中国合理解决岛屿主权和海洋权益争议提供参考方案。

"海上共同开发国际案例与实践研究丛书"的顺利出版，离不开武汉大学出版社的大力支持，特别是策划编辑张欣老师的鼎力相助，在此特致谢忱；同时，也很感谢"2017 年度湖北省学术著作出版专项资金"的资助。此外，"海上共同开发国际案例与实践研究丛书"存在的错讹之处，恳请读者不吝指正。

杨泽伟①

2017 年 11 月 29 日

于武汉大学珞珈山

---

①　武汉大学"珞珈杰出学者"、二级教授、法学博士、武汉大学国际法研究所和中国边界与海洋研究院博士生导师，国家社科基金重大招标项目和教育部哲学社会科学研究重大课题攻关项目首席专家。

目　　录

第一章　海上共同开发的理论基础、
法律依据及其发展趋势

一、海上共同开发的理论基础

一般认为，合作原则是共同开发的理论基础。① 笔者认为，海上共同开发的理论基础包括国际法上的国家主权平等原则、国际合作原则以及和平解决国际争端原则。

（一）国家主权平等原则

国家主权平等是指各个国家不论大小、强弱，或政治、经济、社会制度和发展程度如何不同，它们在国际社会中都是独立地和平等地进行交往，在交往中产生的法律关系上也同处于平等地位。② 作为传统国际法的重要原则和现代国际法的基本原则之一，国家主权平等原则在联合国和其他区域性国际组织中不断被重申。在海上共同开发活动中，坚持国家主权平等原则具有重要的意义。

1. 坚持国家主权平等原则，有利于海上共同开发协议的达成。海上共同开发的前提是达成共同开发的协议。因为海上共同开发区的主权归属尚未明确，所以双方互相尊重、互谅互让十分重要。因此，有关国家应在坚持国家主权平等原则的基础上，基于"谅解和合作"的精神，尊重对方的主权地位和主权权利，注重各主权

① 参见萧建国：《国际海洋边界石油的共同开发》，海洋出版社 2006 年版，第 79~102 页。

② 参见杨泽伟：《国际法》（第二版），高等教育出版社 2012 年版，第 71 页。

国家实质上的平等，善意谈判，达成协议。正如国际法院在"北海大陆架案"（the North Sea Continental Shelf Case）判决中所阐明的那样，"这种谈判应是富有意义的，不应当各持己见，而不考虑对其主张做任何修改"①。

2. 坚持国家主权平等原则，有利于海上共同开发协议的实施。海上共同开发协议的实施，同样离不开各主权国家及其国内各部门的配合与支持。如果有关的共同开发协议完全违背国家主权平等原则，在违反一方意志的情况下作出明显有利于另一方的安排，那么这样的协议是不可能得到很好的实施的，有关的共同开发也难以付诸实践。

当然，国家主权平等原则不能绝对化。换言之，在海上共同开发的实践中，坚持国家主权平等原则并不意味着共同开发协议可以完全无视沿海国的特殊情况、而只能作出对等的安排。例如，按照 2001 年 7 月澳大利亚与东帝汶临时政府签订的《关于东帝汶海合作安排的谅解备忘录》（Memorandum of Understanding between Australia and the UNTAET）的规定，东帝汶获得联合石油开发区内石油收益的 90%，而不是 1989 年《帝汶缺口条约》（the Timor Gap Zone of Co-operation Treaty）所规定的 50%。② 笔者认为，这种安排既考虑到东帝汶特殊的情况，也是澳大利亚作出巨大让步的结果，因而并不违反国家主权平等原则。

（二）国际合作原则

国际合作原则是指为了维护国际和平与安全、增进国际经济安定与进步以及各国的福利，各国不论在政治、经济及社会制度上有何差异，都应在政治、经济、社会、文化及科技等方面，彼此合

---

① 参见 North Sea Continental Shelf Cases （Federal Republic of Germany/Denmark, Federal Republic of Germany/Netherlands）, Judgments, I. C. J. Reports 1969, available at http：//www. icj-cij. org/docket/files/52/5561. pdf。

② 参见 David M. Ong, The New Timor Sea Arrangement 2001：Is Joint Development of Common Offshore Oil and Gas Deposits Mandated Under International Law? International Journal of Marine & Coastal Law, Vol. 17, No. 1, 2002, p. 80。

作。国际合作原则作为普遍适用的一项现代国际法基本原则，使各沿海国对海上共同开发活动负有一般性的合作义务。一方面，各沿海国"应基于谅解和合作的精神，尽一切努力作出实际性的临时安排"。换言之，各沿海国对海上共同开发活动，负有善意进行谈判、协商和合作的义务。另一方面，各沿海国还负有"相互克制并禁止单方面开采"的义务。因为某一沿海国如果对争议海区或重叠海域的生物资源或非生物资源进行单方面开发的话，必然会侵害其他沿海国在该区域的资源利益，并有可能造成对资源的破坏。因此，《联合国海洋法公约》（以下简称《海洋法公约》）第56条特别强调，"沿海国在专属经济区内根据本公约行使其权利和履行其义务时，应适当顾及其他国家的权利和义务，并应以符合本公约规定的方式行事"。不少学者把《海洋法公约》的这一规定解释为"一国不得采取单方面的行为"①。

事实上，从目前的国际实践来看，现有的海上共同开发活动正是在国际合作原则的指引下，在划界前就资源的开发利用作出的实际安排。② 例如，1979 年《泰国与马来西亚就泰国湾两国大陆架一确定地域海床中的资源进行开发而建立联合管理局的谅解备忘录》（Memorandum of Understanding between Malaysia and the Kingdom of Thailand on the Establishment of a Joint Authority for the Exploitation of the Resources in the Sea-Bed in a Defined Area of the Continental Shelf of the Two Countries in the Gulf of Thailand）第 2 条明确指出"本着合作互利之原则"；该协定的前言还专门强调"确信通过彼此间相互合作才能进行开发活动"。③

---

① 萧建国：《国际海洋边界石油的共同开发》，海洋出版社 2006 年版，第 99 页。

② 参见 Yu Hui, Joint Development of Mineral Resources-An Asian Solution, Asian Yearbook of International Law, Vol. 2, 1994, pp. 100-101。

③ Memorandum of Understanding between Malaysia and the Kingdom of Thailand on the Establishment of a Joint Authority for the Exploitation of the Resources in the Sea-Bed in a Defined Area of the Continental Shelf of the Two Countries in the Gulf of Thailand（ 21 February 1979），Energy, Vol. 6, 1981, pp. 1356-1358.

（三）和平解决国际争端原则

和平解决国际争端原则是指为了国际和平、安全及正义，各国应以和平方法解决其与其他国家之间的国际争端。和平解决国际争端原则是从禁止以武力相威胁或使用武力原则中引申出来的。《联合国宪章》第 2 条第 3 项规定："各会员国应以和平方法解决其国际争端，避免危及国际和平、安全及正义。"宪章第六章"争端之和平解决"还就和平解决国际争端作出了详细的规定。在海上共同开发活动中，各沿海国间难免会产生矛盾、出现争端，关键是要用和平的方法解决之。和平解决国际争端的方法，既包括政治或外交手段，如谈判、斡旋、调查、调停与和解；也包括法律方法，如仲裁和司法解决。有关国家可以根据具体情况，选择上述一种或几种方法来解决海上共同开发的争端。总之，坚持和平解决国际争端原则，既是各沿海国的义务，也是海上共同开发活动得以顺利进行的保障。

海上共同开发协定一般都会明确规定有关海上共同开发的争端解决程序。例如，在 1981 年"冰岛与挪威共同开发案"中，《关于冰岛和扬马延岛之间大陆架协定》（Agreement between Iceland and Norway on the Continental Shelf between Iceland Jan Mayen）第 9 条明确指出："假如签约双方之一认为，同第 5 条、第 6 条所述的安全措施和环境保护相关的法规在第 2 条中所规定范围内勘探或生产时无法提供充分保护，那么双方应该参照关于渔业和大陆架问题的 1980 年 5 月 28 日协议中第 10 条进行磋商。假如磋商时双方无法达成一致意见，应将该问题提交给由三名成员组成的调解委员会。在调解委员会提出建议之前除了可以提出充分理由外，签约双方不应该进行或继续进行勘探开发活动。签约双方之间任何一方应该任命一人为调解委员会成员，该委员会主席由签约国双方共同任命。"①

---

① Agreement between Iceland and Norway on the Continental Shelf between Iceland Jan Mayen of 22 October 1981; International Law Materials, Vol. 21, 1982, pp. 1222-1226.

综上所述，国家主权平等原则是海上共同开发的基石，国际合作原则是海上共同开发的核心，和平解决国际争端原则是海上共同开发的重要保障，它们犹如一副三脚架共同构成了海上共同开发的理论基础。

二、海上共同开发的法律依据

《海洋法公约》的有关条款规定，无疑是海上共同开发最直接、最主要的法律依据。此外，双边条约、国际习惯、一般法律原则、司法判例以及国际组织的决议，也是海上共同开发法律依据的组成部分。

（一）国际条约

作为海上共同开发法律依据的国际条约，既包括以《海洋法公约》为代表的多边条约，也涉及各沿海国间签订的双边条约。

1.《海洋法公约》。《海洋法公约》第74条和第83条明确规定，在达成划界协议前，"有关各国应基于谅解和合作的精神，尽一切努力作出实际性的临时安排，并在此过渡期间内，不危害或阻碍最后协议的达成。这种安排应不妨碍最后界限的划定"。虽然这一条款可能不是为划界前的共同开发这种临时安排而专门订立的，但却为国家间达成共同开发协议提供了直接的法律依据。①

2. 双边条约。如前所述，签订共同开发协议是进行海上共同开发活动的前提条件。因此，双边共同开发协定，如1974年《苏丹和沙特阿拉伯关于共同开采共同区域内的红海海床和底土的自然资源的协定》（Agreement between Sudan and Saudi Arabia Relating to the Joint Exploitation of the Natural Resources of the Sea-bed and Subsoil of the Red Sea in the Common Zone of 16 May 1974），或双边海域划界条约中的共同开发条款，如1958年巴林和沙特阿拉伯

---

① 参见 Yu Hui, Joint Development of Mineral Resources—An Asian Solution, Asian Yearbook of International Law, Vol. 2, 1994, p. 102。

《关于划分波斯湾大陆架边界的协定》（Agreement concerning the Delimitation of the Continental Shelf in the Persian Gulf between the Shaykhdom of Bahrain and the Kingdom of Saudi Arabia of 22 February 1958 规定:"沙特阿拉伯和巴林业已同意,该地区的石油资源应以沙特阿拉伯认为合适的方式开发,但开发石油后所获收入将在两国之间平分")①,这些都为海上共同开发活动提供了直接的法律依据。

(二) 国际习惯

国际习惯是指各国在其实践中形成的一种有法律约束力的行为规则。因此,国际习惯也是海上共同开发的法律依据之一。不过,这类国际习惯规则主要是指有关国家在海上共同开发活动中逐渐形成的国际商业惯例,如沿海国和石油公司之间的实践所产生的惯例,由石油公司之间的经营活动逐渐发展起来的惯例,石油生产国之间在争议海域进行海上石油的共同开发而形成的惯例,法官、仲裁员或律师在海上石油开发活动的争端解决中或在对海上共同开发协议的解释中所形成的惯例等。②

(三) 一般法律原则

一般法律原则也是海上共同开发的法律依据之一。它主要是指适用于海上共同开发活动的一些原则,如"约定必须信守"(pacta sunt servanda)、"禁止反言"(estoppel)、"禁止滥用权利"(jus abutendi)、"行使自己权利不得损害他人"(qui jure sus utitur, neminin facit injuriam)以及"不法行为不产生权利"(exinjuria jus non oritur)等。事实上,一些一般法律原则,已经较为明显地体现

---

① Agreement concerning the Delimitation of the Continental Shelf in the Persian Gulf between the Shaykhdom of Bahrain and the Kingdom of Saudi Arabia of 22 February 1958, Energy, Vol. 6, 1981, p. 1330.

② 参见杨泽伟:《中国能源安全法律保障研究》,中国政法大学出版社2009年版,第232页。

在《海洋法公约》的有关条款中。例如，《海洋法公约》第 56 条第 2 款规定："沿海国在专属经济区内根据本公约行使其权利和履行其义务时，应适当顾及其他国家的权利和义务，并应以符合本公约规定的方式行事。"显然，这一规定与"禁止滥用权利"、"行使自己权利不得损害他人"等一般法律原则的内涵是一致的。

（四）司法判例

司法判例主要是指司法机构和仲裁法庭所做的裁决。它包括国际司法判例和国内司法判例。与海上共同开发活动有关的国际司法判例，主要有 1969 年"北海大陆架案"、1982 年"突尼斯与利比亚大陆架案"（the Tunisia and Libya Continental Shelf Case）等。在"北海大陆架案"中，国际法院的判决提出了重叠海域共同开发的解决方法："在像北海这种具有特别构造的海上，鉴于沿海当事国海岸线的特别地理情势，由当事国选择的划定各自边界线的方法可能会在某些区域导致领土重叠。法院认为，这一情势必须作为现实来接受，并通过协议，或若达不成协议通过平等划分重叠区域，或者通过共同开发的协议来解决。在维护矿床完整的问题上，最后一个解决办法显得尤为适当。"① 杰塞普（Jessup）法官在该案的个别意见中进一步强调，在有争议但尚未划界而又有部分领土重叠的大陆架区域，共同开发的方法更适合。② 可以说，"北海大陆架案"的判决"为未来海上共同开发的广泛适用提供了法律支持"③，有力

① The North Sea Continental Shelf Cases（Federal Republic of Germany/Denmark，Federal Republic of Germany/Netherlands），Judgments，I. C. J. Reports 1969，available at http：//www. icj-cij. org/docket/files/52/5561. pdf.

② 参见 Separate Opinion of Judge Jessup，in the North Sea Continental Shelf Cases（Federal Republic of Germany/Denmark，Federal Republic of Germany/Netherlands），Judgments，I. C. J. Reports 1969，available at http：//www. icj-cij. org/docket/files/52/5561. pdf。

③ 萧建国：《国际海洋边界石油的共同开发》，海洋出版社 2006 年版，第 9 页。

地推动了世界范围内海上共同开发的发展。①此外，国际法院在"突尼斯与利比亚大陆架案"中也对海上共同开发的主张予以支持。特别是艾文森（Evensen）法官在他的个别意见中指出："若一个油田坐落于边界线的两端或上面提出的共同开发区的界线的两端，本案当事国——应该加入关于其完整性的规定，这看来是可取的。"② 而国内司法判例对"依循先例"（Stare Decisis）原则的英美法系国家来说，尤为重要。总之，"司法判例"对海上共同开发规则的认证和解释，发挥了重要作用，促进了海上共同开发的发展。

（五）国际组织的决议

自20世纪70年代以来，联大通过了许多决议，提出了在拥有共享自然资源的国家之间进行合作的一般原则，如1972年"联大关于各国在环境领域合作的第2295号决议"、1973年"联大关于在由两国或多国共享自然资源的有关环境领域合作的第3129号决议"等。虽然联大的决议一般只具建议性质，没有法律约束力，但是它们"反映各国政府的意愿，是世界舆论的积累和集中表达，具有很大的政治作用——它们代表一种普遍的信念，可以作为国际习惯形成的有力证据"③。特别是1974年联大通过的《各国经济权利和义务宪章》第3条明确要求："对于二国或二国以上所共有的自然资源的开发，各国应合作采用一种报道和事前协商的制度，以

---

① 一方面，从地域范围来看，1969年"北海大陆架案"的判决后，海上共同开发的实践从波斯湾、西北欧扩大到红海、地中海、东亚、南亚、东南亚、非洲北部和拉美等地区；另一方面，就海上共同开发的数量而言，从1969年"北海大陆架案"的判决到1994年《海洋法公约》的生效这25年时间里，一共出现了12个海上共同开发协议，几乎平均每两年就出现1个。

② Dissenting Opinion of Judge Evensen, in the Tunisia and Libya Continental Shelf Case, Judgment of 24 February 1982, available at http://www.icj-cij.org/docket/files/63/6281.pdf.

③ 梁西著、杨泽伟修订：《梁著国际组织法》（第六版），武汉大学出版社2011年版，第40页。

谋求对此种资源作最适当的利用，而不损及其他国家的合法利益。"有学者认为，这一规定"构成了海上共同开发原则的直接法律依据"①。此外，联合国环境规划署、欧盟等国际组织也相继通过有关决议，倡导对跨界自然资源进行共同开发。

三、海上共同开发的法律适用

海上共同开发区适用的法律主要有国际法、国际石油开发合同、特别法和国内法。

（一）国际法

作为国家间的一项国际合作行动，海上共同开发无疑要接受国际法的调整和规范。② 海上共同开发区适用的国际法主要包括：《海洋法公约》、共同开发协定、与航行和捕鱼活动以及环境保护有关的国际法律制度、国际习惯以及国际司法判例等。

1.《海洋法公约》。1982 年《海洋法公约》对不同海域的法律地位和法律性质以及各国的有关权利和义务做了明确的规定。因此，共同开发区的当事国不但要遵守《海洋法公约》的这些规定，而且必须使本国在共同开发区的法律管辖权限与公约允许沿海国在这些海域行使的那些权利相一致。③ 例如，《海洋法公约》第五部分和第六部分分别对沿海国在其专属经济区和大陆架的有关权利和义务作出了较为详细的规定。

2. 共同开发协定。海上共同开发的国际实践表明，在争议海域进行海上共同开发活动的一项基本条件就是签订共同开发协定。

---

① Zhiguo Gao, The Legal Concept and Aspects of Joint Development in International Law, Nonliving Resources, 1998, p. 117.

② 参见 Robert Beckman（eds.），Beyond Territorial Disputes in the South China Sea: Legal Framework for the Joint Development of Hydrocarbon Resources, Edward Elgar Publishing Limited 2013, p. 169。

③ 参见萧建国：《国际海洋边界石油的共同开发》，海洋出版社 2006 年版，第 147 页。

这是双方进行海上共同开发活动的前提。① 共同开发协定一般是以条约形式缔结的，并对共同开发活动作出原则性的规定。例如，1989 年《澳大利亚与印度尼西亚共和国之间关于在印度尼西亚东帝汶省和北澳大利亚之间的合作区条约》分为八部分，具体涵盖了"合作区、在合作区内的勘探和开采、部长委员会、联合国管理局、在有关区域 A 的某些事项上的合作、适用的法律、争端的解决、最后条款"② 等规定。

3. 与航行、捕鱼活动以及环境保护有关的国际法律制度。共同开发活动有可能对航行、捕鱼等其他海洋活动造成干扰，③ 因而需要在法律上予以调整。这种调整的一般适用规则是禁止"不正当干扰"原则。该原则不仅体现在一些共同开发协定中④，也在《联合国海洋法公约》中得到重申。例如，公约第 78 条规定，沿海国在大陆架的活动不应对"航行和本公约规定的其他国家的其他权利和自由有所侵害，或造成不当的干扰"。可见，禁止"不正当干扰"原则是沿海国进行共同开发活动所应承担的一项义务。⑤ 此外，海上共同开发活动还须遵守有关海洋环境保护方面的国际法

---

① 参见 William T. Onorato, Potential Joint Development of the Methane Gas Reserves of La Kivu, International & Comparative Law Quarterly, Vol. 39, 1990, p. 653。

② The Treaty between Australia and the Republic of Indonesia on the Zone of Co-operation in an Area between the Indonesian Province of East Timor and Northern Australia of 11 December 1989.

③ 在 1974 年"日韩共同开发案中"，日本对共同开发区建立后，石油开发活动是否会对渔业和自由航行产生影响，以及海洋污染的预防和控制问题的考量，也是影响日本政府批准《日本与韩国共同开发协定》的一个重要因素。

④ 参见 Masahiro Miyoshi, The Joint Development of Offshore Oil and Gas in Relation to Maritime Boundary Delimitation, International Boundaries Research Unit, Maritime Briefing, Vol. 2, No. 5, 1999, p. 45。

⑤ 参见何沙、秦扬主编：《国际石油合作法律基础》，石油工业出版社 2008 年版，第 64 页。

律制度，如 1972 年《伦敦倾倒公约》①、1972 年《奥斯陆倾倒公约》②、1989 年国际海事组织通过的《关于撤除在大陆架上或专属经济区内的近海设施及结构的指南和标准》等。值得注意的是，一些共同开发协定还明确规定，双方要加强合作以防止或减少海洋污染和其他环境损害。③

4. 国际司法判例。作为国际法辅助渊源的国际司法判例，不但影响共同开发区块的选择，而且与共同开发区的法律适用密切相关。例如，在"澳大利亚与印度尼西亚共同开发案"中，印尼在1972 年与澳大利亚缔结的《海底协定》中接受了澳方关于大陆架的自然延伸主张，但在 1989 年两国的共同开发协定中，则坚决反对澳方主张的自然延伸主张。印尼态度发生变化的原因，主要是受国际法院两个判决的影响：1969 年"北海大陆架案"确认了自然延伸原则，1972 年《海底协定》的缔结正是受到该案的影响；而1989 年共同开发协定则与 1985 年"利比亚与马耳他大陆架案"有关，因为国际法院在该案中强调沿海国 200 海里内的大陆架不考虑海底结构。④

（二）国际石油开发合同

海上共同开发的目的主要是为了获取共同开发区内的油气资

---

① 该公约规定，处置（油气开发）平台这类"易于沉到海底、可能对捕鱼或航行造成严重障碍的大体积废物"必须事先获得"特别许可证"。

② 一般认为，该公约适用于油气平台的处置。

③ 如 2002 年《东帝汶政府与澳大利亚政府间帝汶海条约》（Timor Sea Treaty between the Government of East Timor and the Government of Australia）第10 条。有学者认为该条具有重要意义，它表明缔约双方意识到虽然共同开发区内的油气开发活动不一定造成污染，但是环境损害还是有可能会发生的。See David M. Ong, The New Timor Sea Arrangement 2001: Is Joint Development of Common Offshore Oil and Gas Deposits Mandated under International Law? International Journal Of Marine & Coastal Law, Vol. 17, No. 1, 2002, p. 101.

④ 参见 Case Concerning the Continental Shelf（Libyan Arab Jamahiriya/Malta, 3 June 1985）, available at http://www.icj-cij.org/docket/files/68/6415.pdf。

源。为此，需要用国际石油开发合同的形式对共同开发区内开发机构与承包商之间的权利义务关系加以规范。因此，国际石油开发合同（International Petroleum Development Contract）主要是指共同开发机构（既可以是东道国政府，也可以是联合管理局）与作为承包商的外国石油公司之间签订的有关油气勘探、开发和生产等方面活动的协定。国际石油开发合同主要包括租让制合同、产品分成合同、服务合同以及混合型合同等类型。① 国际石油开发合同一般包含"经济、管理和法律三类基本条款"②。其中经济条款一般会涉及共同开发区块及其面积、勘探生产期限、区块归还、勘探义务、签约定金、矿区使用费、成本回收限制、利润油分割、税收、政府参股等内容；管理条款主要规定执行合同的代表机构——联合管理局和作业者机构的职权；法律条款往往会涵盖合同生效和终止、适用法律、不可抗力、合同文字、工作语言以及争端解决等。

值得注意的是，按照《维也纳条约法公约》的规定，国际石油合同无疑不是国际条约。国际法院在"英伊石油公司案"（The Anglo-Iranian Oil Co. Case）的判决中也明确指出，伊朗政府和英伊石油公司签订的合同，仅仅是一国政府和外国公司签订的特许协定，而不是条约。③

（三）特别法

海上共同开发的当事方一般不愿意把对方的国内法律当做共同开发区的法律予以适用，因为这样做有可能被理解为接受对方在争议海域的司法管辖。同时，虽然从理论上来看，第三国的法律有可能成为共同开发区适用的法律，但是从国家利益的角度出发，共同

---

① 参见 Ana E. Bastida etc. , Cross-Border Unitization and Joint Development Agreements: An International Law Perspective, Houston Journal of International Law, Vol. 29, No. 2, 2007, p. 418。

② 王年平：《国际石油合同模式比较研究》，法律出版社 2009 年版，第 25 页。

③ "The Anglo-Iranian Oil Co. Case", in International Court of Justice: Reports of Judgements, Advisory Opinions and Orders, Leydon 1952, p. 112.

开发的当事方也往往会排斥第三国的法律。因此，为共同开发区的开发活动而专门制定一套全新而独特的法律，成为海上共同开发的当事方能接受的一种妥协方案。

这方面最典型的例子是前面已经提到的"澳大利亚与印度尼西亚共同开发案"。在该案中，《帝汶缺口条约》以《条约附件B》、《条约附件C》和《条约附件D》的形式，详细地规定了澳大利亚和印尼在两国的共同开发区——A区有关石油勘探的管理、合同及税收的规章制度。①

《条约附件B》—《合作区A区石油开采章程》。该章程是规范在A区的石油勘探开发活动的基本法律。它规定，联合管理局应将A区划分为若干区块作为石油开发合同区，对合同区的勘探开发进行招标，与石油公司签订产品分成合同，赋予合同方在A区进行石油作业的专属开发权，联合管理局享有对合同区块的所有权。此外，该章程还就如何在A区进行石油勘探开发招标和生产以及与石油勘探开发作业有关的一般事项等，均作了明确的管理规定。

《条约附件C》—《联合管理局与（合作方）产品分成合同模式》。该产品分成合同模式的实质内容是"如何对石油勘探和开发后的产品成功地进行分成"②。因此，它具体规定了石油合同公司必须遵守的产品分成合同的基本内容和标准，包括产品分成合同的期限与权利转让条件，开发计划与经费使用，合同方、合同执行人和联合管理局的权利和义务，作业投资与收回办法，合同方与联合管理局的产品分配，合同的终止，财会制度，争端的解决程序等。另外，它还规定了联合管理局、合同执行人、合同方享有的权利和承担的义务等。

---

① 参见 Anthony Bergin, The Australian-Indonesian Timor Gap Maritime Boundary Agreement, International Journal of Estuarine and Coastal Law, Vol. 5, 1990, pp. 388-389。

② 于辉:《澳大利亚与印度尼西亚〈帝汶缺口条约〉述评》，载《中国国际法年刊》（1995年），第216页。

《条约附件 D》—《避免对合作区 A 区活动双重征税税务规章》。该税务章程详细规定了对 A 区征税和避免双重征税问题。它适用于两缔约国的法人和居民，以及与 A 区石油勘探开发有直接或间接关系的非缔约国法人和居民。

（四）国内法

在跨界海上共同开发的情况下，各国一般在海上共同开发区内其边界线一侧的区域适用其国内法。此外，在争议海域或主张重叠区，有关共同开发区仍存在适用国内法的特殊情形。

四、海上共同开发的发展趋势

（一）海上共同开发的领域由以油气资源开发为主向海上观光旅游等多领域延伸

自从 1958 年巴林与沙特阿拉伯签订《关于波斯湾大陆架划界协定》（Agreement concerning the Delimitation of the Continental Shelf in the Persian Gulf between the Shaykhdom of Bahrain and the Kingdom of Saudi Arabia of 22 February 1958）实施共同开发以来，海上共同开发的实践已有 50 多年了，海上共同开发的领域主要是以油气资源开发为主。然而，近些年的国际实践表明，海上共同开发逐渐向生物资源、海上观光旅游等多领域延伸。

1. 从海上生物资源的共同开发来讲，它既有国际条约的规定，也有国际案例的支持。一方面，《海洋法公约》第 63 条第 1 款规定，对位于两个或两个以上沿海国的专属经济区内的生物资源，"国家应直接或通过适当的分区域或区域组织，设法就必要措施达成协议，以便在不妨害本部分其他规定的情形下，协调并确保这些种群的养护和发展"。《海洋法公约》第 123 条也指出，闭海或半闭海沿岸国"应尽力直接或通过适当区域组织，协调海洋生物资源的管理、养护、勘探和开发"。此外，《海洋法公约》还就有关国家在高度洄游鱼种、海洋哺乳动物、溯河产卵鱼种和降河产卵鱼种的养护与管理以及渔业科学研究和科学情报交流等方面进行合作分别作了规定。可见，为了促进海上生物资源的最适度利用，《海洋法公约》非常重视海上生物资源的共同开发。

另一方面，国际社会还存在诸多海上生物资源共同开发的实践。例如，1978 年澳大利亚和巴布亚新几内亚签订《托里斯海峡条约》（the Torres Strait Treaty）建立保护区，以共同开发渔业资源。① 又如，1993 年哥伦比亚和牙买加在签订的海上划界条约中明确规定，双方对生物资源实行共同管理。② 1976 年印度与斯里兰卡、1981 年澳大利亚与印度尼西亚、1985 年特立尼达和多巴哥与委内瑞拉、1990 年英国与阿根廷等国家间都以协定的形式，建立了海上渔业资源的共同开发区。③ 此外，按照 2000 年《中越北部湾渔业合作协定》的规定，缔约双方同意设立共同渔区，双方本着互利的精神，在共同渔区内进行长期渔业合作，共同制定共同渔区生物资源的养护、管理和可持续利用措施等。值得注意的是，一些国际组织如世界粮农组织、联合国环境规划署、东加勒比国家组织以及南太平洋论坛渔业机构（South Pacific Forum Fisheries Agency）等，也致力于促进渔业资源的共同开发与养护。④

2. 就海上观光旅游而言，共同开发逐渐成为有关国家的共识。首先，共同开发海上观光旅游资源属于《海洋法公约》规定的临

① 参见 H. Burmester, The Torres Strait Treaty: Ocean Boundary Delimitation by Agreement, American Journal of International Law, Vol. 76, 1982, pp. 321-349。

② 参见 David M. Ong, Joint Development of Common Offshore Oil and Gas Deposits: "Mere" State Practice or Customary International Law ? American Journal of International Law, Vol. 93, No. 4, 1999, p. 790。

③ 参见 S. P. Jagota, Maritime Boundary and Joint Development Zones: Emerging Trends, Nonliving Resources, 1993, pp. 120-121。

④ 参见 United Nations Office for Ocean Affairs and the Law of the Sea, The Law of the Sea: Current Developments in State Practice, Vol. 2, New York 1989, pp. 135-169。

时安排的一种类型。《海洋法公约》第 74 条和第 83 条明确提出，在达成划界协议前，"有关各国应基于谅解和合作的精神，尽一切努力作出实际性的临时安排，并在此过渡期间内，不危害或阻碍最后协议的达成"。按照《海洋法公约》的立法史，上述规定意味着沿海国应"以积极的方式"利用其专属经济区和大陆架。① 而共同开发争议海区或重叠区的海上旅游资源，不但符合《海洋法公约》的实质要求，而且还因应了渔业资源锐减、渔民纷纷转产的趋势。

其次，一些多边和双边文件倡导共同开发海上观光旅游资源。例如，2002 年中国与东盟各国政府签订的《南海各方行为宣言》明确规定："在全面和永久解决争议之前，有关各方可探讨或开展合作，可包括以下领域：海洋环保、海洋科学研究等。"又如，2013 年 10 月《新时期深化中越全面战略合作的联合声明》也明确指出："双方同意——积极探讨不影响各自立场和主张的过渡性解决办法，包括积极研究和商谈共同开发问题——加大中越北部湾湾口外海域工作组和海上低敏感领域合作专家工作组工作力度——稳步推进湾口外海域划界谈判并积极推进该海域的共同开发——尽快实施北部湾海洋和岛屿环境管理合作研究等海上低敏感领域合作项目，继续推进在海洋环保、海洋科研、海上搜救、防灾减灾、海上互联互通等领域合作。"无疑，海上观光旅游的共同开发属于低敏感度合作的领域。②

最后，不少学者也认为海上观光旅游资源的共同开发是共同开

---

① 参见 Masahiro Miyoshi, The Basic Concept of Joint Development of Hydrocarbon Resources on the Continental Shelf, International Journal of Estuarine & Coastal Law, Vol. 3, No. 1, 1988, p. 14。

② 值得注意的是，2014 年 8 月 14 日菲律宾武装部队总参谋长格雷戈里奥·皮奥·卡塔潘向媒体表示，菲律宾军方计划推出南海六岛渡轮旅游行程，以推动地方观光发展，渡轮将环游包括中业岛和仁爱礁在内的六座岛屿。参见《"中央社"马尼拉 2014 年 8 月 14 日电》，转引自《参考消息》2014 年 8 月 16 日第 8 版。

发的重要内容或为实现海上油气资源共同开发的第一步。① 有学者甚至提出要成立"南海合作理事会"（South China Sea Cooperation Council, SCSCC），以促进在南海争议海区或海域重叠区进行低敏感度领域的合作和共同开发。②

（二）海上共同开发呈向习惯国际法规则方向发展之势

海上共同开发是否已成为习惯国际法规则，学术界有不同的看法。③ 有学者明确指出，"海上共同开发是新出现的习惯国际法规则"④；而另外一些学者则持相反的意见⑤。笔者认为，海上共同

①　参见 Hasjim Djalal, The Relevance of the Concept of Joint Development to Maritime Disputes in the South China Sea, Indonesian Quarterly, Vol. 27, No. 3, 1999, p. 185; Zou Keyuan, Joint Development in The South China Sea: A New Approach, International Journal of Marine & Coastal Law, Vol. 21, No. 1, 2006, p. 102。

②　参见 Nazery Khalid, Sticks in A Bundle: the Case for Cooperative Initiatives in the South China Sea, in Conference on the Practices of the UNCLOS and Resolution of South China Sea Disputes, 3-5 September 2012, Taipei, p. 9。

③　参见 Masahiro Miyoshi, The Basic Concept of Joint Development of Hydrocarbon Resources on the Continental Shelf, International Journal of Estuarine & Coastal Law, Vol. 3, 1988, pp. 8-10。

④　Zhiguo Gao, The Legal Concept and Aspects of Joint Development in International Law, Nonliving Resources, 1998, p. 123; William T. Onorato, Apportionment of an International Common Petroleum Deposit, International and Comparative Legal Quarterly, Vol. 17, 1968, p. 85; William T. Onorato, Apportionment of an International Common Petroleum Deposit: A Reprise, International and Comparative Legal Quarterly, Vol. 26, 1977, p. 324.

⑤　参见 Rainer Lagoni, Oil and Deposit Across National Frontiers, American Journal of International Law, Vol. 73, No. 2, 1979, p. 215; Masahiro Miyoshi, The Basic Concept of Joint Development of Hydrocarbon Resources on the Continental Shelf, International Journal of Estuarine & Coastal Law, Vol. 3, 1988, pp. 8-18; Beckman, Ian Townsend-Gault, Clive Schofield, Tara Davenport, Leonardo Bernard (eds.), Beyond Territorial Disputes in the South China Sea: Legal Framework for the Joint Development of Hydrocarbon Resources, Edward Elgar Publishing Limited 2013, p. 111。

开发正呈向习惯国际法规则方向发展之势。

众所周知，国际习惯的形成有两个要件：一是物质要件，即众多国际实践的存在；二是心理要件，即各国在从事同一行为时具有"法律确信"（*Opinio Juris*），认为采取这种行为是一项法律义务。①因此，我们探讨海上共同开发是否已成为习惯国际法规则问题，也要从这两方面入手。诚如塔纳卡（Tanaka）法官在"北海大陆架案"的异议意见中所言："唯一的方法是从某一习惯的客观存在和其必要性被国际社会感知的事实来确定法律确信的存在，而不是从每一个国家实践的主观动机中去寻找证据。"②

1. 众多共同开发案例是海上共同开发习惯国际法规则形成的物质要件。如前所述，海上共同开发的国家实践已有 50 多年的历史了。目前国际社会有 30 个左右的海上共同开发案例，且分布在世界不同地区，地域范围囊括北海、西非、中东、东南亚、东亚、加勒比海以及南大西洋地区等。③ 这些海上共同开发案例，在某种程度上体现了有关海上共同开发国家实践在空间范围上的代表性和时间方面的连续性，也寓意着这种国家实践正日益被国际社会普遍认可。因此，有学者认为海上共同开发已成为区域性的习惯国际法规则。④

2. 绝大多数国家对《海洋法公约》及其有关条款的接受是海上共同开发习惯国际法规则形成的心理要件。一方面，《海洋法公

---

① 参见杨泽伟：《国际法》（第三版），高等教育出版社 2017 年版，第33 页。

② Dissenting Opinion of Judge Tanaka, The North Sea Continental Shelf Cases（Federal Republic of Germany/Denmark, Federal Republic of Germany/Netherlands）, Judgments, I. C. J. Reports 1969, available at http：//www. icj-cij. org/docket/files/52/5561. pdf.

③ 参见 Ana E. Bastida etc. , Cross-Border Unitization and Joint Development Agreements：An International Law Perspective, Houston Journal of International Law, Vol. 29, No. 2, 2007, p. 381。

④ 参见 David M. Ong, Joint Development of Common Offshore Oil and Gas Deposits："Mere" State Practice or Customary International Law？American Journal of International Law, Vol. 93, No. 4, 1999, p. 804。

约》得到了广大国家的支持。早在 1982 年 12 月 10 日第三次海洋法会议举行的最后一次会议上，就有 100 多个联合国成员国在《海洋法公约》上签字。而到目前为止，《海洋法公约》共有 160 多个缔约方，其中包括欧洲共同体。另一方面，与海上共同开发有关的《海洋法公约》第 74、83 和 142 条等条款内容，自公约正式通过以来，国际社会就始终对其没有异议，表明了海上共同开发的这种"法律确信"已被大多数国家所接受，并且深信只有这样做才符合现代国际法的要求。

3. 海上共同开发明显不同于单方面开发，它含有相互约束的义务。按照《海洋法公约》的规定，虽然海上共同开发是一种可供选择的条约性义务，但是它含有善意谈判和禁止单方面开发等相互约束的义务。①

（1）善意谈判的义务。首先，海上共同开发涉及有关国家共同行使主权权利问题，它不是由任何一方单独决定的，也不是由国际法院在没有当事国同意或授权的情况下裁判作出的，而是必须由当事国通过谈判方式达成协议予以实施。② 其次，《海洋法公约》第 74 条和第 83 条均规定，"有关国家应——尽一切努力作出实际性的临时安排"。"尽一切努力"当然包括要利用谈判的方法。况且，《联合国宪章》也把谈判作为和平解决国际争端最重要、最常见的方法。最后，国际法院和仲裁法庭的判决表明争端当事国负有谈判的法律义务。例如，国际法院 1974 年 "渔业管辖权案" （the Fisheries Jurisdiction Case between the U. K. and Iceland） 中明确指出，谈判是当事国间解决争端的最适当的方法，并且当事国在从事

---

① 参见 Masahiro Miyoshi, The Basic Concept of Joint Development of Hydrocarbon Resources on the Continental Shelf, International Journal of Estuarine & Coastal Law, Vol. 3, 1988, pp. 10-14; David M. Ong, Joint Development of Common Offshore Oil and Gas Deposits: "Mere" State Practice or Customary International Law ? American Journal of International Law, Vol. 93, No. 4, 1999, p. 798。

② 参见俞宽赐:《南海诸岛领土争端之经纬与法理——兼论东海钓鱼台列屿之主权问题》，台湾编译馆 2000 年版，第 109 页。

谈判时双方都应诚信合理地重视对方的法律利益和实际情况。① 2007 年圭亚那与苏里南仲裁案（Guyana v. Suriname）的裁决，也提出了类似的看法。② 可见，海上共同开发的实施是以有关国家在法律上的谈判义务为基础的。当然，善意谈判的义务涵盖事先通知、交换信息或协商等内容。

（2）禁止单方开发的义务，即有关国家不得对重叠海区的共有资源进行单方面的开采活动，以致破坏另一国的合法权利。一方面，1969 年《维也纳条约法公约》第 18 条明确指出："一国负有义务不得采取任何足以妨碍条约目的及宗旨之行动。"《海洋法公约》第 74 条和第 83 条均规定，"有关国家应——在此过渡期间内，不危害或阻碍最后协议的达成"。这就意味着有关国家必须自我克制，不得单方开发。另一方面，国际法院在 1976 年 "爱琴海大陆架案"（the Aegean Sea Continental Shelf Case）中明确提出，使用爆炸方法搜集地球结构的资料，从国际法发展的观点来看应予以禁止，因为利用爆炸物探测可能造成大陆架资源无法补救的损害；土耳其单方的地震勘探活动，未经希腊同意，会产生侵害后者的探测专属权利的可能性。③ 因此，主张海上共同开发原则对国家没有法律约束力，认为在海域重叠区或争议区对共有自然资源进行单方面开发在政治和法律方面都是可以接受的观点，即使从法律常识来看也是不正确的。④

综上所述，虽然目前我们作出海上共同开发已经完全成为习惯

---

① 参见 Fisheries Jurisdiction Case between the U. K. and Iceland, Judgments of 25 July 1974, available at http：//www. icj-cij. org/docket/index。

② 参见 Guyana v. Suriname（2007）Arbitral Tribunal Constituted Pursuant to Article 287, and in Accordance with Annex VII of the UN Convention on the Law of the Sea, available at http：//www. pca-cpa. org/show-page. asp。

③ 参见 the Aegean Sea Continental Shelf Case（Greece v. Turkey）, Judgment of 19 December 1978, available at http：//www. icj-cij. org/docket/index。

④ 参见 Zhiguo Gao, The Legal Concept and Aspects of Joint Development in International Law, Nonliving Resources, 1998, p. 122。

国际法规则的结论还为时尚早，但是它朝着这个方向发展的趋势的确很明显。①

五、中国在南海共同开发的实现路径

（一）中国在南海的共同开发倡议陷入困境的原因

众所周知，20 世纪 70 年代末中国政府提出了"主权属我、搁置争议、共同开发"原则，试图以此来解决中国与周边邻国间的领土和海洋权益争端。然而，30 多年过去了，迄今仍然鲜有共同开发的成功案例。② 笔者认为，中国在南海的共同开发倡议陷入困境的原因主要有以下几个方面：

1. 政治意愿缺乏。"政治意愿是达成共同开发的关键因素。"③共同开发作为一项政治色彩浓厚的国际合作行动，无论是在之前的谈判、还是在共同开发协议的实施及其后续行动等各个环节，都受到双方政治意愿强弱的影响。例如，在 1981 年"冰岛与挪威共同开发案"中，两国之所以能达成协议、且作出明显有利于冰岛的安排，是因为挪威希望冰岛继续留在北约，并使之作为抗衡苏联的前哨。然而，南海周边国家国家缺乏与中国进行共同开发的政治意愿。此外，中国与东盟各国虽然于 2002 年签署了《南海各方行为宣言》，但该宣言没有法律约束力，对相关国家在南海违反该宣言

---

① 参见 S. P. Jagota, Maritime Boundary and Joint Development Zones: Emerging Trends, Nonliving Resources, 1993, p. 131; Yu Hui, Joint Development of Mineral Resources—An Asian Solution, Asian Yearbook of International Law, Vol. 2, 1994, p. 104。

② 2005 年 4 月，中国、菲律宾和越南的三家石油公司签署了《在南中国海协议区三方联合海洋地震工作协议》，被认为朝着"搁置争议、共同开发"迈出的历史性、实质性一步，也是三方共同落实《南海各方行为宣言》的重要举措。然而，该协议在 2008 年到期后无果而终。

③ 贾宇：《中日东海共同开发的问题与前瞻》，载《世界经济与政治论坛》2007 年第 4 期，第 51 页。

精神的行为缺乏惩罚机制。①

2. 现实需要不强。"国际实践表明，共同开发是基于现实的考虑，具有明显的功能性特征。"② 例如，1976 年英国与挪威签订了联合开发协定——《关于开发弗里格油田和从油田向英国运送天然气的协定》，就是为了使两国尽快获取北海的石油和天然气，以有效应对 1973 年以来的第一次全球性能源危机。因此，"国家急需油气资源等经济因素，会促使政府寻找办法先从开发上受益，而不至于使资源的开发利用由于有时甚至会影响国家关系的划界谈判而拖延"③。正如美国夏威夷东西方研究中心共同开发问题的国际法专家瓦伦西亚（M. J. Valencia）和日本学者三好正弘（Masahiro Miyoshi）所分析的："也许国家选择共同开发的最主要的理由是出于保护其油气矿藏的紧迫感或义务感，同时希望维护或加强与邻国的关系。"④ 然而，目前中国与南海周边国家之间的大部分争议海域都处在邻国的实际控制、管理或开发利用之下，中国在这些争议海域的实际存在和油气资源开发活动十分有限甚至根本就没有，因而处于一种明显的劣势地位。所以，"在这种情势下，对这些邻国来说，自然就不存在与中国进行共同开发的必要性和迫切性"。⑤

3. 岛屿主权争议。按照《联合国海洋法公约》第 121 条的规定，能够维持人类居住或其本身经济生活的岩礁或岛屿，能拥有

① 同样，2011 年 7 月中国与东盟国家签署的《落实〈南海各方行为宣言〉指导方针》也是一项政策性声明。

② 萧建国：《国际海洋边界石油的共同开发》，海洋出版社 2006 年版，第 50 页。

③ 于辉：《共同开发海洋矿物资源的国际法问题》，载《中国国际法年刊》（1994 年），中国对外翻译出版公司 1996 年版，第 50 页。

④ M. J. Valencia and M. Miyoshi, Southeast East Sea: Joint Development of Hydrocarbons in Overlapping Claims Areas? Ocean Development & International Law, Vol. 16, 1986, p. 223.

⑤ 高之国等主编：《国际海洋法的理论与实践》，海洋出版社 2006 年版，第 203 页。

12 海里领海、200 海里专属经济区和大陆架。因此,岛屿的主权归属十分重要。从当前已有的国际实践看,共同开发大多数是在两国没有岛屿主权争议的海域重叠区进行的。所以,许多学者甚至认为,"共同开发的先决条件应是解决有关岛屿的主权冲突"。① 然而,在南海,中国与越南、菲律宾、马来西亚、文莱等国之间也存在岛礁主权争端。虽然中国无论从历史依据还是就法理基础来看,对这些岛屿都拥有无可争辩的主权,但是相关国家既不愿搁置争议,也不愿作出让步。因此,共同开发难以实现。

4. 争议海域(海区)模糊。共同开发的一个重要前提是双方存在明确承认的权利重叠海域(海区)。然而,南海的争议海区比较模糊。一方面,有关国家权利主张的海洋区域不明确。例如,南海争端涉及六国七方,不但两国间的争议海区难以确定,而且争议海区一般还会涉及三国(方)以上的权利要求。诚如印尼外交部无任所大使贾拉尔所言:"由于《联合国海洋法公约》对岛屿、岩礁的权利规定得不明确,有些声称者主张岩礁本身或在暗礁上建立设施就可拥有大陆架及专属经济区,这造成南海各国主张的多次重叠,非常复杂,很难确定哪些是争议区。"② 另一方面,中国的海洋权利主张也不具体。虽然中国批准了《联合国海洋法公约》,并颁布了《中华人民共和国领海及毗连区法》和《中华人民共和国专属经济区和大陆架法》,但是中国政府仅仅笼统地指出中国对南沙群岛及其附近海域拥有无可争辩的主权,而没有明确中国在南海的领海、专属经济区和大陆架等海洋权利的详细范围;对中国传统断续线的含义,也没有公开予以准确的阐释。可见,在这种情况下,要划定共同开发区、进行共同开发就非常困难。

5. 外部势力干扰。美国等区域外势力的介入,使南海问题更加复杂,它在某种程度上阻碍和干扰了共同开发的推进。例如,进

---

① 萧建国:《国际海洋边界石油的共同开发》,海洋出版社 2006 年版,第 209 页。

② 参见萧建国:《国际海洋边界石油的共同开发》,海洋出版社 2006 年版,第 182 页。

入 21 世纪以来，美国开始"积极关注"① 南海问题；2014 年末，美国国务院还发表了《海洋界限：中国的南海主张》(Limits in the Seas：China's Maritime Claims in the South China Sea) 的报告，毫不含糊地支持菲律宾所谓的"南海仲裁案"。② 日本政府则在近些年来以打击海盗活动、毒品走私、非法移民等跨国犯罪的名义，积极参加在南海地区的军事演习，频繁派遣舰船进出南海。2015 年 2 月，日本防卫大臣中谷元曾明确表示"南海局势对日本影响正在扩大"③。值得注意的是，2014 年莫迪就任印度总理以后，印度政府的"东进政策"转变成"向东行动政策"。在莫迪访问华盛顿期间，印度和美国发表了一项联合声明，指出南中国海是对捍卫海上安全和确保航行自由具有重大意义的地区。此外，就在莫迪访问美国之前，印度总统普拉纳布·慕克吉在河内与越南签署了一份近海石油勘探协议。④另外，东盟一些国家希望借助外部势力抗衡中国。一些东盟国家声称要将南海问题提交联合国。它们认为："重要的是要引起全世界的注意；同样重要的是，要考虑群岛争端国际化的日子的来临。"⑤

---

① Yann-Huei Song, The Overall Situation in the South China Sea in the New Millennium：Before and After the September 11 Terrorist Attacks, Ocean Development & International Law, July—September 2003, p. 236.

② 参见 the Office of Ocean and Polar Affairs, Bureau of Oceans and International Environmental and Scientific Affairs in the Department of State, Limits in the Seas：China's Maritime Claims in the South China Sea, December 5, 2014, available at http：//www. state. gov/e/oes/ocns/opa/c16065. htm, last visited on November 15, 2017.

③ 环球军事报道：《日本称可能介入南海争端、祭三招对付中国海军》(2015 年 2 月 4 日)，http：//mil. sohu. com/20150204/n408488518. shtml。

④ 参见 [美] 迈克尔·库格尔曼：《从向东"看"到向东"行动"：印度自己的重返亚洲政策》，载日本外交学会网站 2014 年 10 月 10 日，转引自《参考消息》2014 年 10 月 14 日第 10 版。

⑤ 刘复国、吴士存主编：《2010 年南海地区形势评估报告》，台湾政治大学国际关系研究中心 2011 年版，第 45 页。

（二）中国在南海共同开发的路径选择

鉴于中国在南海的共同开发倡议陷入困境，中国可以顺应海上共同开发的发展趋势，在推动与南海周边国家进行海上油气资源共同开发的同时，应积极倡导在海上生物资源、观光旅游等领域的共同开发。特别是中国可以选择与印度尼西亚在纳土纳海域进行共同开发，以此为突破口，打破南海共同开发的困境，树立南海共同开发的典范，进而带动与其他南海周边国家的双边共同开发甚至多边共同开发。

1. 中国与印度尼西亚在纳土纳海域进行共同开发的可能性。中国与印尼在纳土纳海域进行共同开发的基础或有利条件，主要有以下四个方面：

（1）中国与印尼之间关系良好。自从中国与印尼建交以来，经过多年快速发展，中国与印尼的合作已今非昔比，呈现全方位、多层次、宽领域的发展态势。特别是 2013 年 10 月习近平主席访问印尼后，中国与印尼的双边关系提升为全面战略伙伴关系，因而两国关系已经成为中国和东盟国家关系中最有分量、最富活力、最具潜力的双边关系之一。从双边经济关系看，2013 年中国和印尼货物贸易额为 524.5 亿美元。其中，印尼对中国出口 226 亿美元，占印尼出口总额的 12.4%；印尼自中国进口 298.5 亿美元，占印尼进口总额的 16%。中国成为印尼的第一大进口来源地和继日本之后的第二大出口市场。目前中国和印尼之间的安全合作机制，如特种部队反恐联合训练、联合生产导弹、双边国防及安全磋商、双边海洋安全协议、双边海军对话等，在中国与东南亚的安全合作中均走在前列。2015 年中国与印尼两国迎来建交 65 周年、万隆会议 60 周年，双边关系取得新的发展与进一步合作契机。未来，中国倡议的"21 世纪海上丝绸之路"必将把印尼这个东南亚最大的群岛国家纳入其中，届时印尼将成为海上丝绸之路合作的重要枢纽。与此同时，印尼的六大走廊建设规划也将从中受益。

（2）中国与印尼之间不存在岛屿主权争端。如前所述，从当前已有的国际实践看，共同开发大多数是在两国没有岛屿主权争议的海域重叠区进行的。许多学者也认为，共同开发的先决条件应是解决有关岛屿的主权冲突。因此，中国与越南、菲律宾、马来西亚、文莱等国在南海存在的岛屿主权争端，影响了共同开发的推进。而中国与印尼之间不存在岛屿主权争端，仅在南海南部存在 5 万平方公里的海域重叠区。印尼也一再声称自己不是南海岛礁主权的争端方，但将致力于推动以外交方式解决南海争端，并继续扮演"调停者"的角色。

（3）印尼有与他国进行共同开发的实践。1989 年 12 月印尼与澳大利亚签订了《澳大利亚和印度尼西亚共和国在印度尼西亚东帝汶省和北澳大利亚之间建立合作区的条约》，两国划定了共同开发区块，并进行了共同开发。特别值得注意的是，在印尼与澳大利亚的共同开发案中，印尼坚持 200 海里大陆架的主张，这可能有助于确定中国与印尼在纳土纳海域的主张重叠区。另外，如果将来中国与印尼在纳土纳海域进行共同开发，还可以借鉴印尼与澳大利亚之间关于大面积海域共同开发的经验，将共同开发区划分为三部分分别适用不同的开发制度。

（4）纳土纳海域蕴藏较为丰富的天然气资源。有资料显示，中国与印尼在南海南部纳土纳海域重叠区的纳土纳气田，可采储量约为 1.31 万亿立方米，是世界上最大的气田之一。这就有可能避免两国今后划定的共同开发区块无油气资源可以开采。

2. 如何推进中国与印度尼西亚在纳土纳海域的共同开发。推进中国与印尼在纳土纳海域的共同开发，可以从以下几个方面入手：

（1）适当借鉴印尼与澳大利亚共同开发案的成功经验。1989 年印尼与澳大利亚共同开发案主要涉及共同开发区块、共同开发机构、适用法律以及争端解决等内容。该案有关共同开发的制度设计，不但内容很详尽，而且比较科学，因而具有较为重要的借鉴意义。首先，中国与印尼有关共同开发协定的内容，也可以规定较为详细。其次，在共同开发区的划定方面，两国也可以划为 A、B、C 三个区块，其中 A 区作为核心开发区，由两国共同管理、平分收益；B 区则由中国管辖，但是要同印尼亚分享部分收益；C 区则由印尼管辖，印尼也要和中国分享部分收益。最后，关于共同开发的管理机构——联合管理局，两国也可以赋予其较大权限。

（2）注重中国与印尼在纳土纳海域进行共同开发的示范作用。在"澳大利亚与东帝汶共同开发案"中，澳大利亚为了促使东帝汶尽早批准共同开发协定，作出了许多让步。一方面，澳方把共同开发区石油收益的绝大部分让与东帝汶；另一方面，澳方同意共同开发机构由东帝汶主导，如东帝汶任命的联合委员会的成员比澳大利亚多一名，指定当局则由东帝汶的国内实体担任。澳大利亚作出让步的条件是，要求东帝汶必须先批准共同开发协定。因为共同开发协定的实施，既可以保证帝汶海的稳定，确保澳方现有的石油项目得以继续，也实现了澳大利亚的政治经济利益。中国在南海推进共同开发也面临相似的问题。因此，中国在与印尼进行共同开发的谈判中，也可以作出适当的让步，充分发挥在纳土纳海域进行共同开发的示范作用。

（3）可以考虑把印尼作为两国共同开发的后勤保障基地。纳土纳群岛距中国大陆大约 1900 公里。目前印尼已经修建了从西纳土纳群岛到新加坡、马来西亚的天然气输送管道。因此，把印尼的纳土纳群岛作为两国在纳土纳海域进行共同开发的后勤保障基地，既可以利用印尼现有的油气加工等基础设施，为两国的共同开发提供便利；也因为距离近，后勤保障快捷、方便，具有经济上的可行性，从而有可能产生最大的经济效益。

第二章 海上共同开发的先存权问题

一、先存权问题产生的原因

所谓先存权（pre-existing right）是指海上共同开发区块划定之前，沿海国单方面将该区域或部分区块的勘探开发许可权授予了第三方的石油公司，该石油公司由此获得了对该区域或部分区块的某种经营开发权利。[①]《海洋法公约》第 77 条规定："沿海国为勘探大陆架和开发其自然资源的目的，对大陆架行使主权权利。"因此，原则上沿海国只能在属于本国的内海、领海、毗连区和大陆架范围内颁发勘探开发的许可证，超越此范围的许可证就是无效的。然而，在实践中沿海国一般会基于以下种种原因而颁发在争议海域的勘探开发许可证，从而导致先存权问题的产生。[②]

（一）法律原因

《联合国宪章》第 2 条第 3 项规定："各会员国应以和平方法解决其国际争端，避免危及国际和平、安全及正义。"在海上共同开发活动中，各沿海国间难免会产生矛盾、出现争端，关键是

[①] 参见萧建国：《国际海洋边界石油的共同开发》，海洋出版社 2006 年版，第 113 页；参见 Hazel Fox et al（eds.），Joint Development of Offshore Oil and Gas: A Model Agreement for States with Explanatory Commentary, London 1989, p. 214。

[②] 参见杨泽伟：《海上共同开发的先存权问题研究》，载《法学评论》2017 年第 1 期，第 121 页。

要用和平的方法解决之。因此，各沿海国在争议海域不宜采取任
何行动改变现状，从而危及地区和平与安全。然而，在实践中沿
海国一般会想方设法强化本国对争议海域的主权权利或管辖权。
方法之一就是向第三方颁发许可证、制造先存权问题，以向他方
证明或使他方相信该国对争议海域拥有专属管辖权或主权权
利。① 如果争议海域的另一方未对此行为提出抗议，就构成了对
上述行为的默认。有鉴于此，争议海域的另一方也会采取同样的
措施，颁发在争议海域的许可证，从而引发双方对争议海域的立
场更加强硬。

（二）政治考量

政治考量既是海上共同开发能否顺利实施的关键因素,② 也是
导致先存权问题产生的重要原因之一。一方面，沿海国政府为了
迎合国内的民族主义情绪，或者为了保住其执政党的地位，有可
能会不顾争议海域的客观现实情况，故意向第三方颁发在争议海
域的勘探开发许可证，以达到转移国内矛盾的目的；另一方面，
沿海国采取单方面行动，对有争议海域规划勘探开发区块并向第
三方或其他方私营公司颁发许可证，旨在增强其对该区域提出主
权权利或管辖权要求的筹码，从而在未来争议海域的谈判中处于
一种有利地位。总之，先存权有时被沿海国当做一种政治性或战
略性的工具。

（三）经济因素

沿海国向第三方颁发勘探开发许可证，既可以借助第三方的力

---

① 参见 Ian Townsend-Gault, the Impact of A Joint Development Zone on
Previously Granted Interests, in Hazel Fox ed., Joint Development of Offshore Oil
and Gas, Vol. II, London 1990, p. 171。

② 参见 Robert Beckman et al（eds.）, Beyond Territorial Disputes in the
South China Sea: Legal Framework for the Joint Development of Hydrocarbon
Resources, Edward Elgar Publishing Limited 2013, p. 310。

量更好地了解、掌握争议海域油气资源分布及其开发潜力等方面的情况,① 也可以在发现有商业开采价值的油气田的情况下尽早实施油气资源开发活动,以达到实现本国经济利益的目的。②

(四)技术背景

因为海上石油勘探开发活动投资大、风险高、技术难度大,而国家石油公司可能在财政、技术方面又受到种种制约,所以沿海国从技术角度考虑一般也愿意与国际石油公司合作,颁发许可证、准许其勘探开发大陆架上的油气资源。例如,1997 年圣多美和普林西比与美国"拯救环境控股公司"(Environmental Remediation Holding Corporation, ERHC)签署了海上油气勘探开发合作协议。一年之后在"拯救环境控股公司"的帮助下,圣多美和普林西比就向联合国提交了本国基于中间线原则的专属经济区主张③,从而在某种程度上为 2000 年与尼日利亚签订共同开发协议奠定了基础。

由上可见,先存权问题产生的原因较为复杂。同时,它也有可能引发与沿海国所承担的义务相冲突的问题。

二、先存权是否与沿海国相互克制的义务相冲突

对于先存权是否与沿海国承担的相互克制的义务相冲突的问题,学者们有不同的看法。例如,有学者认为沿海国承担相互克制

---

① 例如,1998 年 9 月圣多美和普林西比与埃克森美孚石油公司(ExxonMobil)签署了技术援助协议。1999 年 9 月埃克森美孚石油公司就向圣多美和普林西比政府递交了在该国专属经济区的 22 个区块进行二维地震数据采集的结果——具有石油储量高潜力的区块都在邻国尼日利亚主张的海洋边界附近。

② 参见蔡鸿鹏:《争议海域共同开发的管理模式:比较研究》,上海社会科学院出版社 1998 年版,第 18 页。

③ 参见 Gerhard Seibert, Sao Tome & Principe: the Difficult Transition from Aid-Dependent Cocoa Producer to Petrol State, the African Studies Association of Australian and the Pacific Annual Conference, Vol. 26, 2004, p. 7。

的义务得到了较多的学理支持;① 有学者甚至指出："可能存在禁止各国在争议海域开发海床资源的国际法规则。"② 而另有学者提出："国家单方面的行动，如给有关对方国家的矿藏或权利造成损害，是违法的。但每个国家仍对其各自的那份矿藏拥有权利。声称缺乏共同开发程序的协议将阻止任何有效的实地开发，这会给另一国否决权……因此可以说，在未达成采取共同措施协议的情况下，那些不影响对方国家权利的单方面行动并非不符合国际法。"③ 笔者认为，沿海国因在争议海域单方面颁发勘探开发许可证而产生的先存权，是与沿海国承担的相互克制的义务相冲突的。这种冲突具体体现在以下三个方面：

（一）违背了适当顾及其他沿海国权利的义务

虽然《海洋法公约》对争议海域的利用问题，并没有明确规定沿海国的哪种行为是绝对禁止的，但是沿海国在争议海域行使主权权利和管辖权时，要对其他沿海国的权利适当顾及。例如，《海洋法公约》第 56 条规定："沿海国在专属经济区内根据本公约行使其权利和履行其义务时，应适当顾及其他国家的权利和义务，并应以符合本公约规定的方式行事。"《海洋法公约》第 78 条也规定："沿海国对大陆架权利的行使，绝不得对航行和本公约规定的其他国家的其他权利和自由有所侵害，或造成不当的干扰。""许多学者都将公约的上述规定解释为一国不得采取单方面的行动。"④

---

① 参见 William T. Onorato, Apportionment of an International Common Petroleum Deposit: A Reprise, International and Comparative Legal Quarterly, Vol. 26, 1977, p. 327。

② David M. Ong, Joint Development of Common Offshore Oil and Gas Deposits: "Mere" State Practice or Customary International Law? American Journal of International Law, Vol. 93, No. 4, 1999, p. 798.

③ Ian Townsend-Gault, The Frigg Gas Field-Exploitation of an International Cross- Boundary Petroleum Field, Marine Policy, Vol. 3, 1979, p. 302.

④ 萧建国：《国际海洋边界石油的共同开发》，海洋出版社 2006 年版，第 99 页。

还有学者得出了"沿海国在争议海域行使任何权利或管辖权都有可能侵犯另一沿海国的主权权利"① 的结论。因此，沿海国单方面颁发勘探开发许可证的行为违背了其承担的适当顾及其他沿海国权利的义务。

（二）违背了善意谈判的义务

一方面，《海洋法公约》第74条和第83条均规定："有关国家应基于谅解和合作的精神，尽一切努力作出实际性的临时安排，并在此过渡期间内，不危害或阻碍最后协议的达成。这种安排应不妨害最后界限的划定。""尽一切努力"当然包括沿海国要利用谈判的方法解决争议海域的争端。况且，《联合国宪章》也把谈判作为和平解决国际争端最重要、最常见的方法。另一方面，国际法院和仲裁法庭的判决表明争端当事国负有谈判的法律义务。例如，国际法院1974年"渔业管辖权案"（the Fisheries Jurisdiction Case between the U. K. and Iceland）中明确指出，谈判是当事国间解决争端的最适当的方法，并且当事国在从事谈判时双方都应诚信合理地重视对方的法律利益和实际情况。② 2007年圭亚那与苏里南仲裁案（Guyana v. Suriname）的裁决，也提出了类似的看法。③ 可见，沿海国单方面颁发争议海域的勘探开发许可证的行为，违背了其承担的善意谈判的义务。

（三）违背了禁止单方开发的义务

禁止单方开发的义务是指有关国家不得对争议海域的共有资源进行单方面的开采活动，以致破坏另一国的合法权利。一方面，

---

① Rainer Lagoni, Interim Measures Pending Maritime Delimitation Agreements, American Journal of International Law, Vol. 78, No. 2, 1984, p. 365.

② 参见 Fisheries Jurisdiction Case between the U. K. and Iceland, Judgments of 25 July 1974, available at http：//www. icj-cij. org/docket/index。

③ See Guyana v. Suriname（2007）Arbitral Tribunal Constituted Pursuant to Article 287, and in Accordance with Annex VII of the UN Convention on the Law of the Sea, available at http：//www. pca-cpa. org/show-page. asp.

《各国经济权利和义务宪章》第 3 条明确指出："对于二国或二国以上所共有的自然资源的开发，各国应合作采用一种报道和事前协商的制度，以谋对此种资源作最适当的利用，而不损及其他国家的合法权益。"《海洋法公约》第 123 条也规定："闭海或半闭海沿岸国在行使和履行本公约所规定的权利和义务时，应互相合作。"这就意味着有关国家承担了相互克制的专门义务，不得单方开发。① 另一方面，国际法院在 1976 年"爱琴海大陆架案"（the Aegean Sea Continental Shelf Case）中也明确提出，使用爆炸方法搜集地球结构的资料，从国际法发展的观点来看应予以禁止，因为利用爆炸物探测可能造成大陆架资源无法补救的损害；土耳其单方的地震勘探活动，未经希腊同意，会产生侵害后者的探测专属权利的可能性。② 因此，诚如有学者所言，主张海上共同开发原则对国家没有法律约束力，认为在海域重叠区或争议区对共有自然资源进行单方面开发在政治和法律方面都是可以接受的观点，即使从法律常识来看也是不正确的。③

三、对先存权问题的主要处理方式

先存权问题的存在是影响海上共同开发的阻碍因素之一。④ 因此，要想顺利推进海上共同开发活动，就必须首先解决先存权问题。然而，如何处理先存权问题，学者们的主张也不尽相同。例如，赫兹尔·福克斯（Hazel Fox）提出了以下处理先存权问题的

① 参见 Rainer Lagoni, Interim Measures Pending Maritime Delimitation Agreements, American Journal of International Law, Vol. 78, No. 2, 1984, p. 362。

② 参见 the Aegean Sea Continental Shelf Case（Greece v. Turkey）, Judgment of 19 December 1978, available at http://www.icj-cij.org/docket/index。

③ 参见 Zhiguo Gao, The Legal Concept and Aspects of Joint Development in International Law, Nonliving Resources, 1998, p. 122。

④ 参见 Hazel Fox et al（eds.）, Joint Development of Offshore Oil and Gas: A Model Agreement for States with Explanatory Commentary, London 1989, p. 207.

四种办法：一是保证先存权不受共同开发的影响；二是在划定共同开发区块时，专门避开有先存权的区域；三是取消先存权而予以补偿或不予补偿；四是把先存权纳入在新的共同开发活动中。① 而戴维·翁（David M. Ong）指出解决先存权问题有两种可能的方式："第一，买下或取消双方的先存权，进而授予一项涵盖整个共同开发区的新的特许权；第二是要求双方的先存权所有者进行联合经营，并为整个共同开发区任命一名经营者。"② 笔者结合海上共同开发的相关案例和有关国际法理论，认为海上共同开发中先存权问题的处理方式，主要有以下五种。

（一）明确承认先存权

明确承认先存权是海上共同开发实践中较为普遍的一种做法。例如，在1979年马来西亚与泰国在泰国湾的共同开发案中，马来西亚与泰国签订的《马来西亚和泰王国为开发泰国湾两国大陆架划定区域内海床资源而建立联合管理局的谅解备忘录》第3条第2款规定："联管局应代表双方享有和承担勘探及开发重叠区域（以下称'共同开发区'）内海床和底土非生物自然资源事宜所有的权利和义务，以及共同开发区域内开发、控制和管理的所有权利和义务。联管局的这种权利和义务不得以任何方式影响或减损任何一方迄今授予的特许权、已签发的许可证、已达成的协定或作出安排的有效性。"③ 可见，马、泰两国政府是承认这种先存权的。因为在马、泰两国签订共同开发协议之前，美国德克萨斯太平洋

---

① 参见 Hazel Fox et al（eds.），Joint Development of Offshore Oil and Gas：A Model Agreement for States with Explanatory Commentary，London 1989，p. 216。

② David M. Ong，The New Timor Sea Arrangement 2001：Is Joint Development of Common Offshore Oil and Gas Deposits Mandated under International Law? International Journal of Marine & Coastal Law，Vol. 17，No. 1，2002，p. 98.

③ Article 3（2）of the Memorandum of Understanding between Malaysia and the Kingdom of Thailand on the Establishment of a Joint Authority for the Exploitation of the Resources in the Sea-Bed in a Defined Area of the Continental Shelf of the Two Countries in the Gulf of Thailand.

（Texas Pacific）石油公司从泰国获得了 B17 区块的权益，美国特里顿能源（Triton Energy）公司也从泰国获得 B18 和 B19 区块的权益；而埃克森美孚（EPMI）石油公司从马来西亚获得了共同开发区大部分区块的权益。况且，在马、泰两国政府进行共同开发的谈判期间，泰方的受让人仍然继续在该区域进行勘探活动。1985 年泰国向受让人（同时向马来西亚）提出建议，任何产出油气的 50% 将服从泰方体系监管，其余服从马来西亚体系监管；而马来西亚提出了"联合作业理念"，将整个区域视为单独一个合同区，由受让人订立资产和运营协议。1986 年，马来西亚又向泰国提出了"三区理念"，由泰方受让人按照泰方条款运作他们的区域，由马来西亚国家石油公司依照马来西亚的条款运作剩余的区域。最后，马泰两国同意采用产品分成合同制来进行共同开发。

　　同样，1992 年马来西亚与越南共同开发案也采取了保留先存权的做法。《马来西亚和越南社会主义共和国关于两国大陆架划定区域内石油勘探和开采的谅解备忘录》第 3 条第 3 款规定，鉴于划定区域内已存在实际投资，双方同意尽全力保证共同开发区内之前授予的开采权继续有效。① 因为早在 1986 年，马来西亚就分别与美国埃索（Esso）石油公司、美国与澳大利亚合资的汉密尔顿（Hamilton）石油公司签订了石油勘探合同，前者涉及的区块面积为 500 平方公里，后者涉及的面积达到 1440 平方公里。②

　　此外，2001 年尼日利亚和圣多美普林西比共同开发案则以另外一种方式承认先存权的存在。《尼日利亚联邦共和国与圣多美和普林西比民主共和国共同开发两国专属经济区的石油及其他资源的条约》第 46 条规定："双方当事国间应以公平的方式解决，一方当事国在本条约谈判期间，在区域内的任何部分与第三人进

---

① 参见 Article 3（C）of the Memorandum of Understanding between Malaysia and the Socialist Republic of Vietnam for the Exploration and Exploitation of Petroleum in a Defined Area of the Continental Shelf Involving the Two Countries。

② 参见 Nguyen Hong Thao, Joint Development in the Gulf of Thailand, IBRU Boundary and Security Bulletin, Autumn 1999, p. 81。

行的先前交易（该交易已经向另一方当事国披露）引发的问题。对于一方当事国在本条约谈判过程中，没有向另一方当事国披露的问题，应该由该当事国单方承担，但不影响为了解决开发区内，当事国与第三人先前交易引发的问题，另一当事国合作和帮助的权利。"①

（二）不正式承认先存权

不正式承认先存权的典型案例是 1974 年"苏丹与沙特阿拉伯共同开发案"。《苏丹和沙特阿拉伯关于共同开采共同区域内的红海海床和底土的自然资源的协定》第 13 条规定："鉴于苏丹民主共和国业已于 1973 年 5 月 15 日达成了一项协定，据此而向苏丹矿业有限公司和德国普赛格公司发放了勘探许可证，这一协定使苏丹民主共和国政府承担起法律责任。因此，两国政府一致同意联合委员会应当以维护苏丹民主共和国政府的权益的方式，并依以上由共同开发区域的本协定而建立起来的制度来对此项事务作出决定。"②可见，在该案中苏丹矿业有限公司和德国普赛格公司共同取得的先存权，并未在新的共同开发协定中获得正式承认。

（三）先存权重新授权

1974 年"日本与韩国共同开发案"是重新认定先存权的典型案例。《日本和大韩民国关于共同开发邻接两国的大陆架南部的协定》第 3 条第 1 款规定："共同开发区应划分为若干区块，每个区块由双方的特许权持有人进行勘探和开发"；第 4 条第 1 款规定："本协定生效三个月内，各方应当在每个分区内将特许权授予一人

---

① Article 46 of the Treaty between The Federal Republic of Nigeria and The Democratic Republic of São Tomé e Príncipe on the Joint Development of Petroleum and other Resources in respect of Areas of the Exclusive Economic Zone of the Two States.

② Article 13 of the Agreement between Sudan and Saudi Arabia Relating to the Joint Exploitation of the Natural Resources of the Sea-bed and Subsoil of the Red Sea in the Common Zone.

或多人。"① 从上述规定可以看出，日、韩双方均为共同开发区各分区块特许权的颁发者。因此，双方虽然没有正式承认先存权，但是都可以向既有的特许权持有人重新授权。② 日韩共同开发案中这种处理先存权的方式，既有利于原来的特许权持有人，也比较灵活、便于操作。

（四）回避先存权问题

这种方式主要是指沿海国双方在划定共同开发区块时，有意避开存在先存权的区域或把先存权存在的区域排除在共同开发区块之外，从而避免了因先存权问题可能对共同开发活动的干扰。例如，在 1992 年"马来西亚与越南共同开发案"中，马、越两国签订的共同开发协定所划定的共同开发区块，就位于同第三方发生争议以外的海区。同样，在 1985 年"利比亚与马耳他大陆架划界案"（Case Concerning the Continental Shelf, Libyan Arab Jamahiriya/Malta）中，国际法院在意大利没有参与该案的情况下，也对马耳他大陆架的边界做了调整，③ 目的就是为了避免日后意大利可能对该大陆架区域提出主权要求而产生麻烦。

（五）单方废除先存权

单方废除先存权，以便划定共同开发区进行共同开发活动。这种处理先存权的方式虽然比较简单，但是在国际事件中较为罕见，因为单方废除先存权的行为不但违反了国内法，也违反了国际

---

① Article 3 (1) and Article 4 (1) of the Agreement between Japan and the Republic of Korea Concerning Joint Development of the Southern Part of the Continental Shelf Adjacent to the Two Countries.

② 参见 Hazel Fox et al (eds.), Joint Development of offshore Oil and Gas: A Model Agreement for States with Explanatory Commentary, London 1989, p. 217。

③ 参见 Case Concerning the Continental Shelf (Libyan Arab Jamahiriya/Malta), available at http://www. icj-cij. org/docket/files/68/6415. pdf。

法。① 例如，我国于 2001 年修订的《中华人民共和国对外合作开
采海洋石油资源条例》第 4 条规定："国家对参加合作开采海洋石
油资源的外国企业的投资和收益不实行征收。在特殊情况下，根据
社会公共利益的需要，可以对外国企业在合作开采中应得石油的一
部分或者全部，依照法律程序实行征收，并给予相应的补偿。"事
实上，"国际法和国内法均禁止一国采取任何单方面行为取消授予
外国公民的先存权"②。况且，承认既有权利也是国际仲裁法庭承
认的一般法律原则之一。③ 例如，1958 年国际仲裁法庭在"阿拉
姆科仲裁案"（Aramco Arbitration）的裁决中，认定 1933 年授予阿
拉姆科的权利具有既得权性质，沙特阿拉伯和奥雷西斯的协议与沙
特阿拉伯在阿拉姆科协议中所承担的义务相冲突，阿拉姆科的权利
优先于授予奥雷西斯的权利。④ 可见，单方废除先存权这种极端的
处理方式，可能只具有理论上的价值。

四、中国应如何处理海上共同开发中的先存权问题

（一）中国周边海域有关先存权问题的现状

中国周边海域的油气资源勘探开发活动缘于 20 世纪 60 年代末
联合国经社理事会亚洲及远东经济委员会的"亚洲近海地区矿产
资源联合勘探协调委员会"　（Committee for coordination of Joint

---

① 参见 Hazel Fox et al（eds.），Joint Development of offshore Oil and Gas：
A Model Agreement for States with Explanatory Commentary，London 1989，p. 215。

② Robert Beckman et al（eds.），Beyond Territorial Disputes in the South
China Sea：Legal Framework for the Joint Development of Hydrocarbon Resources，
Edward Elgar Publishing Limited 2013，p. 163.

③ 参见 Vasco Becker-Weinberg，Joint Development of Hydrocarbon Deposits
in the Law of the Sea，Springer 2014，p. 127。

④ 参见姚梅镇主编：《国际投资法成案研究》，武汉大学出版社 1989 年
版，第 216 页。

Prospecting for Mineral Resources in Asian Offshore Areas） 发表的报告，该报告认为中国近海油气资源前景广阔。因此，1972 年韩国就宣布在黄海建立"海上特区"和"租让区"，引进美国等西方石油公司在黄海大陆架进行油气资源勘探活动，这些"租让区"的西部已有一部分侵犯了中国的黄海海域。① 1974 年，日本和韩国又签署了《日本和大韩民国关于共同开发邻接两国的大陆架南部的协定》（Agreement between Japan and the Republic of Korea Concerning Joint Development of the Southern Part of the Continental Shelf Adjacent to the Two Countries），将东海东北部约 10 万平方千米的大陆架划为日本和韩国的共同开发区。而在南海海域，越南、菲律宾、马来西亚和文莱等国都采取划分"石油租让区"的方式，将南沙海域租让给外国石油公司勘探和开发。据有学者统计，有来自美国、日本、英国、意大利、俄罗斯和挪威等国家的 200 多家石油公司先后在南沙海域拥有"石油租让区"并进行勘探活动。② 例如，2012 年菲律宾宣布对位于南海中菲争议海域的 3 个区块进行招标；2014 年菲律宾能源部又宣布启动第五轮能源合同招标，在推出的 11 个油气勘探区块中，第 7 区块位于南沙群岛的礼乐滩。③

（二）中国的应对之策

针对周边国家把中国周边争议海域的油气资源勘探开发权授予外国石油公司的行为，中国外交部多次发表声明予以抗议，并强调"区域内的资源理应属于中国，任何国家未经许可进入上述区域从

---

① 参见张良福：《关于争议海域油气资源共同开发的问题》，载高之国等主编：《国际海洋法的理论与实践》，海洋出版社 2006 年版，第 167~168 页。

② 参见萧建国：《国际海洋边界石油的共同开发》，海洋出版社 2006 年版，第 167 页。

③ 礼乐滩（Reed Bank）位于中国南沙群岛的东北，在中国南海"九段线"的范围之内，属中国的固有领土。它距离菲律宾西部的巴拉望岛约 85 海里，目前在菲律宾的控制之下。

事勘探、开发和其他活动都是非法的,任何国家与国家之间为在上述区域内进行勘探、开采等非法活动而签订的协定或合同都是无效的"①。然而,中国政府一旦决定与周边国家在争议海域进行共同开发活动,就必然会在谈判过程中面临首先要解决先存权的问题。因此,笔者建议根据不同情况,分别采取以下三种应对策略。

1. 阻断。如果周边国家已与外国石油公司签订了在中国周边争议海域进行勘探开发的合同,那么中国政府应想方设法阻止这种勘探开发活动,直至该合同到期,以达到阻断合同实施的目的。

2. 纳入。如果周边国家与外国石油公司签订的在中国周边争议海域进行勘探开发的合同已经生效,并且进入了实质性的开发阶段,那么中国政府应把它纳入共同开发中,并且由共同开发的管理机构重新予以认定、加以管理。

3. 顾及。早在1992年中国海洋石油总公司就与美国克里斯通能源公司签订合同,授权后者勘探万安滩的油气资源,合同有效期至2013年。然而,由于越南的干扰和破坏,该合同一直没有很好地履行。2012年6月,中国海洋石油总公司发布了"2012年中国海域部分对外开放区块公告",供与外国公司进行合作勘探开发的区块共9个,其中7个位于中建南盆地,2个位于万安盆地和南薇西盆地部分区域,总面积160124.38km²。② 如果外国石油公司对这些区块进行投标,中国将来与周边国家在中建南盆地、万安盆地和南薇西盆地等海域进行共同开发时,就同样会面临先存权问题的处理,因而需要前瞻性地顾及外国石油公司的利益和其他沿海国的相关立场。

---

① 萧建国:《国际海洋边界石油的共同开发》,海洋出版社2006年版,第168页。

② 参见中国海洋石油总公司:《2012年中国海域部分对外开放区块公告》,http://www.cnooc.com.cn/art/2012/6/23/art_91_67771.html。

第三章　海上共同开发谈判中的
既有石油合同处理

一、既有石油合同的概念

海上共同开发在推进过程中面临着一系列阻碍因素，而既有石油合同处理就是其中主要障碍之一。既有石油合同在相关著作中有不同的表述，包括"既有特许权"①、"既有权利"② 和"既有利益"③ 等。虽然存在差异，但这些表述均体现了这一概念的特征，即：位于争议海域，属于争端当事国的单方面行为，发生于共同开发之前。本章之所以选择使用"既有石油合同"这一表述，主要基于以下两点原因：

一是，无论是"既有特许权"还是"既有权利"的表述，强调的都是"权利"属性。通常可将"权利"定义为：由法律规范和保障的主体，以相对自由的作为或不作为的方式，获得利

---

① David M. Ong, Southeast Asian State Practice on the Joint Development of Offshore Oil and Gas Deposits, in Gerald H Blake (ed.), The Peaceful Management of Transboundary Resources, Graham & Trotman Limited1995, p. 89.

② Vasco Becker-Weinberg, Joint development of Hydrocarbon Deposits in the Law of the Sea, Springer 2014, p. 128.

③ David M. Ong, The New Timor Sea Arrangement 2001: Is Joint Development of Common Offshore Oil and Gas Deposits Mandated under International Law? The International Journal of Marine and Coastal Law, Vol. 17, 2002, p. 98.

益的一种手段。① 通过分析"权利"的定义可知，使用"权利"表示法律对某一法律现象的认可。虽然争议海域内当事国的单方面行为，都是其依据本国的国内法作出的，但是在国际法层面上这种单方面行为是否合法，仍需进行个案分析，贸然使用"权利"一词，容易造成国际法认可此类行为的假象。相反，若使用"既有石油合同"这一表述，则可以避免这一问题。因为石油合同更多的是对当事国与石油公司签订石油合同这一现象的客观描述，不带有价值评判，而且即便订立了石油合同，也并不能保证石油合同当然有效，还可能出现无效的情形。因此，相较于"既有权利"和"既有特许权"，"既有石油合同"的表述具有客观性和中立性。

二是，使用"既有利益"这一表述，同样容易造成先入为主，想当然地认为在争议海域的地位发生改变时，石油公司的"既有利益"理应受到保护。既然争议海域内当事国与石油公司单方面签订石油合同的行为的合法性尚待分析，就不能事先使用一个有明显价值偏向的概念。

结合上述三种表述所体现的共同特征，我们认为既有石油合同是指就争议海域内的某一区域的石油资源，由争端一方当事国在建立共同开发区的协议缔结之前，与石油公司单方面缔结的石油合同。由于既有石油合同位于争议海域，牵扯到三方利益，即石油合同当事国、石油公司以及另一方当事国。如果不能妥善处理既有石油合同，不仅会遭到石油公司的反对，而且会使当事国双方之间的共同开发谈判受阻。因此，妥善处理既有石油合同，是成功实施共同开发的前提条件之一。此外，海上共同开发的区域通常是指，当事国之间未能就专属经济区或者大陆架划界达成一致的海域，鲜有涉及领海的共同开发。② 因此本章探讨的海上共同开发的范围仅限

---

① 李龙主编：《法理学》，武汉大学出版社 2011 年版，第 299～302 页。

② 仅有的涉及领海共同开发的案例：在 1965 年"沙特阿拉伯与科威特共同开发案"中，共同开发区包括毗邻中立区的 6 海里以内的海床和底土。

于专属经济区和大陆架。

二、既有石油合同对共同开发的影响

既有石油合同对于共同开发而言是一把双刃剑，一方面会促使当事国双方就共同开发事宜展开谈判，另一方面，如何处理既有石油合同又是共同开发谈判过程中的难点。

既有石油合同虽然是一种单方面行为，但在某种程度上可以起到以单方面行动推进双方合作的作用。例如，由于韩国担心朝鲜会对朝鲜半岛的东海大陆架提出主张，于是单方面与多家美国石油公司在东海海域签订石油合同，允许它们实施勘探作业，韩国的这一举动，反过来激发日本与韩国就共同开发安排进行谈判，并最终促成日韩共同开发区的建立。① 出现这一局面的主要原因在于，虽然争议海域面积大小各异，但是争议海域内具有商业开采价值的石油资源分布面积有限，如果当事国竞相单方面签订石油合同，常常会造成当事国双方分别授予石油公司的合同区块重叠，加之位于争议海域，任何一方当事国的单方面行为都会招致另一方的强烈反对，并可能造成众多既有石油合同被搁置。例如，美国与加拿大在波弗特海存在划界争端，虽然美国已在争议海域与石油公司签订石油合同，但鉴于争端尚未解决，禁止石油公司实施钻探活动。② 同样，在与印度尼西亚进行共同开发之前，澳大利亚就已经与多家石油公司就争议海域的石油资源开发签订合同，但澳大利亚政府仍建议石油公司在争端解决之前，应当在争议海域保持低调，不可实施

---

① Mark J. Valencia and Masahiro Miyoshi, Southeast Asian Seas: Joint Development of Hydrocarbons in Overlapping Claim Areas? Ocean Development and International Law, Vol. 16, 1986, p. 221.

② Ellitot L. Richardson, Jan Mayen in Perspective, The American Journal of International Law, Vol. 82, 1988, p. 456.

勘探开发。① 打破这一僵局的有效办法之一，就是当事国间尝试进行共同开发谈判。因此，当事国双方众多既有石油合同的存在，会成为促使当事国在争议海域内寻求共同开发的因素之一。

既有石油合同可能会促使当事国之间启动共同开发谈判，但同时也为随后的共同开发谈判设下了障碍。既有石油合同涉及三方利益，其中当事国之间不仅有经济利益之争，还有主权权利之争，还应顾及石油公司的经济利益。一方面，由于共同开发的石油资源分布面积有限，众多既有石油合同的区块存在重叠，如何处理这些既有石油合同，事关石油公司和当事国的经济收益，特别是以追求利润为目标的石油公司，即便当事国为了争端的解决而放弃经济利益，石油公司也未必会轻易让步。另一方面，当事国之所以在争议海域签订石油合同，是当事国都认为自己对争议海域拥有主权权利，如果此时承认一方的既有石油合同，就可能存在承认其海洋主张的风险；否认一方的既有石油合同，可能意味着否认一方的海洋主张。因此在共同开发谈判过程中，当事国对于既有石油合同的处理一定会非常谨慎，这也是阻碍谈判的难点。例如，在"马来西亚与泰国共同开发案"中，未能妥善处理泰国政府与德克萨斯州太平洋公司（Texas Pacific）、特里通石油公司（Triton Petroleum Corporation）分别签订的既有石油合同，是共同开发迟迟无法实施的重要原因之一。②

既有石油合同的存在虽然会在一定程度上促使当事国双方开始共同开发谈判，但实际上促使共同开发谈判启动的因素众多，既有石油合同能否扮演推动者的角色是或然的，而既有石油合同对后续共同开发谈判的阻碍却是必然的。因此，既有石油合同对于共同开

---

① Mark J. Valencia and Masahiro Miyoshi, Southeast Asian Seas: Joint Development of Hydrocarbons in Overlapping Claim Areas? Ocean Development and International Law, Vol. 16, 1986, p. 230.

② David M. Ong, The 1979 and 1990 Malaysia-Thailand Joint Development Agreements: A Model for International Legal Co-operation in Common Offshore Petroleum Deposits? The International Journal of Marine and Coastal Law, Vol. 14, 1999, pp. 225-226.

发而言是弊大于利。

三、既有石油合同的合法性分析

由于既有石油合同对于共同开发的消极作用大于积极作用，那么如何在共同开发谈判中对其进行处理就是一个无法回避的问题，但在具体讨论处理方法之前，必须对既有石油合同的合法性问题进行分析。因为当事国在争议海域与石油公司单方面签订的既有石油合同是否符合国际法，会影响最终的处理方式。对于既有石油合同的合法性问题，需要从两个方面来分析：首先，从积极方面来看，既有石油合同在国际法上是否于法有据；其次，从消极方面来看，既有石油合同是否违反国际法中的禁止性规定。

（一）争端当事国能否在争议海域行使主权权利

在无争议的专属经济区或大陆架内，与石油公司签订石油合同，是当事国行使其主权权利的具体体现。然而，由于位于争议海域，分析既有石油合同的合法性问题，首先必须明确当事国在争议海域归属不明的情况下，是否能在争议海域行使主权权利？虽然国际法要求当事国善意地提出海洋主张，并要求当事国各自的海洋主张应在国际法上具有初步基础（a Prima Facie Basis），① 但是，在实践中当事国一般都会尽可能扩大其海洋主张。那么如何认定当事国的海洋主张中哪些有国际法依据，哪些没有国际法依据，或者哪一方的海洋主张更具说服力，这本身就是一个难题。除了当事国之间通过谈判协商来解决双方相互冲突的海洋主张外，就是寻求国际司法机构来判定双方的主张。

当事国之间进行谈判虽然会以各自的海洋主张为基础，但是最

---

① Xinjun Zhang, Why the 2008 Sino-Japanese Consensus on the East China Sea Has Stalled: Good Faith and Reciprocity Consideration in Interim Measures Pending a Maritime Boundary Delimitation, Ocean Development and International Law, Vol. 42, 2011, p. 59.

终的结果通常会很明显地相互妥协，而不是否定一方的划界主张而支持另一方的划界主张。因此，处理结果本身往往是双方争执博弈的结果，很难看出哪一方的海洋主张更符合国际法。例如，在 2009 年 "马来西亚与文莱海上划界案" 中，马来西亚承认了双方主张重叠的海域属文莱所有，由文莱行使主权权利；作为回报，马来西亚国民和居民享有通过文莱海域的权利，在双方主张重叠的海域建立商业安排区（Commercial Arrangement Area），石油资源的收益由两国分享①，马来西亚国家石油公司（Petronas）则参与商业安排区的石油资源开发。② 马来西亚之所以急于同文莱完成海上划界，主要有两点原因：（1）争议海域的存在一直妨碍两国关系的发展；（2）2005 年中国国家主席访问文莱，提议进行共同开发，可能促使马来西亚必须在同文莱的谈判中有所进展。③ 马来西亚作出让步并不是因为自身海洋主张站不住脚，而是为了缓和与邻国关系的政治需要，而且也得到了相应的补偿。

至于通过国际司法机构来认定当事国海洋主张是否有效，虽然能够很好地体现法律性，但这一做法同样存在局限性。首先，很多国家将海洋划界问题排除适用导致有拘束力裁判的强制程序，因此，能否启动国际诉讼程序本身就是个未知数。其次，如果启动了诉讼程序，其结果就很难受当事国控制，很有可能出现当事国意料之外的结果。例如，美国和加拿大于 1979 年曾就缅因湾争议海域问题达成渔业协定，但是，由于新英格兰州渔业游说团体的反对，

---

① Wisma Putra, Brunei has Sovereign Rights over 2 Oil Rich Areas, The Star Online, available at http：//www. thestar. com. my/story/? file =% 2f2010% 2f5% 2f3% 2fnation% 2f20100503123605&sec = nation, last visited on January 10, 2017.

② Patronas, Malaysia still Has Oil Exploration Deal with Brunei, The Star Online, available at http：//www. thestar. com. my/story/? file =% 2f2010% 2f5% 2f2% 2fnation%2f6176292&sec = nation, last visited on January 10, 2017。

③ Clive Schofield, Maritime Cooperation in Contested Waters：Addressing Legal Challenges in East and Southeast Asian Waters, Washington：The National Bureau of Asian Research Special Report, 2012, p. 89。

美国参议院拒绝批准该协定。最终两国将该海域划界问题提交国际法院，国际法院通过判决确立了单一的海上边界。这使得新英格兰州处于更加不利地位，倒不如接受原先的渔业协定。①

既然寻求国际司法机构解决海洋争端不会是多数国家的首选，而谈判的过程又很漫长，那么许多海域将长期处于归属不明的状态。在此期间，当事国任何一方都不会认同对方的主张，也没有中立的第三方来评判它们的各自主张。因此，在争议海域完成划界之前，我们只能寄希望于当事国善意提出各自的海洋主张，而且推定所有的单方面主张在国际法上都是有效的；② 既然在争端解决之前只能推定当事国的主张均有效，那么当事国就可以据此在争议海域行使主权权利，这就为当事国单方面签订石油合同提供了国际法依据。

上述观点也为国际判例所支持。在"爱琴海大陆架划界案"（Aegean Sea Continental Shelf Case）中，针对土耳其在争议海域的石油勘探活动，希腊要求国际法院裁定临时措施，要求希腊和土耳其在国际法院作出最终判决之前，未经另一方的同意，禁止在争议海域内所有关于大陆架的勘探活动或科学研究。③ 希腊的主要理由是"对争议区域拥有专属主权权利的真正沿海国，对其大陆架'认知上的专属性'（the Exclusivity of Knowledge）应当得到保护，任何对'认知上的专属性'的破坏，都将对沿海国的权利造成无法弥补的损害"。但是，国际法院不仅没有认同希腊的主张，反而认为，即便最终判决争议海域归属希腊，且土耳其的勘探活动侵犯了希腊获得其大陆架自然资源相关信息的权利的专属性，也可以事

---

① Elliot Richardson, Jan Mayen in Perspective, The American Journal of International Law, Vol. 82, 1988, p. 451.

② Tara Davenport, The Exploration and Exploitation of Hydrocarbon Resources in Areas of Overlapping Claims, in Robert Beckman (ed.), Beyond Territorial Disputes in the South China Sea, Edward Elgar Publishing Limited 2013, p. 106。

③ Aegean Sea Continental Shelf (Greece v. Turkey), Interim Protection, Order of 11 September 1976. I. C. J. Reports 1976, p. 3, para. 2.

后通过适当方式进行弥补，从而无需在完成划界前予以禁止。① 换言之，法院认为在未就最终归属作出裁判前，不需要禁止土耳其的勘探活动；不禁止土耳其单方面实施的勘探活动，也就意味着在完成划界前，当事国均可以在争议海域实施勘探活动。

"圭亚那与苏里南仲裁案"（Guyana/Suriname Case）的判决，同样认可当事国可以在争议海域行使主权权利。针对苏里南派遣巡逻船驱逐 CGX 公司（CGX Resources Inc）钻井平台的行为，圭亚那认为此举构成使用武力，苏里南需对此承担国际责任。② 虽然仲裁庭最终认定，苏里南的该行为违反国际法，但原因并不是苏里南无权采取驱逐行动，而是实施驱逐行动的过程中具体方式不当，构成国际法所禁止的"以武力相威胁"。③ 这就表示，仲裁庭认可了苏里南有权在争议海域进行执法活动，而执法活动正是以管辖权为基础，这也意味着苏里南可以在争议海域行使主权权利。此外，苏里南也提出一项诉求："圭亚那违反《联合国海洋法公约》第 74 （3）条、第 83 （3）条之规定，授权许可证持有者在争议海域钻探探井，妨害海上边界协定的达成。"仲裁庭一方面判定，圭亚那授权 CGX 公司的钻探行为违反国际法；但另一方面也指出："不允许争端一方以永久的方式，采取任何可能影响另一方权利的单方面活动；然而，国际法庭或仲裁庭应当注意不扼杀当事方在争议区域促进经济发展的能力，因为边界争端的解决是一个耗时较长的过程；仲裁庭关于尽力不危害或阻碍最终协议达成的义务的解读，必须反映出这种微妙的平衡。"④ 这也意味着，仲裁庭认为在不危害或阻碍最终协议达成的前提下，圭亚那还是可以在争议海域实施单方面的石油活动，这等于间接承认了圭亚那可以在争议海域行使主权权利。也就是说，仲裁庭原则上承认了在最终划界前，当事国双

---

① Aegean Sea Continental Shelf (Greece v. Turkey), paras. 17, 26, 30, 32.

② Guyana/Suriname, Award of the Arbitral Tribunal, 17 September 2007, para. 157.

③ Guyana/Suriname, paras. 445-446.

④ Guyana/Suriname, para. 470.

方均可以在争议海域行使主权权利。

　　（二）既有石油合同是否违反禁止性规定

　　虽然争端当事国可以通过与石油公司订立石油合同的形式，来行使其对争议海域的主权权利，但是，由于处在争议海域，加之主权权利具有专属性，若当事国都在同一区域行使此类权利，必然会产生冲突。即便只有一方当事国行使此类权利，也很有可能会对最终归属其他当事国的部分或全部海域上的主权权利的专属性造成伤害。因此，尽管原则上当事国可以在争议海域行使主权权利，但是相较于无争议海域，其所能行使的主权权利是不完整且非常有限的。为此，国际法对具体的行使方式加以限制，以适应争议海域这种权属不明的特殊情况。

　　目前有关争议海域当事国单方面行为的禁止性规定，当属《海洋法公约》第 74（3）条、第 83（3）条。这些条款规定，在达成专属经济区或大陆架划界协议以前，有关各国应基于谅解和合作的精神，尽一切努力作出实际性的临时安排，并在此过渡期间内，不危害或阻碍最后协议的达成；这种安排不妨碍最后界限的划定。针对相关国家在"达成协议以前"的情况下的责任，它综合两种因素：有责任"尽一切努力"作出实际性的临时安排，并负有不危害或阻碍最后协议达成的责任。第一因素旨在推动采用某些临时措施；第二因素试图限制相关国家在争议区内的活动。"不危害或阻碍最后协议的达成"的义务，这一要求不排除争议区域内相关国家所进行的活动，只要这些活动不损害最终的划界决定。① 但是仅凭《联合国海洋法公约》第 74（3）条、第 84（3）条中的寥寥数语，是无法在实践中准确适用该项规则的，因此有必要探究"不危害或阻碍最后协议的达成"的具体内涵，最有效方法就是分析相关国际判例。根据作者所收集的资料，到目前为止仅有"爱琴海大陆架划界案""圭亚那与苏里南仲裁案"以及"科特迪瓦与

---

　　① 萨切雅·南丹、沙卜泰·罗森主编：《1982 年〈联合国海洋法公约〉评注》（第二卷），吕文正、毛彬译，海洋出版社 2014 年版，第 883 页。

加纳大西洋海上划界案"（Dispute Concerning Delimitation on the Maritime Boundary between Ghana and Côte d'Ivoire in the Atlantic Ocean）直接涉及对该项义务具体内容的解读。

"圭亚那与苏里南仲裁案"是首个一方当事国在诉求中，直接要求仲裁庭认定对方在争议海域内的活动危害或阻碍最后协议的达成的案件。苏里南认为圭亚那违反了《联合国海洋法公约》第 74 (3) 条、第 83 (3) 条之规定，授权许可证获得者在争议海域钻探探井，从而危害和妨碍海上边界协定的达成。仲裁庭认为，在争议海区实施的两类活动是允许的：一种是当事方根据实质性临时安排所采取的活动；另一种则是单方面实施的，但对最终海上划界协定的达成无损害或妨碍的活动。对海洋环境不产生物理改变的单方面行为属于第二类行为。那么什么样的行为又属于对海洋环境产生物理改变的单方面行为？① 为了更好地阐明二者之间的区别，仲裁庭援引了"爱琴海大陆架划界案"。在"爱琴海大陆架划界案"中，国际法院认为，土耳其所实施的地震勘探活动，是由海面上的船只实施的，并不时地在水下引起小型爆炸（Small Explosions），实施小型爆炸的目的在于向海底发送声波，以便获得有关海底下面的地球物理结构的信息。尚无此类地震勘探对海床、底土或者自然资源产生物理损害风险的报告，因此土耳其所实施的地震勘探活动仅具有临时性（Transitory Character）。与临时性活动相对应的则是非临时性（Non-transitory Character）活动，此类活动具体包括：对海床、底土或者自然资源存在造成物理损害的风险的行为；在大陆架上建立人工设施；实际占用或以其他方式使用大陆架上自然资源。非临时性活动会对归属尚不明确海洋权利造成无法弥补的损害，在争议海域完成划界前理应被禁止。② 由此可见，在"圭亚那与苏里南仲裁案"中所说的对海洋环境产生物理改变的行为，就是"爱琴海大陆架划界案"中的非临时性活动，争端当事国若在争议海域单方面实施此类行为，则违反了"不危害或阻碍最后协

---

① Guyana/Suriname, paras. 456, 460, 466-468.

② Aegean Sea Continental Shelf (Greece v. Turkey), paras. 30-32.

议的达成"的义务。

为了进一步解答苏里南所提的问题，仲裁庭指出一些石油勘探活动之间存在很大的法律差别，最明显的就是地震勘探和钻探活动。钻探活动会对海洋环境产生物理改变的单方行动，即对现状产生可以感知的改变，有损另一方在划界争端中的地位，进而损害或妨碍最终划界协定的达成，因此只能由双方共同行使或根据协定行使。最终仲裁庭认为，当事国在争议海域单方面实施地震勘探活动并不违反"不危害或阻碍最后协议的达成"的义务，只有会对海洋环境造成永久损害的钻探活动违反了该项义务。① 对于为何钻探活动就会对海洋环境造成永久的损害，"圭亚那与苏里南仲裁案"的判决并未予以解释，直到"科特迪瓦与加纳大西洋划界案"才有了详细说明。在该案中，科特迪瓦指出："钻探是不可逆的，因为岩石一旦被压碎后就不能再还原；虽然可以向竖井内注入水泥，但是破裂仍然存在，不可能再将底土恢复到原来的状态。"② 科特迪瓦的这一主张得到了特别分庭的支持，特别分庭认为："加纳正在争议海域所实施的勘探活动，会导致大陆架的物理性质的改变。如果在争议海域内实施的勘探活动，会对本区域的物理性质造成重大和永久的改变，并且这种改变不能够通过经济补偿的形式来充分弥补，那么就存在无法弥补的损害的风险。不论何种性质的补偿，都无法将海床和底土恢复到其原来的状态。"③ 根据上述案例分析可知，"不危害或阻碍最后协议的达成"的义务的具体内涵包括两个方面：首先，会对海洋环境造成无法弥补损害的非临时性的单方面行为，必然违反了该项义务，包括：对海床、底土或者自然资源存在造成物理损害的风险的行为（钻探活动最具代表性），在大陆架上建立人工设施，实际占用或以其他方式使用大陆架上自然资

---

① Guyana/Suriname, paras. 480-482.

② Dispute Concerning Delimitation on the Maritime Boundary between Ghana and Côte d'Ivoire in the Atlantic Ocean, Provisional Measures, Order of 25 April 2015, ITLOS Reports 2015, para. 78.

③ Dispute Concerning Delimitation on the Maritime Boundary between Ghana and Côte d'Ivoire in the Atlantic Ocean, paras. 88-90.

源。其次，不会对海洋环境造成无法弥补损害的临时性单方面行为则没有违反该义务，以地震勘探最具代表性。

综上所述，判断是否违反"不危害或阻碍最后协议的达成"的义务的关键在于，是否会对海洋环境造成无法弥补的损害。那么本章就根据这一标准，来分析既有石油合同的合法性问题。需要注意的是，既有石油合同从订立到最终的履行，通常要经历订立、勘探、开采三个阶段，因此需要逐一分析不同阶段的合法性：

1. 虽然当事国一方就争议海域的石油开发所签订的石油合同，会必然地遭到对方反对，但这并不意味着该行为危害或阻碍最后协议的达成。原因在于，当事国的行为若要对争议海域的海洋环境造成无法弥补的损害，必须以该行为直接作用于海洋环境为前提，而签订石油合同本身仍停留在纸面，单凭这一个行为，是不会对海洋环境产生改变的。

2. 签订石油合同后，石油公司必然要在争议海域实施勘探活动，以确定争议海域是否具有商业开采价值的石油资源。勘探，从概念上说，是指在初步确定某一区域可能蕴藏油气资源后，对专门的区域进行详细的勘探调查，以确定是否具有商业开采价值。勘探通常包括详细的地震勘探，以及钻探、试气等工作。[①] 对此意义上的勘探活动是否危害或阻碍最后协议的达成，不能一概而论。其中以"地震勘探"为代表的非临时性勘探活动，前文已提及，这不会对海洋环境造成无法弥补的损害，自然不违反禁止性规定。至于钻探活动这种非临时性勘探活动，前文同样述及，这是违反禁止性规定的。

3. 既然钻探活动已经违反禁止性规定，那么以其为基础的试气和开采活动，必然违反国际法中的禁止性规定。

因此，仅单方面订立石油合同以及实施临时性勘探，是国际法所允许的，如果单方面实施非临时性勘探以及开采活动，则被国际法所禁止。

---

① 董世杰：《单方面利用争议海域油气资源的问题研究》，载《东北亚论坛》2015 年第 5 期，第 37 页。

四、处理既有石油合同的方法

既有石油合同毕竟只是当事国一方的单方面行为，与共同开发这种需要当事国双方达成合意的行为，有着本质的不同。实践中，既有石油合同常常成为阻碍共同开发的重要因素，因此必须在共同开发谈判过程中对其进行适当处理，争取做到既能顾及石油公司的利益，又能满足争端当事国双方为实现共同开发而进行的政治妥协。[1] 需要指出的是，尽管上文已经分析了既有石油合同在不同阶段的合法性问题，但在共同开发谈判中，这只是大家关注的一个方面。具体处理方法，还要取决于合同当事国、外国石油公司以及其他当事国之间的角力。综合来说，本章认为有三种基本处理方式：

（一）既有石油合同不受共同开发的影响

处理既有石油合同最简便的方法，就是使其不受共同开发的影响。即将既有石油合同所在区域纳入共同开发区，同时又免受共同开发制度的不利影响。这一做法最符合石油公司的利益，对既有石油合同当事国而言也省时省力。但是，这种方法在照顾其他当事国的利益方面并未有多大进步。

首先，因为共同开发区域内具有开发潜力的地方有限，如果允许既有石油合同不被共同开发制度调整，而剩余区域未能发现具备商业开采价值的石油资源，那么共同开发制度就会形同虚设，其他当事国将无法通过参与共同开发获得经济利益。

其次，既有石油合同可能会与共同开发制度产生冲突。例如，在马来西亚与泰国达成共同开发协议之前，泰国已与特里通石油公司，就争议海域签订石油合同。后来，两国同意将该合同区域纳入共同开发区，但同时规定联合当局所享有的权利不得影响或减损既

---

[1]　Hazel Fox et al（eds.），Joint Development of Offshore Oil and Gas: A Model Agreement for States with Explanatory Commentary, London 1989, p. 215.

有石油合同的有效性。① 这导致 1979 年的《建立泰国湾大陆架特定区域内海床资源开发的联合当局谅解备忘录》（Memorandum of Understanding between Malaysia and the Kingdom of Thailand on the Establishment of the Joint Authority for the Exploitation of the Resources of the Sea Bed in A Defined Area of the Continental Shelf of the Two Countries in the Gulf of the Thailand 1979）第 3（2）条的内容存在固有的"不协调性"：一方面，备忘录授予联合当局代表两国进行勘探开发的权利，另一方面，备忘录又要求联合当局不得影响既有石油合同的效力，由此就产生了两个相互冲突的利益集团。② 如果承认既有石油合同的效力，那么订立该石油合同所依据的法律，以及石油合同中选择适用的法律将继续适用，而这些法律与共同开发协定所规定的共同开发区所适用的法律存在差别，从而影响到共同开发区法律适用的完整性。

最后，在其他当事国看来，这一做法可能有损其对争议海域的主张。因为采用这种方法，一般是石油公司已经在争议海域进行到商业开采阶段，已经获得经济利益，不愿意受共同开发制度的不利影响。很明显，单方面开采违反国际法的禁止性规定，如果其他争端当事国容许这种行为，有可能被解读为默认这一行为具有合法性，进而有损其海洋主张。当然，鉴于共同开发的临时性，其中的一切安排都不得妨碍最终划界，所以这种解读在法律上很难立足。可是，即便可以消除法律上的顾虑，也不能免除政治上的考虑。如果其他当事国未能及时表现出强硬的姿态，未能提出积极的主张，会被国内民众视为政治软弱。因此，对于当事国政府而言，存在一

---

① Article 3（2）of Memorandum of Understanding between Malaysia and the Kingdom of Thailand on the Establishment of the Joint Authority for the Exploitation of the Resources of the Sea Bed in A Defined Area of the Continental Shelf of the Two Countries in the Gulf of the Thailand 1979.

② David Ong, Southeast Asian State Practice on the Joint Development of Offshore Oil and Gas Deposits, in Gerald H. Blake（ed.）, The Peaceful Management of Transboundary Resources, Graham & Trotman Limited 1995, p. 89.

种自然的趋势，即政府会基于国内主流的政治观点采取行动。①

通常来说，共同开发中如果采用这一做法，都需要其他当事国作出让步，否则无法实现。除了已经提到的"马来西亚与泰国共同开发案"，还有几例类似的实践。例如，在 1974 年缔结的《红海共同区内海床和底土自然资源共同开发协定》（Agreement between the Government of the Democratic Republic of the Sudan and the Government of the Kingdom of Saudi Arabia relating to the Joint Exploitation of the Natural Resources of the Sea-Bed and Subsoil of the Red Sea in the Common Zone）第 13 条规定，鉴于苏丹政府已于 1973 年 5 月 15 日缔结一项协议，授予苏丹矿业有限公司（Sudanese Minerals Limited）和德国普罗伊萨格公司（Preussag）一项勘探许可，意味着该协议已为苏丹政府创设了法律义务，联合委员会应当以保护苏丹政府权利的方式并在本协定所设定的制度下，处理这一问题。② 该协定之所以能作出这样的规定，是由于沙特阿拉伯与苏丹的关系一直很友好，所以沙特阿拉伯愿意作出让步。

此外，圭亚那曾于 1988 年向拉斯莫石油公司/必和必拓石油公司联合体（LASMO/BHP Consortium）颁发了一项石油开发特许权。圭亚那和苏里南的总统在 1989 年举行的会谈中，一致同意在边界争端解决之前实施共同开发，并表示已经颁发的石油特许权会继续有效。随后，圭亚那的自然资源部的代表与苏里南国家石油公司的代表进行谈判，并签署了《谅解备忘录》，声明在重叠区域内，尊重已经授予拉斯莫石油公司/必和必拓石油公司联合体的权利，这

① 参见 Leonardo Bernard, Prospect for the Joint Development of Hydrocarbon Resources in the South China Sea, this Paper is Prepared for the Conference on Maritime Confidence Building Measures in the South China Sea, Organized by the Australian Strategic Policy Institute, Sydney, 11-13 August 2013, pp. 4-5。

② Article 13 of Agreement between the Government of the Democratic Republic of the Sudan and the Government of the Kingdom of Saudi Arabia relating to the Joint Exploitation of the Natural Resources of the Sea-Bed and Subsoil of the Red Sea in the Common Zone.

也意味着既有石油合同的效力不受共同开发的影响。遗憾的是，苏里南此后并未执行该备忘录，双方有关共同开发的谈判也未再继续。①

另外，在"澳大利亚与东帝汶共同开发案"中，根据《帝汶海特定海上安排条约》（Treaty between Australia and the Democratic Republic of Timor-Leste on Certain Maritime Arrangements in the Timor Sea）第 4（2）条之规定，不得阻止当事国在共同开发区内继续活动（包括管理现有活动以及批准新的活动），只要这些活动是当事国的本国法律于 2002 年 5 月 19 日所授予的许可实施有关海床、底土石油资源或其他资源的活动。② 之所以规定的日期为 2002 年 5 月 19 日，是因为澳大利亚与东帝汶在 2002 年 5 月 20 日签署了《帝汶海条约》（Timor Sea Treaty），正式在两国之间建立了共同开发区。所以，在此之前的石油合同都属于当事国单方面签订的既有石油合同。根据本条之规定，这些既有石油合同不受共同开发影响，继续有效。值得注意的是，"澳大利亚与东帝汶共同开发案"前后签订了一系列条约，这些条约对于既有石油合同的处理方法不尽一致，例如早于《帝汶海特定海上安排条约》的《帝汶海条约》，则规定将既有石油合同纳入共同开发，具体内容将在下文介绍。

（二）终止既有石油合同

1. 依据合同条款终止合同。任何石油合同都有期限，虽然石油合同具有多种类型，但是现代石油合同的期限通常在 30 年左右，例如，石油公司与泰国签订的石油合同的期限为 26 年，在印度尼西亚则为 30 年，在中国一般也不超过 30 年。③ 此外，石油合同一

---

① Guyana/Suriname, paras. 140, 148.

② Article 4 (2) of Treaty between Australia and the Democratic Republic of Timor-Leste on Certain Maritime Arrangements in the Timor Sea, 12 January 2006.

③ Zhiguo Gao, International Petroleum Contracts: Current Trends and New Directions, Graham & Trotman 1994, pp. 33, 74, 163.

般会将整个勘探开发过程分为两个阶段，即勘探阶段和生产阶段，只有完成勘探并发现具有商业开采价值的油气资源，方能进入生产阶段。

例如，在"日本与韩国共同开发案"中，石油公司首先有 10 年的勘探期，如果在勘探期内有商业发现，将可以申请 30 年的开采期；申请开采以在勘探期间获得商业发现为前提。① 但是当事国一方在争议海域的任何举动都备受对方关注，因此单方面进行勘探活动必然会招致另一方当事国的反对，能否顺利完成勘探活动存在很大的不确定性。勘探活动尚是如此，若要进行商业生产更是困难重重。所以在海上争端化解之前，石油合同很可能会由于另一当事国的阻挠而无法得到履行。

再如，1992 年中国政府与美国克里斯通石油公司（Crestone Energy Corporation）就万安滩到广安滩之间的一片海域，签订了石油合同，合同截止日期为 2013 年 5 月，由于越南方面的干扰，未能在这片区域进行商业开发。② 因此，如果既有石油合同在实施共同开发之前期限届满，或者石油公司因未能完成合同约定的勘探任务而无法进入生产阶段，那么，依据合同规定当事国一方终止合同，既有石油合同的问题就迎刃而解。

此外，由于既有石油合同位于争议海域，其开发风险和难度远大于无争议海域，石油公司还可能迫于其他当事国的压力，或者自认为开发无望而主动要求终止合同。例如，在 1968 年由联合国亚洲及远东经济委员会所赞助的东海、黄海地质勘探报告公布后，日本、韩国以及中国台湾当局分别与西方石油公司签订石油合同，并于 1970 年在中国政府缺席的情况下，尝试共同勘探开发争议海域的石油资源。上述行为遭到中国政府的强烈反对，为了不进一步刺

① Article X of Agreement between Japan and the Republic of Korea concerning Joint Development of the Southern Part of the Continental Shelf adjacent to the Two Countries.

② Zou Keyuan, China's U-Shaped Line in the South China Sea Revisited, Ocean Development & International Law, Vol. 43, 2012, p. 22.

激中国政府，美国政府警告本国的石油公司不要参与东北亚争议海域的石油资源开发，否则风险自负。所以，到了1971年年中，所有美国石油公司全部退出。①

2. 单方面取消合同。除了依据合同条款终止合同，当事国还可以单方面取消合同，只是这种做法会遭到石油公司的激烈反对。原因在于：

首先，相较于前者以合同约定为基础，合同当事国在条件满足时终止合同，石油公司很难提出反对理由，而后者由于是合同当事国的单方面行为，必将遭到石油公司的反对。

其次，既有石油合同通常规定石油公司可以分得一定份额的原油，而许多石油公司尤其是跨国石油公司都拥有一套完整的生产销售体系，在获得原油后就能够将其供应给自身的下游产业，这样可以将利润最大化。如果合同当事国单方面解除既有石油合同，即便进行赔偿，也只会计算石油公司的直接损失，而不可能考虑给其下游产业所造成的损失。因此，出于维护自身经济利益的考虑，石油公司会尽力维护既有石油合同。即便合同当事国单方面取消了既有石油合同，也会产生两大不利后果：

（1）最直接的不利后果就是需要对石油公司进行赔偿，具体的赔偿数额与石油公司不同阶段的投资密切相关，一般而言勘探阶段的投资要小于开发阶段的投资。对于经济实力较强的国家而言可以承受，但对于经济实力较弱的国家而言可能就是一笔不小的经济负担。也有观点认为石油公司应自行承担损失。因为对既有石油合同的区块位于争议海区这一事实，石油公司很难证明自己不知晓，既然石油公司明知相关海域归属不明，仍决定与相关当事国签订石油合同，就应当对风险有过预判。从这个角度，可以说石油公司实际上从事的是投机冒险业务，由此造成的损失应当由石油公司自行

---

① Choon-Ho Park, Joint Development of Mineral Resources in Disputed Waters: the Case of Japan and South Korea in the East China Sea, in Mark J. Valencia (ed.), The South China Sea: Hydrocarbon Potential and Possibilities of Joint Development, Pergamon Press 1981, pp. 1335-1337.

承担。① 对此，至少有一点可取，即在确定赔偿数额时，应当充分考虑石油公司对风险的预判。一般而言，由于位于争议海域，为了吸引投资，相较于无争议海域的石油资源开发，当事国会对争议海域石油资源开发给予更多的优惠条件，作为石油公司若要获得高收益，必然要承担更多风险。

（2）长远的影响是打击投资者的信心。一国政府单方面取消石油合同会有损其公信力，会使投资者对该国的投资环境失去信心。无论国家实力强弱，都不愿看到这种局面。对实力较弱的当事国而言，这种不利影响更为明显。由于缺乏经济和技术条件，加之海上石油资源的准确储量仍有待勘探确认，经济实力较弱的当事国起初在与石油公司的谈判过程中就处于不利地位。② 如果再出现单方面取消石油合同的不良记录，只会对其今后的石油开发谈判更加不利。因此，这种不顾及石油公司利益而单方面取消合同的做法并不可取。

（三）既有石油合同纳入共同开发

将既有石油合同纳入共同开发，是指不仅将合同区域纳入共同开发区，而且适用共同开发制度。具体分为两种情况：

1. 如果全体当事国均存在既有石油合同，那么应当要求既有石油合同所涉及的所有石油公司，参与共同开发制度所设立的联合经营，并且共同任命一名经营者负责整个区域的实际运营。③ 例如，在"日本与韩国共同开发案"中，虽然共同开发协定并未作

---

① Ian Townsend-Gault, The Impact of a Joint Development Zone on Previously Granted Interests, in Hazel Fox ed., Joint Development of Offshore Oil and Gas, Vol. II, London 1990, p. 180.

② Kamal Hossain, Law and Policy Petroleum Development: Changing Relations between Transnationals and Governments, Frances Pinter Ltd. 1979, pp. 58-63.

③ David M. Ong, The New Timor Sea Arrangement 2001: Is Joint Development of Common Offshore Oil and Gas Deposits Mandated under International Law? The International Journal of Marine and Coastal Law, Vol. 17, 2002, p. 98.

出明文规定，但是由于条约规定共同开发区内每个区块，由日韩各自指定许可证持有者联合经营，那么当事国仍然有权允许既有石油合同中的石油公司，继续作为许可证持有者参与共同开发，从而实现将既有石油合同纳入共同开发。① 此种情况下，纳入共同开发的石油公司数量，相较于既有石油合同中公司数量，会有一个明显的增加，这意味着每个石油公司所获得的收益，会少于既有石油合同所规定的收益。但是，只有将所有既有石油合同中的石油公司纳入共同开发，才能打破同一区域存在众多石油合同而无法开发的僵局，才能将之前的空头支票兑现。虽然相较于既有石油合同所规定的收益，纳入共同开发会使石油公司的实际收益缩水，但由于参与的公司数量增加，相应地会大大降低每个石油公司开发石油资源的风险和成本。

2. 如果只有一方当事国存在既有石油合同，那么应当要求原合同中的石油公司与共同开发管理机构，在不低于原合同条件的情况下，重新订立石油合同。这样，合同就从原先的合同当事国和石油公司之间签订，演变为共同开发管理机构和石油公司之间。实际上就是，共同开发管理机构代表全体当事国与石油公司签订合同。例如，2001 年东帝汶独立以后，关于如何处理澳大利亚在帝汶海的既有石油合同问题，在 2001 年澳大利亚与联合国东帝汶过渡行政当局（UNTAET）达成的《帝汶海安排》②（Timor Sea Arrangement）中，两国同意由原合同石油公司与共同开发管理机构重新订立合同，除了合同当事方发生改变外，其余部分与原合同条款相同。③ 2002 年签署的《帝汶海条约》，同样延续了《帝汶海安排》中的

---

① Hazel Fox et al（eds.），Joint Development of Offshore Oil and Gas：A Model Agreement for States with Explanatory Commentary，London 1989，p. 217.

② 双方约定，在东帝汶完成制宪议会、总统选举、完全获得独立后，在澳大利亚和东帝汶之间使用本协议。2002 年澳大利亚与东帝汶又缔结了《帝汶海条约》，本条约的内容与《帝汶海安排》基本一致，等于事实上取代了《帝汶海安排》。

③ 参见 Annex F of Timor Sea Arrangement，5 July 2001.

这一规定。① 此种情况下，参与收益分配的当事国数量，由一个合同当事国，变成全体当事国均参与分配。合同当事国的经济收益明显减少，但是当事国之间的关系会有一个明显的改善，其所带来的政治利益不容忽视。可见，既有石油合同纳入共同开发，比较好的兼顾了外国石油公司、既有石油合同当事国以及其他当事国的利益。

通过对以上既有石油合同处理方法的分析，可以看出"不受共同开发影响"模式未能顾及其他当事国的诉求，除非得到其他当事国的同意，否则无法实现；而"单方面取消既有石油合同"模式则忽略了外国石油公司的诉求，均不可取。"依据合同条款终止合同"模式完全基于合同当事国与外国石油公司的事先约定，在不违背石油公司意志的情况下终止了既有石油合同，为当事国双方的共同开发扫清了障碍；而"将既有石油合同纳入共同开发"模式则比较全面地顾及了各方的利益，因此这两种方法比较具有可行性。

五、对中国的启示

中国与周边邻国存在一些海上争端，其中有些争端当事国已就争议海域石油资源开发单方面缔结了合同，这些既有石油合同主要集中在东海和南海海域。本部分将为处理这些既有石油合同提出一些建议。

（一）东海

在东海海域，有两个区域存在既有石油合同：

1. 中日韩三方主张重叠区。主要位于 1974 年日韩共同开发区的南部区域，日韩两国当时在没有顾及中国正当的大陆架主张的情况下，单方面划定共同开发区实施共同开发。② 虽然日韩共同开发

---

① 参见 Annex F of Timor Sea Treaty, 20 May 2002。

② Vasco Becker-Weinberg, Joint Development of Hydrocarbon Deposits in the Law of the Sea, Springer 2014, p. 152.

区已存续了数十年，但是日韩两国石油公司实施的勘探活动并未有商业发现。① 日韩共同开发区未发现油气资源的现实，对于中国而言是一个比较有利的消息，长期以来，它们可能根据共同开发协定第31（4）条之规定，② 通过协商终止本项共同开发协定。如果未能就提前终止共同开发协定达成一致，还可以依据本条第3款之规定，由任何意图终止本协定的一方当事国，在本协定最初50年期限届满前3年，以书面形式通知另一方，要在本协定50年期限届满后终止本协定。不过需要指出的是，尽管日韩共同开发区没有获得发现商业开采价值的油气资源，也不应忽视其在缓解日韩海上划界争端中发挥的积极作用。③ 本书认为，在日韩两国未就大陆架划界达成共识之前，即便没有任何商业发现，在共同开发协定所规定最初50年期限届满后，两国仍会让本协定继续有效，直至双方能够妥善处理划界问题。不过，即使如此，由于该区域石油资源前景不明，以后可能没有石油公司愿意参与该区域的开发，那么很可能在以后就不再有既有石油合同。

2. "东海中间线"以东海域。2005年日本政府授权日本帝国石油公司（Teikoku Oil Company），在"东海中间线"以东毗邻春晓油气田的海域进行钻探活动。④ 由于位于中日争议海域，加之意图单方面实施国际法明确禁止的非临时性石油活动，引发了中国政府的强烈抗议。⑤ 由于中国方面的坚决反对，帝国石油公司随后声

① Sun Pyo Kim, Maritime Delimitation and Interim Arrangements in North East Asia, Martinus Nijhoff Publishers 2004, p. 284.

② Article 31 (4) of Agreement Between Japan and Republic of Korea Concerning Joint Development of the Southern Part of the Continental Shelf Adjecent to the Two Countries, 30 January 1974.

③ Hazel Fox et al (eds.), Joint Development of Offshore Oil and Gas: A Model Agreement for States with Explanatory Commentary, London 1989, p. 117.

④ Mark J. Valencia, The East China Sea Dispute: Context, Claims, Issues, and Possible Solutions, Asian Perspective, Vol. 31, 2007, p. 132.

⑤ Kung-Wing Au, The East China Sea Issue: Japan-China Talks for Oil and Gas, East Asia, Vol. 25, 2008, p. 226.

称，在紧张关系缓和前，不会在争议海域实施任何勘探开发活动。① 根据目前所掌握的信息，未发现此事之后，帝国石油公司再在争议海域采取过任何实际行动。因此，整个东海争议海域内的既有石油合同问题，对中国的不利影响有限。

（二）南海

相较于东海，南海的既有石油合同问题则复杂得多。在南海地区，与国际油气公司合作开发，成为南海周边国家勘探开发南海油气资源的主要、甚至是唯一的途径。迄今，南海周边国家几乎与世界各主要大国及主要的跨国油气公司签订了数百个涉及在南海合作勘探开发油气资源的合同。中国对南沙群岛及其附近海域拥有无可争辩的主权。这些油气合同严重侵犯中国的海洋权益，完全是非法无效的。中国政府从来没有承认这些合同的合法性，并多次提出抗议。中国可以从两个方面应对这些既有石油合同：

首先，针对尚未进行开采作业的情形，中国政府应当积极阻止石油公司在争议海域进行开采作业，迫使石油公司无法完成合同中规定的义务，直至合同期限届满，或者合同当事国终止合同，或者石油公司主动要求终止合同。

例如，对于靠近南沙群岛的中国和越南存在争议的南昆山盆地区域，英国石油公司（BP）联合美国康菲石油公司（ConocoPhillips）为开发这一争议海域的石油资源，与越南国家石油公司签订了石油合同；② 埃克森美孚石油公司（ExxonMobil）也

---

① Julian Ryall, China, Japan in Oil Drilling Row, Al Jazeera, available at http：//www.aljazeera.com/archive/2005/11/2008410142154195723.html, last visited on January 10, 2017.

② Andrew Symon, China, Vietnam Spar over Gas, Asian Times Online, available at http：//www.atimes.com/atimes/Southeast_Asia/IE01Ae01.html, last visited on January 10, 2017.

就该区域的石油资源开发与越南签订了石油合同。① 后来，由于中国政府的反对，上述外国石油公司均终止了与越南的石油合同。②

此外，1976 年 6 月 14 日，中国外交部就菲律宾宣布在我南沙群岛地区钻探石油发表声明指出，中国对南沙群岛及其附近海域"拥有无可争辩的主权，这些地区的资源为中国所有。任何外国派兵侵占南沙群岛的岛屿或在南沙群岛地区勘探、开采石油和其他资源，都是对中国领土主权的侵犯，都是不能允许的"。③ 2011 年初，菲律宾政府授予英国福勒姆能源公司（Forum Energy Plc）为期两年在礼乐滩海域勘探油气资源的许可，对此中国政府向菲方提出严正抗议和交涉。2011 年 3 月菲律宾石油勘测船在礼乐滩附近海域进行调查作业，中国政府派出巡逻船予以驱赶，迫使其停止作业。④ 2015 年 3 月 2 日，英国福勒姆能源公司（Forum Energy Plc）发表声明说，菲律宾已经无限期中止了在礼乐滩海域的所有海上石油和天然气钻探活动。该声明称："根据不可抗力条款，72 号服务合同的所有勘探工作立刻中止（2014 年 12 月 15 日起生效），直到菲律宾能源部通知公司可以开始钻探为止。"⑤

中国政府的这些做法，可以大大减少共同开发谈判时存续的既有石油合同的数量。对于少数仍有效的石油合同，当事国之间可以

---

① Duy Hoang, China Rift Opens in Vietnam, Asia Times, available at http：//atimes. com/atimes/Southeast _ Asia/KA14Ae01. html, last visited on January 10, 2017.

② Brian McCartan, Roiling the Waters in the Spratlys, Asia Sentinel, available at http：//www. asiasentinel. com/politics/roiling-the-waters-in-the-spratlys/, last visited on January 10, 2017.

③ 郭冉：《论中国在南海 U 形线内海域的历史性权利》，载《太平洋学报》2013 年第 12 期，第 44 页。

④ Ramses Amer, Li Jianwei, Recent Development in the South China Sea：Assessing the China-Vietnam and China-Philippines Relationships, in Wu Shicun, Hong Nong（ed.）, Recent Development in the South China Sea Dispute, Routledge 2014, p. 37.

⑤ 《菲"无限期中止"礼乐滩油气钻探》，载《参考消息》2015 年 3 月 4 日，第 16 版。

约定待到剩余石油合同全部期限届满时，共同开发协定才正式生效，这样就可以避免实施共同开发时还存在既有石油合同的问题。

其次，对于已经进入商业生产阶段的石油合同，如果坐等石油合同终止，可能会存在争议海域的石油资源被开发殆尽的情况。对此，可以争取将其纳入共同开发，并要求原合同的石油公司与共同开发管理机构重新订立石油合同，接受共同开发管理机构的监督管理，由共同开发的所有当事国共同分配石油收益。不过这一目标的实现存在困难，因为很多国家在与外国石油公司订立合同时，都给予了其很优厚的条件。例如，越南在其新修订的《石油法》中，对于外国公司提供了更加优惠的条件；① 菲律宾由于现有的油田属于低产量高成本的类型，在与外国石油公司订立石油合同时也无太多主动权。② 这表明此类当事国与外国石油公司处于不对等的状态，外国石油公司占据更大优势。所以，要说服这些外国石油公司作出让步，面临很大阻力。因此，当前中国政府积极推动"搁置争议、共同开发"，在此基础上，如何妥善处理南海周边国家非法签订的油气合同，值得进一步研究。

---

① Theresa Fallon, Jockeying for Position in the South China Sea: Cooperative Strategy or Managed Conflict? in Yann-Huei Song, Keyuan Zou (ed.), Major Law and Policy Issues in the South China Sea: European and American Perspective, Ashgate Publishing Limited 2014, p. 200.

② Raymond F. Mikesell, Petroleum Company Operations and Agreements in the Developing Countries, Washington: Resources for the Future 1984, p. 90.

第四章　海上共同开发管理模式的
比较与中国的选择

　　海上共同开发一般是指主权国家为了平等分享，一个或两个当事国依据国际法享有的，在大陆架或专属经济区海床和底土上特定区域内的油气资源，当事国在协议基础上，通过国家合作和国家政策的形式进行的勘探或开发活动。① 早在 20 世纪 70 年代，中国国家领导人就提出了"主权属我、搁置争议、共同开发"原则，试图以此来解决中国和周边邻国的岛屿主权和海洋权益争端。虽然中国与周边邻国海上共同开发的进程举步维艰，但是近几年来，中国领导人积极推动海上资源的开发与海域划界。② 海上共同开发作为《海洋法公约》下划界前的临时性安排之一，可以作为中国与周边邻国在争议海域进行油气资源开采的合作方式。海上共同开发的管理模式问题贯穿共同开发整个过程中。对海上共同开发的管理模式

---

　　① 参见 Hazel Fox et al (eds.)，Joint Development of offshore Oil and Gas: A Model Agreement for States with Explanatory Commentary，London 1989，p. 45。

　　② 2014 年 11 月 10 日，习近平主席会见参加 APEC 会议 5 经济体领导人时，同文莱、马来西亚领导人都提出了推进南海海上合作和共同开发，资料来源于《人民日版》（海外版），http://news.163.com/14/1111/04/AAOCDM6500014AED.html；中韩举行海洋划界谈判的预备会议，资料来源于新华网：http://news.xinhuanet.com/mil/2015-01/29/c_127434969_2.htm；2013 年 10 月 15 日，中越发表《新时期深化中越全面战略合作的联合声明》，提议探讨海上问题过渡性解决办法，资料来源于新华网，http://www.chinanews.com/gn/2013/10-15/5383747.shtml；2013 年 10 月 11 日，中国和文莱发表《中华人民共和国和文莱达鲁萨兰国联合声明》，双方同意加强海上合作，推进共同开发，资料来源于新华网，http://www.chinanews.com/gn/2013/10-11/5365261.shtml。

进行比较分析，能为中国未来的海上共同开发提供更有效的选择。

一、海上共同开发管理模式的分类

（一）海上共同开发管理模式的分类基础

要对海上共同开发的管理模式进行分类研究，我们首先需要分析共同开发中必备的法律要素。海上共同开发区建立之初，对部分法律要素的安排直接决定了海上共同开发的管理模式。

国内外学者从不同的方面对共同开发的基本要素进行了概括。拉戈哥尼指出实现共同开发必须具备四个基本要素：第一，特定的区域；第二，适用的资源；第三，明确经营活动依据的管辖权和法律；第四，开发活动的条款和条件。① 瓦伦西亚从国家实践中总结了共同开发的共同要素，包括：区域范围、合同模式、财务安排、特许权人或经营者的选择程序、协议的期限、共同管理机构的性质和功能。它也认为共同开发不需要边界线的存在，对（共同开发）区域范围达成一致对共同开发安排是至关重要的。② 英国国际法和比较法研究所认为应该区分两种要素：第一，可以留给相关开发当局（joint authority）或开发合同规定的要素；第二，应该包含于国家间协定中的要素。进而将共同要素分为两类：（1）第一重要的要素，包括区域的划定、指定方法、作业者的选择、财务条款、管理当局和可适用的法律；（2）也应当包括的要素，包括安全和健康条款、禁止污染和保护海洋环境的规定、争端解决程序。

相较而言，英国国际法和比较法研究所的分类是比较科学的。海上共同开发管理模式建立起来涉及方方面面的因素，我们需要将

---

① 参见 Hazel Fox et al（eds.），Joint Development of offshore Oil and Gas：A Model Agreement for States with Explanatory Commentary，London 1989，p. 44。

② 参见 Mark J. Valencia，Taming Troubled Waters：Joint Development of Oil and Mineral Resources in Overlapping Claim Areas，San Diego Law Review，Vol. 23，1986，p. 670。

必备的法律要素和可以留作后期调整的要素作出分类，一方面可以共同开发安排更快地建立起来，也可以给予国家一定能够的灵活性，根据各自国家不同的法律规则以及建立的不同权限的管理机构来作出进一步的安排。根据海上共同开发的国家实践、当代国际海洋法的发展，海上共同开发安排中必备的法律要素包括如下方面：

第一，海上共同开发区域的划定，这是共同开发进行的地理范围，也是共同开发安排中需要首先协调的最重要的要素。第二，海上共同开发内共同开发的资源和资源分配比例，包括石油资源、天然气资源以及在后期国家实践中出现的渔业资源。第三，海上共同开发管理机构的建立，建立何种性质、权限、模式的管理机构。第四，海上共同开发许可权或特许权的授予方式，以及作业者的选择。第五，海上共同开发区内资源和活动的管理方式，包括法律适用、税收安排。第六，争端解决的方式。第七，随着现代海洋法的发展，海洋环境保护、健康安全条款等已经成为共同开发安排中必备的法律要素。第八，其他的程序性规定，条约生效条件和方式、条约修改和终止、条约有效期等。

以上八个因素都是建立一个共同开发制度之初应当包含于协议中的，无论采用何种管理模式，都需要在共同开发开始之前上述作出安排。管理模式的不同就是取决于国家间如何对这些因素中核心部分作出安排，以及如何平衡安排的方式。

共同开发协定中如何安排第三、四、五项要素决定了采用的管理模式类型。对于剩余的要素而言，虽然作出安排的方式不同，但是并不影响采用何种管理模式。除此之外，还存在一些要素是可以留给共同开发当局或开发合同进行具体协商和规定的事项，如油气开采的具体作业规程、详细的税收安排等。

（二）海上共同开发管理模式的基本类型

海上共同开发是在国家实践的基础上发展起来的，且不存在完全统一的模式，具体条款和制度的设计上依赖于国家的选择。海上共同开发的管理模式决定着海上共同开发区管理机构的权利和架构、开发区的管理方式、石油公司的参与方式、国家的角色、法律适用等具体问题。海上共同开发管理模式大致分为三种基本类型：代理制模式、超国家管理模式、联合经营模式。

1. 代理制模式。代理制模式是由一方当事国代表双方，对共同开发区内的开发活动和事务进行管理，另一方分享收益的模式。代理制模式中，一般没有建立联合管理机构，而由负责开发和管理的国家及其授权的石油公司之间进行合作。代理制模式是最为简单易行的、最早出现的管理模式。最早的海上共同开发的案例——1958 年"巴林与沙特阿拉伯共同开发案"，采用的就是代理制模式。在该案中，双方划定了一个六边形闭合区域，并规定该区域主权归属于沙特阿拉伯，石油开采以沙特选择的方式进行，所获收益的一半属于巴林。① 同样相似的规定可见于 1969 年"卡塔尔与阿布扎比共同开发案"、1971 年"伊朗与沙迦共同开发案"、1989 年"澳大利亚与印度尼西亚共同开发案"的 B 区和 C 区②。

2. 超国家的管理模式③。超国家管理模式是指国家之间通过协议，将本国对共同开发区的管辖权转让给建立的联合管理局（Joint Authority）或联合委员会（Joint Commission），由该机构全权负责共同开发区内，包括招标、颁发许可证在内的全部管理工作。④ 共同开发案例中采用超国家管理模式有：1974 年"苏丹与沙特阿拉伯共同开发案"、1979 年"马来西亚与泰国共同开发案"、

① Bahrain—Saudi Arabia Boundary Agreement 22 February 1958, article 2, available at http：//www. un. org/depts/los/LEGISLATIONANDTREATIES/PDFFILES/TREATIES/BHR-SAU1958BA. PDF, last visited on 3 July, 2017.

② 1989 Treaty between Australia and the Republic of Indonesia on the Zone of Cooperation in an Area Between the Indonesian Province of East Timor and Northern Australia, article 4, available at http：//cil. nus. edu. sg/1989/1989-treaty-between-australia-and-the-republic-of-indonesia-on-the-zone-of-cooperation-in-an-area-between-the-indonesian-province-of-east-timor-and-northern-australia/, last visited on 3 July, 2017.

③ 超国家管理模式下建立的超国家机构具有准政府的角色，这种表述的意义在于说明该机构权限很大。

④ 参见萧建国：《国际海洋边界石油的共同开发》，海洋出版社 2006 年版，第 124 页。

1989 年"澳大利亚与印度尼西亚共同开发案"中的 A 区，1993 年
"塞内加尔与几内亚比绍共同开发案"、2001 年"尼日利亚与普林
西比共同开发案"、2001 年"澳大利亚与东帝汶共同开发案"、
2012 年"塞舌尔群岛与毛里求斯共同开发案"等。

　　在超国家管理模式中，管理机构拥有广泛的权利，如招投标、
颁发许可证、税收、制定规章制度等。通常该机构也具有独立的法
律人格，有固定的住所。如在《苏丹和沙特阿拉伯共同开发共同
区协定》中，第 7 条为联合委员会设置了非常广泛的权利。联合
委员会有权考量和决定勘探和开发的许可和特许权的申请，可采取
必要步骤促进自然资源的开采，有权在生产阶段监督开采活动，有
权制定规定和规章。① 在《尼日利亚和圣多美普林西比共同开发协
议》中，第 9 条明确规定联合管理局具有法人资格，享有订立合
同的权利、处置动产和不动产的权利、参与诉讼的权利。管理局管
理区域内资源勘探和开发有关的活动，并享有具体职能。②

　　3. 联合经营模式。联合经营模式是指国家各自保留授予资源
勘探和开发的许可权或特许权，各当事国的租让权人负责各自授权
区域内资源的勘探和开发，双方租让权人之间签订联合经营协议进
行合作。这种模式下，联合管理机构的权限十分有限，主要负责对
共同开发区内协议的问题进行审查、监督和发表咨询意见③，负责
共同开发区的日常管理。在共同开发的案例中，最常采用的就是联

---

　　①　Masahiro Miyoshi, The Joint Development of Offshore Oil and Gas in
Relation to Maritime Boundary Delimitation, International Boundaries Research Unit,
Maritime Briefing, Vol. 2, No. 5, 1999, p. 32.

　　②　Treaty between the Federal Republic of Nigeria and the Democratic
Republic of Sao Tome and Principe on the Joint Development of Petroleum and Other
Resources, in Respect of Areas of the Exclusive Economic Zone of the Two States,
done at Abuja on 21 February 2001, article 9, available at http://www.un.org/
Depts/los/LEGISLATIONANDTREATIES/PDFFILES/TREATIES/STP-NGA2001.
PDF, last visited on 3 July 2015.

　　③　参见萧建国：《国际海洋边界石油的共同开发》，海洋出版社 2006 年
版，第 123 页。

合经营模式。① 比较具有代表性的是：1962 年"荷兰与德国在埃姆斯河口的共同开发案"、1974 年"日本与韩国共同开发案"、1976 年"英国与挪威共同开发案"、1981 年"冰岛与挪威扬马延岛共同开发案"、1995 年"英国与阿根廷共同开发西南大西洋案"、2012 年"美国与墨西哥共同开发案"等。

二、海上共同开发管理模式的发展趋势

在不同的经济发展阶段、不同的海上争议区，海上共同开发可采取不同的模式。通过对有关海上共同开发案例进行比较研究，我们可发现海上共同开发的管理模式主要呈现以下发展趋势：

（一）传统代理制模式已经被逐渐淘汰，不能适应油气资源开发的现状

代理制模式存在于共同开发的产生阶段，即 20 世纪 70 年代以前。20 世纪 70 年代以后除了 1989 年"澳大利亚与印度尼西亚共同开发案"外，鲜有共同开发的案例采用这种模式。原因主要有以下几个方面：1. 20 世纪 70 年代以前，采用代理制的国家主要为波斯湾国家。在波斯湾，石油在国民经济中占有重要地位，共同开发区块较之于国内石油产量比例较小，快速开发油田较之于划分区块税收和选定作业者更为重要，这三种因素决定了简单易行的代理制模式可以推行。② 2. 在其他地区，油气资源作为一种短缺资源

---

① 作者已经查明的采用联合经营模式的共同开发案例有：1962 年"荷兰与德国在埃姆斯河口的共同开发案"、1965 年"科威特与沙特阿拉伯共同开发案"、1974 年"日本与韩国共同开发案"、1974 年"法国与西班牙划界与共同开发案"、1976 年"英国与挪威共同开发案"、1981 年"冰岛与挪威扬马延岛共同开发案"、1988 年"利比亚与突尼斯共同开发案"、1992 年"马来西亚和越南共同开发案"、1995 年"英国与阿根廷共同开发西南大西洋案"、2010 年"俄罗斯与挪威共同开发案"、2012 年"美国与墨西哥共同开发案"。

② 参见 Hazel Fox et al (eds.), Joint Development of offshore Oil and Gas: A Model Agreement for States with Explanatory Commentary, London 1989, p.54。

和现代能源安全体系的一部分，当事国不可能如此轻易让渡油气资源的勘探和开采权和资源分配权。3. 现今随着海洋法的发展，海上油气资源的开采需要考虑更多的因素和协调其他的利益，比如生态和渔业资源的保护、对海上航行的影响等。这些利益和因素的协调，需要两国在进行共同开发前深入探讨并作出安排，也需建立相应的监督机制作为补充。4. 1989 年"澳大利亚与印度尼西亚共同开发案"的代理制具有特殊性。该案的代理制是一种在互惠基础上的代理制。澳大利亚负责 B 区，印尼负责 C 区，双方在各自区块内开发油气资源，并向另一方交付 10%的税金。① 两国是在相同的时间、对应的区块采用相同的模式，并交换同等比例的收益，而并非传统代理制下的由一方当事国完全代理。

代理制模式具有优势，它在很大程度上可以减少双方在共同开发管理和运行中具体问题的谈判上所需花费的时间成本，也易于更快地进行共同开发。但是这种模式需要一国对另一国让渡对资源的主权权利和海域的管辖权。如果没有建立相应的监督机制，直接参与分配的当事国也容易产生资源不能得到公平分配的顾虑。若在存在岛屿主权或者海域管辖权争端的争议海域，当事国之间更难采用代理制的模式，以避免在国际社会造成在争议地区默认另一国主权或管辖权的法律后果。②

但值得注意的是，部分专家提出了突破传统授权一国管理的代

---

① 1989 Treaty between Australia and the Republic of Indonesia on the Zone of Cooperation in an Area Between the Indonesian Province of East Timor and Northern Australia, article 4, available at http：//cil. nus. edu. sg/1989/1989-treaty-between-australia-and-the-republic-of-indonesia-on-the-zone-of-cooperation-in-an-area-between-the-indonesian-province-of-east-timor-and-northern-australia/, last visited on 3 July, 2017.

② 参见 Robert Beckman & Leonardo Bernard, Framework of the Joint Development of Hydrocarbon Resources, p. 19, available at http：//cil. nus. edu. sg/wp/wp-content/uploads/2010/08/BECKMAN-AND-BERNARD-FRAMEWORK-FOR-THE-JOINT-DEVELOPMENT-OF-HYDROCARBON-RESOURCES. pdf, last visited on on 3 July, 2017。

理制模式，可采用"轮流许可制度"（a system of alternate licensing）。具体包括以下几个方面：第一，双方国家共同评估或者建立地质数据库，共同完成或授权一方完成最初的勘探工作；第二，根据一定的标准，由专家委员会组成的联合委员会或工作小组，将共同开发区划分为小的区块；第三，在平等的基础上，将开发区块分配给相应的国家许可机构；第四，国家许可机构根据自己的选择程序或方法，自行决定许可；第五，各国对相应的区块暂时享有排他的行政管理权利，且为了管理开发活动的需要，享有完全的管辖权；第六，两国平等地分享收益和税收收入。① 这种方式较之于传统代理制，可以克服前述缺陷，双方在相应的小区块内可以按照本国的法律制度、经济倾向决定开发的模式。在 1989 年"澳大利亚与印度尼西亚共同开发案"中，B 区、C 区采用的就是类似模式。采用这种模式的国家实践并不多，也不失为一种有益的尝试。

（二）超国家管理模式建立虽较为困难，但进入 21 世纪后却被更为密集地采用

超国家管理模式可以极大地减少行政开支，提高工作效率，促进区域开发工作的迅速开展，当事国在收益预见性上也更确定。② 但在近 30 个共同开发案例中，采用这种模式的只有 7 个，这是由建立该模式的困难程度决定的。超国家的管理模式需要当事国就开发制度、特许权授予方式、税收制度、法律制度等方面进行协调，需要极大的政治互信和强烈的政治意愿，也需耗费时间成本和人力成本。从法律角度来说，若当事国之间法律制度存在差异时，如何协调国内法律的规定，在开发区内适用哪国的石油开发制度和税收

---

① 参见 Hazel Fox et al（eds.），Joint Development of offshore Oil and Gas: A Model Agreement for States with Explanatory Commentary，London 1989，pp. 150-151。

② 参见萧建国：《国际海洋边界石油的共同开发》，海洋出版社 2006 年版，第 125 页。

制度，都会是拖延共同开发活动进行和后续进展的消极因素。① 还有一种可能的后果是，当事国在共同开发区建立一套新的法律制度适用于共同开发区，管理委员会的活动不受任何一国法律的管辖，但是这种方式异常复杂且耗费时间。②

1979 年，马来西亚和泰国签署了《（马来西亚和泰王国）为开发泰国湾两国大陆架划定区域内海床资源而建立联合管理局的谅解备忘录》（以下简称《1979 年谅解备忘录》），希望建立一个超国家的管理机构。③ 其后，两国就联合管理局的有关规章、适用的法律、合同制度、管理局的人选等问题进行了旷日持久的谈判，直到 1990 年才签订了《马来西亚政府和泰王国政府关于建立马来西亚—泰国联合管理局有关章程及其他事项的 1990 协定》（以下简称《1990 年协定》），基本上解决了上述问题并制定了共同开发作业方案。④ 联合管理局的权限问题是迟延的一个重要原因。《1979 年谅

---

① 参见 David M Ong, Implications of Recent Southeast Asian State Practice for the International Law on Offshore Joint Development, in Robert Beckman et al. , Beyond Territorial Dispute in the South China Sea: Legal Framework for the Joint Development of Hydrocarbon Resources, Edward Elgar Publishing Limited 2013, p. 216。

② 参见 Hazel Fox et al (eds.), Joint Development of offshore Oil and Gas: A Model Agreement for States with Explanatory Commentary, London 1989, p. 236。

③ Memorandum of Understanding between the Kingdom of Thailand and Malaysia in the Establishment of a Joint Authority for the Exploitation of the Resources of the Sea-bed in a defined Area of the Continental Shelf of the Two Countries in the Gulf of Thailand, available at http: //cil. nus. edu. sg/1979/1979-memorandum-of-understanding-between-malaysia-and-the-kingdom-of-thailand-on-the-establishment-of-the-joint-authority-for-the-exploitation-of-the-resources-of-the-sea-bed-in-a-defined-area-of-the/, done at Chiang Mai on 21 February 1979, last visited on 3 July, 2017.

④ Agreement between the Government of Malaysia and the Government of the Kingdom of Thailand on the constitution and Other Matters relating to the Establishment of the Malaysia- Thailand Joint Authority, done at Kuala Lumpur on 30 May 1990, available at http: //cil. nus. edu. sg/1990/1990-agreement-between-the-government-of-malaysia-and-the-government-of-the-kingdom-of-thailand-on-the-constitution-and-other-matters-relating-to-the-establishment-of-the-malaysia-thailand-joint-autho/, last visited on 3 July, 2017.

解备忘录》第 3 条设计了一个拥有广泛权利，管理非生物资源开发活动的联合管理局。① 泰国对授权联合管理局许可权有很多担忧，而马来西亚也不热衷在共同开发区内建立一个全新的法律机制，使得联合管理局成为某种意义上的政府中的政府（government within government）。② 最终，《1990 年协定》第 2 条和第 7 条作出了退步，并没有赋予联合管理局很大的自治权，管理局的从属性地位显现。③ 在合同制度上，马来西亚采用产品分享合同，但泰国一直采用特许制。若当事国采用不同的合同制度，超国家管理模式下

---

① Memorandum of Understanding between the Kingdom of Thailand and Malaysia in the Establishment of a Joint Authority for the Exploitation of the Resources of the Sea-bed in a defined Area of the Continental Shelf of the Two Countries in the Gulf of Thailand, done at Chiang Mai on 21 February 1979, article 3, available at http://cil. nus. edu. sg/1979/1979-memorandum-of-understanding-between-malaysia-and-the-kingdom-of-thailand-on-the-establishment-of-the-joint-authority-for-the-exploitation-of-the-resources-of-the-sea-bed-in-a-defined-area-of-the/, last visited on 3 July, 2017.

② 参见 Hazel Fox et al（eds.），Joint Development of offshore Oil and Gas：A Model Agreement for States with Explanatory Commentary，London 1989，p. 136 and p. 236。

③ 《1990 年协定》第 2 条第 1 款修订了《1979 年谅解备忘录》第 3 条第 2 款。联合管理局有执行的权利，但是两国政府确保了有整体决策制定权。虽然根据《1990 年协定》第 1 条和第 7 条，联合管理局具有法律人格，有制定政策和管理权，也有在共同开发区内签订非生物资源勘探开发合同的权利，但是其相关行为都需要得到两国政府的许可。联合管理局的行为能力不允许其与其他实体建立除商业性质之外的其他独立关系。在《1990 年协定》第 7 条第 2 款 e 项规定，联合管理局交易和合同的签订也需要得到政府许可。参见 Agreement between the Government of Malaysia and the Government of the Kingdom of Thailand on the constitution and Other Matters relating to the Establishment of the Malaysia- Thailand Joint Authority, done at Kuala Lumpur on 30 May 1990, article 1, article 2 and article 7, available at http://cil. nus. edu. sg/1990/1990-agreement-between-the-government-of-malaysia-and-the-government-of-the-kingdom-of-thailand-on-the-constitution-and-other-matters-relating-to-the-establishment-of-the-malaysia-thailand-joint-autho/, last visited on 3 July, 2017。

他们须协商采用其中一种。① 最终马泰两国采用了产品分成合同。不同采矿法规的协调、海关和税收、天然气的利用政策等问题，这些因素都大大延缓了共同开发的进程，马泰两国共同开发从签订谅解备忘录到最终实施历时 15 年之久。

　　通过纵向比较，我们又可以发现 1970 年到 2000 年 30 年内，13 个共同开发的案例中采用超国家管理模式的只有 4 个，而在 2000 年后 10 年内，采用超国家管理模式的就有 3 个②。超国家管理模式虽然难以建立，但是这并没有阻碍相关国家采用这种复杂全面的管理模式。进入 21 世纪后，超国家的管理模式更为密集地被国家实践采用，并且直到 2012 年，仍有国家在共同开发区内建立起了超国家的管理模式。

　　（三）联合经营模式最常采用，合作方式较为多元

　　联合经营模式较之于以上两种模式，更具有优势。这种模式下，国家保留了更大的自主权，可以依据本国的法律制度和经济倾向性选定石油公司，直接管理税收、制定法律、批准合同或区域计划；石油公司只需依据与特许权授予当事国的合同以及联合经营合同，负责指定区域的资源的勘探和开采；联合管理机构作为一个咨询和协商的场所，对区域内的日常经营活动进行监督和管理，监管区域内资源勘探和开采活动的进展，并依据具体进展向当事国提出建议或者制定管理规范。三者之间的角色和分工更加明确、具体和

---

　　① Mark J. Valencia, Taming Troubled Water: Joint Development of Oil and Mineral Resources in Overlapping Claim Areas, San Diego Law Review, Vol. 23, 1986, p. 671.

　　② 2001 年《尼日利亚和圣多美普林西比共同开发几内亚湾共同开发协定》，2001 年《东帝汶和澳大利亚的帝汶海协定》，2012 年《塞舌尔群岛和毛里求斯共同管理马斯克林高原地区大陆架条约》，均建立的是超国家的管理模式。

务实。同时协议中引入不影响条款①来避免联合经营所带来的政治后果。在资源开采的法律制度不同的国家间，经济利益有冲突的区域内，这种制度更能包容当事国法律制度和经济倾向性上的差异，促进区域内资源的开发更快进行。

联合经营模式可采用的合作方式也较为多元,主要有以下几种方式:

第一种方式是先划定海域界限，双方当事国各自授权相应的特许权经营人，对跨界资源进行勘探和开发。在"冰岛与挪威共同开发案"中，两国将经济区界限作为界线，界线以北区域由挪威授权的石油公司负责开采，以南由冰岛负责授权公司进行勘探和开采。②双方采用联合经营的方式，在风险开发阶段，另一方享有 25%的股份；在开发阶段，另一方有权参与并承担与股份相等的开发费用。③在《俄罗斯和挪威关于在巴伦支海和北冰洋的海域划界与合作条约》中，先划定了海域界限，在附件二中专门规定了跨界碳氢矿床的开发问题。④ 附件二规定，对跨界的碳氢矿床，双方各自授权勘探和开发的相关法人，并应为统一整体开发缔结共同开发协定。同时双

---

① "不影响条款"的典型措辞为"本协定的任何条款不应当解释为任何国家放弃区域内的权利或主张，也不能解释为承认或支持其他相关国家在区域内的任何主张；根据本协定或者协定执行引起的任何行为或活动，不构成对任何国家在区域内权利或者主张的确定、支持或否认的依据"。参见 The Revised Model, Agreement between State X and State Y on the Joint Development of Petroleum in Areas of the Continental Shelf and/or the Exclusive Economic Zone of the Two Countries, article13, in Hazel Fox ed. , Joint Development of offshore Oil and Gas, Vol. II, London 1990, p. 15。

② Agreement on the Continental Shelf Between Iceland and Jan Mayen, 22 October 1981, article 5 and article 6, available at http: //www. un. org/depts/los/ LEGISLATIONANDTREATIES/PDFFILES/TREATIES/ISL-NOR1981CS. PDF, last visited on 3 July 2017.

③ Agreement on the Continental Shelf Between Iceland and Jan Mayen, 22 October 1981, article 6, available at http: //www. un. org/depts/los/ LEGISLATIONANDTREATIES/PDFFILES/TREATIES/ISL-NOR1981CS. PDF, last visited on 3 July 2017.

④ 《俄罗斯联邦与挪威王国关于在巴伦支海和北冰洋的海域划界与合作条约》第1条，条约原文见 http: //www. kremlin. ru/supplement/707。

方也应成立联合委员会来协商双方间针对任何计划中或现有的联合碳氢化合物矿床的问题。联合委员会是保障经常性协商和交换双方关于此类问题的信息，以及通过协商途径解决问题的工具。①

　　第二种方式是将共同开发区划分为小区块，双方当事国在不同区块内授予特许权经营人负责相应的勘探和开采，双方的特许权经营人之间进行密切合作。如德国和荷兰在埃姆斯河口的共同开发协定中，首先划定了一条分界线，在界限两边各自适用两国的法律制度，各自授权特许经营人负责界线两边的勘探和开采工作。② 同时它也规定，荷兰和德国的特许经营人对开采出来的油气资源以及其他物质，享有同等的份额。③ 而"日本与韩国共同开发案"更为具体。日本和韩国将共同开发区分为 9 个区块（后期重新划分为 6 个大致相等的区块）。双方均在每个区块内授予一个或几个特许权持有人，双方的特许权持有人之间达成经营协议并指定经营人，经营人对依据经营协议的一切活动享有专属控制权。④ 双方的特许权

---

① 《俄罗斯联邦与挪威王国关于在巴伦支海和北冰洋的海域划界与合作条约》附件二，跨界碳氢化合物矿床，第 1 条，条约原文见 http://www.kremlin.ru/supplement/707。

② Supplementary Agreement to the Treaty Concerning Arrangements for Co-operation in the Ems Estuary (Ems-Dollard Treaty), Signed between the Kingdom of the Netherlands and the Federal Republic of Germany on 8 April 1960. Signed at Bennekom, on 14 May 1962, article 4 and article 6, available at https://treaties.un.org/doc/Publication/UNTS/Volume% 20509/v509.pdf, p. 140, last visited on 3 July, 2017.

③ Supplementary Agreement to the Treaty Concerning Arrangements for Co-operation in the Ems Estuary (Ems-Dollard Treaty), Signed between the Kingdom of the Netherlands and the Federal Republic of Germany on 8 April 1960. Signed at Bennekom, on 14 May 1962, article 5, available at https://treaties.un.org/doc/Publication/UNTS/Volume%20509/v509.pdf, p. 140, last visited on 3 July, 2017.

④ Agreement Between Japan and the Republic of Korea Concerning Joint Development of the Southern Part of the Continent Shelf Adjacent to the Two Countries, article 4, article5 and article6, available at https://treaties.un.org/doc/Publication/UNTS/Volume%201225/volume-1225-I-19778-English.pdf, last visited on 2 July 2017.

持有人平等分享资源，分担开支。① 同时建立了日本—大韩民国联合委员会，作为对协定执行的相关事项进行协商的机构。②

第三种方式是不划分区块，两国各自授权特许权经营人，双方的特许权经营人间达成协议，指定联合经营人来进行勘探和开发活动。1981 年"英国与挪威弗里格天然气田共同开发案"中，双方当事国虽然已经划定了界限，但是仍将弗里格气田作为一个整体进行联合开发。协议规定双方许可证持有人之间应当达成协议管理开发事宜。双方许可证持有人应当协商，并经政府同意，指定一个联合经营人。③ 双方当事国的管道所有人之间也应当经政府同意，任命一个管道经营人。④ 在 1992 年《马来西亚和越南关于两国大陆架划定区域内石油勘探和开采的谅解备忘录》中，双方当事国分别授权马来西亚国家石油公司（Petronas）和越南国家石油公司（Petrovietnam）作为两国的代理机构，签订协议来管理划定区域内自然资源的勘探和开采活动。在 2012 年美国和墨西哥共同开发案

---

① Agreement Between Japan and the Republic of Korea Concerning Joint Development of the Southern Part of the Continent Shelf Adjacent to the Two Countries, article 9, available at https: //treaties. un. org/doc/Publication/UNTS/Volume%201225/volume-1225-I-19778-English. pdf, last visited on 2 July 2017.

② Agreement Between Japan and the Republic of Korea Concerning Joint Development of the Southern Part of the Continent Shelf Adjacent to the Two Countries, article 24, available at https: //treaties. un. org/doc/Publication/UNTS/Volume%201225/volume-1225-I-19778-English. pdf, last visited on 2 July 2017.

③ United Kingdom of Great Britain and Northern Ireland and Norway Agreement Relating to the Exploration of the Frigg Field Reservoir and the Transmission of Gas Therefrom to the United Kingdom, signed at London on 10 May 1976, article 1 and article 5, available at https: //treaties. un. org/doc/Publication/UNTS/Volume%201098/volume-1098-I-16878-English. pdf, last visited on 3 July 2017.

④ United Kingdom of Great Britain and Northern Ireland and Norway Agreement Relating to the Exploration of the Frigg Field Reservoir and the Transmission of Gas Therefrom to the United Kingdom, signed at London on 10 May 1976, article 15, available at https: //treaties. un. org/doc/Publication/UNTS/Volume%201098/volume-1098-I-16878-English. pdf, last visited on 3 July 2017.

中，也规定了许可证持有人之间应签订联合经营协议，对跨界联合区许可证持有人之间应指定联合经营人，并签订联合区作业协议。①

三、联合经营模式是中国与邻国进行共同开发更为有效的选择

结合中国与周边邻国的法律和政治现状，若中国与邻国进行共同开发，在共同开发管理模式的选择上，联合经营模式更为有效。

（一）联合经营模式更具有临时性安排的法律优势

1. 共同开发作为一种临时性安排的法律特性

共同开发作为 1982 年《联合国海洋法公约》第 74 条和 83 条第 3 条的临时性安排之一，具有临时性、非替代性的法律特性。在主张重叠的海域，争端国家第一位的选择是进行海域划界，划定确定的边界，第二位的选择才是进行共同开发。共同开发作为一种临时性安排的性质决定了其法律特性：第一，从 1982 年《海洋法公约》中临时性安排的措辞来看，共同开发安排是有期限的、临时的，其并不能代替海域划界。争端国家最终的目的仍是完成国家的海域划界。第二，共同开发的目的不是建立某种适用特定海域新的国际法律制度，或者改变决定国家对海域权利和义务所适用的法律制度和规定，国家在达成共同开发安排时主要考虑的是相关的国家利益。② 共同开发只是沿海国采用的一种创造性和务实的法律方

① Agreement between the United States of America and the United Mexican States concerning Transboundary Hydrocarbon Reservoirs in the Gulf of Mexico, article 6, article 10 and article 11, done at Los Cabos on 20 February 2012, available at http：//www. state. gov/p/wha/rls/2012/185259. htm, last visited on 3 July 2017.

② 参见 Vasco Becker-Weinberg, Theory and Practice of Joint Development in International Law, in Zhiguo Gao et al, Cooperation and Development in the South China Sea, China Democracy and Legal System Publishing House 2013, p. 99。

法，旨在搁置争议的同时获取共同资源的经济效益。它是经济利益驱动的结果，而并非法律驱动的结果。① 从共同开发的法律特性来说，建立一种简单、高效、易行，且双方都乐于接受的共同开发安排对当事国来说是最佳选择。

2. 建立超国家管理模式"成本"和难度均较大

进行共同开发安排时，所有的当事国都不愿意另一国对共同开发区享有不成比例的控制力或者影响力，因而建立一种更为全面和深入的超国家管理模式就是一个十分合理的选择。② 但正如前文分析，建立超国家管理模式会面临复杂的技术、政策、法律等问题，双方都需耗费巨大的人力和时间以建立独立的油气管理模式或法律框架，这些必然使共同开发谈判耗时而且困难重重。

在法律和技术协调层面之外，建立权限大而全面的管理机构也是超国家管理模式其核心之一。20世纪90年代之后，超国家管理模式下管理机构已经脱离了最初的单层管理机构的模式，开始建立双层和多层的管理机构。多层次的管理机构下，一般包括一个由当事国委派的成员组成的决策性机构或全面管理的上位机构，一个或多个具体的执行机构，整体负责开发区内资源的有效管理和开采，这两个层次的实体之间形成一种相互制衡（checks-and-balance）的体系，并享有更全面的自主权。③ 最早建立的沙特阿拉伯和苏丹联合委员会采用单层的管理机构，由双方建立的联合委员会管理区域

① 参见 Vasco Becker-Weinberg, Theory and Practice of Joint Development in International Law, in Zhiguo Gao et al, Cooperation and Development in the South China Sea, China Democracy and Legal System Publishing House 2013, p. 79。

② 参见 Robert Beckman & Leonardo Bernard, Framework of the Joint Development of Hydrocarbon Resources, P. 22, available at http://cil.nus.edu.sg/wp/wp-content/uploads/2010/08/BECKMAN-AND-BERNARD-FRAMEWORK-FOR-THE-JOINT-DEVELOPMENT-OF-HYDROCARBON-RESOURCES.pdf, last visited on 3 July 2017。

③ Vasco Becker-Weinberg, Joint Development of Hydrocarbon Deposits in the Law of the Sea, Springer 2014, p. 124.

内的勘探和开发活动。① 其后的马泰联合管理局就已经开始具有双层管理机构的特点。马泰两国委派相同的成员组成联合管理局,②其具体的职能分配为开发和生产、财务和会计、商业支持和法律服务三个具体部门,由两国委派的成员任职。③ 1989 年"澳大利亚与印度尼西亚共同开发案"中,在 A 区建立了部长理事会、联合当局、分理事会的三层管理机构。④ 2001 年澳大利亚和东帝汶大致沿用了这一模式,建立了一个由指定当局、联合委员会和部长理事会组成的三层联合管理机构。⑤ 在 1993 年"几内亚比绍与塞内加尔共同开发案"中,建立了由高级委员会和企业组成的双层的

① Masahiro Miyoshi, The Joint Development of Offshore Oil and Gas in Relation to Maritime Boundary Delimitation, International Boundaries Research Unit, Maritime Briefing, Vol. 2, No. 5, 1999, p. 31.

② Agreement between the Government of Malaysia and the Government of the Kingdom of Thailand on the constitution and Other Matters relating to the Establishment of the Malaysia—Thailand Joint Authority, done at Kuala Lumpur on 30 May 1990, article 3, available at http://cil. nus. edu. sg/1990/1990-agreement-between-the-government-of-malaysia-and-the-government-of-the-kingdom-of-thailand-on-the-constitution-and-other-matters-relating-to-the-establishment-of-the-malaysia-thailand-joint-autho/, last visited on 3 July 2017.

③ 参见 Present MTJA Management and Staff, available at http://www. mtja. org/organisation. php, last visited on 2 July 2017。

④ Timor sea treaty between the government of east timor and the government of Australia, done at Dili on 20 may 2002, article 3, article 5 and article 9, available at http://timor-leste. gov. tl/wp-content/uploads/2010/03/R _ 2003 _ 2-Timor-Treaty. pdf, last visited on 7 July 2017.

⑤ 1989 Treaty between Australia and the Republic of Indonesia on the Zone of Cooperation in an Area Between the Indonesian Province of East Timor and Northern Australia, article 6, available at http://cil. nus. edu. sg/1989/1989-treaty-between-australia-and-the-republic-of-indonesia-on-the-zone-of-cooperation-in-an-area-between-the-indonesian-province-of-east-timor-and-northern-australia/, last visited on 3 July 2017.

管理机构。① 在"尼日利亚与圣多美普林西比共同开发案"中，建立了由联合部长委员会和联合管理局组成的双层管理机构。② 在2012 年"塞舌尔与毛里求斯共同开发案"中，建立了由部长理事会、共同委员会和指定当局组成的三层联合管理机构。③ 建立权限强大、机构复杂的管理机构同样也需要时间和人力成本。

在超国家管理模式下，管理机构在资源管理等事项上完全脱离了国家的直接干预和管理。④ 管理机构享有高度自治权，这也是马泰共同开发案中马来西亚对联合管理局会成为某种意义上政府中的政府（government within government）担忧的原因。从中国周边的政治环境来说，中国与日本在东海的钓鱼岛争端，与部分东南亚国家的南海争端，都具有高度的政治敏感性，且最近几年争端日益激烈。在这种政治环境下建立这种超国家管理模式，十分困难。

3. 联合经营模式是更简单高效的选择

---

① Protocol to the Agreement Between the Republic of Guinea—Bissau and the Republic of Senegal Concerning the Organization and Operation of the Management and Cooperation Agency Established by the Agreement of 14 October 1993, Summary, available at https：//treaties. un. org/doc/publication/UNTS/Volume%201903/v1903. pdf, p. 66, last visited on 3 July 2017.

② Treaty between the Federal Republic of Nigeria and the Democratic Republic of Sao Tome and Principe on the Joint Development of Petroleum and Other Resources, in Respect of Areas of the Exclusive Economic Zone of the Two States, done at Abuja on 21 February 2001, article 6 and article 9, available at http：//www. un. org/Depts/los/LEGISLATIONANDTREATIES/PDFFILES/TREATIES/STP-NGA2001. PDF, last visited on 3 July 2017.

③ Treaty concerning the joint exercise of sovereign rights over the continental shelf in the Mascarene Plateau region between the Government of the Republic of Sey chelles and the Government of the Republic of Mauritius, done at Vacoas, 13 March 2012, article 4, available at https：//treaties. un. org/doc/Publication/UNTS/No%20Volume/49782/Part/I-49782-0800000280331cac. pdf, last visited on 3 July 2017.

④ 参见 Vasco Becker-Weinberg, Theory and Practice of Joint Development in International Law, in Zhiguo Gao et al, Cooperation and Development in the South China Sea, China Democracy and Legal System Publishing House 2013, p. 95。

如前文分析，联合经营模式下国家保留了税收、法律法规制定、特许权授予等最核心的权力，国家需要让渡的管辖权可以减至最小。联合管理机构权限上也有一定的弹性空间，在咨询协调职能之外，管理机构也可监管区域内的开发活动，促进渔业和生物资源的保护，海洋环境养护等措施的施行等。这种多元的联合经营模式更能适应与不同的地区和国家之间的合作，具有更大的优势。中国在东海、南海与多国均有海域划界争端，采用联合经营模式能够促进双方或多方采用最简易的方法、最低程度的法律制度协调，与邻国进行共同开发安排。同时，采用合作方式多元的联合经营模式，可以使中国与邻国合作进行共同开发时，保证整体层面合作方式的一致性和具体层面合作内容的差异性。

（二）联合经营模式更符合我国的石油开发勘探和开采制度

联合经营模式更弹性和多元的合作方式，是更适合中国与邻国共同开发的选择。从我国国内法律制度来说，我国海上油气资源勘探和开采制度已经定型，石油产业仍为垄断产业，外国企业直接参与的空间较小。

第一，中国的石油资源矿产权制度的运行模式比较特殊。应先由国有企业向国土资源部申请勘探开发许可证，并根据申请的先后顺序获得许可证。然后，国有企业决定是自己勘探还是通过产品分成合同方式与国家石油公司合作。①

第二，《中华人民共和国对外合作开采海洋石油资源条例》已经明确规定，中国海洋石油公司是唯一负责对外合作开采石油的主体，并享有专营权。②

第三，中国采用的合同模式为"混合型合同"。中国海洋石油总公司谈判签署的混合型合同须经商务部批准。中国海洋石油公司

---

① 参见王年平：《国际石油合同模式比较研究——兼论对我国石油与能源法制的借鉴》，法律出版社2009年版，第336页。

② 参见1982年《中华人民共和国对外合作开采海洋石油资源条例》第5条，http://www.mofcom.gov.cn/article/b/bf/200207/20020700031407.shtml。

全权负责海上石油开发，国际石油公司只能与其组成合作企业的形式获得石油勘探开发权。外国石油公司通过提供资金、技术和管理经验，与中国海洋石油总公司合作进行海上勘探。① 全部资源为中国所有。

在联合经营模式下，中国与邻国可以采取分区块的开发和管理方式，选定单一石油公司或者是联合经营人，然后双方间进行联合经营，公平分享资源。中国和邻国均保留了许可授予权，最大程度的适用各国法律制度和合同模式，国家管理和控制权最大程度的得到保留。

（三）联合经营模式下应建立更为机构化、常设性的联合管理机构

联合经营模式下多建立常设性的管理机构。该机构有自己的经费和预算，成为了当事国之间进行协商、会议和咨询的场所。中国若与邻国进行共同开发，宜选择更为机构化、常设性的联合管理机构。虽然，共同开发区联合管理机构的职权范围，取决于国家协商采用的模式，但联合管理机构也具有一些与生俱来的职能。具体而言，联合委员会至少具有三个基本功能：首先，对共同开发区活动，它具有最低限度的监管功能；其次，它是一个永久性的论坛场所，共同开发的双方可以进行常规性的会议；最后，当共同开发的双方或者多方之间涉及重大利益的问题出现的时候，联合委员会可以作为咨询和协调的媒介。② 监理机构化、常设性的联合管理机构，可以保证以上三项基本功能得到充分的发挥，保证共同开发区内资源勘探和开采的有效进行。

在联合管理机构的职权上，国家可以授予联合管理局日常事务

---

① 参见王年平：《国际石油合同模式比较研究——兼论对我国石油与能源法制的借鉴》，法律出版社 2009 年版，第 337 页。

② 参见 Clive R. Symmons, Regulatory Mechanisms in Joint Development Zones, in Hazel Fox ed., Joint Development of offshore Oil and Gas, Vol. II, London 1990, p. 146。

的管理权、开发区内作业活动的监管权、完善国家政策和协议修改的建议权等。这不仅有助于共同开发内日常活动的有效运行和监管，也可增强国家间合作和交流的紧密性和及时性，保证共同开发区内油气勘探和开采活动的顺利进行。

联合管理机构的职权也可以更加多样。如可以借鉴建立法律委员会和技术委员会的做法，由专家来讨论和设计具体的法规和技术规则，送交两国政府审批。联合管理机构也可以作为争端解决的场所。在联合管理局内部建立争端解决机制，要求争端应首先提交管理局，石油公司也可作为双方代表，赋予其在联合管理局内进行协商或者谈判的权利，建立专门的争端解决委员会，由双方政府成员或国有公司代表组成，为争端解决提供建议。

第五章　海上共同开发争端的解决

　　海上共同开发活动，难免会出现分歧、产生争端。例如，早在 2002 年东帝汶就与澳大利亚签订了《东帝汶政府与澳大利亚政府间的帝汶海条约》（Timor Sea Treaty between the Government of East Timor and the Government of Australia，以下简称《帝汶海条约》），以推动两国在帝汶海的油气资源共同开发；2014 年，在东帝汶与澳大利亚两国共同开发区的油气资源可分配收入达到了 11 亿 7 千 5 百万美元。① 然而，2013 年 4 月东帝汶根据 2002 年《帝汶海条约》第 23 条附件 B（b）的规定，在常设国际仲裁法院向澳大利亚提起仲裁，并请求常设国际仲裁法院裁定东帝汶与澳大利亚签订的《特定海上安排条约》（Treaty between Australia and the Democratic Republic of Timor-Leste on Certain Maritime Arrangements in the Timor Sea）无效。② 可见，研究海上共同开发争端的解决问题，无疑具有重要的理论价值与现实意义。

---

① 参见 Antoridade Nacional do Petroleo, 2014 Annuel Reports of Petroleum Fund of Timor-Leste。

② 参见 "On 23 April 2013, the Republic of Timor-Leste instituted arbitral proceedings against the Commonwealth of Australia under Paragraph（b）of Annex B to Article 23 of the Timor Sea Treaty between the Government of East Timor and the Government of Australia of 20 May 2002", available at https：//pcacases.com/web/view/37。

一、海上共同开发争端的类型

按照争端的主体不同，海上共同开发争端可以分为以下三类：①

（一）当事国之间的争端

当事国之间的争端（an inter-state dispute）主要是指海上共同开发的各当事国对共同开发协议内容的解释和适用存在分歧而产生的争端。海上共同开发协议的内容主要包括：术语的使用、海上共同开发区、海上共同开发原则、不损害条款、联合管理局的建立及其职能、法律适用问题、财政与税收条款、环境保护条款、争端解决、第三方的权利以及生效和期限等。② 这类争端无疑是国际公法性质的争端。"东帝汶诉澳大利亚仲裁案"（Arbitration under the Timor Sea Treaty, Timor-Leste v. Australia）就属于这种类型。

（二）共同开发机构与承包商之间的争端

共同开发机构与承包商之间的争端（a dispute between a development authority and a contractor）主要是指共同开发机构与承包商之间就海上共同开发合同的解释和适用问题而产生的争端。在这类争端中，共同开发机构有可能是国家，也可能是联合管理局或

---

① 参见 Hazel Fox et al (eds.), Joint Development of offshore Oil and Gas: A Model Agreement for States with Explanatory Commentary, London 1989, p. 294; 萧建国：《国际海洋边界石油的共同开发》，海洋出版社 2006 年版，第 151 页。

② 参见 British Institute of International and Comparative Law, the Revised Model Agreement between State X and State Y on the Joint Development of Petroleum in Areas of the Continent Shelf and /or the Exclusive Economic Zone of the Two Countries, 1990; 杨泽伟主编：《海上共同开发协定汇编》，社会科学文献出版社 2016 年版，第 695~711 页。

联合管理委员会。因此，这类争端既可能涉及国际公法问题，也可能涉及私法问题。需要指出的是，在不同的海上共同开发实践中，共同开发机构的作用也不一样。例如，在 1974 年"日本与韩国共同开发案"中，日韩联合委员会只具有咨询和协调的功能，缺乏权威性。① 然而，在 1979 年"马来西亚与泰国共同开发案"中，联合管理局具有较大权限、成为了超国家管理机构。②

（三）承包商之间的争端

承包商之间的争端（a dispute between contractors）主要是指承包商之间就海上共同开发中经营合同的解释和适用问题而产生的争端。这类争端纯属私法性质的争端，与一般的投资争端相类似。值得注意的是，有学者认为"承包商之间的争端"和"共同开发机构与承包商之间的争端"不是国际法上的争端，而应当属于国内法上的争端。③

二、海上共同开发争端产生的原因

作为一项政治色彩非常浓厚的国际合作行动④，海上共同开发

---

① 参见杨泽伟主编：《海上共同开发国际法问题研究》，社会科学文献出版社 2016 年版，第 146~147 页。

② 参见 Memorandum of Understanding between Malaysia and the Kingdom of Thailand on the Establishment of a Joint Authority for the Exploitation of the Resources in the Sea-Bed in a Defined Area of the Continental Shelf of the Two Countries in the Gulf of Thailand, 21 February 1979, Energy, No. 6, 1981, pp. 1356-1324。

③ 参见 Hazel Fox et al (eds.), Joint Development of offshore Oil and Gas: A Model Agreement for States with Explanatory Commentary, London 1989, pp. 294-295。

④ 参见 Robert Beckman, Ian Townsend-Gault, Clive Schofield, Tara Davenport, Leonardo Bernard (eds.), Beyond Territorial Disputes in the South China Sea: Legal Framework for the Joint Development of Hydrocarbon Resources, Edward Elgar Publishing Limited 2013, p. 141。

在实施过程中可能会由于以下因素而引发争端。

（一）对有关共同开发协议的解释和适用存在分歧

一方面，作为妥协折中的产物，包括海上共同开发协议在内的各种国际法律文件，在其解释和适用中难免会出现歧义和矛盾。① 另一方面，沿海国在进行海上共同开发的谈判中，为了尽快达成共同开发协议，一般只对共同开发的内容作出原则性的规定。这就为各当事国在以后对共同开发协议的不同理解和解释埋下了隐患。例如，1979 年马来西亚与泰国虽然签订了共同开发泰国湾两国大陆架划定区域内海床资源的协议，但是两国围绕如何组建有关"共同开发的联合管理局"产生了较大分歧，直到 1990 年两国才达成了《马来西亚政府和泰王国政府关于建立马来西亚—泰国联合管理局有关章程及其他事项的 1990 协定》（1990 Agreement between the Government of Malaysia and the Government of the Kingdom of Thailand on the Constitution and Other Matters Relating to the Establishment of the Malaysia-Thailand Joint Authority），从而为两国海上共同开发的实施扫清了障碍。

（二）共同开发协议一方出现单方违约行为

自 1958 年巴林与沙特阿拉伯签订《巴林—沙特阿拉伯边界协定》（Bahrain-Saudi Arabia Boundary Agreement）、实施海上共同开发以来，共同开发跨界或争议海域资源的国家实践已成为一种较为普遍的现象，迄今海上共同开发的国际案例也有近 30 例。② 在这些国际实践中，共同开发协议一般均规定双方在共同开发区内的收益分成和责任。例如，在 2001 年"尼日利亚与圣多美普林西比共

---

① 参见杨泽伟：《国际法析论》（第四版），中国人民大学出版社 2017 年版，第 71 页。

② 参见杨泽伟主编：《海上共同开发国际法问题研究》，社会科学文献出版社 2016 年版，第 2 页。

同开发案"中,《尼日利亚联邦共和国与圣多美和普林西比民主共和国共同开发两国专属经济区的石油及其他资源的条约》(Treaty between The Federal Republic of Nigeria and The Democratic Republic of São Tomé e Príncipe on the Joint Development of Petroleum and other Resources, in respect of Areas of the Exclusive Economic Zone of the Two States) 第3条规定明确规定:"双方当事国应依据本条约,对开发区内由开发活动所产生的所有收益和责任做如下分配,尼日利亚占60%,圣多美普林西比占40%……除非依据本条约,在开发区内的其他任何开发活动都是被禁止的。"因此,按照上述条约之规定,如果尼日利亚或圣多美普林西比出现单方违约行为,都会引起海上共同开发争端。

(三) 其他因素

例如,在2013年"东帝汶诉澳大利亚仲裁案"中,东帝汶认为,在《特定海上安排条约》的谈判过程中,因为澳大利亚不但在东帝汶总理办公室和东帝汶谈判代表下榻的酒店均安装了窃听器,而且对东帝汶谈判代表行贿和实施敲诈,所以澳大利亚违反了《维也纳条约法公约》中有关"善意原则(the Principle of Good Faith)"和禁止欺诈和贿赂之原则①。因此,东帝汶以此为由在常设国际法院提起仲裁,并主张《特定海上安排条约》无效。②

---

① 《维也纳条约法公约》序言规定"鉴悉自由同意与善意之原则以及条约必须遵守规则乃举世所承认";第49条规定"倘一国因另一谈判国之诈欺行为而缔结条约,该国得援引诈欺为理由撤销其承受条约拘束之同意";第50条规定"倘一国同意承受条约拘束之表示系经另一谈判国直接或间接贿赂其代表而取得,该国得援引贿赂为理由撤销其承受条约拘束之同意"。

② 参见 Paul Cleary, How Canberra and Woodside 'Bugged' Timor PM to Strip Fledgling Nation of Oil Billions, The Australian, June 1, 2014; also available at http://www.abc.net.au/news/2013-11-27/east-timor-says-australia-spied-for-commercial-gain/5120738。

三、海上共同开发争端解决的方式

（一）海上共同开发争端解决的原则

自联合国成立以来，各国在国际关系中禁止以武力相威胁或使用武力、和平解决国际争端已成为国际强行法规则。① 因此，海上共同开发争端的解决，也应遵循禁止以武力相威胁或使用武力原则、和平解决国际争端原则。此外，解决海上共同开发争端的目的，就是为了保障海上共同开发活动的顺利实施，所以海上共同开发争端的解决还应遵循国际合作原则。②

（二）海上共同开发争端解决的方法

《联合国宪章》第 33（1）条规定："任何争端之当事国，于争端之继续存在足以危及国际和平与安全之维持时，应尽先以谈判、调查、调停、和解、公断、司法解决、区域机关或区域办法之利用，或各该国自行选择之其他和平方法，求得解决。"因此，海上共同开发争端一般也可以依照上述方法加以解决。具体而言，海上共同开发争端解决的方法主要有：

1. 谈判与协商。谈判与协商是海上共同开发争端解决使用较多的一种方法，也是各当事国首选的一种方法。③ 例如，在 1979 年"马来西亚与泰国共同开发案"中，《（马来西亚和泰王国）为开发泰国湾两国大陆架划定区域内海床资源而建立联合管理局的谅解备忘录》（Memorandum of Understanding between Malaysia and the

---

① 参见杨泽伟：《国际法》（第三版），高等教育出版社 2017 年版，第 52~55 页。

② 参见杨泽伟：《论海上共同开发的发展趋势》，载《东方法学》2014 年第 3 期，第 74~75 页。

③ 参见 Hazel Fox et al（eds.），Joint Development of offshore Oil and Gas：A Model Agreement for States with Explanatory Commentary, London 1989, p. 287.

Kingdom of Thailand on the Establishment of the Joint Authority for the Exploitation of the Resources of the Sea Bed in a Defined Area of the Continental Shelf of the Two Countries in the Gulf of Thailand）第 7 条明确规定："对在本备忘录条款的解释或执行中所产生的分歧或争端，双方应通过协商或谈判的方式和平解决。"况且，该备忘录也仅仅规定用谈判与协商这一种方法解决争端。又如，在 1993 年"几内亚比绍与塞内加尔共同开发案"中，《几内亚比绍共和国和塞内加尔共和国管理和合作协定》（Agreement on Management and Cooperation between the Republic of Guinea-Bissau and the Republic of Senegal）也规定，因本协定或国际管理局的协定而产生的争端，应首先经过直接谈判解决。①

2. 仲裁。仲裁是海上共同开发争端解决使用较多的一种方法②，特别是共同开发机构与承包商之间的争端，"最常用的解决方式就是仲裁或商事仲裁"③。在这种情况下，如果共同开发机构的国家和承包商的国籍国都是 1965 年华盛顿《关于解决国家与他国国民之间的投资争端公约》的缔约国，争端双方还可以选择华盛顿"解决投资争端国际中心"（International Center for the Settlement of Investment Dispute）来解决其争端。在海上共同开发实践中，如果选择仲裁方法，那么海上共同开发协议一般会详细规定仲裁程序和仲裁庭组成等。

例如，在 2013 年"东帝汶诉澳大利亚仲裁案"中，东帝汶根

---

① 参见 Vasco Becker-Weinberg, Joint Development of Hydrocarbon Deposits in the Law of the Sea, Springer 2014, p. 330。

② 参见 Hazel Fox et al（eds.）, Joint Development of offshore Oil and Gas: A Model Agreement for States with Explanatory Commentary, London 1989, p. 288。

③ 萧建国：《国际海洋边界石油的共同开发》，海洋出版社 2006 年版，第 153 页。

据《帝汶海条约》第23条附件B（b）的规定①，任命英国最高法院前法官劳伦斯·柯林斯（Lawrence Collins）为仲裁员，澳大利亚则任命美国学者迈克尔·莱斯曼（Michael Reisman）为仲裁员，仲裁庭主席则由两国一致推荐的国际海洋法法庭前法官、意大利米兰

---

① 2002年《帝汶海条约》第23条附件B（b）规定：（1）根据第23条b款提交争端至仲裁庭，该仲裁庭由三名仲裁员按照以下方式组成：ⅰ.澳大利亚和东帝汶各任命一名仲裁员；ⅱ.由澳大利亚和东帝汶任命的两名裁员，在第二名任命后的60天内，通过协商一致选举第三名仲裁员，该仲裁员应为与澳大利亚和东帝汶均建立了外交关系的第三国的国民或永久性居民；ⅲ.在选出第三名仲裁员后60天内，澳大利亚和东帝汶应该批准选择该仲裁员作为仲裁庭主席。（2）一国通过外交途径将提起仲裁程序通知另一缔约国，仲裁程序即被启动。这种通知应当包含一项声明简要阐述主张的依据，寻求救济的性质以及任命的仲裁员的名字。在接到通知后的60天内，被申请方应当通知申请方，其任命的仲裁员的名字。（3）如果在本附件a条ⅱ款和ⅲ款以及b款的期限内，无法作出所需的任命或批准，澳大利亚或东帝汶应该请求国际法院院长进行必要的任命。如果国际法院的院长是澳大利亚或东帝汶的国民或永久性居民，或者由于其他原因无法进行任命，则请求国际法院的副院长进行任命。如果国际法院的副院长也是由于这些原因无法进行任命，则请求国际法院其余法官中，既不是澳大利亚也不是东帝汶的公民或永久性居民，而且资历最老的法官，进行任命。（4）若依本附件所任命的仲裁员辞职或无法履行职能，应按照最初仲裁员的任命方式任命继任仲裁员。继任仲裁员与最初仲裁员享有相同的权力和义务。（5）仲裁庭由仲裁庭主席确定的时间和地点开庭，其后由仲裁庭决定在何时何处开庭。（6）仲裁庭根据澳大利亚和东帝汶之间的协定，审理其权限范围内的所有问题，自行决定仲裁程序。（7）在仲裁庭作出裁决之前的任何阶段，仲裁庭可以向澳大利亚和东帝汶建议友好解决争端。仲裁庭应考虑到条约的条款和相关国际法，根据多数票做出裁决。（8）澳大利亚和东帝汶自行承担各自任命的仲裁员，准备和提交案件的产生的费用。仲裁庭主席以及仲裁活动产生的费用，由澳大利亚和东帝汶均摊。（9）仲裁庭应该对澳大利亚和东帝汶公平进行审理机会。在澳大利亚或东帝汶缺席的情况下，仲裁庭也会作出裁决。任何案件，自仲裁主体开庭之日起6个月内，仲裁庭应该作出裁决。任何裁决应该以书面的形式作出，并且要说明法律依据。签名的裁决副本，应被送达给澳大利亚和东帝汶。（10）裁决对于澳大利亚和东帝汶是终局且有拘束力的。参见杨泽伟主编：《海上共同开发协定汇编》，社会科学文献出版社2016年版，第511~512页。

大学教授图利奥·特里夫斯（Tullio Treves）担任。① 2013 年 12 月
6 日，仲裁庭通过了该案的程序规则，并发布了"程序规则第一号
指令"②。然而，到 2016 年 10 月 21 日东帝汶和澳大利亚共同致函
仲裁庭，双方表示已同意在 2017 年 1 月 20 日前终止仲裁程序，以
执行"调解委员会近来提出的调解方案，而该调解委员会是根据
《海洋法公约》第 298 条和附件五启动的调解程序成立的"。2017
年 1 月 20 日，东帝汶再次致函仲裁庭，提出因为 2017 年 1 月 9 日
东帝汶外长、澳大利亚外长和调解委员会发表了"三方联合声
明"，已决定终止《特定海上安排条约》，所以东帝汶就没有必要
继续进行仲裁；况且，东帝汶认为终止仲裁程序并不损害东帝汶和
澳大利亚双方在该仲裁案中各自坚持的立场。因此，东帝汶决定撤
回仲裁申请，并请求仲裁庭终止该仲裁程序。2017 年 1 月 23 日，
澳大利亚也写信给仲裁庭并明确表示，该仲裁的确没有必要继续进
行下去，并请求仲裁庭发布撤销该仲裁案的指令。有鉴于此，仲裁
庭于 2017 年 3 月 20 日正式宣布终止该案。③ 虽然 2013 年"东帝
汶诉澳大利亚仲裁案"以双方撤销仲裁申请、终止仲裁程序而告
终，但是该案的提出及其经过也充分表明仲裁是解决海上共同开发
争端的重要方式之一。

　　3. 国际法院或国际组织。海上共同开发争端也有通过国际法

---

　　① 参见 "On 23 April 2013, the Republic of Timor-Leste instituted arbitral
proceedings against the Commonwealth of Australia under Paragraph（b）of Annex B
to Article 23 of the Timor Sea Treaty between the Government of East Timor and the
Government of Australia of 20 May 2002", available at https：//pcacases.com/
web/view/37。

　　② 参见 "In the Matter of the Arbitration under the Timor Sea Treaty of 20
May 2002 between the Democratic Republic of Timor Leste and the Commonwealth of
Australia", Procedural Order No. 1（Rules of Procedure）, available at http：//
www. pcacases. com/web/sendAttach/2107。

　　③ 参见 "In the Matter of the Arbitration under the Timor Sea Treaty of 20
May 2002 between the Democratic Republic of Timor Leste and the Commonwealth of
Australia", Procedural Order No. 1（Rules of Procedure）, available at http：//
www. pcacases. com/web/sendAttach/2107。

院或国际组织解决的。例如，在 1974 年"苏丹与沙特阿拉伯共同开发案"中，苏丹与沙特阿拉伯共同开发协定规定，如当事国不能通过协商解决争端，则将争端提交国际法院。① 又如，在 1965 年"科威特与沙特阿拉伯共同开发案"中，《沙特阿拉伯王国-科威特国划分中立区的协定》（Agreement between the Kingdom of Saudi Arabia and the State of Kuwait on the Partition of the Neutral Zone）第 22 条明确规定："一旦因本协定的解释或适用，或者权利义务而产生争端，缔约国双方应当寻求友好方式解决争端，其中包括寻求阿拉伯联盟解决争端。如果证明上述方式无法解决争端，应将争端提交到国际法院。缔约国双方应当就此接受国际法院强制管辖。如果一缔约国反对另一缔约国采取的某一行动，反对的一方可请求国际法院采取临时措施以中止对方当事国采取的行动，或者允许对方当事国的行动继续直到国际法院作出最终决定。如果任一缔约国不遵守对其不利的判决，另一缔约国将免除本协定所规定的义务。"

在国际实践中，也有把有关争端提交给国际法院解决的案例。例如，2013 年 12 月 17 日东帝汶根据《国际法院规约》第 36 条第 2 款②之规定，就"有关被澳大利亚情报部门没收的属于东帝汶或东帝汶有权基于国际法加以保护的文件、数据和其他资料"在国际法院向澳大利亚提起诉讼。③ 东帝汶在诉讼中指出，澳大利亚情

---

① 参见 Agreement between Sudan and Saudi Arabia Relating to the Joint Exploitation of the Natural Resources of the Sea-bed and Subsoil of the Red Sea in the Common Zone of 16 May 1974, ST/LEG/SER. B/18, pp. 452-455。

② 《国际法院规约》第 4 条第 2 项规定："本规约各当事国得随时声明关于具有下列性质之一切法律争端，对于接受同样义务之任何其他国家，承认法院之管辖为当然而具有强制性，不须另订特别协定：（子）条约之解释。（丑）国际法之任何问题。（寅）任何事实之存在，如经确定即属违反国际义务者。（卯）因违反国际义务而应予赔偿之性质及其范围。"

③ 参见"Questions relating to the Seizure and Detention of Certain Documents and Data（Timor-Leste v. Australia）", available at http：//www. icj-cij. org/en/case/156。

报部门根据所谓的《1979 年澳大利亚安全情报组织法》（Australian Security Intelligence Organization Act 1979）第 25 条之规定，没收了东帝汶设在澳大利亚首都辖区纳内巴达（Narrabundah）的法律顾问办公室内的文件、数据和其他资料，而这些文件、数据和资料是与 2013 年 "东帝汶诉澳大利亚仲裁案" 有关的。此外，东帝汶还请求国际法院院长行使《国际法院规则》第 74 条第 4 款赋予的权力①，颁布如下临时措施：澳大利亚应立即将其没收的材料、数据和其他资料封存并移交给国际法院；澳大利亚应立即将启封或传递过的文件、资料及其经手人列出清单，且不管经手人是否在澳大利亚任何机构或第三国的机构任职，都要对经手人的身份和职责进行核实并记录在该清单中，该清单完成后交给东帝汶和国际法院；澳大利亚应在五天内将其没有的文件、数据和其他资料及其复印件列出清单，并交给东帝汶和国际法院；澳大利亚应保证不再对东帝汶与其法律顾问之间的交流进行窃听，不管这种交流是在澳大利亚或者东帝汶。② 经过一年多的法庭审查，国际法院在审理了东帝汶政府和澳大利亚政府的书面答辩、并听取了双方的口头答辩后，于 2015 年 4 月 22 日全体法官一致决定：澳大利亚归还 2013 年 12 月 3 日所没收的文件、数据及其他资料，当事方在移交完成后通知国际法院具体的移交时间。③ 2015 年 6 月 2 日，东帝汶致函国际法院，表示澳大利亚政府已于 2015 年 5 月 12 日归还了其没收的文件、数据和其他资料，东帝汶在国际法院起诉澳大利亚的目标已成功实现，澳大利亚政府也已间接承认其行为侵犯了东帝汶的主权权利。因此，东帝汶希望国际法院终止该案的诉讼程序。对此，澳大

---

① 《国际法院规则》第 74 条第 4 款规定："在法院开会前，院长得要求当事国双方以适当的方式行事，使法院对这项指示临时措施的请求所颁布的命令能具有适当的效果。"

② 参见 "Request for the Indication of Provisional Measures"，available at http：//www. icj-cij. org/files/case-related/156/17964. pdf。

③ 参见 "Order of 22 April 2015, Request for the modification of the Order indicating provisional measures of 3 March 2014"，available at http：//www. icj-cij. org/files/case-related/156/156-20150422-ORD-01-00-EN. pdf。

利亚政府也没有提出任何异议。在这种情况下，2015 年 6 月 11 日国际法院院长正式决定终止该案的诉讼程序，并把该案直接移出案件审理清单中。①

4. 调解委员会。有些共同开发协定规定以调解方式解决海上共同开发争端。② 例如，在 1981 年"冰岛与挪威共同开发案"中，《关于冰岛和扬马延岛之间的大陆架协定》 （Agreement on the Continental Shelf Between Iceland and Jan Mayen） 第 9 条规定："若一国认为第 5 条和第 6 条所规定的安全措施和环境保护有关的规定不能对第 2 条所划区域内的勘探和生产活动提供足够的保护，双方应协商……若双方在磋商中未达成一致，相关问题应该提交至由三人组成的调解委员会 （A Conciliation Commission）。在调解委员会给出建议之前，双方在没有重大理由的情况下不应着手或继续相关的开发。调解委员会主席由两国共同任命，调解委员会另外两名委员则分别由两国单独任命。"

值得注意的是，在上述常设国际仲裁法院审理 2013 年"东帝汶诉澳大利亚仲裁案"的过程中，东帝汶和澳大利亚还利用了调解方法。2014 年 4 月 11 日，东帝汶根据《海洋法公约》第 298 条和附件五之规定，启动了针对澳大利亚的强制调解程序③，并组建了调解委员会。调解委员会由五人组成：詹森大使（Ambassador Peter Taksøe-Jensen）、巴肯博士（Dr. Rosalie Balkin，由澳大利亚任

---

① 参见 " Questions relating to the Seizure and Detention of Certain Documents and Data （Timor-Leste v. Australia）", Order of 11 June 2015, available at http: //www. icj-cij. org/files/case-related/156/156-20150611-ORD-01-00-EN. pdf。

② 参见 Vasco Becker-Weinberg, Joint Development of Hydrocarbon Deposits in the Law of the Sea, Springer 2014, p. 138。

③ 参见 "On 11 April 2016, pursuant to Article 298 and Annex V of the United Nations Convention on the Law of the Sea, the Government of the Democratic Republic of Timor-Leste initiated compulsory conciliation proceedings against the Government of the Commonwealth of Australia", available at http: // www. pcacases. com/web/view/132。

命）、克洛玛法官（Judge Abdul G. Koroma，由东帝汶任命）、麦克雷教授（Professor Donald McRae，由澳大利亚任命）以及沃尔夫诺姆（Judge Rüdiger Wolfrum，由东帝汶任命）法官。其中，詹森大使经双方推举担任调解委员会主席。东帝汶认为，根据《海洋法公约》帝汶海油气区中绝大部分区域位于东帝汶海洋权益区内，因而请求调解委员会就东帝汶与澳大利亚的海洋划界问题进行强制调解。2016 年 7 月 28 日，调解委员会在荷兰海牙开会，商讨有关的程序规则。然而，2016 年 8 月 12 日澳大利亚就调解委员会的管辖权提出了抗辩。2016 年 9 月 19 日，调解委员会作出裁决，断定"该调解委员会有权对东帝汶于 2016 年 4 月 11 日《根据〈海洋法公约〉附件五第二部分的规定发起调解之通告》指定的相关事项进行强制调解；况且，没有任何可以接受的证据或礼让规则，能够排除该调解委员会继续进行这种强制调解程序；此外，《海洋法公约》附件五第 7 条规定的 12 个月期限，应从本裁决宣布之日起算"[1]。因此，可以预见该调解委员会在 2017 年 9 月 19 日前会提出调解报告，尽管该报告的结论或建议对东帝汶或澳大利亚均无约束力。

5. 特殊的方法。有关共同开发协定还对海上共同开发争端规定了较为特殊的解决方法。[2] 例如，在 2001 年"尼日利亚与圣多美普林西比共同开发案"中，《尼日利亚联邦共和国与圣多美和普林西比民主共和国共同开发两国专属经济区的石油及其他资源的条约》（Treaty between The Federal Republic of Nigeria and The Democratic Republic of São Tomé e Príncipe on the Joint Development of Petroleum and other Resources, in respect of Areas of the Exclusive Economic Zone

---

① 参见 "In the Matter of A Conciliation- before A Conciliation Commission Constituted under Annex V to the 1982 United Nations Conventions on the Law of the Sea between the Democratic Republic of Timor-Leste and the Commonwealth of Australia, Decision on Australia's Objections to Competence（19 September 2016）", available at http：//www.pcacases.com/web/sendAttach/1921。

② 参见 Vasco Becker-Weinberg, Joint Development of Hydrocarbon Deposits in the Law of the Sea, Springer 2014, p. 139。

of the Two States）第 48 条"联合管理局或联合管理委员会工作中产生的争端的解决"规定："考虑到本条约的目的和宗旨，第三条中所设立的原则以及双方当事国友好的兄弟关系的精神，本条约的实施引起的任何争端应由董事会解决。董事会不能解决的争端，如果其会继续影响或有可能影响本条约实际的或未来的实施，该争端应提交联合管理委员会（the Joint Management Council）。联合管理委员会应尽一切努力，本着折中的精神，在不损害双方当事国地位的前提下，解决争端。依据第 2 款提交至联合管理委员会的争端，若在收到后 12 个月内，或者在国家元首决定的其他期限内，没有得到解决，联合管理委员会或任何当事方都可以将争端提交至向国家元首，请求其作出决定。"值得注意的是，在这种情况下不能将该争端提交给独立的第三方来解决。

6. 综合的方法。有些共同开发协定明确规定可以利用谈判与协商、仲裁、国际法院或国际组织等多种、综合的方法，来解决海上共同开发争端。例如，在 1965 年"科威特与沙特阿拉伯共同开发案"中，《沙特阿拉伯王国-科威特国划分中立区的协定》第 22 条规定，首先利用包括阿拉伯联盟在内的友好方式解决争端；如果仍然无法解决争端，则将争端提交国际法院。又如，在 1974 年"日本与韩国共同开发案"中，《日本和大韩民国关于共同开发邻接两国的大陆架南部的协定》（Agreement between Japan and the Republic of Korea Concerning Joint Development of the Southern Part of the Continental Shelf Adjacent to the Two Countries）第 26 条明确要求，双方有关本协定解释和执行的争端，首先应通过外交途径解决；如果通过外交途径不能解决，则把该争端提交给由双方组成的仲裁委员会解决。此外，在 1993 年"几内亚比绍与塞内加尔共同开发案"中，《几内亚比绍共和国和塞内加尔共和国管理和合作协定》第 9 条也规定："因本协定或国际管理局的协定而产生的争端，应首先经过直接谈判解决；如在 6 个月内仍不能解决，则可诉诸仲裁庭或国际法院。"

7. 国内法院。海上共同开发活动中承包商之间的争端，也可以由国内法院来解决。因为承包商之间是平等的商事主体关系，所以在许多情况下承包商也会采取诉讼的方式，把其争端提交对海上共同开发区有管辖权的国内法院或任一承包商所属国法院来裁判。①

四、中国的选择

众所周知，早在 20 世纪 70 年代中国政府就提出"主权属我、搁置争议、共同开发"原则，以解决中国与周边国家之间的岛屿主权与海域划界争端。② 虽然 30 多年过去了，迄今仍然没有一件中国与周边国家进行海上共同开发的成功案例；但是随着中国与周边国家关系的改善，特别是 2015 年 11 月《中越联合声明》强调："双方将稳步推进北部湾湾口外海域划界谈判并积极推进该海域的共同开发，同意加大湾口外海域工作组谈判力度，继续推进海上共同开发磋商工作组工作，加强低敏感领域合作"③；2016 年 9 月"第 19 次中国-东盟领导人会议暨中国-东盟建立对话关系 25 周年纪念峰会"召开后，中国与东盟的关系又得到了进一步发展④；因此，海上共同开发有可能成为未来中国对外合作关系中的重要内容之一。综观现有的海上共同开发实践，尽管没有被普遍接受的强制性的争端解决条款⑤，但是上述海上共同开发协议对争端解决程序的规定以及具体的争端解决方法，仍然对中国有较大的启示，也有

---

① 参见 Hazel Fox et al（eds.），Joint Development of offshore Oil and Gas：A Model Agreement for States with Explanatory Commentary，London 1989，p. 289。

② 参见杨泽伟主编：《海上共同开发国际法问题研究》，社会科学文献出版社 2016 年版，第 94 页。

③ 《中越联合声明》（2015 年 11 月 6 日），载人民网 http：//politics. people. com. cn/n/2015/1106/c1001-27786514. html。

④ 参见《第 19 次中国-东盟领导人会议暨中国-东盟建立对话关系 25 周年纪念峰会联合声明》（2016 年 9 月 7 日），http：//www. fmprc. gov. cn/web/ziliao_674904/1179_674909/t1395707. shtml。

⑤ 参见 Hazel Fox et al（eds.），Joint Development of offshore Oil and Gas：A Model Agreement for States with Explanatory Commentary，London 1989，p. 304。

利于中国选择适当的争端解决方法。

（一）政治与外交的方法是首选

一方面，和平解决国际争端的方法分为两类：政治与外交的方法、法律的方法。许多共同开发协议均规定用政治与外交的方法解决海上共同开发争端，特别是 1979 年"马来西亚与泰国共同开发案"仅仅规定运用政治与外交的方法解决其争端。另一方面，中华人民共和国成立以来一贯注重通过政治与外交的方法解决国际争端，并且还运用政治与外交的方法成功地解决了香港和澳门问题、与 12 个陆地邻国划定了边界线、与越南签订了《中越北部湾划界协定》等。①

（二）仲裁的方法不能完全排斥

首先，如前所述，不少海上共同开发协议都规定了以仲裁的方法解决其争端。其次，海上共同开发中"共同开发机构与承包商之间的争端"以及"承包商之间的争端"，大多数属于商事争端，政治敏感度比较低，用仲裁的方法解决符合国际潮流。最后，在我国涉外民商事领域，以仲裁的方法解决国际争端的实践有很多，也积累了较为丰富的经验。特别是 2011 年修订的《中华人民共和国对外合作开采海洋石油资源条例》第 24 条规定："在合作开采海洋石油资源活动中，外国企业和中国企业间发生的争执，应当通过友好协商解决。通过协商不能解决的，由中华人民共和国仲裁机构进行调解、仲裁，也可以由合同双方协议在其他仲裁机构仲裁。"因此，今后中国政府与周边国家在进行海上共同开发协议的谈判中，不应当完全排斥运用仲裁的方法解决海上共同开发争端。

---

① 参见段洁龙主编：《中国国际法实践与案例》，法律出版社 2011 年版，第 161 页。

（三）利用国际司法机构的裁判方法宜慎重

一方面，中国对国际司法机构的强制管辖权一直持谨慎的态度，至今中国尚未接受国际法院的强制管辖权。特别是在 2006 年 8 月中国根据《海洋法公约》第 298 条的规定向联合国秘书长提交声明，该声明称："关于《公约》第 298 条第 1 款（a）、（b）和（c）项所述的任何争端，中华人民共和国政府不接受《公约》第十五部分第二节规定的任何国际司法或仲裁管辖。"换言之，对于涉及海域划界、历史性海湾或所有权、军事和执法活动以及安理会执行《联合国宪章》所赋予的职务等争端，中国政府不接受《联合国海洋法公约》第十五部分第二节下的任何强制争端解决程序。另一方面，其他国家对把海上共同开发争端交由国际法院裁决也有所保留。例如，2002 年 3 月澳大利亚就"该国对国际法院强制管辖权的保留问题"重新发表了声明，完全排除了国际法院对澳大利亚在"任何与海洋划界，包括领海、专属经济区和大陆架相关的争端；或者在前述划界争议区域的开发问题相关的争端"的司法管辖权。① 此外，利用国际法院裁判的方法解决海上共同开发争端，可能会耗时较长，也不利于海上共同开发活动的推进。因此，中国对利用国际司法机构的裁判方法来解决海上共同开发争端持一种慎重的态度，是较为可取的。

（四）重视运用综合的方法来解决争端

如上所述，有些海上共同开发协定明确规定可以运用综合的方法，来解决海上共同开发争端。因此，中国政府在将来与周边国家进行海上共同开发协定的谈判中，也可以规定不同的解决争端方法。例如，针对海上共同开发活动中有关"当事国之间的争端"，可以选择谈判与协商的方法；对于海上共同开发中"共同开发机构与承包商之间的争端"以及"承包商之间的争端"，则可以选择

---

① 参见 Australia, Declarations Recognizing the Jurisdiction of the Courts as Compulsory, 22 March 2002, available at http：//www.icj-cij.org/jurisdiction。

仲裁的方法或交由调解委员会来解决。这种选择性的安排，既保持了一定的政策灵活性，也容易被其他周边国家所接受。

（五）做好用法律方法解决争端的心理准备

随着全球性问题的凸显、多极化趋势的增强，世界各国日益重视利用国际法规则来缓和矛盾、解决争端。① 在国际交往中遵循国际法规则，成为了国际社会的客观要求和自觉追求，也是衡量一个国家软实力和影响力的重要指标。② 诚如中国国家主席习近平在2014年中、印、缅三国共同举办的"和平共处五项原则发表60周年纪念大会"上也明确指出："应该共同推动国际关系法治化，推动各方在国际关系中遵守国际法和公认的国际关系基本原则，用统一适用的规则来明是非、促和平、谋发展……在国际社会中，法律应该是共同的准绳……应该共同维护国际法和国际秩序的权威性和严肃性，各国都应该依法行使权利。"③ 况且，国际争端法律化的趋势日益凸显，各国也会更多地利用国际法方法来维护本国的权益。因此，我们应做好运用法律方法来解决包括海上共同开发争端在内的各类国际争端的心理准备，加紧国际法人才的培养，从而为促进世界和平与发展、维护我国的国家权益作出更大的贡献。

---

① 参见杨泽伟：《国际法》（第三版），高等教育出版社2017年版，第7页。

② 参见徐宏：《法律外交理论和实践创新恰逢其时》，载《法律与外交》2016年第1期。

③ 习近平：《弘扬和平共处五项原则、建设合作共赢美好世界——在和平共处五项原则发表60周年纪念大会上的讲话》（2014年6月28日），载新华网 http://news.xinhuanet.com/world/2014-06/28/c_1111364206.htm，最后访问日期2017年8月26日。

第六章　争议海域油气资源共同开发的五要素及其对中国的启示

一、概述

　　1958 年巴林与沙特阿拉伯签订了《关于波斯湾大陆架划界协定》。这是国际社会的第一个共同开发案例。此后，共同开发遍布欧洲、美洲、非洲、亚洲、澳洲等争议海域。实践证明，共同开发是合法的、有效地利用争议海域资源的方式。它不仅有效地解决了因海域资源流动性和海洋边界不清而产生的资源争端，而且有助于相关国家增信释疑，为海域划界争端和岛礁主权争端的解决创造良好的合作氛围。而且，1982 年《海洋法公约》第 74 条第 3 款、第 83 条第 3 款鼓励相关国家划界前尽量作出临时安排。虽然《海洋法公约》没有明确"临时安排"的含义，但显然共同开发是符合《海洋法公约》的最常见的一种临时措施。国际判例也支持相关国家共同开发，以解决争议海域资源利用的问题。例如，1969 年"北海大陆架案"（North Continental Shelf Case），国际法院的判决认为"在维护矿床完整的问题上，共同开发这个解决办法显得尤为适当"。① 杰塞普（Jessup）法官在该案的个别意见中进一步强

---

　　① The North Sea Continental Shelf Cases（Federal Republic of Germany/ Denmark，Federal Republic of Germany/Netherlands，Judgments，I. C. J. Reports 1969，available athttp：//www. icj-cij. org/docket/files/52/5561. pdf。

调，在重叠主张的大陆架争议区域，共同开发的方法更适合。① 又如，1982 年"突尼斯与利比亚大陆架案"（the Tunisia and Libya Continental Shelf Case），国际法院也对海上共同开发予以支持。特别是艾文森（Evensen）法官在他的个别意见中指出："若一个油田位于边界线或超出共同开发区界线的两侧，当事国应该加入关于完整性的规定以解决跨界矿藏的问题。"② 从 20 世纪 80 年代以来，中国也在积极推动与周边国家的共同开发。

现有关于共同开发的研究，有的学者从宏观探讨南海共同开发的条件，可行性、可能性③；有的学者从中观研究共同开发的具体适用；④ 有的学者从微观界定其概念，分析共同开发的具体法律问题，例如共同开发区块的选择、开发模式和主体的选择。⑤ 这些都是有益的研究。但是这些研究多从法律、政治等角

---

① 参见 Separate Opinion of Judge Jessup, in the North Sea Continental Shelf Cases（Federal Republic of Germany/Denmark, FederalRepublic of Germany/Netherlands）, Judgments, I. C. J. Reports 1969, p. 83, available at http://www. icj-cij. org/docket/files/52/5561. pdf.

② Dissenting Opinion of Judge Evensen, in the Tunisia and Libya Continental Shelf Case, Judgment of 24 February 1982, available at http://www. icj-cij. org/docket/files/63/6281. pdf.

③ 罗国强：《理解南海共同开发与航行自由问题的新思路——基于国际法视角看南海争端的解决路径》，载《当代亚太》2012 年第 3 期。

④ 李国选：《南海共同开发制度化：内涵、条件与制约因素》，载《南洋问题研究》2008 年第 1 期；安应民：《论南海争议区域油气资源共同开发的模式选择》，载《当代亚太》2011 年第 6 期；许浩：《南海油气资源"共同开发"的战略构想》，载《太平洋学报》2012 年第 9 期；罗婷婷：《南海油气资源共同开发合作机制探析》，载《海洋开发与管理》2011 年第 5 期；罗国强：《南海共同开发案例研究》，载《南洋问题研究》2012 年第 1 期；邵建平：《如何推进南海共同开发？——东南亚经验的视角》，载《当代亚太》2011 年第 6 期。

⑤ 萧建国：《论国家法上共同开发的概念及特征》，载《外交学院学报》2003 年第 2 期；张丽娜：《南海油气资源共同开发的主体适格性》，载《法学杂志》2011 年第 11 期；杨泽伟：《论海上共同开发"区块"的选择问题》，载《时代法学》2014 年第 3 期。

度，很少提及共同开发的经济特性。笔者认为，达成共同开发协议不是最终目的，成功地实践共同开发、分享争议海域资源才是最终目标。而开发海洋油气资源的活动本质上属于经济活动，因此从经济和法律视角研究争议海域共同开发的必备要素具有重要的现实和理论意义。争议海域共同开发是由共同开发协议保障的国家间经济活动。成功有效的争议海域油气资源共同开发，既要符合法律的要求，也要满足商业活动的要件。本书通过对既有共同开发案例的比较研究，从法律和商业两个层面分析争议海域油气资源共同开发的必备要素，在此基础上探讨未来南海共同开发，中国需要采取的措施。

二、争议海域油气资源共同开发的必备要素

从法律角度来看，共同开发是相关国家间的协议。根据条约法的规定，条约成立和有效，除了要履行缔结条约的程序外，还需要满足以下条件：有缔约能力的主体，同意的意思表示，明确的适用范围和客体。① 相应的作为条约的共同开发协议，其生效和有效需要具备以下几个要素：具有缔约能力的主体、共同开发的意愿，共同开发区和油气资源。

从经济角度来看，共同开发本质上是开发海洋石油的商业活动。也就是说，它以实现利润为目的。海洋石油资源的开发具有高风险、高投入、高科技和周期长的特点。因而成功的共同开发活动需要具有商业价值的油气资源和开发海洋油气资源的能力（包括资金、技术、管理经验）以及安全的投资环境。

由于争议海域的边界未定，相关国家的资源权属不明。海域争端的存在阻碍石油公司的投资。为了避免因海域资源利用发生争端

---

① 参见 Mark E. Villiger, Commentary on the 1969 Vienna Convention on the Law of Treaties, Martinus Nijhoff Publishers 2009；李浩培：《条约法概论》，法律出版社 2003 年版。

和冲突，或者因划界或者岛礁主权争端的存在而导致资源开发无限期搁置，相关国家需要通过共同开发协议，明确争端各方的权利和义务，规范其行为，为合作开发争议海域油气资源提供安全稳定的法律制度环境。因此说，争议海域石油资源的开发需通过共同开发协议实现。

每个共同开发案例的主体和争议海域的具体情况不同，因此共同开发区的面积、开发模式、管理模式、法律适用以及利益分配方式等都存在差异。但是，成功的共同开发案例都同时满足了有效条约的基本要件和石油开发经济活动的必备条件。归纳起来，主要为以下五要素：适格的主体、共同开发的意愿、确定的共同开发区、具有商业价值的资源、具备开发海洋油气资源的能力。

（一）适格的主体

适格主体是指争议海域油气资源共同开发主体资格的问题。它既是海域划界争端的当事国，也是共同开发协议谈判、缔结和执行的主体。共同开发的适格主体需要满足以下条件：

首先，共同开发的主体须是国际法主体。

国际法主体才具备缔约能力。这是缔结共同开发协议的基本要求。虽然石油公司具体负责争议海域资源的勘探和开发。但是它不是国际法的主体，不具备缔约能力，不能缔结共同开发协议。因此，外国石油公司不是共同开发的缔约方，只是履行和实施共同开发协议的主要实践者。

尽管各国学者对共同开发有不同的定义。例如，日本学者三好正弘（Miyoshi）①、德国学者拉格尼（Lagoni）②、加拿大学者高尔

① M. Miyoshi, The Basic Concept of Joint Development of Hydrocarbon Resources on the Continental Shelf, International Journal of Estuarine & Coastal Law, Vol. 3, 1988.

② Rainer Lagoni, Oil and Deposit Across National Frontier, American Journal of International Law, Vol. 73, 1979, p. 215.

特（Gault）①、荷兰学者塔弗恩（Taverne）②、中国学者高之国③和蔡鹏鸿④。但这些学者在共同开发的主体问题上是没有异议的，都认为共同开发的适格主体是国家。

共同开发的主体一般为国家，也可以是国际组织。根据《海洋法公约》第 305 条第 1 款，"非国家的政治实体可参与《海洋法公约》的签署"，并且"享有《海洋法公约》所规定事项的权限"。由此推论，政治实体也可成为共同开发的主体。上述政治实体依《海洋法公约》第 305 条规定，限于联合国所承认者或依联合国大会决议监督并核准的自治实体。例如，涉及外大陆架共同开发时，其一方主体为国际海底管理局。

其二，主体依法享有对海洋资源的专属性主权权利。

共同开发的主体需根据 1958 年《日内瓦大陆架公约》第 2 条、《海洋法公约》第 77 条或者习惯国际法主张对大陆架的主权权利；或者依据《海洋法公约》第 56 或者习惯国际法主张对专属经济区的主权权利；或者依据《海洋法公约》第 121 条规定，享有相应的专属经济区和大陆架权利。

主体必须依符合国际法的方式取得上述权利。否则不能享有对海底油气资源的主权权利。例如，《海洋法公约》第 121 条第 2 款和第 3 款的规定，岛屿和可以"维持人类居住或其本身的经济生活的岩礁"被赋予了与陆地同样的海洋权利。因此，一些国家企图通过非法占领岛礁的方式，宣称其对岛礁享有主权，从而主张享

---

① I. Townsend-Gault and W. G. Stormont, Offshore Petroleum Joint Development Arrangement: Functional Instrument? Compromise? Obligation?, in G. H. Blake ed. , The Peaceful Management of Transboundary Resources, Graham & Trotman 1995, p. 51.

② Bernard Taverne, An Introduction to the Regulation of the petroleum industry, Gram & Trotman 1994, p. 114.

③ Gao Zhiguo, The Legal Concept and Aspects of Joint Development in International Law, Ocean Yearbook, Vol. 13, 1998, p. 110.

④ 蔡鹏鸿：《未划界海域共同开发的管理模式：比较研究》，上海社会科学研究院出版社 1998 年版，第 10 页。

有相应的大陆架和专属经济区。根据国际法及其实践，非法取得的岛礁主权，不产生权益。首先，根据一般国际法原则"非法行为不产生权利"（*jus ex injuria non oritur*）。其次，国际判例也支持上述原则。例如，在"东格陵兰案"（the Eastern Greenland case）中，常设国际法院认为，东格陵兰不是"无主地"，丹麦享有先占权（prior title）。挪威不能依其 1931 年法令，宣称对该地为"无主地"，从而享有该地主权。再次，国际法知名学者布朗利（Brownlie）指出不法行为不获益（no benefit can be received from an illegal act）。① 前国际法院法官劳特派特（Lautpacht）在他所著的《国际法上的承认问题》一书中指出"违法者不能取得权利"的原则也是国际法规则。他说："违反国际法的行为是无效的，不能成为违法者取得权利的根据。"② 因此，如果一国非法取得岛礁主权，并不依此享有特定海域资源的专属性主权权利。

需要注意的是，享有其他合法海洋权利的主体不是共同开发的主体。例如，美国在南海享有航行自由权，但是美国不是南海共同开发的主体，因为它不享有南海资源的专属主权权利。

其三，适格主体之间的海域主张具有重叠性、竞争性、同一性。

根据《海洋法公约》第 76 条的规定，沿海国享有专属的勘探、开发海底油气资源的主权权利。因此，如果两个或者两个以上的国家对同一海域提出相同的大陆架主张，相互主张发生重叠，这样的主体才是共同开发的适格主体。也正因为重叠主张的存在才有共同开发的必要性。

此外，关于适格主体的数量。从理论上讲，未划界海域共同开发的主体只要满足上述条件，没有数量上的限制。共同开发主体的数量往往由重叠主张国的具体数量决定。不过，现有的油气资源共

① Ian Brownlie, Principles of Public International Law, 7th ed., Oxford University Press 2008, p. 509.

② Lautpacht, Recogniton in International Law, Cambridge University Press 1947, pp. 402-421.

同开发实践都是双边的。①

究其原因主要在于：第一，多数海域划界争议仅为双边争议，涉及三方或者三方以上的争议比较少。第二，从条约执行角度而言，双边共同开发通常容易对权利义务、收益成本进行分配。通常都采取平均分配的方式。如果涉及第三方或者更多的争端当事国，那么分配、执行、监管的问题就变得很复杂。第三，海洋油气资源开发本身是一项复杂工程，需要多个部门之间密切合作。共同开发即便只涉及两个国家，也牵涉多个政府部门和公司机构，要求多方协调和配合。倘若涉及三方或者三方以上，协调与合作的难度大。因此，从海域划界争端的实际情况，共同开发协议的执行、监管和有效性以及海洋油气开发活动的特点来看，双边共同开发是首选。

（二）共同开发的意愿

国际条约是缔约国共同意志的反映。"条约的成立以缔约各方意思表示一致为成立要件。"② 共同开发也属于国际条约，只不过是契约性的条约。因此，相关国家要达成共同开发协议，必须有"共同开发"的意思表示。根据 1969 年《维也纳条约法公约》第49-53 条，有效的条约必须是"缔约方真实的意思表示，不能存在错误、欺诈、贿赂或强迫，必须是自愿的、平等的、真实的意愿"。可见，国家间共同开发的意愿，不仅是共同开发协议生效的主观要件，还是共同开发协议有效的必备条件。

实践证明，政府间合作意愿越强烈，意思表示越真实，越能顺利达成共同开发协议，实现共同开发。相关国家合作的意愿，尤其是政府高层的合作意愿是缔结共同开发协议的关键要素。这方面最典型的案例为"澳大利亚与印尼/东帝汶共同开发案"。该案中，

---

① Robert Beckman, Beyond Territorial Disputes in the South China Sea: Legal Framework for the Joint Development of Hydrocarbon Resources, Edward Elgar Publishing Limited 2013, p. 155.

② 李浩培：《条约法概论》，法律出版社 2003 年版，第 249 页。

共同开发的一方主体几经变更①，最终仍然达成澳大利亚东帝汶共同开发协议。这主要在于双方的合作意愿强烈，尤其是澳大利亚起到关键作用。一方面澳方愿意为开发该海域资源作出任何妥协。②另一方面新独立的东帝汶，财政匮乏，希望通过与资金、技术雄厚的澳方合作，获取丰厚的石油收益。所以，双方不计前嫌，很快签订了新的帝汶条约。又如"马来西亚与泰国共同开发案"中，1979两国达成共同开发协议，1994年两国共同开发才付诸实践。这期间遭遇了外交风波③、政策法律问题④、先存权的问

---

① 共同开发协议的一方由最初的印尼，到联合国托管委员会，最后变为东帝汶。1975 年 11 月 28 日，东帝汶独立革命阵线单方面宣告东帝汶独立，东帝汶摆脱葡萄牙 270 余年的殖民统治。印度尼西亚以东帝汶领导人要求其帮助为由，于当年 12 月 7 日出兵东帝汶并实施占领。1976 年印度尼西亚颁布法律将东帝汶并入印度尼西亚领土。联合国安理会和联合国大会决议都通过决议强烈谴责印度尼西亚武装入侵东帝汶，并要求印度尼西亚从东帝坟撤军。但 1978 年 2 月 20 日，澳大利亚承认东帝汶是印度尼西亚领土的一部分，并在 1978 年 12 月 15 日就该海域大陆架划界问题同印度尼西亚进行谈判。1989 年 12 月 11 日，澳印（尼）两国就此达成共同开发的条约《印度尼西亚和澳大利亚帝汶海条约》。澳大利亚 1990 年就实施该条约制定了法律，1991 年该法生效。1998 年，澳大利亚转变态度，劝印度尼西亚从东帝汶撤出，并为东帝汶的独立提供物质和舆论上的大力支持。其后由联合国托管委员代表东帝汶继承原来印尼享有的一切权利和义务。2002 年，东帝汶成为一个独立国家。2003 年澳大利亚与新独立的东帝汶签订了新的《帝汶海条约》。

② 例如澳大利亚不惜遭受国际社会舆论的谴责而承认东帝汶属于印度尼西亚；后来又对东帝汶的独立给与积极支持，并为了达成共同开发协议，愿意将合作区域内 90%的收益分给东帝汶，在共同开发区的管理上也给了东帝汶更大的权重。

③ 1979 年 10 月 24 日两国互换批准书后，12 月马来西亚公布了一份官方地图，单方面将共同开发区圈划在本国大陆架边界内。1980 年 4 月，泰国政府就此向马来西亚驻曼谷大使馆提交了一份外交备忘录，认为有悖于《泰马谅解备忘录》关于搁置海域划界的精神原则。

④ 两国关于矿产资源开发的不同法规和政策，如马来西亚采用产品分成制、泰国采用租让制，也导致了共同开发的延迟。

题①以及政府换届的问题②，致使共同开发一再拖延。但由于两国政府合作开发争议海域油气资源的意愿强烈，最终共同开发付诸实践，并取得巨大成功。还如，"波斯湾共同开发案"，海湾国家政治局势长期不稳定，但是不影响其共同开发协议的执行。因为，石油是这些国家国民经济发展的支柱，石油位于一切利益之首。所以，尽管存在各种政治或安全等不稳定因素，但是相关国家的合作意愿强烈，在该区域仍然达成"科威特与沙特阿拉伯共同开发案"、"巴林与沙特阿拉伯共同开发案"、"伊朗与沙加共同开发案"。总之，各国合作的动力既有经济方面因素，也有政治方面因素，还有安全方面因素。不管出于何种因素的考虑，政府之间的强烈合作意愿是缔结和实施共同开发协议的关键要素。

（三）确定的共同开发区

确定的共同开发区对于共同开发具有特别意义。共同开发区（the Joint Development Zone），是共同开发协议适用的空间范围，也是海洋油气商业开发的活动区域。明确共同开发区，是相关国家合作开发争议海域资源的第一步。一般共同开发协议都会对共同开发区的范围做专门规定，用地理坐标明确标示，附有地图。例如马来西亚和泰国及马来西亚和越南共同开发案都对共同开发区做了专

---

① 《泰马谅解备忘录》第3条第2款，承认先存权。此外，还规定如果国内相关法律与《泰马谅解备忘录》相冲突，以备忘录为准。泰国与其享有先存权的德克萨斯太平洋公司对天然气价格和经营管理权发生争执，泰国政府单方面停止德克萨斯太平洋公司在第17矿区的开采权。同时还以领土争执为由，暂停了美国特莱登能源公司在3-13矿区的勘探工作。由此引发了单方面行为是否违反《泰马谅解备忘录》的争论。参见 Mark J. Valencia, Taming Troubled Waters: Joint Development of Oil and Mineral Resources in Overlapping Claim Areas, San Diego Law Review, Vol. 23, 1986, p. 661。

② 由于两国政府换届的问题，直到1992年底共同开发联合管理署才开始运作。

门明确的规定。①

相关主体的海域主张明确且承认争议海域的存在，是确定共同开发区的前提。如果各国海域主张的界限范围不明，或者相互之间不承认重叠海域的存在，那么无法确定共同开发区的具体范围，无法共同开发。

通常，相关国家依据各自明确的海域外部界限主张来确定共同开发区的范围。一般来讲，共同开发区是重叠主张海域的全部或者部分。现有共同开发协议都是双边协议。根据条约法规定，双边条约只对缔约国有约束力。不得随意为第三方创设权利和义务。为确保共同开发协议的有效性，一般共同开发区都将涉及第三方的海域排除在外，其范围仅限于双边重叠海域。例如马来西亚和泰国及马来西亚和越南共同开发案都将第三方主张的重叠海域排除在外。

当然，如果相关国家合意，也可以把各自没有争议的海域包括在内，例如澳大利亚和印尼共同开发案。该案共同开发区分为A、B、C三个区，其中A区是重叠区域，B区和C区则是分别属于两国的无争议海域。

（四）商业价值的油气资源

石油资源是共同开发协议的客体，也是海洋石油开发活动的对象，决定共同开发是否有实际意义的关键性要素。

可开采的油气资源是相关国家决定合作的根本动力。根据国际实践，如果存在可开采的资源，有助于相关国家就争议海域资源利用的问题展开谈判、达成共同开发协议。马来西亚和泰国、马来西亚和越南共同开发案都是在发现油气资源的背景下达成的。在马来西亚和泰国共同开发之前，泰国单方面授权外国石油公司开发海洋石油资源，其中部分合同区块位于两国争议海域。随后，石油公司

---

① 1979年《马来西亚和泰王国为开发泰国湾两国大陆架划定区域内海床资源而建立联合管理局的谅解备忘录》第1条和1992《马来西亚和越南社会主义共和国关于两国大陆架划定区域内石油勘探和开采的谅解备忘录》第1条的规定。

发现该海域具有商业价值的油气资源。1978年，在马来西亚的要求下，两国决定谈判解决海域争议。泰国暂停了对该海域的单边勘探。两国谈判达成共同开发协议。在马来西亚和越南共同开发前，1989年马来西亚单边授权汉密尔顿石油公司（Hamilton）在其与越南的重叠海域从事油气资源的勘探开发。1991年该公司发现该海域石油矿藏具备日产4400桶的能力。随后，越南提出抗议，并表示愿意与马来西亚谈判解决海域划界问题。为了共同开发该海域油气资源，两国在1992年达成共同开发谅解备忘录。

丰富的商业价值油气资源也是吸引石油公司投资的关键性要素，更是共同开发成功的物质保障，还是成功商业石油生产活动的必备条件之一。例如"马来西亚与泰国共同开发案""日本与韩国共同开发案"的初衷都是为了共享两国争议海域的油气资源。在"马来西亚与泰国共同开发案"中，共同开发区内具有开采价值的高品质石油资源，两国共同开发取得巨大成功。据泰国能源部2010年年度报告显示，泰国和马来西亚当年从"泰马海上共同开发区"得到3.9亿美元。① 而"日本与韩国共同开发案"则在"推测"的前提下达成的。1969年在"埃默里报告"指出，东海是亚洲最具有潜力的油田。由此，日本和韩国迅速达成共同开发协议。结果共同开发区的资源储量不尽如人意，1989年9月日本与韩国共同开发区的活动终止。② 上述国家实践表明，共同开发前，探明资源储量，有利于避免人力、物力、资金的浪费，对于共同开发的实施效果具有重要影响。

（五）开采海洋油气资源的能力

是否具备开采海洋石油资源的能力，是影响相关国家是否能共

---

① 孙广勇、王渠：《泰国马来西亚开发未划界海域苦谈11年达成协议》，载《环球时报》2011年9月13日。

② 1989年9月，是日本新石油公司（New Nippon Oil Exploration Co.）与韩方租让权人达成共同开发协议的最后期限。See Miyoshi Masahiro, The Japan/South Korea Joint Development Agreement of 1974"，in Hazel Fox ed., Joint Development of offshore Oil and Gas, Vol. II, London 1990, p. 97.

同开发的必备要素。

　　与陆地石油产业相比，海洋石油的勘探、开发、生产、运输、储存、加工提炼等各环节，对技术的要求更高，对资金的需求更多。目前，大部分国家尤其是发展中国家难以胜任。以越南在泰国湾海上争议为例。越南分别与柬埔寨和马来西亚的海域主张重叠。石油界认为，该海域油气资源丰富，是世界上最具潜力的油田。但是，由于三国的石油产业发展水平不同，导致越南与柬埔寨、越南与马来西亚争议海域的处理结果也迥然不同。越南近年来海上石油产业迅速发展，已粗具规模。柬埔寨由于多年战乱，虽重视海洋石油产业，但是发展缓慢。尽管两国 1982 年已建立了共同所有的水域，① 并迫切希望通过海洋石油开发带动国内经济发展，但是由于双方均不具备独立开采海洋石油能力，所以两国未将共同开发其争议海域的油气资源提上议事日程。而马来西亚国内石油产业发展成熟，是东南亚主要石油输出国，是石油输出国组织成员，具备独立开采海洋资源的能力。1992 年 6 月 5 日，马来西亚和越南两国在第一轮谈判中就达成了《马来西亚和越南社会主义共和国关于两国大陆架划定区域内石油勘探和开采的谅解备忘录》　（1992 Memorandum of Understanding between Malaysia and the Socialist Republic of Vietnam for the Exploration and Exploitation of Petroleum in A Defined Area of the Continental Shelf Involving the Two Countries）。马来西亚和越南合作，在以马来西亚为主导的情况下双方成功实现了对争议海域油气资源的共同开发。

　　概言之，相关国家可以自由裁量、选择、决定的共同开发协议的名称，共同开发区的范围和面积大小，开发模式，管理模式，法律适用方式，利益分配方式等。但是对于成功的共同开发案例，"适格的主体"、"国家间共同开发的意愿"、"确定的共同开发区

---

　　①　1982 年 7 月 7 日，越南和柬埔寨签订了《关于越南和柬埔寨历史性水域的协议》（Agreement on the Historic Waters of Vietnam and Kampuchea）。根据该协议，将两国间面积约 8000 平方公里的海域定性为历史性内水，约定两国共同使用该海域。

域"、"具有商业价值的资源"、"具备开发海洋油气资源的能力"，这五个要素缺一不可。它们不仅保证争议海域资源开发的合法性和有效性，而且是其取得商业性成功必要条件。因此，这五要素称之为争议海域油气资源共同开发的"必备要素"。

三、对中国的启示

目前，中国正在积极推动与南海争议国家的共同开发。2013年，中国、文莱两国发表了联合声明，将支持两国石油企业海上共同开发。① 同年，在与越南的联合声明中，中越双方表示两国将就北部湾湾口外的划界和共同开发积极谈判。2014 年，在亚太经合组织第 22 次领导人非正式会议上，中国与文莱、中国与马来西亚表达了推动南海共同开发的意愿。②

结合前文分析，未来南海共同开发，中国还需作以下一些努力：

（一）正确认识共同开发

共同开发是解决未划界海域资源利用的合法的有效的方式。它不是解决领土主权争端或者海域划界问题的方式。《海洋法公约》明确规定，该公约不适于领土争端，并且作为"临时安排"的共同开发不影响相关国家划界。因此，共同开发不以承认一国领土主权为前提。只要相关国家愿意就重叠海域合作，共同利用海域资源，共同分享收益，达成协议即可。此前，有的学者认为南海共同开发只有在尊重中国主权的前提下才有意义。共同开发具有"中立性"的特点，不影响相关国家的主张。因此，南海岛礁的主权需要中国自己维护，与共同开发无关。

此外，还宜从高于"保护领土和主权完整"、"能源利益"的

---

① 2013 年 10 月，中国、文莱两国发表了《中华人民共和国和文莱达鲁萨兰国联合声明》，详见新华网 http://news.xinhuanet.com/2013-10/11/c_117669973.htm。

② 新华社消息：《习近平会见参加 APEC 会议 5 经济体领导人》，载《人民日报》（海外版）2014 年 11 月 11 日。

角度看待共同开发，即从国家整体发展战略的角度，更全面地来权衡共同开发的利弊得失。借鉴冰岛—挪威、泰国—马来西亚的共同开发、澳大利亚—印度尼西亚/东帝汶等未划界海域的共同开发案的经验，寻求与其他南海争议国解决海域争议的适当方法，实现互利共赢。

值得注意的是，"共同开发"既不是《海洋法公约》的条约义务，也未形成习惯国际法。目前，中国与周边海域争议国达成的共同开发意向大多是政治性宣言，不具有约束力。未来中国与相关国家共同开发，需要缔结正式协议，建立共同开发的条约义务。

（二）明确中国南海的主张范围

共同开发的实践证明，相关国家共同开发前须明确海域主张范围，在此基础上确定重叠主张海域，进而达成共同开发协议。

中国未来与南海周边国家共同开发，首先须明确我国的南海海域外部界限范围。这样才能与相关国家确定是否重叠主张海域，是否要共同开发。如果存在重叠主张海域，则需根据双方的合理的海域外部界限主张明确共同开发区的范围，从而谈判具体的开发事宜。

从中国颁布的相关法律文件和中国政府官方申明可以看出，中国南海海域主张的依据有两种，一是历史性权利，以"U型线"为代表；一是根据海洋法的规定享有相应的海洋权利。目前，除了2000年与越南就北部湾海域达成了划界协议外，中国南海大部分海域边界没有确定。未来，不论依据哪种法律依据主张对南海的海洋权利，要解决海域划界问题或者实践共同开发，都需要明确海域外部界线，至少在官方地图中明确标示。否则无法进行划界或者共同开发谈判；而且也容易让周边国家产生误解，给个别国家传播"中国威胁论"以口实，认为中国企图"霸占"整个南海。

此外，宜明确南海海域的性质。因为南海不仅能源丰富，还是重要的国际战略通道，涉及区域外国家航行权的保护与限制问题。明确南海海域的性质，便于对南海进行管理、保护海洋环境、养护海洋资源、打击违法犯罪和协调不同国家的合法权利。例如，沿海国开发海底油气资源的权利、捕鱼权以及其他区域外国家的航行权、铺设海底电缆和管道、科学研究等权利。

（三）客观看待南海其他争议国的海域主张

南海周边国家对南海海域的主张依据主要有四种：一是依据《海洋法公约》关于"专属经济区"的规定提出享有200海里专属经济区，二是根据"领土自然延伸的原则"主张享有大陆架的权利，三是依据所谓"邻近"的原则，主张对南海海域和岛礁的权利，四是依据非法侵占属于中国的南海岛礁而享有相应的专属经济区和大陆架的权利。

客观地讲，这些国家依据《海洋法公约》关于专属经济区的规定和根据其大陆架自然延伸，提出专属经济区和大陆架的主张有一定的合理性。但必须明确的是，这些主张不能也不应否认中国在1958年《大陆架公约》生效前就存在的"U型线"内的权益。

但是，这些国家以"邻近"或者"非法占有岛礁"声称享有大陆架的专属主权权利的主张，显然不符合国际法。"非法行为不产生权利。"因此，这些国家不能据此主张享有相应的专属经济区和大陆架权利。

在明确中国南海主张和客观看待其他南海争议国的合理主张的前提下，才能确定重叠海域，进而确定共同开发区。相关国家就共同开发的管理、开发方式，利益分配方式和法律适用的问题谈判，达成共同开发协议，建立共同开发义务。

（四）选择适格主体

南海争议错综复杂。这些争议不仅包括岛屿主权争议、海域划界争议，还包括海域管辖权与历史性权利的冲突以及区域外国家航行权和南海沿海国海洋管辖权的冲突。南海争议还涉及四类国家：一是提出岛礁主权主张的国家，它们分别是中国、越南、菲律宾、马来西亚、文莱；二是提出专属经济区和大陆架主张的国家，分别有中国、越南、菲律宾、马来西亚、印度尼西亚、文莱；三是在该海域享有其他合法权利的国家，例如享有航行权的诸国；四是，对南海事务表示关切的国家，主要是非争议的东盟成员国，例如泰国、柬埔寨、新加坡等国和区域外国家，例如美国、日本、俄罗斯、印度等国。

根据前文对未划界海域共同开发适格主体的分析，南海共同开发的主体除了是具有缔约能力的国际法主体外，还必须"合法享有海底资源专属性主权权利"，且相互之间的海域主张具有"重叠性"、"竞争性"、"同一性"。因此，未来南海共同开发可能的主体为：中国、越南、菲律宾、马来西亚、印度尼西亚、文莱这六个国家。

由于南海适格主体多，中国应该根据重叠海域的实际情况和适格主体的数量进行"双边"或者"多边"谈判。未来南海共同开发，中国不可能同时与这六个国家谈判；这六个国家也绝不可能同时为一个南海共同开发协议的主体。可以预见，南海共同开发协议一定是多个，且不同的共同开发协议的主体数量不同，有可能是其中的任意两个国家，也可能是其中的三个国家，或者更多国家。这就决定了南海共同开发是一项错综复杂的多边工程。根据共同开发实践，南海未划界海域资源的利用，亦不可能一次性解决，需相关争端当事国经过漫长而艰苦的多轮谈判，才能达成共识。

现有的共同开发案例都是双边的。① 实践证明，双边共同开发

---

① 它们分别是：1958 年"巴林与沙特阿拉伯共同开发波斯湾大陆架案"，1962 年"荷兰与联邦德国埃姆斯河口资源共同开发案"，1965 年"科威特与沙特阿拉伯共同开发案"，1974 年"日本与韩国共同开发东海大陆架案"，1974 年"法国与西班牙划界与共同开发案"，1976 年"英国与挪威共同开发弗里格天然气案"，1979 年"泰国与马来西亚在泰国湾的共同开发案"，1981 年"冰岛与挪威扬马延岛共同开发案"，1989 年"澳大利亚与印度尼西亚共同开发案"，1992 年"马来西亚与越南共同开发案"，1993 年"几内亚比绍与塞内加尔共同开发案"，1993 年"哥伦比亚与牙买加有关海洋划界的共同开发案"，2001 年"尼日利亚与圣多美普林西比签署的关于在几内亚湾共同开发两国专属经济区石油和其他资源的协定"，2001 年"东帝汶与澳大利亚共同开发案"，2002 年"尼日利亚与赤道几内亚的共同开发案"，2003 年"巴巴多斯与圭亚那共同开发案"，2003 年"委内瑞拉与特立尼达和多巴哥之间的帕里亚湾共同开发案"，2006 年"密克罗尼西亚与帕劳共同开发案"，2008 年"刚果民主共和国与安哥拉共同开发案"，2010 年"俄罗斯与挪威共同开发案"，2012 年"美国与墨西哥共同开发案"，2012 年"塞舌尔群岛与毛里求斯在马斯特林高原地区大陆架共同开发案"。

容易成功。三边重叠海域共同开发难以实现。例如，马来西亚、泰国和越南的三边重叠海域，从 1991 年，三国就该海域的共同开发开始谈判，但是至今没有达成共同开发协议。可见，共同开发的主体越多，越不容易达成共同开发协议。因此，应该将南海重叠区细化，面积尽量缩小。此外，中国宜先与双边重叠海域的相关国家谈起，这样方便共同开发的谈判和实施。具体而言，可先分别与马来西亚和文莱就海域划界或者共同开发谈判。因为该海域确定具有商业价值的资源，而且两国具备深海开发能力，此外马来西亚具有丰富的共同开发经验。

（五）探明南海油气资源储量

探明资源储量对于海域争议的解决具有重要意义。如果具有商业价值的资源储量，会驱动相关国家达成共同开发协议，通过合作开发争议海域资源。而且具有商业价值的可开采资源也是成功共同开发的物质保障。如果确定不存在可开采的油气资源，则有助于相关国家达成划界协议。因为资源的存在会导致相关国家划界立场趋于强硬。如果不存在资源，相关国家的海域划界争议就变得比较单纯，容易达成划界协议。

目前南海资源储量停留在"估测"阶段，不同的国家和机构对南海资源储量估测差距甚大，缺乏权威的统计。例如，中国有专家认为，南海石油总潜量约 550 亿吨，天然气约 20 万亿立方米。[①] 而俄罗斯外国地质学研究所和美国能源信息署的估计是南沙的石油储量是 60 亿桶（约 8.5 亿吨）。[②] 未来南海共同开发，需明确油气资源储量和分布。在具有商业价值的争议海域，与相关国家探讨共同开发才具有实质意义。否则即使达成共同开发协议，也只是对人

[①] 参见萧建国：《国际海洋边界石油的共同开发》，海洋出版社 2006 年版，第 159 页。

[②] 参见 the South China Sea Virtual Library website, available at http://www.southchinasea.org/why-a-south-china-sea-website-an-introductory-essay/, last visited on 28 March 2017。

力、物力、财力的浪费。

根据国际实践，单边勘探行为是被允许的。国际法院在 1976
年 "爱琴海大陆架案"（the Aegean Sea Continental Shelf Case）中，
国际法院对勘探（exploration）和开发（exploitation），或者说短暂
的勘探（temporary or transitory exploration）和永久勘探（permanent
exploration）作了区分。前者是允许的，后者是非法的。因此，中
国也有权在 "U 型线" 内单独先行勘探，探明南海的资源信息，
做好共同开发或者划界的准备。

（六）强化我国海洋油气开发能力

南海的平均深度是 1212 米，最深处有 5567 米。根据海洋石油
工业实践，水深超过 300 米的油气资源开发称为深水开发，超过
1500 米以上称为超深水开发。在南海，有 70% 的油气资源蕴藏位
于超深海区域，而常规海洋钻井设备满足不了深海油气勘探开发的
需要。南海地理位置和气候的特点，对于石油开采的技术、设备要
求更为苛刻，需要电子、宇航、造船、机械等高端技术和设备。

目前，南海大部分沿海国不具备单独开发深海油气资源的能
力，虽然 "海洋石油 981" 的建成并投入生产，标志我国具备了超
深水油气资源开发的能力，但是中国的深海石油开发还处于起步阶
段。目前，我国海洋勘探开发水深小于 300 米。另外，作为获取海
洋油气的重要技术手段的海洋石油装备还存在以下问题：设计研发
力量薄弱；石油装备设计规范与海洋环境要求存在差距；装备配套
能力弱。因此，加强我国海洋石油，尤其是深海油气资源开发能
力，掌握更先进、成本更低的深海开采技术，不仅有利于提升我国
单独开发深海油气资源的能力，而且有利于改变中国在南海资源开
发中被动的局面。这既是中国实施海洋强国战略、维护海洋权益的
必然选择，也是未来南海共同开发的必备技术保障，同时也是吸引
周边国家主动与中国合作开发南海资源的一种策略。

（七）加强与南海周边国家的合作

近年来，中国与南海相关国家合作深化，但是缺乏政治互信。

未来，需通过与周边国家的积极合作，建立相互之间的信任，为南海划界或者共同开发创造良好的气氛。

南海属于"半闭海"。根据《联合国海洋法公约》专属经济区、第九部分关于"闭海和半闭海"和第十二部分关于"环境保护"的规定，我国可以与其他国家直接合作或者通过区域组织，加强在海洋生物资源的管理、养护、勘探和开发，保护和保全海洋环境、防治污染，海上搜救，科学研究等方面展开合作。

与南海争议国建立广泛的海上联络机制的方式，一方面，通过该机制，各南海沿海国实现合作，加强对南海的管理，建立政治互信，为共同开发或者海域争议的解决创造友好的气氛和合作的平台；另一方面，将谈判解决海域争议常态化、制度化，通过不断的沟通逐步解决南海问题。

四、结论

通过上述分析，得出以下主要结论：

第一，共同开发的开发模式、管理模式、法律适用方式、利益分配方式等这些与缔约国责权利相关的事项可以由相关国家自由裁量、自由选择。但是"适格的主体"、"国家间合作的意愿"、"确定的共同开发区域"、"商业价值的资源"、"开发海洋油气资源的能力"，这些要件是共同开发必须具备和满足的，否则无法达到利用争议海域资源的目的。因此，这五个要素称之为争议海域油气资源共同开发的"必备要素"。

第二，成功的争议海域共同开发不仅需要稳定安全的投资环境，还要具有可行性和可能性。共同开发协议为共同开发创造稳定的投资环境，资源存在使共同开发变得可行，开发海洋资源的能力使利用海洋资源变为可能。共同开发协议是共同开发的制度保障，商业价值资源是共同开发的物质保障，开采海洋资源的能力是共同开发的技术保障。

第三，争议海域共同开发的主体是国际法主体。其需依法对海底油气资源享有专属的主权权利。适格主体应为两个或者两个以上国际法主体，其海域主张具有重叠性、竞争性、同一性的特点。未来，中国应选择合适的主体，将重叠海域细化，先选择具有可采价值资源的双边重叠海域，与具有开采能力和具备共同开发经验争端当事国谈判海上共同开发的问题。

第四，国家间共同开发的意愿，不仅是相关国家缔结共同开发协议的主观条件，还是共同开发协议有效的必备要件。政府，尤其是高层的合作意愿是达成共同开发协议的关键要素。中国一方面要积极推动海上共同开发，另一方面应与南海相关国家建立海上联络机制，加强合作，增强政治互信，提高其他国家与中国合作开发争议海域资源的意愿。

第五，共同开发区是共同开发协议适用的空间范围，也是海洋油气商业开发的活动区域。相关主体的海域主张必须明确且承认重叠海域的存在。这是确定共同开发区的前提。① 一般共同开发区是全部或者部分重叠海域，限于双边重叠海域。中国宜明确南海海域外部界限，客观看待周边国家合理的海域主张，确定重叠主张区域。

第六，探明资源储量对于海域争议的解决具有重要意义。如果具有商业价值的资源储量，会驱动相关国家达成共同开发协议，通过合作开发争议海域资源。而且具有商业价值的可开采资源也是成功共同开发的物质保障。如果确定不存在可开采的油气资源，则有助于相关国家达成划界协议。根据国际法实践，中国完全有权勘探南海资源情况。宜先在"U 型线"内探明南海油气资源储量和分布情况，为共同开发或者海域划界做好准备。

第七，是否具备开采海洋石油资源的能力是能否实现争议海域共同开发的必备要素。中国应加强深海开发技术，降低开发成本，提高中国开发南海深水资源的能力，在划界或者共同开发谈判中掌握主动权。

---

① 参见 Robert Beckman ed., Beyond Territorial Disputes in the South China Sea, Edward Elgar Publishing Limited 2013, p. 140。

第七章　争议海域单方面石油 活动的合法性

　　单方面石油活动一直是引发争议海域紧张局势的重要原因，因此有必要对其进行全面研究，而有关该行为的合法性研究，恰好为后续研究奠定了基础。本书所探讨的争议海域，仅限于当事国之间未能就专属经济区或者大陆架划界达成一致的海域，不涉及领海划界问题。对于该行为的合法性研究，应从两个方面入手：（1）从积极方面来说，就是能否在国际法上找到允许该行为的法律依据，也就是在争议海域归属不明的情况下，争端当事国能否主张在争议海域内行使主权权利。（2）从消极方面来说，就是分析该行为是否违反国际法中规范争议海域石油资源开发活动的禁止性规定。

一、能否在争议海域行使主权权利

　　在无争议海域内，当事国开发石油资源，是对其所属海域行使主权权利的具体体现。由于位于争议海域，分析单方面行为的合法性问题，首先必须明确在争议海域归属不明的情况下，当事国的海洋主张能否在国际法上站住脚。当事国一方的海洋主张能否在国际法上站得住脚，关键取决于当事国是否依据善意（Good Faith）提出自己的主张。之所以这么说，是由于善意在国际法中的重要地位，正如耶佩斯先生（Yepes）所指出的那样，《联合国宪章》第 2 条第 2 款对善意的明确规定，使得善意在国际生活中居于至高地位。① 根据

---

① 参见 J. F. O'Connor, Good Faith in International Law, Dartmouth Publishing Company Limited 1991, p. 35。

善意的要求，可以避免对条约进行一种双方均意想不到的解读，从而避免任何一方当事国从中获得不公平的优势。对于判断当事国是否具有善意，其最低标准应该是当事国的海洋主张在国际法上是否具有初步基础（A Prima Facie Basis）。① 所谓的初步基础，就是指当事国的海洋主张能否在现行国际法，特别是在国际海洋法中，找到明确的法律依据。

通常而言，争端当事国都会明确提出自己海洋主张的国际法依据，认为自己的主张在国际法上具有初步基础，同时认为其他当事国的海洋主张缺乏国际法基础。此时就出现了一个难题，即如何认定当事国的海洋主张中哪些有国际法依据，哪些没有国际法依据；或者哪一方的海洋主张更具说服力。除了当事国之间通过谈判协商来解决它们之间相互冲突的海洋主张外，就是寻求国际司法机构来判定它们的主张。当事国之间进行谈判虽然会以各自的海洋主张为基础，但是最终的结果会有很明显的相互妥协的痕迹，而不是简单地否定一方当事国的划界主张而支持其他当事国的划界主张，很难看出哪一方的海洋主张更符合国际法，法律性不明显，只是双方政治博弈的结果。

例如，在 2009 年"马来西亚与文莱海上划界案"中，马来西亚承认了双方主张重叠的海域归文莱所有，由文莱行使主权权利；作为回报，马来西亚国民和居民享有通过文莱海域的权利，在双方主张重叠的海域建立商业安排区（Commercial Arrangement Area），石油资源的收益由两国分享②，马来西亚国家石油公司参与商业安

① Xinjun Zhang, Why the 2008 Sino-Japanese Consensus on the East China Sea has Stalled: Good Faith and Reciprocity Consideration in Interim Measures Pending a Maritime Boundary Delimitation, Ocean Development and International Law, Vol. 42, Issue 1-2, 2011, p. 59.

② 参见 Wisma Putra, Brunei has Sovereign Rights over 2 Oil Rich Areas, available at http://www.thestar.com.my/story/? file =% 2f2010% 2f5% 2f3% 2fnation%2f20100503123605&sec=nation, last visited on 20 December 2017。

排区内的石油资源开发。① 马来西亚之所以急于同文莱完成海上划界，主要有两点原因：（1）争议海域的存在一直妨碍两国关系的发展；（2）2005 年中国国家主席访问文莱，提议进行共同开发，可能促使马来西亚必须在同文莱的谈判中有所进展。② 马来西亚作出让步并不是因为自身海洋主张站不住脚，而是为了缓和与邻国关系的政治需要，而且也得到了相应的补偿。至于通过国际司法机构来认定当事国海洋主张是否有效，虽然能够很好地体现法律性，但这一做法同样存在局限性：首先，很多国家将海洋划界问题排除适用导致有拘束力裁判的强制程序，因此能否启动国际诉讼或仲裁程序，本身就是未知数。其次，如果启动了诉讼或仲裁程序，其结果往往很难受当事国的控制，很有可能会出现当事国意料之外的结果。例如，美国和加拿大于 1979 年曾就缅因湾争议海域达成渔业协定，但由于新英格兰州渔业游说团体的反对，认为其渔业方面的利益受损，致使美国参议院拒绝批准该协定；最终两国将该海域划界问题提交国际法院，国际法院通过判决确立了单一的海上边界，使得新英格兰州处于更加不利的地位，倒不如接受原先的渔业协定。③

　　既然寻求国际司法机构解决海洋争端不会是多数国家的首选，而谈判的过程又很漫长，那么许多海域将长期处于归属不明的状态。在此期间，当事国任何一方都不会认同其他当事国的主张，也没有中立的第三方来评判它们的各自主张。因此，在争议海域完成

---

① 参见 Patronas, Malaysia still has Oil Exploration Deal with Brunei, available at http：//www. thestar. com. my/story/？ file =% 2f2010% 2f5% 2f2% 2fnation%2f6176292&sec=nation, last visited on 20 December 2017。

② 参见 Jianwei Li, Ramses Amer, "Recent Practices in Disputes Management in the South China Sea", in Clive Schofield（ed.）Maritime Cooperation in Contested Waters：Addressing Legal Challenges in East and Southeast Asian Waters, The National Bureau of Asian Research Special Report, February 2012, p. 89。

③ Elliot Richardson, Jan Mayen in Perspective, the American Journal of International Law, Vol. 82, 1988, p. 451.

划界之前，我们只能寄希望于当事国善意提出各自的海洋主张，而且推定所有的单方面主张在国际法上都是有效的；① 既然在争端解决之前只能推定当事国的主张均有效，那么当事国就可以据此在争议海域行使主权权利，这就为当事国单方面石油活动提供了国际法依据。

上述观点也为国际判例所支持，国际法庭或仲裁庭明确认可了当事国可以在争议海域单方面实施石油活动。在"爱琴海大陆架划界案"中，针对土耳其在争议海域所进行的石油勘探活动，希腊要求国际法院规定临时措施，"要求希腊和土耳其在国际法院作出最终判决之前，未经另一方的同意，在土耳其之前颁发过勘探许可的海域，或者在靠近土耳其海岸的希腊岛屿的临近海域，或者本案中的其他争议海域，禁止所有关于大陆架的勘探活动或科学研究……"② 希腊的主要理由是"对争议区域拥有专属主权权利的真正沿海国对其大陆架'认知上的专属性'（The Exclusivity of Knowledge）应当得到保护，任何对'认知上的专属性'的破坏，都将对沿海国的权利造成无法弥补的损害……土耳其的地震勘探活动，威胁到希腊获取有关这一区域自然资源信息的专属权利；未经希腊同意，获取和传播这些信息，将有损希腊与潜在的许可证获得者之间的谈判，永久的损害希腊制定本国能源政策的主权权利。"③ 国际法院最终并没有认同希腊的主张，反而认为土耳其所实施的地震勘探活动具有临时性，不会对海床、底土或自然资源造成无法弥补的损害。④ 此外，国际法院还认为即便根据其最终判决，争议海域归属希腊，土耳其在该区域的勘探活动，侵犯了希腊获得其大陆

---

① 参见 Tara Davenport, the Exploration and Exploitation of Hydrocarbon Resources in Areas of Overlapping Claims, in Robert Beckman（ed.）Beyond Territorial Disputes in the South China Sea, Edward Elgar Publishing Limited 2013, p. 106。

② Aegean Sea Continental Shelf（Greece v. Turkey）, Interim Protection, Order of 11 September 1976. I. C. J. Reports 1976, p. 3, para. 2.

③ Aegean Sea Continental Shelf, paras. 17, 26.

④ 参见 Aegean Sea Continental Shelf, para. 30。

架自然资源相关信息的权利的专属性，也可以事后通过适当方式进行弥补。① 换言之，在未就最终归属作出裁判前，不需要禁止土耳其的勘探活动，不禁止土耳其单方面实施的勘探活动，也就意味着在国际法院作出最终判决前，当事国可以在争议海域实施勘探活动，而在大陆架上实施勘探活动，正是沿海国对大陆架所享有的主权权利的具体体现。

在"厄立特里亚与也门仲裁案"中，争端当事国均事先在争议海域与外国石油公司签订众多石油合同，② 而且都主张自己的在争议海域的石油活动，应当作为划界的考虑因素。"鉴于争议区域如此复杂的石油特许权历史，仲裁庭得出以下结论：也门、埃塞俄比亚、厄立特里亚所签订的海上石油合同，无法为任何一方当事国确立对于争议岛屿的主权主张，也不能强化任何一方的主权主张；在不考虑岛屿争端的情况下，这些石油合同在一定程度上，支持了厄立特里亚和也门之间的相向海岸，以中间线划分各自管辖权；在执行石油合同过程中，基于国家授权所发生的重要行为，值得仲裁庭进一步权衡和评估。"③ 仲裁庭在第一阶段所做的这一判决，在仲裁案的第二阶段中得以继承，"正如仲裁庭第一阶段的裁决所认为的……海上石油合同在一定程度上，支持了在厄立特里亚和也门之间的相向海岸以中间线划分各自管辖权；现在仲裁庭所决定的边界不仅仅是出于石油特许权和石油协议的目的，而是一个为了所有目的的单一海上界线。由于岛屿的存在，要求仔细考虑它们对海上界线可能的影响。即便岛屿会对最终划界产生影响，但是最终的海上边界线中的大部分仍是两国大陆之间的中间线"。④ 可见当事国在争议海域的石油合同，是仲裁庭决定以中间线作为两国间海上界

---

① 参见 Aegean Sea Continental Shelf, para. 32。

② 参见 the Eritrea-Yemen Arbitration（Phase 1：Territorial Sovereignty and Scope of Dispute），3 October 1996, p. 1, paras. 392-435。

③ The Eritrea-Yemen Arbitration（Phase 1：Territorial Sovereignty and Scope of Dispute），paras. 436-439.

④ The Eritrea-Yemen Arbitration（Phase 2：Maritime Delimitation），3 October 1996, p. 1, para. 132.

线的大体走向的重要考虑因素，而这必然要以当事国可以在争议海域单方面实施石油活动为前提。当事国可以在争议海域单方面实施石油活动，同样表明了当事国可以在争议海域行使主权权利。

"圭亚那与苏里南仲裁案"的判决同样认可当事国双方可以在争议海域行使主权权利。圭亚那和苏里南关于领海、专属经济区的划界争端由来已久，其中圭亚那主张适用等距离线原则，而苏里南认为海上划界还应当考虑其他地理因素。① 双方矛盾的激化源自1999 年经圭亚那授权一家加拿大石油公司——CGX 公司在争议海域实施了石油勘探活动，2000 年遭到苏里南的强烈反对，鉴于CGX 公司并无停止作业的迹象，苏里南派遣巡逻船实施驱逐。针对苏里南派遣巡逻船的行为，圭亚那提出一项诉求："苏里南应对其使用武力的行为承担国际责任，并对由其违法行为所造成的损失进行赔偿。"② 对此，苏里南辩称："圭亚那夸大了苏里南海军行动的性质，实际上只是一次执法行动，使用的武力没有超过实现合法目标所必要的限度……实际上不存在《联合国宪章》中规定的使用或威胁使用武力，苏里南的行动不是针对圭亚那一个国家，并且认为行使沿海国的管辖权不等同于军事武力。"③ 虽然仲裁庭最终认定，苏里南使用巡逻艇驱逐加拿大石油公司的勘探船只违反国际法，但原因并不是苏里南无权采取驱逐行动，而是实施驱逐行动的过程中具体方式不当，构成以武力相威胁，因而违反国际法。④ 这也表示，仲裁庭认可了苏里南有权在争议海域进行执法行使管辖权，对管辖权的承认，就意味着苏里南也可以在争议海域行使主权权利。而对于苏里南的一项重要诉求："圭亚那违反《海洋法公约》第 74 条第 3 款、第 83 条第 3 款之规定，授权许可证持有者在已知争议海域钻探探井，妨害海上边界协定的达成。"⑤ 仲裁庭认

---

① 参见 Guyana/Suriname, Award of the Arbitral Tribunal, 17 September 2007, p. 1, para. 144。

② Guyana/Suriname, para. 157.

③ Guyana/Suriname, para. 270.

④ 参见 Guyana/Suriname, paras. 445-446。

⑤ Guyana/Suriname, paras. 161.

为："在争议海区实施的两类活动是允许的：（1）当事方根据实际性的临时安排所采取的活动；（2）单方面实施的，但对最终海上划界协议的达成无损害或妨碍的活动……其中对海洋环境不产生物理改变的单方面行为属于第二类。"① 而圭亚那授权的 CGX 公司在争议海域进行的钻探作业，正属于会对海上环境产生物理改变的行为，因此有违尽一切努力不妨害最终划界协议达成的义务。② 虽然仲裁庭认为 CGX 公司的钻探行为违反国际法，但并不代表仲裁庭，反对其在争议海域内实施任何的单方面活动；相反，仲裁庭还认为："不允许争端一方以永久的方式，采取任何可能影响另一方权利的单方面活动；然而，国际法庭或仲裁庭应当注意不扼杀当事方在争议区域促进经济发展的能力，因为边界争端的解决是一个耗时的过程；仲裁庭关于尽力不损害或妨碍最终协议达成的义务的解读，必须反映出这种微妙的平衡。"③ 这意味着仲裁庭承认，在不损害或妨碍最终协议达成的前提下，圭亚那还是可以在争议海域实施单方面的石油活动，这等于间接承认了圭亚那可以在争议海域行使主权权利。通过该案的判决不难看出，在争议海域完成划界之前，仲裁庭认为争端当事国双方均可以在争议海域内行使主权权利。

"科特迪瓦与加纳大西洋海上划界案"中的国际海洋法法庭的特别分庭在规定临时措施的过程中，也认为争端当事国可以在争议海域内单方面进行石油活动。从一开始特别分庭就表明其立场，即"特别分庭必须保护，依据法律是非曲直而在其最终判决中归属任何一方当事国的权利"④。这就意味着特别分庭认为，在作出最终判决之前，有关争议海域的权利可能属于任何一方，任何一方也都可以进行主张。在本案中，科特迪瓦要求特别分庭采取以下临时措

---

① Guyana/Suriname, paras. 466-467.

② 参见 Guyana/Suriname, paras. 481-482。

③ Guyana/Suriname, para. 470.

④ 参见 Dispute Concerning Delimitation on the Maritime Boundary between Ghana and Côte d'Ivoire in the Atlantic Ocean, Provisional Measures, Order of 25 April 2015, ITLOS Reports 2015, p. 1, para. 40。

施:"(1)采取一切措施暂停所有正在争议海域进行的石油勘探开发作业;(2)禁止在争议海域授予新的石油勘探开发许可;(3)采取一切措施,防止加纳(或经其授权的主体)以前、现在或者将来在争议海域实施勘探活动所获得的信息,以任何不利于科特迪瓦的方式使用;(4)采取所有必要措施,保护大陆架以及其上覆水域和底土;(5)停止和禁止任何会对科特迪瓦权利造成损害,以及可能会加剧争端的单方面行为。"① 虽然特别分庭最终基本上采纳了科特迪瓦的主张,但是在一些具体细节上存在出入,从这细微的变化上可以窥探特别分庭的态度。例如,特别分庭要求加纳采取所有必要措施,确保在争议海域内不再有"新的钻探活动",② 而非科特迪瓦起初要求的"暂停所有正在进行的石油勘探开发作业"和"不授予新的石油勘探开发许可"。可见在争议海域内,加纳正在实施的所有石油活动,一律无需暂停;对于新的石油活动,只是不允许实施钻探活动,而非全部的石油勘探开发活动。此外,对于加纳在争议海域通过勘探活动所获得的信息应当如何使用的问题,科特迪瓦本身的诉求就足以表明,它并不认为勘探活动本身应当被禁止,只是需要对勘探活动中得到的信息的利用方式加以限制,不应当将这些信息公之于众,特别分庭最终支持了科特迪瓦的这一诉求。通过对本案的分析,至少可以得出一点共识,那就是允许争端当事国在争议海域实施勘探活动,同样说明了争端当事国可以在争议海域行使主权权利。

综上所述,鉴于当前海洋争端中的当事国通常都能在国际法,特别是《联合国海洋法公约》中为其海洋主张找到明确的法律依据,而且当事国都会论证自己的主张多么符合国际法,同时驳斥其他当事国的主张。虽然不同的学者从理论层面分析比较当事国的主张,会得出不同的结果。但是鉴于当事国均主张同一海域内的海洋

---

① Dispute Concerning Delimitation on the Maritime Boundary between Ghana and Côte d'Ivoire in the Atlantic Ocean, para. 25.

② 参见 Dispute Concerning Delimitation on the Maritime Boundary between Ghana and Côte d'Ivoire in the Atlantic Ocean, para. 108。

权利，那么在完成最终划界之前，在国际法上只能推定当事国的主张均有效，这一做法也为国际司法实践所支持。因此，只要争端当事国的海洋主张在国际法上具备初步基础，在最终划界前就可以推定其主张有效，自然就可以在争议海域行使主权权利，这也为争议海域内的单方面石油活动提供了法律基础。

二、是否违反国际法的禁止性规定

虽然争端当事国可以通过单方面石油活动，来行使其对争议海域的主权权利，但终究还是处在争议海域，而主权权利具有专属性，若所有当事国都在同一区域行使此类权利必然会产生冲突；即便只有一方当事国行使此类权利，也很有可能会对最终归属其他当事国的部分或全部海域上的主权权利的专属性造成伤害。因此，原则上当事国可以在争议海域行使主权权利，但是相较于无争议海域，在争议海域所能行使的主权权利是不完整且非常有限的，国际法对其具体的行使方式加以限制，以适应争议海域这种权属不明的特殊情况。

（一）不危害或阻碍最后协议的达成

目前直接规定了"不危害或阻碍最后协议的达成"这一项义务的，当属《海洋法公约》第 74 条第 3 款、第 83 条第 3 款之规定，即在达成第 1 款规定的协议（即专属经济区或大陆架划界协议）以前，有关各国应基于谅解和合作的精神，尽一切努力作出实际性的临时安排，并在此过渡期间内，不危害或阻碍最后协议的达成；这种安排不妨碍最后界限的划定。针对相关国家在"达成协议以前"的情况下的责任，它综合两种因素：有责任"尽一切努力"作出实际性的临时安排，并负有不危害或阻碍最后协议达成的责任。第一因素旨在推动采用某些临时措施；第二因素试图限制相关国家在争议区域内的活动。"不危害或损害最后协议的达成"，这一要求不排除争议区域内相关国家所进行的活动，只要这些活动不损害最终的划界决定。① 一些学者在其著作中，同样表达了争议海域当事国需要遵守该项义务。雷纳·拉戈尼（Rainer Lagoni）认为："《海洋法公约》第 74 条第 3 款、83 条第 3 款的内容，对争议区域自然资源开发或采取其他单方面措施，未明确表达予以限制……尽管当事国不得妨碍最终划界协议的达成需要承担许多义务，但仍享有一些权利和自由，只要对其他当事国的权利予以适当的顾及。"② 托马斯·门萨（Thomas A. Mensah）声称："《海洋法公约》第 83 条第 3 款之规定，实际上是默认了避免争议海域经济开发停滞的重要性，只要这些经济活动不影响最终协议的达成，公平有效的利用海洋资源是《海洋法公约》的目标之一。"③大卫·翁（David M. Ong）指出："除非一国所采取的单方行动被明确认定为有损另一当事国的权利，否则另一当事国不得反对其单方面的勘探活动。"④ R. R. 丘吉尔（R. R. Churchill）和 A. V. 劳（A. V. Lowe）主张："任何一方当事国不得在未划界海域，实施可能被另一方当事国视为有害的行为，如进行油气资源的钻探。"⑤保罗·迈克尔（Paul Michael Blyschak）表示："虽然海上争端暂停了当事国以永久方式开发争议海域资源的权利，但并没有阻止当事

---

① 参见萨切雅·南丹、沙卜泰·罗森主编：《1982 年〈联合国海洋法公约〉评注》（第二卷），吕文正、毛彬译，海洋出版社 2014 年版，第 883 页。

② Rainer Lagoni, Interim Measures Pending Maritime Delimitation Agreements, American Journal of International Law, Vol. 78, Issue 2, 1984, pp. 362-365.

③ 参见 Thomas A. Mensah, Joint Development Zones as an Alternative Disputes Settlement Approach in Maritime Boundary Delimitation, in Rainer Lagoni & Daniel Vignes（eds.）, Maritime Delimitation, Martinus Nijhoff Publishers 2006, p. 150。

④ David M. Ong, Joint Development of Common Offshore Oil and Gas Deposits："Mere" State Practice or Customary International Law? the American Journal of International Law, Vol. 93, Issue 4, 1999, p. 800.

⑤ R. R. Churchill and A. V. Lowe, The Law of the Sea, Huntington Publishing 1999, p. 192.

国采取具有较少侵略性或物理干扰的开发活动。"①

1. 具体内涵。仅凭《海洋法公约》第 74 条第 3 款、第 84 条第 3 款中的寥寥数语,是无法在实践中准确适用该项规则的,因此有必要探究"不危害或阻碍最后协议的达成"的具体内涵,而探究其内涵的最有效方法就是结合国际判例进行分析研究。根据作者目前所收集的资料,到目前为止仅有"爱琴海大陆架划界案"、"圭亚那与苏里南仲裁案"以及"科特迪瓦与加纳大西洋海上划界案"直接涉及对该项义务具体内容的解读。

"圭亚那与苏里南仲裁案"是首个一方当事国在诉求中,直接要求仲裁庭认定其他当事国在争议海域内的活动危害或阻碍最后划界协议的达成的案件。苏里南认为圭亚那违反了《海洋法公约》第 74 条第 3 款、第 83 条第 3 款之规定,授权许可证获得者在已知的争议海域钻探探井,从而危害和妨碍海上边界协定的达成。仲裁庭首先指出"不危害或阻碍最后协议的达成"这一义务,构成默认了避免争议海域经济开发停滞的重要性,只要这些开发活动不影响最终协定的达成。接着仲裁庭认为,在争议海区实施的两类活动是允许的:一种是当事方根据实质性临时安排所采取的活动;另一种则是单方面实施的,但对最终海上划界协定的达成无损害或妨碍的活动。对海洋环境不产生物理改变的单方面行为属于第二类行为。那么,什么样的行为又属于对海洋环境产生物理改变的单方面行为?② 为了更好地阐明二者之间的区别,仲裁庭援引了"爱琴海大陆架划界案"。在"爱琴海大陆架划界案"中,国际法院认为,土耳其所实施的地震勘探活动,③ 是由海面上的船只实施的,并不

---

① Paul Michael Blyschak, Offshore Oil and Gas Projects amid Maritime Border Disputes: Applicable Law, the Journal of World Energy Law & Business, Vol. 6, Issue 3, 2013, p. 20.

② 参见 Guyana/Suriname, paras. 456, 460, 466-468。

③ 地震勘探的原理,是利用地下介质弹性和密度的差异,通过观测和分析大地对人工激发地震波的响应,推断地下岩层的性质和形态,进而初步判断是否属于蕴藏油气资源的地质结构。而在海上进行小型爆炸则是人工激发地震波的常用方法。

时地在水下引起小型爆炸（Small Explosions），实施小型爆炸的目的在于向海底发送声波，以便获得有关海底下面的地球物理结构的信息。尚无此类地震勘探对海床、底土或者自然资源存在造成物理损害的风险的报告，因此土耳其所实施的地震勘探活动仅具有临时性（Transitory Character）。与临时性活动相对应的则是非临时性（Non-transitory Character）活动，此类活动具体包括：对海床、底土或者自然资源存在造成物理损害的风险的行为；在大陆架上建立人工设施；实际占用或以其他方式使用大陆架上自然资源。非临时性活动会对归属尚不明确海洋权利造成无法弥补的损害，在争议海域完成划界前理应被禁止。① 由此可见，在"圭亚那与苏里南仲裁案"中所说的对海洋环境产生物理改变的行为，就是"爱琴海大陆架划界案"中的非临时性活动，争端当事国若在争议海域单方面实施此类行为，则违反了"不危害或阻碍最后协议的达成"的义务。

为了进一步回答苏里南所提的问题，仲裁庭认为一些石油勘探活动之间存在很大的法律差别，最明显的就是地震勘探和钻探活动。对海洋环境产生物理改变的单方行动，只能由双方共同行使或根据协定行使。这是因为这些活动会对现状产生可以感知的改变，有损另一方当事国在划界争端中的地位，进而损害或妨碍最后划界协定的达成。最终仲裁庭认为，当事国在争议海域单方面实施地震勘探活动并不违反"不危害或阻碍最后协议的达成"的义务，只有会对海洋环境造成永久损害的钻探活动违反了该项义务。② 对于为何钻探活动就会对海洋环境造成永久的损害，"圭亚那与苏里南仲裁案"的判决并未予以解释，直到"科特迪瓦与加纳大西洋划界案"才有了详细说明。在该案中，科特迪瓦指出："钻探是不可逆的，因为岩石一旦被压碎后就不能再还原；虽然可以向竖井内注

---

① 参见 Aegean Sea Continental Shelf, I. C. J. Reports 1976, paras. 30-32。

② 参见 Guyana/Suriname, paras. 480-482。

入水泥，但是破裂仍然存在，不可能再将底土恢复到原来的状态。"① 科特迪瓦的这一主张得到了特别分庭的支持。特别分庭认为："加纳正在争议海域所实施的勘探活动，会导致大陆架的物理性质的改变。如果在争议海域内实施的勘探活动，会对本区域的物理性质造成重大和永久的改变，并且这种改变不能够通过经济补偿的形式来充分弥补，那么就存在无法弥补的损害的风险。不论何种性质的补偿，都无法将海床和底土恢复到其原来的状态。"②

通过对上述判例的分析，可见在石油勘探活动中，钻探和地震勘探在法律性质存在明显区别，其中钻探活动会对海洋环境造成永久性的物理改变，属于非临时性活动，会危害或阻碍最后协议的达成，因此禁止当事国在争议海域单方面实施该行为；而地震勘探则属于不会对海洋环境造成永久性物理改变的临时性活动。对于钻探违反"不危害或阻碍最后协议的达成"的义务，作者有所质疑，主要基于两点理由：首先，钻探活动仍处于勘探阶段，当事国实施此类活动的直接目的在于对相关海域的石油资源的分布情况加强认知。虽然这一行为会对海洋环境产生事实上物理改变，但是事实上的物理改变并不必然导致法律权利的改变，因为钻探活动尚不属于商业开采，没有对海底石油资源予以实际占有，未对潜在的权利享有者的所有权造成损害。此外，许多钻探活动表明相关区域并不具备商业开采价值的石油资源，根本不可能进入开采阶段；更何况钻探行为本身所导致的物理改变并不是剧烈的，仅限于开挖石油探井。其次，具备"临时性"的地震勘探也常常实施小型爆炸，谁也无法肯定小型爆炸不会对海洋环境产生改变，那么为什么这种行为造成的环境改变为国际法所应允，而钻探活动所产生的环境改变则为国际所禁止，究竟对环境改变达到何种程度才算得上对现状产生可以感知的改变？对此，国际法院和仲裁庭并未给出一个评判标

---

① Dispute Concerning Delimitation on the Maritime Boundary between Ghana and Côte d'Ivoire in the Atlantic Ocean, para. 78.

② Dispute Concerning Delimitation on the Maritime Boundary between Ghana and Côte d'Ivoire in the Atlantic Ocean, paras. 88-90.

准。以上仅是作者从理论角度对判例所作的探讨，但是实践中并无相关判例支持作者的观点。

此外，通过比较"爱琴海大陆架划界案"与"科特迪瓦与加纳大西洋划界案"，我们会发现两个案件的判决，就临时性的勘探活动是否可能违反"不危害或阻碍最后协议的达成"的义务存在差异。在"爱琴海大陆架划界案"中，希腊认为其对大陆架"认知上的专属性"应当得到保护，任何对"认知上的专属性"的破坏，都将对沿海国的权利造成无法弥补的损害；而土耳其的地震勘探活动，威胁到希腊获取有关这一区域自然资源信息的专属权利。国际法院并未认同希腊的主张，甚至还指出，即使土耳其的勘探活动侵犯了希腊获取该海域自然资源信息的专属权利，也可以事后进行弥补。① 依据国际法院的观点，当事国一方在争议海域单方面实施地震勘探，获取并使用有关海洋自然资源的相关信息，不会给潜在的权利所属国造成无法弥补的损害。但是这一观点并未被"科特迪瓦与加纳大西洋划界案"所继承。科特迪瓦认为，加纳及其授权的私人石油公司在争议海域对自然资源相关信息的收集，是对科特迪瓦尚存在争议的海洋权利的严重侵犯，这种持久的损害是不可逆的，以至于无法回到原来的状态，原因在于这些信息会流通，不像生物资源，议价能力无法自我再生。② 特别分庭同意科特迪瓦的观点，"认为沿海国对其大陆架的权利包括，所有对其勘探开发大陆架自然资源必要且有关的权利，以及获得大陆架自然资源信息的专属权利。因此获得并使用有关争议海域自然资源信息的行为，将会对根据特别分庭的判决，对争议区域的全部或部分享有权利的科特迪瓦造成不可逆的损害的危险"。③ 因此，特别分庭判决要求："加纳应当采取所有必要措施，防止过去、现在或者未来其在争议

① 参见 Aegean Sea Continental Shelf, paras. 26, 32。

② 参见 Dispute Concerning Delimitation on the Maritime Boundary between Ghana and Côte d'Ivoire in the Atlantic Ocean, para. 79。

③ 参见 Dispute Concerning Delimitation on the Maritime Boundary between Ghana and Côte d'Ivoire in the Atlantic Ocean, paras. 94-95。

海域实施的或授权实施的勘探活动中所获得的，尚未进入公共领域的信息，不被以任何形利用以损害科特迪瓦。"① 由此可见，对于单方面实施临时性的勘探活动是否危害或阻碍最后协议达成的问题，两个案件中的国际司法机构的态度有所不同，特别分庭强调，通过临时性的勘探活动所获得的有关争议海域自然资源的信息，不应以有损另一方当事国潜在权利的形式使用，尤其是将相关信息公之于众，否则就违反该义务；而国际法院则认为，临时性的勘探活动本身不违反该项义务，没有单独考虑如何使用勘探所获信息的问题。虽然二者对待如何使用临时性的勘探活所获得的信息观点不一，但在最根本的问题上仍保持一致，那就是临时性的勘探活动本身不危害或阻碍最后协议的达成。

根据上述分析可知，在国际实践中，不危害或阻碍最后协议的达成的具体内涵包括两个方面：首先，会对海洋环境造成无法弥补损害的非临时性的单方面行为，必然违反了该项义务，包括：对海床、底土或者自然资源存在造成物理损害的风险的行为（钻探活动最具代表性），在大陆架上建立人工设施，实际占用或以其他方式使用大陆架上自然资源。其次，不会对海洋环境造成无法弥补损害的临时性单方面行为则没有违反该义务，以地震勘探最具代表性。

2. 例外情形。虽然原则上当事国不得在争议海域单方面实施危害或妨碍最后协议达成的活动，但是也存在例外情况，那就是当事国可以主张获得其他当事国同意或者采取反措施，来解除其实施的非临时性的活动的不法性。一般来说，当事国在争议海域内的任何活动，哪怕是临时性的活动，都可能招致其他当事国的反对，所以希望其他当事国同意自己在争议海域实施非临时性的活动是一种不现实的想法。根据《国家责任条款草案》第22条之规定，当事国可以主张反措施来为自己的不法行为做辩护。但依据第49、50条之规定，当事国采取反措施时，必须满足一些条件，同时还有一

---

① Dispute Concerning Delimitation on the Maritime Boundary between Ghana and Côte d'Ivoire in the Atlantic Ocean, para. 108.

些限制性规定。

如果一方当事国意图主张其在争议海域单方面实施的非临时性的活动是反措施，那么就应当满足一些基本条件：首先，一方当事国的反措施必须是对其他当事国先前的不法行为的回应。正如国际法院在在"加布奇科沃与大毛罗斯工程案（Gabcikovo-Nagymaros Project）"中所指出的那样，"反措施首先必须是对另一国先前的国际不法行为作出的反应，且是直接针对这个国家"。① 这一规定看似简单，但在具体实践中区面临困难。如果争议海域只涉及两个当事国，当事国主张为反措施的非临时性的活动，当然只针对实施了不法行为的另一方当事国。但是争议海域往往会涉及三个或三个以上的当事国，如果此时一方当事国实施了非临时性的活动，另一方当事国意图采取反措施，但此时的反措施不仅仅针对了不法行为国，还会波及并未实施不法行为的第三方当事国，这样就产生了一个奇怪的现象，另一方当事国所实施的非临时性的活动，对于不法行为国而言是一项反措施，但对于第三方当事国而言则是一个国际不法行为。其次，不法行为出现后，不可立即采取反措施。针对其他当事国在争议海域实施了危害或阻碍最后协议达成的行为，一方当事国必须首先要求不法行为国停止实施该行为。最后，如果未能阻止不法行为国的不法行为，一方当事国应努力通过谈判解决这一问题。只有在不法行为国拒绝谈判，或有意阻挠谈判顺利进行时，一方当事国方可采取反措施。②

除了满足上述基本条件，采取反措施还应受到一些限制：（1）必须遵守《联合国宪章》中所规定的不得以武力相威胁或使用武力的义务。这点要求对当事国而言比较容易做到，因为作为反措施的非临时性的活动无外乎钻探活动，在大陆架上建立人工设施，实际占用或以其他方式使用大陆架上自然资源，无论具体采用何种形

---

① Gabcikovo-Nagymaros Project （Hungary/Slovakia）, Judgment, I. C. J. Reports 1997, p. 7, para. 83

② 参见 Antonio Cassese, International Law, Oxford University Press 2001, p. 235。

式，都是以和平的方式进行。(2) 不得违反保护基本人权的义务。反措施不能忽视保护人权，或者保护人类尊严和福利的国际法规则。如果某一国违反了某一国际法规则，受害国也不能违反保护该不法行为国公民的权利的国际法规则，不应当要求无辜的人承担国家不法行为的后果。一般来说，当事国将非临时性的活动作为反措施并不违反该项义务。因为非临时性的活动牵涉的是海洋矿产资源的勘探开发，对于沿海国的民众而言，海洋的矿产资源的开发具有潜在的经济意义，但是远比不上作为食物来源的海洋生物资源，因此当事国将非临时性的活动作为反措施的手段，可能会对不法行为国开发海洋矿产资源产生影响，但没有危及其国民的基本生活需求，更谈不上侵犯其基本人权。(3) 不得违反依一般国际法强制性规范承担的其他义务。此项规定是一个兜底性条款，它是一项剩余的禁止性规定（A Residual Prohibition）。① (4) 反措施不是一种惩罚形式，其目的在于促使不法行为当事国履行其国际法上的义务，为实现此目的，采取反措施的当事国可以暂时不履行其对不法行为国所承担的国际义务；反措施应当尽可能地以允许重新履行该项义务的形式进行，但也不是绝对的，只是强调在当事国有多个合法有效的反措施手段供选择时，当事国应当选择可以恢复履行因反措施而暂停的义务的一个。② 非临时性的活动作为反措施的手段，可以保障当事国在必要的时候恢复履行其所负的义务，原因在于非临时性的活动的进度完全由人的意志掌控，只要当事国愿意，可以随时暂停实施。这种可能随时暂停的处境，也表明了反措施的临时性，因此当事国最好只将反措施作为迫使不法行为国履行国际义务的手段，而不是借此开发争议海域的自然资源，否则一旦不法行为国停止其不法行为，当事国也只能暂停开发活动，这样会使得当事国的开发计划始终处于一种不确定的状态。(5) 反措施还应当符

---

① 参见 Antonio Cassese, International Law, Oxford University Press 2001, p. 237。

② 参见 Commentaries to the Draft Articles on Responsibility of States for Internationally Wrongful Acts, International Law Commission, 2001, pp. 129-131。

合相称性的要求，即采取的反措施必须与遭受的损害相称，同时考虑国际不法行为的严重程度和相关权利。① 具体到非临时性的活动而言，对于"不危害或阻碍最后协议达成的义务"违反的程度，钻探活动肯定要小于在大陆架上建立人工设施，实际占用或以其他方式使用大陆架上自然资源。因此，如果不法行为国只实施了钻探活动，当事国采取反措施时，不得实施在大陆架上建立人工设施，实际占用或以其他方式使用大陆架上自然资源的行为。

三、结论

通过以上的分析，已经得出了"不危害或阻碍最后协议的达成的义务"禁止当事国在争议海域实施会对海洋环境造成无法弥补损害的非临时性的单方面行为，但允许不会对海洋环境造成无法弥补损害的临时性的单方面行为。本书将根据这一标准来分析单方面石油活动是否违反该项义务。此外，在单方面石油活动是否违反该项禁止性规定时，必须注意区分石油活动所处的不同阶段，因为在不同的阶段，在争议海域实施了不同的行为，而这些行为对争议海域海洋环境所产生的影响不尽相同。虽然各个阶段的先后顺序，在个案中各不相同，有时是先签订石油合同，然后由外国石油公司专门负责勘探事宜；有时则由政府先负责勘探，在发现具有商业价值的油田后，再与外国石油公司签订石油合同，但是"一般而言，对外合作勘探开发的流程包括招标公告的发布、其他合作方的投标、竞标、中标、合作双方合同的签订、正式进行油气资源的合作勘探、开发"。② 因此本章将单方面石油活动依次分为订立石油合同、勘探和开采三个阶段，进行逐一分析。

---

① 参见 Commentaries to the Draft Articles on Responsibility of States for Internationally Wrongful Acts, pp. 134-135。

② 黄伟：《2012 年中海油发布南海油气对外招标公告的法律问题研究》，载《法学杂志》2012 年第 10 期，第 20 页。

（一）单方面订立石油合同

虽然当事国一方就争议海域的石油资源开发与石油公司签订石油合同，必然会遭到其他当事国的反对，但这并不必然意味着该行为危害或阻碍最后协议的达成。原因在于当事国的行为若要对争议海域的海洋环境造成无法弥补的损害，必须以该行为直接作用于海洋环境为前提，而当事国与石油公司签订石油合同的行为，是不会对海洋环境产生改变的。若要对海洋环境产生影响，必须要有后续的配套行动，而单方面签订石油合同仅仅处在准备阶段，尚未进入勘探和开采阶段，也就谈不上对海洋环境产生物理改变。

（二）单方面勘探

签订石油合同后，石油公司必然要在争议海域实施勘探活动，以确定争议海域是否具有商业开采价值的石油资源。"勘探是指在初步确定某一区域可能蕴藏油气资源后，就需要对专门的区域进行详细的勘探调查，以确定是否具有商业开采价值。勘探通常包括详细的地震勘探，以及钻探、试气等工作。"① 对于这一阶段的勘探活动是否危害或阻碍最后协议的达成，不能一概而论。正如前文多次提及的"爱琴海大陆架划界案"判决所指出的，对于地震勘探这种临时性的勘探活动，即便其中包括实施小型爆炸，也不会对海床、底土或者自然资源存在造成物理损害的风险，因此不违反该项禁止性规定。尽管这些临时勘探活动不违反国际法中的禁止性规定，但是其他当事国为了表明自己的立场，仍会提出抗议。而对于钻探这种非临时性的勘探活动，无论是"爱琴海大陆架划界案"、"圭亚那与苏里南仲裁案"，还是"科特迪瓦与加纳大西洋划界案"，均明确指出该项行为违反该项禁止性规定。既然钻探活动违反禁止性规定，那么以其为基础所实施的后续试气活动，同样也违反禁止性规定。因此，单方面勘探活动中的临时性的勘探活动不违

---

① 董世杰：《单方面利用争议海域油气资源的问题研究》，载《东北亚论坛》2015 年第 5 期，第 37 页。

反禁止性规定，而非临时性的勘探活动则违反禁止性规定，如果非临时性的勘探活动想要解除其行为的不法性，只能主张其依据反措施实施此类行为，或者实施此类行为获得了其他当事国的同意。

（三）单方面开采

如果说尚处于勘探阶段的钻探行为，还未对海底石油资源进行实际占有或使用，仅凭该行为本身客观上会对海洋环境造成无法弥补的损害，就足以认定其危害或阻碍最后协议的达成，那么作为其后续的开采行为就当然违反了该项义务。原因在于开采行为已经是对海底石油资源进行实际占有和使用，其对争议海域最终归属的当事国的主权或主权权利的损害已达到最大程度，同样根据举轻以明重的原则，既然危害程度较小的钻探活动都违反了该项义务，那么危害程度更大的开采行为肯定也违反了该项义务，除非当事国是依据反措施或者获得其他当事国的同意。

综上所述，可以看出当事国与石油公司单纯的订立石油合同的行为以及石油公司在争议海域所实施的临时性的勘探活动（以地震勘探为代表）没有危害或阻碍最后协议的达成；而其所实施的非临时性的勘探活动（以钻探为代表）以及开采活动，在没有依据反措施或取得其他当事国同意的情况下，明显违反"不危害或阻碍最后协议的达成的义务"。

第八章　单方面利用争议海域
油气资源的问题

最近针对英国石油公司在福克兰群岛（阿根廷称马尔维纳斯群岛，简称马岛）附近海域钻探活动，阿根廷除了明确表示反对外，甚至还威胁对作业的石油公司提起诉讼。① 不禁让人感觉，利用争议海域的油气资源是一个非常棘手的问题。更为复杂的是，由于海域划界或者作出临时安排是一个漫长的过程，争端当事国在此期间不可能无动于衷，进而就会出现单方面利用争议海域油气资源的问题。中国与周边多个国家存在海上争端，而且这些海域都被认为蕴藏丰富的油气资源，在未达成临时安排或划界协议的情况下，如何处理单方面利用油气资源，是一个无法回避的问题。

一、单方面利用争议海域油气资源的基本步骤

油气资源的利用通常分为四个阶段：勘测、勘探、招标和开采（有的认为只有勘测、勘探和开采三个阶段②）。其中勘测一般由政府组织实施地震勘探，以便对相关海域的地质情况有个初步的了解。勘探是指，在初步确定某一区域可能蕴藏油气资源后，就需要对专门的区域进行详细的勘探调查，以确定是否具有商业开采价

---

① Argentina plans lawsuit against UK oil firms near Falklands ［EB/OL］. available at http：//www. channelnewsasia. com/news/world/argentina-plans-lawsuits/1774918. html, last visited on October 30, 2017.

② 余劲松：《国际投资法》，法律出版社 2014 年版，第 75 页。

值。勘探通常包括详细的地震勘探，以及钻探、试气等工作。由于勘探的内容涵盖了勘测的内容，因此文中将勘测并入勘探进行分析。

招标则是指，在确定某一区域可能蕴藏油气资源后，政府发布招标公告，与符合条件的石油公司签订石油合同；但招标并不是必经环节，因为有些时候直接由国家石油公司负责开采，则无需进行招标。此外，招标与勘探的先后顺序，在个案中各不相同，有时是先进行商业招标，然后由中标后的石油公司专门负责勘探事宜；有时则由政府负责勘探，在发现具有商业价值的油气田后，再进行商业招标。最后就是进行商业开采。

单方面利用油气资源不论处于何种阶段，都会面临是否为国际法所允许，以及会产生何种法律效果两大问题。此外，由于地处争议海域，当事国一方单方面利用油气资源，可能会遭遇另一方当事国的执法活动，就产生当事国是否有权进行执法的问题。以上问题将在下文中一一分析。

二、单方面勘探

虽然单方面勘探活动的具体内容在个案中各不相同，但是根据"爱琴海大陆架划界案"的判决可将其分为两大类："临时性"（The Transitory Character）和"非临时性"（The Non-transitory Character），其中"临时性"勘探就是不会对另一当事国潜在的权利造成无法弥补的损害，"非临时性"勘探则会对另一当事国的潜在权利造成无法弥补的损害。

（一）"临时性"勘探

1. 单方面的"临时性"勘探为国际法所允许。"爱琴海大陆架划界案"（Aegean Sea Continental Shelf Case）和"圭亚那与苏里南仲裁案"（Guyana/Suriname Case）是目前为数不多的，直接涉及争议海域油气资源单方面勘探问题的案件。在"爱琴海大陆架划界案"中，希腊请求国际法院采取临时措施"要求希腊和土耳其，在国际法院作出最终判决前，未经另一方当事国同意，禁止在争议

146

区域的大陆架上实施任何勘探活动或者科学研究……"① 希腊的主要理由是"对争议区域拥有专属主权权利的真正沿海国对其大陆架'认知上的专属性'(the exclusivity of knowledge) 应当得到保护,任何对'认知上的专属性'的破坏,都将对沿海国的权利造成无法弥补的损害……土耳其的地震勘探活动,威胁到希腊获取有关这一区域自然资源信息的专属权利;未经希腊同意,获取和传播这些信息,将有损希腊与潜在的许可证获得者之间的谈判,永久的损害希腊制定本国能源政策的主权权利"。国际法院并未支持希腊的主张,认为"土耳其所实施的地震勘探(其中包括小型爆炸),不会对海床、底土以及自然资源造成物理损害的危险"。② 国际法院认为土耳其所实施的勘探活动具有"临时性",即便国际法院的最终判决支持了希腊的大陆架主张,土耳其的勘探行为构成对希腊勘探专属权利的侵害,也可以事后通过适当方式进行弥补,而不是需要采取临时措施的无法弥补的损害。③

而在"圭亚那与苏里南仲裁案"发生时,由于《海洋法公约》已经生效,且圭亚那和苏里南均加入了该公约,④ 因此该公约就成了仲裁庭判案的重要法律依据。根据《海洋法公约》第 74(3)、83(3)条之规定,争端当事国负有一种相互限制的义务,即不得危害或阻碍最终协议的达成。⑤ 同时国际法院或仲裁庭认为,该义

① Aegean Sea Continental Shelf, Interim Protection, Order of 11 September 1976, I. C. J Reports 1976, paras. 30-33, available at http://www.icj-cij.org/docket/files/62/6219.pdf, last visited on October 30, 2017.

② Aegean Sea Continental Shelf, Interim Protection, Order of 11 September 1976. ICJ Reports 1976, paras. 30-33, available at http://www.icj-cij.org/docket/files/62/6219.pdf, last visited on October 30, 2017.

③ Aegean Sea Continental Shelf, Interim Protection, Order of 11 September 1976. ICJ Reports 1976, paras. 30-33, available at http://www.icj-cij.org/docket/files/62/6219.pdf, last visited on October 30, 2017.

④ 本案于 2004 年由圭亚那提起仲裁,圭亚那于 1993 年 11 月 16 日批准了《海洋法公约》,苏里南于 1998 年 7 月 9 日批准该公约。

⑤ Tara Davenport. the Exploration and Exploitation of Hydrocarbon Resources in Areas of Overlapping Claims, in Robert Beckman (eds.), Beyond Territorial Disputes in The South China Sea, Edward Elgar Publishing Limited 2013, p. 102.

务并不是排除在争议区域的所有活动，仅仅针对那些会对最终划界协议造成无法弥补的损害的行为。① 在本案中，"仲裁庭认为应当注意不扼杀当事方在争议区域进行经济开发的能力，由于边界争端的解决是一个耗时的过程，仲裁庭对尽一切努力不危害或阻碍最终协议达成的义务的解读，必须反映出这种微妙的平衡……单方面的地震勘探，并不有违一方尽一切努力不危害或阻碍最终协议达成的义务"。② 通过对以上两个判例的分析，可以得出一个初步的结论，即国际法院和仲裁庭，不认为以地震勘查为代表的"临时性"勘探为国际法所禁止，而且特别强调了使用"小型爆炸"（small explosion）③ 并不影响地震勘查的"临时性"。

许多学者也认为单方面的"临时性"勘探不为国际法所禁止。雷纳·拉戈尼（Rainer Lagoni）认为"《海洋法公约》第74（3）、83（3）条的内容，对争议区域自然资源开发或采取其他单方面措施，未明确表达予以限制……尽管当事国不得妨碍最终划界协议的达成需要承担许多义务，但仍享有一些权利和自由，只要对其他当事国的权利予以适当的顾及"。④ 托马斯·门萨（Thomas A. Mensah）认为"《海洋法公约》第83（3）条之规定，实际上是默认了避免争议海域经济开发停滞的重要性，只要这些经济活动不影响最终协议的达成，公平有效的利用海洋资源是《联合国海洋

---

① Rainer Lagoni, Interim Measures Pending Maritime Delimitation Agreements, American Journal of International Law, Vol. 78, No. 2, 1984, p. 366.

② Guyana/Suriname, Award of the Arbitral Tribunal, 17 September 2007. paras. 470 and 481, http：//www.pca-cpa.org/upload/files/Guyana-Suriname% 20Award.pdf, 2015-04-12.

③ 地震勘探的原理，是利用地下介质弹性和密度的差异，通过观测和分析大地对人工激发地震波的响应，推断地下岩层的性质和形态，进而初步判断是否属于蕴藏油气资源的地质结构。而在海上进行小型爆炸则是人工激发地震波的常用方法。

④ Rainer Lagoni. Interim Measures Pending Maritime Delimitation Agreements. the American Journal of International Law, Vol. 78, No. 2, 1984, p. 366.

法公约》的目标之一"。① 大卫·翁（David M. Ong）认为"除非一国所采取的单方行动被明确认定为有损另一当事国的权利，否则另一当事国不得反对其单方面的勘探活动"。② 瓦斯卡贝克尔-温伯格（Vasco Becker-Weinberg）认为"特定海域未进行划界，并不妨碍当事国在争议海域可能进行的经济活动，例如利用争议海域的自然资源"。③

　　2. 单方面的"临时性"勘探的限制。尽管争端当事国可以自行在争议海域实施"临时性"勘探活动，但是由于争议海域的敏感性，即便是"临时性"勘探活动，也可能引起另一方的强烈反应，进而加剧争端。例如，对于中国越过日本单方面所主张的中间线实施的勘探活动，日本政府明确表示反对。④ 同样，日本也要求韩国科考船不得单方面进入日本主张的日韩中间线日本一侧海域进行科学研究。⑤ 又例如，在"爱琴海大陆架划界案"中，希腊政

　　① Thomas A. Mensah, Joint Development Zones as an Alternative Disputes Settlement Approach in Maritime Boundary Delimitation, in Rainer Lagoni & Daniel Vignes（eds.）, Maritime Delimitation, Martinus Nijhoff Publishers 2006, p. 150.

　　② David M. Ong, Joint Development of Common Offshore Oil and Gas Deposits: "Mere" State Practice or Customary International Law, American Journal of International Law, Vol. 93, No. 4, p. 800.

　　③ Vasco Becker-Weinberg. Joint development of Hydrocarbon Deposits in the Law of the Sea, Springer 2014, p. 94.

　　④ 参见 Yomiuri（A Japanese daily newspaper）of 28 August 2000 reported that the number of the cases of exploration by the Chinese vessels in the Japanese side of the hypothetical equidistance line is 4 in 1997, 14 in 1998, 30 in 1999 and 19 in 2000 as of the end of the August 2000, in Sun Pyo Kim, Maritime Delimitation and Interim Arrangements in North East Asia, Martinus Nijhoff Publishers 2004, p. 309。

　　⑤ 参见 Korea Working Group on the Continental Margin led by Professor, Yong-ahn Park, a member of the Commission on the Limits of the Continental Shelf, Internal Working Paper, June 2000, in Sun Pyo Kim, Maritime Delimitation and Interim Arrangements in North East Asia, Martinus Nijhoff Publishers 2004, p. 247。

府反对土耳其的测量船在争议海域实施勘探活动。① 还例如，南海其他声索国抗议中国在南海争议海域的勘探活动。② 因此，在单方面实施"临时性"勘探活动时，出于缓和局势的考虑，有必要事先告知另一方。此外，事先通知另一方也符合《海洋法公约》第300条③关于善意行使公约权利的规定。当然，事先告知仅限于以官方渠道正式通知对方，而无需征得对方的同意。早在 2000 年，中日两国就采取了类似的做法，两国原则上同意就东海科学研究事宜建立事先通知机制。④

此外，还有一种更进一步的观点认为，由于油气资源的勘探属于海洋科学研究的范畴，应当根据《联合国海洋法公约》第 244 条之规定，公布和传播通过勘探活动所获得的知识和情报。⑤ 但是公布和传播知识、情报，在实践中面临很多阻碍。首先，争端当事国进行勘探活动就是为了更好地了解地质信息，以便在争端解决中占据主动，不可能愿意与其他当事国分享信息。其次，即便进行信息分享，很有可能只是有限的信息分享。因此这观点不具有可行性。

---

① Request for the Indication of Interim Measures of Protection Submitted by the Government of Greece, pp. 65-66, available at http：//www. icj-cij. org/docket/files/62/10709. pdf, last visited on October 30, 2017.

② Ramses Amer, China, Vietnam, and the South China Sea：Disputes and dispute Management, Ocean Development & International Law, Vol. 45, No. 1, 2014, pp. 20-22.

③ 《海洋法公约》第 300 条规定：缔约国应诚意履行根据本公约承担的义务并应以不致构成权利滥用的方式，行使本公约所承认的权利、管辖权和自由。

④ 参见 Sankei Shimbu（A Japanese daily newspaper）of 29 August 2000, in Sun Pyo Kim, Maritime Delimitation and Interim Arrangements in North East Asia, Martinus Nijhoff Publishers 2004, p. 309。

⑤ Sun Pyo Kim, Maritime Delimitation and Interim Arrangements in North East Asia, Martinus Nijhoff Publishers 2004, p. 72.

（二）"非临时性"勘探

1. 禁止单方面的"非临时性"勘探。由于争议海域尚未进行划界，在权利归属尚未明朗的情形下，最重要的就是"维持现状"（Maintaining The Status Quo），在争端解决之前维护相关当事方的权利。① 而维护相关当事方的权利的重要手段，就是避免对权利造成无法弥补的损害。在"爱琴海大陆架划界案"中，国际法院将会造成无法弥补的损害的行为，定性为与"临时性"勘探相对应的"非临时性"勘探，并指出如果土耳其实施了"非临时性"勘探，国际法院将会采取临时措施。这意味着禁止争端当事国在争议海域单方面实施"非临时性"勘探活动。

那么究竟哪些行为属于"非临时性"勘探？在"爱琴海大陆架划界案"中，国际法院列举了三种"非临时性"勘探活动：（1）对海床、底土或者其中的自然资源造成物理损害危险的；（2）在大陆架上建立人工设施的。（3）实际占用或以其他方式使用大陆架上自然资源的。② 同样在"圭亚那与苏里南仲裁案"中，仲裁庭更具针对性地指出："一些油气资源勘探活动之间，在法律上存在很大的差别，最明显的就是地震测量和钻探活动。对海洋环境产生物理改变的单方面行动，只能是双方共同行使或根据协定行使。这是因为这些活动会对现状产生可以感知的改变，可能损害或妨碍最终划界协定的达成，这些活动有损划界争端中另一方的地位。而钻探活动就属于会对海洋环境造成永久性损害的单方面勘探活动。"③

---

① Sun Pyo Kim, Maritime Delimitation and Interim Arrangements in North East Asia, Martinus Nijhoff Publishers 2004, p. 72.

② Aegean Sea Continental Shelf, Interim Protection, Order of 11 September 1976. ICJ Reports 1976, paras. 30-33, available at http：//www. icj-cij. org/docket/files/62/6219. pdf, last visited on October 30, 2017.

③ Guyana/Suriname, Award of the Arbitral Tribunal, 17 September 2007. paras. 470 and 481, available at http：//www. pca-cpa. org/upload/files/Guyana-Suriname%20Award. pdf, last visited on October 30, 2017.

此外，一些国家的实践也支持上述立场。1983 年丹麦政府授权一家丹麦公司，在丹麦与瑞典争议的大陆架上实施钻探活动，后遭到瑞典政府的抗议。针对圭亚那政府授权一家加拿大公司，在圭亚那与苏里南争议海域实施钻探活动，苏里南政府提出多次外交抗议。① 以及前文提及的阿根廷反对英国石油公司在福克兰群岛（阿根廷称马岛）附近海域进行钻探活动。更值得注意的是，2015 年 3 月 2 日，英国福勒姆能源公司宣布，菲律宾已经于 2014 年 12 月 15 日无限期中止了在礼乐滩海域的所有海上石油和天然气的钻探活动。② 虽然给出的官方理由是"不可抗力"，但是笔者认为菲律宾选在 2014 年 12 月 15 日作出这一决定，还有其他原因。2014 年 12 月 15 日是仲裁庭规定的中国提交辩诉状的截止日期，自此案件会进入实质阶段，菲律宾之所以中止钻探活动，是因为之前国际上仅有的几个相关判例都认定不得单方面在争议海域实施钻探活动，菲律宾担心自己的单方面行为会对自己不利。菲律宾的这一举动从反面印证了，禁止在争议海域进行"非临时性"勘探。

通过以上分析不难看出，目前国际法禁止单方面进行"非临时性"的勘探活动，具体包括：（1）对海床、底土或者其中的自然资源造成物理损害危险的，以钻探活动最具代表性。（2）在大陆架上建立人工设施的。（3）实际占用或其他方式使用大陆架上自然资源的。争议海域当事国若要实施"非临时性"勘探活动，必须与另一方当事国进行协商，征得其事先同意；或者当事国之间就"非临时性"勘探事宜达成临时性安排，由双方共同实施。

2. 单方面"非临时性"勘探的国际法律责任

既然国际法禁止单方面实施"非临时性"勘探活动，那么如果当事国一方执意实施此类活动，就会违反尽一切努力不危害或阻

①　Guyana/Suriname, Award of the Arbitral Tribunal, 17 September 2007. paras. 470 and 481, available at http：//www. pca-cpa. org/upload/files/Guyana-Suriname%20Award. pdf, last visited on October 30, 2017.

②　参见《菲"无限期中止"礼乐滩油气钻探》，载《参考消息》2015 年 3 月 4 日第 16 版。

碍最终划界协议达成的义务。① 一方当事国违反此类义务，需要承担何种国际法律责任？在"圭亚那与苏里南仲裁案"中，仲裁庭首先认可了违反该义务的当事国需要承担赔偿责任，随后仲裁庭又援引了"塞加号案"（Saiga Case）的判决，认为在某些情况下通过司法宣告某一行为侵犯某项权利或违反某项义务即可，无需给予物质赔偿。② 仲裁庭之所以作出这样的决定，笔者认为主要是由于"非临时性"勘探尚未进入商业生产阶段，虽然认定这种行为会对海洋环境造成不可逆的损害，但是如要计算造成多少实际损失确实存在困难。

3. 禁止的例外。虽然原则上禁止争端当事国在争议海域单方面实施"非临时性"勘探活动，但是也存在例外情形，即作为反措施。在"圭亚那与苏里南仲裁案"中，仲裁庭就持此观点。在该案中，苏里南认为其派遣巡逻艇驱逐加拿大石油公司的作业船只，是合法的反措施，是针对圭亚那国际违法行为的回应。但是仲裁庭认为，根据既有的国际法原则，反措施不得包括使用武力。对于钻探活动涉嫌违反国际法，苏里南应根据《海洋法公约》采取和平方式进行应对。③ 可以看出仲裁庭并未否认反措施的正当性，只是认为苏里南在具体的反措施选择上存在问题。当前倾向于使用"反措施"这一术语来指不涉及使用武力的报复。④

除了不得使用武力以外这一基本要求，反措施还应具备哪些条

---

① Guyana/Suriname, Award of the Arbitral Tribunal, 17 September 2007. paras. 470 and 481, available at http：//www. pca-cpa. org/upload/files/Guyana-Suriname%20Award. pdf, last visited on October 30, 2017.

② The Saiga（No.2）case（Saint Vincent and the Grenadines v. Guinea）, Judgment, ITLOS Reports1999. para. 171, available at https：//www. itlos. org/fileadmin/itlos/documents/cases/case _ no _ 2/merits/Judgment. 01. 07. 99. E. pdf, last visited on October 30, 2017.

③ Guyana/Suriname, Award of the Arbitral Tribunal, 17 September 2007, paras. 470 and 481, available at http：//www. pca-cpa. org/upload/files/Guyana-Suriname%20Award. pdf, last visited on October 30, 2017.

④ 马尔科姆·N. 肖：《国际法（第6版）》，白桂梅等译，北京大学出版社2011年版，第627页。

件？在"加布奇科沃与大毛罗斯工程案"（Gabcikovo-Nagymaros Project Case）中，国际法院认为"反措施必须满足以下条件：（1）必须是直接针对另一国事先的不法行为作出反应；（2）受害国已经事先要求从事不法行为的国家停止不法行为或要求赔偿；（3）反措施的效果必须与受到的损害相称。"① 因此，针对一方当事国单方面实施"非临时性"勘探活动，另一方当事国若要以"非临时性"勘探活动作为反措施，必须满足三个条件：（1）一方当事国已经单方面进行"非临时性"勘探；（2）另一方当事国已经明确要求其停止"非临时性"勘探活动，并且提议就此问题进行磋商，违法当事国并未停止不法行为。（3）另一方当事国应在同一争议海域，实施类似的"非临时性"勘探活动。

三、单方面招标

通过勘探活动发现具有商业开采价值的油气资源后，当事国可能会通过招标的方式，邀请有实力的石油公司参与油气资源开发，那么在争议海域进行单方面招标是否为国际法所应允？

首先，根据"圭亚那与苏里南仲裁案"的判决，在争议海区实施的两类活动是允许的：（1）当事双方根据实际性的临时安排所采取的活动；（2）单方面实施的对最终海上划界协议的达成无危害或阻碍的活动。仲裁庭认为，对海洋环境不产生物理改变的单方面行为就属于第二类。② 根据这一标准，可以判定单方面招标属于不会对海洋环境产生物理改变的单方面行为。一般而言，对外合作勘探开发的流程包括招标公告的发布、其他合作方的投标、竞标、中标、合作双方合同的签订、正式进行油气资源的合作勘探、

---

① Gabcikovo-Nagymaros Project （Hungary/Slovakia），Judgment，ICJ Reports 1997，paras. 83-84，available at http：//www. icj-cij. org/docket/files/92/7375. pdf，last visited on October 30, 2017.

② Guyana/Suriname，Award of the Arbitral Tribunal，17 September 2007. paras. 470 and 481，available at http：//www. pca-cpa. org/upload/files/Guyana-Suriname%20Award. pdf，last visited on October 30, 2017.

开发。① 因此单方面进行招标仅仅只是第一步，尚未进入会对海洋环境产生物理改变的"非临时性"勘探和开采阶段。

其次，在个案中招标有时会先于勘探活动，而前文已经分析了"临时性"勘探活动为国际法所允许，因此不可能出现前一阶段无法进行，而能实施后一阶段的悖论。单从这一点，至少可以得出国际法不禁止单方面招标行为。综合以上两点可知，在争议海域进行单方面招标是国际法所允许的。

四、单方面开采

（一）国际法禁止单方面开采

在完成勘探、招标后，就要进入正式的商业开采阶段。相较于"非临时性"勘探活动，开采活动不单单会对海洋环境造成永久性损害，更为重要的是在争议海域归属不明的状态下掠夺可能属于另一方当事国的油气资源，因此单方面开采活动的破坏性甚于单方面实施的"非临时性"勘探。根据"举轻明重"，既然"非临时性"勘探活动都被国际法所禁止，那么国际法必然禁止单方面开采活动。因此，当事国若要开采争议海域的油气资源，必须事先与其他当事国进行协商，争取其他当事方同意或者进行共同开发。

（二）单方面开采的国际法律责任

既然禁止单方面开采争议海域的油气资源，那么当事国若实施此行为必然需要承担国际法律责任，那么实施不法行为的当事国会承担哪些国际法律责任？（1）要求进行单方面开采的当事国停止开采活动。（2）要求单方面开采的当事国承担赔偿责任。相较于"非临时性"勘探活动在计算物质损失时所面临的困难，计算单方面开采活动所造成的实际损失较为简便，即根据开采有资源的产量

---

① 黄伟：《2012 年中海油发布南海油气对外招标公告的法律问题研究》，载《法学杂志》2012 年第 10 期，第 20 页。

计算造成的损失。

（三）禁止的例外

虽然国际法禁止当事国在争议海域主动实施单方面开采活动，但是并不禁止依据反措施实施此类行为。关于实施反措施的基本要求，已在前文已详细论述。此外需指出一点，由于争议海域具有商业价值的油气资源分布范围有限，如果用单方面开采对抗单方面开采，很容易会造成当事国双方在很小的区域内竞相开采，极易引发冲突加剧紧张局势。

五、单方面利用油气资源的法律效果

单方面利用油气资源的法律效果主要讨论一个问题，即当事国一方的单方面行动，在未受到另一方当事国任何抗议的情况，能否作为其日后强化其划界主张的有利依据？

首先，必须判定单方面利用油气资源在海洋争端中的地位，即是由于单方面利用油气资源引发海洋争端，还是海洋争端先于单方面利用油气资源而存在。为此，我们要明确争端的关键日期。"国际法上将有关争端的重要事实均已发生的时间节点视为关键日期，自此以后当事双方所实施的行为不再对争端产生影响。"① 现在的海上划界争端，主要是因当事国依据"日内瓦海洋法四公约"②或者《海洋法公约》提出了相冲突的主张而引起的。而单方面利用油气资源往往出现在争端产生之后，作为当事国宣示主权权利的一种手段。因此单方面利用油气资源是发生于关键日期之后，在法律意义上不会对争端施加影响。

其次，如果赋予单方面行动有利于行动一方的法律效果，也有

---

① L. F. E. Goldie. The Critical Date, The International and Comparative Law Quarterly, Vol. 12, No. 4, 1963, p. 1251.

② "日内瓦海洋法四公约"是指：《领海及毗连区公约》、《公海公约》、《捕鱼与养护公海生物资源公约》和《大陆架公约》。

违《海洋法公约》的精神。在"缅因湾案"（Delimitation of The Maritime Boundary in The Gulf of Maine Area）中，加拿大认为自己从 1964 年开始，在其主张的中间线自己的一侧，颁发勘探许可证并实施了油气资源勘探，对此美国政府没有提出抗议。加拿大将这一事实，作为美国默认加拿大所主张的中间线为海上边界的有利证据。国际法院拒绝了加拿大的主张，因为构成默认需要当事国在态度上的一定连续性，而美国在此问题上的态度并不明确且不一致。① 其言外之意就是，如果美国在此问题上的态度明确且一致，就可能构成默认。值得注意的是，本案作出判决时《海洋法公约》尚未生效，自然公约的内容无法在判决中得到很好的体现。《海洋法公约》第 241 条规定："海洋科学研究活动不应构成对海洋环境任何部分或其资源的任何权利主张的法律根据。"根据这一规定，可以合理地推断出，海洋科学研究不应构成对争议海域任一部分的主张。② 属于海洋科学研究的勘探活动，自然就不能作为支持当事国主张的依据。此外，国际法也明确禁止单方面开采行为，因此当事国不可能从自己的违法行为中获利。再者，当今世界所有争议海域内的一举一动都备受关注，一方所实施单方面行动，几乎都会遭到另一方的反对，不可能再出现"缅因湾案"中另一方沉默的情况。

因此，单方面利用油气资源都不应被赋予有利于行动一方的法律效果，否则就会造成在争议海域竞相勘探开发的混乱局面。

六、单方面执法

针对一方当事国在争议海域单方面实施勘探、招标、开采活动，另一方当事国可能不仅仅停留在外交抗议，很有可能会派遣公务船只或飞机进行单方面执法。当事国单方面执法会面临三大问

---

① Delimitation of the Maritime Boundary in the Gulf of Maine Area, Judgment, ICJ Reports 1984, paras. 128-138, available at http：//www. icj-cij. org/docket/files/67/6369. pdf, last visited on October 30, 2017.

② Sun Pyo Kim, Maritime Delimitation and Interim Arrangements in North East Asia, Martinus Nijhoff Publishers 2004, p. 72.

题：是否有权进行执法？针对何种事项进行执法？以何种方式进行执法？

（一）执法的权限

虽然国际法要求当事国善意的提出海洋主张，要求海洋主张在国际法上具有初步基础（a Prima Facie Basis），① 但是在实践中当事国一般都会尽可能扩大其海洋主张，那么认定当事国的海洋主张哪些具备国际法依据，哪些不具备国际法依据就是一个难题。有观点认为可以通过国际司法机构来认定当事国海洋主张是否有效。这一观点同样面临一个问题，即很多国家将海洋划界问题排除适用导致有拘束力裁判的强制程序，因此能否启动国际诉讼本身就是未知数。在此之前，我们只能寄希望于当事国善意提出各自的海洋主张，而且推定所有的单方面主张在国际法上都是有效的。② 既然在争端解决之前只能推定当事国双方的主张均有效，那么当事国就可以据此在争议海域行使管辖权，这就为单方面执法提供了国际法依据。这一观点也为"圭亚那与苏里南仲裁案"的判决所支持，仲裁庭认定苏里南使用巡逻艇驱逐勘探船的做法构成威胁使用武力，违反国际法，但并不认为苏里南无权采取该行动。③

（二）执法的对象

争端当事国有权在争议海域进行执法活动，但由于争端尚未得

---

① Xinjun Zhang, Why the 2008 Sino-Japanese Consensus on the East China Sea has Stalled: Good Faith and Reciprocity Consideration in Interim Measures Pending a Maritime Boundary Delimitation, Ocean Development and International Law, Vol. 42, No. 1-2, p. 59.

② Tara Davenport, the Exploration and Exploitation of Hydrocarbon Resources in Areas of Overlapping Claims, in Robert Beckman（eds.）, Beyond Territorial Disputes in The South China Sea, Edward Elgar Publishing Limited 2013, p. 102.

③ Guyana/Suriname, Award of the Arbitral Tribunal, 17 September 2007, paras. 470 and 481, available at http://www.pca-cpa.org/upload/files/Guyana-Suriname%20Award.pdf, last visited on October 30, 2017.

到解决，在此期间当事国进行执法活动时必须保持一定程度的克制。就执法对象而言，虽然一方当事国会反对另一方当事国实施的所有单方面勘探、招标、开采活动，但是当事国只能针对国际法所禁止的"非临时性"勘探活动以及开采活动进行执法，而对于"临时性"勘探活动需要保持克制。至于单方面招标活动，不仅国际法不禁止，而且也没有采取执法活动的必要，因为单方面招标通常只是通过官方渠道予以公布，无需在争议海域实施具体活动。

（三）执法的方式

即使可以对单方面的"非临时性"勘探和开采活动采取执法行动，当事国仍需遵循国际法关于"不得进行武力相威胁或使用武力的义务"，注意执法的方式。根据《联合国宪章》以及《海洋法公约》之规定，当事国之间应当以和平方式解决海上争端，不得进行任何武力威胁或使用武力。在争议海域当事国双方易产生摩擦，上述规定对于危机管控而言具有现实意义。

1. 能否使用武力。在"渔业管辖权案"（Fisheries Jurisdiction Case）中，国际法院认为：使用加拿大法律所授权的武力，属于执行养护管理措施的范畴。尽管"养护"中未明确提及使用武力，但根据对该概念自然合理之解释，基于养护之目的进的登船、检查、逮捕和最低限度使用武力，都属于"养护管理措施"的范畴。① 同样在"塞加案"中，国际海洋法法庭认为：在执法过程中，只有在其他适当方法均不能使船只停止航行时，方可使用武力。② 在"圭亚那与苏里南仲裁案"中，仲裁庭也认可了在国际

---

① Fisheries jurisdiction（Spain v. Canada），Judgment，ICJ Reports 1998，para. 84，available at http：//www. icj-cij. org/docket/files/96/7533. pdf，last visited on October 30, 2017.

② The Saiga（No. 2）case（Saint Vincent and the Grenadines v. Guinea），Judgment，ITLOS Reports1999，para. 171，available at https：//www. itlos. org/fileadmin/itlos/documents/cases/case _ no _ 2/merits/Judgment. 01. 07. 99. E. pdf，last visited on October 30, 2017.

法上可以在执法活动中使用武力，但使用武力应当是无法避免的，合理而且必要的。① 因此，在争议海域进行单方面执法时，允许在必要的情况下使用一定限度的武力。

2. 使用武力的限度。一方面国际法允许在单方面执法过程中使用武力，同时又对使用武力的限度加以限制，即将使用武力作为最后手段，并且要控制在最小限度内，一旦超出必要限度就很有可能构成以武力相威胁或使用武力。关于使用武力的限度的表述比较抽象，在实践中只能由国际法院或仲裁庭进行自由裁量。

不仅过度使用武力违法，以使用过度武力相威胁也违法。在"威胁或使用核武器的合法性案"（Legality of the Threat or Use of Nuclear Weapons Case）的咨询意见中，国际法院认为"如果设想的使用武力不合法，那么声称准备使用该武力即构成《联合国宪章》第2（4）条中所禁止的'以武力相威胁'。"② 而有时国际法院或仲裁庭作的认定着实令人困惑。在"圭亚那与苏里南仲裁案"中，苏里南派出的巡逻艇并未真正配备使用武力所必需的武器和其他装备，仲裁庭仅凭巡逻艇上的人说了一句"若不在规定时间内离开苏里南水域后果自负"，就认定构成以武力相威胁。③ 笔者认为，仲裁庭之所以作出这样的裁决，可能是为了进行平衡，认定圭亚那单方面钻探行为违反国际法，又认定苏里南派遣巡逻艇驱逐作业船只的行为违反国际法，各打五十大板，便于日后仲裁庭裁决的执行。

---

① Guyana/Suriname, Award of the Arbitral Tribunal, 17 September 2007, paras. 470 and 481, available at http://www.pca-cpa.org/upload/files/Guyana-Suriname%20Award.pdf, last visited on October 30, 2017.

② Legality of the Threat or Use of Nuclear Weapons, Advisory Opinion, ICJ Reports 1996, para. 47, available at http://www.icj-cij.org/docket/files/95/7495.pdf, last visited on October 30, 2017.

③ Guyana/Suriname, Award of the Arbitral Tribunal, 17 September 2007, paras. 470 and 481, available at http://www.pca-cpa.org/upload/files/Guyana-Suriname%20Award.pdf, last visited on October 30, 2017.

七、中国的应对

中国与周边国家存在一系列的海上争端，通过前文的分析，对中国维护海洋权益具有以下启示：

（一）坚持共同开发不动摇

首先，虽然国际法并不禁止当事国在争议海域实施一些单方面利用油气资源的活动，但是对其限制颇多，单凭一方当事国是无法进行油气资源开采的，只有争端当事国进行共同开发，方能真正开发油气资源产生经济效益。其次，即便当事国进行一些国际法应允的单方面行动，仍会遭到其他当事国的强烈反对，无益于局势的缓和。最后，共同开发一直是中国政府多年以来所坚持的政策，单方面行动有损作为负责任大国的形象。当然，共同开发的实现是一个漫长的过程，我们可以首先就油气资源的勘探活动达成临时安排，逐步向共同开发推进。例如，2004 年菲律宾国家石油公司与中海油公司，就南海争议区域进行数据收集达成协议；2005 年中、菲、越三国的国有石油公司进行了联合地震勘探调查。①

（二）积极进行油气资源勘探

1. 由于国际法并不禁止单方面实施"临时性"勘探活动，因此中国政府可以积极地在争议海域进行地震勘探等"临时性"勘探活动，收集相关海域详细的地质信息，以便在谈判中掌握主动。为避免加剧争端以及展现善意，中国政府应事先通知其他争端当事国，并尝试就此建立沟通机制。前文虽提及中日原则上同意就科学研究建立事先沟通机制，但尚无进一步的消息。当下探讨的沟通机制主要集中在安全领域，例如"海上联络机制"以及"钓鱼岛局

① Nguyen Hong Thao and Ramses Amer, A New Legal Arrangement for The South China Sea? Ocean Development & International Law, Vol. 40, No. 2, 2009, p. 343.

势对话窗口"。① 因此，就在东海争议区域单方面勘探油气资源设立沟通机制，也应当重提日程。同样，在南海中国也需要同其他声索国建立相似的沟通机制。

2. 因为单方面的"非临时性"勘探为国际法所不允许，所以必须态度谨慎，等待其他国家采取此类勘探活动，然后依据反措施及时进行勘探活动。由于勘探活动是一个耗时的过程，所以即便中国政府稍后进行，进度上也不会落后于其他国家。

（三）适时推进单方面开采油气资源

在相关争议海域内，如果其他当事国已经进行单方面开采，继续不切实际地寄希望于谈判，是无法使得他国停止开采转而进行共同开发。针对他国的非法开采活动，中国政府完全可以依据反措施进行开采活动，既可以维护自己对自然资源的主权权利，也可以迫使另一方重新就共同开发进行谈判。

（四）果断进行执法

针对他国非法进行的"非临时性"勘探以及开采活动，中国政府不仅可以采取相同的措施针锋相对，还可以对这些非法活动开展执法行动。同时也应注意执法手段的选择，注意船只和飞机上的武器配备，弱化军事色彩，以免被他国指责为使用武力或以武力相威胁。

（五）建立沟通机制

中国应与相关当事国，就争议海域内单方面活动建立专门的沟通机制，以增进相互了解避免误判。沟通机制的运作模式大致如下：一方当事国意图在争议海域进行单方面勘探开发活动之前，应当通知另一方当事国，通知的内容包括：意图实施的活动的具体内容、法律依据以及当事国对该活动所做的法律定性（即属于单方

① 《中日就钓鱼岛局势首设对话窗口》，载《参考消息》2015年1月24日第8版。

面勘探或是单方面开发）。另一方当事国在收到通知后的规定时间内应作出回应，否则视为认同发出通知的当事国的做法；如果另一方当事国明确表示反对，那么当事国双方应立即就此问题展开外交磋商；如果发出通知的当事国在外交磋商无果的情况下，或者直接无视另一方当事国的反对，直接实施单方面活动，那么另一方当事国可以采取反措施或者直接进行执法，但是在实施反措施或执法行动之前，应当通知对方。如果当事国之间相互对抗措施已经威胁到区域的和平与安全时，应任何一方提议，当事国双方应当就缓解紧张局势立即展开外交磋商，并商讨缓解紧张局势的具体办法。

第九章　单方面石油活动在
海洋划界中的意义

争端当事国在争议海域的单方面石油活动，能否作为划界的考虑因素，是海洋划界过程中常常遇到的一个问题。研究该问题，对于中国而言，同样具有现实意义，因为南海其他声索国一直以来都在南沙群岛附近海域实施大量的单方面石油活动，因此我们有必要研究这些单方面石油活动，到底会对最终的海洋划界产生何种影响。为了更好地阐释单方面石油活动对海洋划界的影响，本章将现有的相关国际判例分成两类进行分析："不作为划界考虑因素"和"作为划界考虑因素"。

一、不作为划界的考虑因素

在 1982 年"利比亚与突尼斯大陆架划界案"中，国际法院认为与确定划界方法高度相关的情况就是当事国的行为，但在分析当事国的石油活动后，国际法院并没有发现当事国之间存在默示协议（Tacit Agreement）。① 通过对国际法院判决的分析不难发现，如果能够通过当事国先前的石油活动，证明默示协议的存在，那么当事国的石油活动就是确定划界方法必须考虑的因素之一。值得一提的是，虽然国际法院未能通过当事国的石油活动得出默示协议，但是国际法院却认为，当法国和意大利分别负责突尼斯和利比亚对外关系时，法国和意大利就渔业管辖权的分界线所形成的临时协议

---

① 参见 Continental Shelf（Tunisia/Libyan Arab Jamahiriya），Judgment，ICJ Reports 1982, paras. 117, 118。

(Modus Vivendi)，应当作为大陆架划界的考虑因素。在1913年发生了意大利的鱼雷艇在突尼斯主张的 ZV45°线①以内海域逮捕希腊渔船事件后，意大利划了一条与加迪尔角（Ras Ajdir）海岸线垂直的界线，意大利当局在1931年重申了这条界线，这一情形持续到突尼斯和利比亚独立。在此期间，负责突尼斯外交的法国当局的一直沉默和不抗议，国际法院认为这足以证明临时协议的存在。虽然仅凭临时协议尚不能证明两国之间存在公认的海上边界，但是对于临时协议的尊重，长期以来没有受到任何一方的正式反对，这可以确保在选择两国间大陆架的划界方法时，它可以作为一个历史性理由。② 尽管该案中临时协议的出现只与渔业问题相关，但仍为后来"缅因湾划界案"中加拿大主张石油活动应当作为划界考虑因素提供了重要的借鉴，即如果能够主张当事国之间通过石油活动形成了临时性协议，那么石油活动就是划界应当考虑的因素。因此，"利比亚与突尼斯大陆架划界案"开创性地提出了，判断当事国的石油活动是否应当作为海洋划界的考虑因素的具体方法，即能否通过当事国的石油活动证明当事国之间存在默示协议或临时协议。

在1984年的"缅因湾划界案"中，为了证明应当适用中间线作为划界方法，加拿大主张其在争议海域中间线的加拿大一侧，所实施的石油勘探活动获得美国方面的默认（Acquiescence），并且两国的实践表明，它们已经就中间线作为双方石油特许权区域之间的界线达成临时协议，因为加拿大所主张的中间线与美国所主张的线出现重合，这两条线重合的情况，至少从1965年到1972年一直被当事国双方以及许多石油公司所尊重。③ 可见，加拿大极力主张其石油活动应当作为确定最终划界方法的考虑因素。但是国际法院分庭的判决，并没有支持加拿大的这一主张。（1）国际法院分庭

---

① 之所以称为 ZV 线，是因为突尼斯和利比亚海岸线呈 ZV 走向。

② 参见 Continental Shelf（Tunisia/Libyan Arab Jamahiriya），Judgment，ICJ Reports 1982, paras. 93-95。

③ 参见 Delimitation of the Maritime Boundary in the Gulf of Maine Area, Judgment, ICJ Reports 1984, paras. 128, 131, 132, 135, 149。

无法得出美国默认在乔治浅滩（Geogres Bank）划界中使用中间线的结论。分庭认为，对于美国和加拿大的海上边界问题，在20世纪60年代结束之前，美国的态度一直不明确并且有相当的不一致。加拿大所提供的事实不能保证得出以下结论，即美国政府彻底地承认中间线作为两国大陆架管辖权的边界；也不能保证，仅仅因为对于加拿大从1964年到1969年11月间所发放的勘探许可证，美国政府没有作出回应，就在法律上阻止美国继续主张沿着东北海峡的边界，或者阻止美国主张调整后的垂线的西南部所有区域。虽然在加拿大颁发第一个勘探乔治浅滩的许可后，美国保持沉默展现出它的一定程度的轻率，但是任何试图将禁止反言的法律后果，归因于这个短暂的沉默，似乎有点过分。根据上述分析，国际法院分庭认为，仅仅由于美国的迟延，就认定其已经默认同意加拿大的主张，或者放弃其权利，显然逾越了援引默认所必需的条件。①通过国际法院分庭的分析可知，对于加拿大在争议海域的石油活动，美国政府没有及时提出抗议，并且这种状态持续了数年，但是在国际法院分庭看来，尚不构成默认，只是被认定为迟延。可见，在默认的认定过程中，对于时间要素有着较高的要求。（2）国际法院分庭也没有发现存在临时协议。分庭认为，即便假设在当事国各自颁发许可证的区域之间存在事实上的界线，这也不能认为，与"利比亚与突尼斯大陆架划界案"中国际法院得出结论所依据的情形具有可比性。此外，即便根据加拿大的观点，从1965年到1972年，至少是临时协议的形成时期，但在分庭看来，这一段时间太短，即使事实正如加拿大所宣称的那样，当事国双方的石油活动都没有逾越重合的界线，也不足以产生此种法律效果。②

　　由此可见，时间因素对于临时协议的形成同样至关重要。通过对"缅因湾划界案"的分析可以看出，争端当事国虽然可以主张

---

　　① 参见 Delimitation of the Maritime Boundary in the Gulf of Maine Area, Judgment, ICJ Reports 1984, paras. 137, 138, 140-142。

　　② 参见 Delimitation of the Maritime Boundary in the Gulf of Maine Area, Judgment, ICJ Reports 1984, paras. 150-151。

其石油活动获得其他当事国的默认，或者当事国之间已就石油活动的范围达成临时协议，但是在认定默认或临时协议过程中，对时间要素有着较高的要求。

在"利比亚与马耳他大陆架划界案"中，马耳他认为，利比亚为部分石油特许权区域所确立的北部边界，使得许可证获得者不得在中间线以北区域进行石油活动，这表明了利比亚对马耳他所主张的中间线的默认。当事国已经通过其行为表明，中间线与本案最终划界非常相关。但是国际法院却很简洁地否定了马耳他的主张，国际法院认为双方争端的历史，以及当事国有关大陆架的立法和勘探活动，无需详细列明，国际法院认为其无法从其争端历史中找出任何值得考虑的事情，在本案中无法对任何一方的行为模式进行识别，以便充分明确的构成默认。①

在"法国与加拿大仲裁案"中，对于双方当事国同时颁发的一些勘探许可，是否应当作为划界考虑因素的问题，仲裁庭认为由于双方相互抗议，当事国均没有实施钻探作业，这种情况下，仲裁庭没有理由去考虑潜在的矿产资源对划界的影响。② 仲裁庭之所以不将当事国的石油活动作为划界考虑因素，原因在于当事国的石油活动从一开始就遭到其他当事国的反对，任何一方当事国都无法主张默认、临时协议的存在。

"喀麦隆与尼日利亚划界案"也就单方面石油活动会对争议海域的划界产生何种影响，作了较为详尽的分析。在该案中，对于 G 点以南海域的划界问题，尼日利亚认为当事国所实施的有关颁发石油特许权以及开采石油的行为，会产生事实上的分界线，在确立海洋边界时扮演了非常重要的角色。在待划界的海域内，国际法院不应该重新分配，已由尼日利亚、赤道几内亚和喀麦隆的实践所确立的石油特许权，国际法院在决定海洋边界走向时，应当尊重现有特

---

① 参见 Continental Shelf（Libyan Arab Jamahiriya/ Malta），Judgment, ICJ Reports 1985, paras. 24-25。

② 参见 Court of Arbitration for the Delimitation of Maritime Areas between Canada and France：Decision in Case concerning Delimitation of Maritime Areas, International Legal Materials, Vol. 31, No. 5, 1992, para. 89。

许权的布局。国际法绝不会为了重新分配石油特许权而无视这些国家实践，因为由于重新分配而导致长期存在的石油特许权的变化，将会制造很大困难，也与划界中的公平考虑不相符。尼日利亚声称，喀麦隆所主张的界线，完全忽视了在争议海域大陆架上长期存在的，并被尼日利亚和喀麦隆遵守的，有关石油勘探开发的大量实践，这将导致将原本属于尼日利亚或赤道几内亚的大量石油特许权分配给喀麦隆。尼日利亚认为，其在喀麦隆所主张的海域内的石油活动是长期公开的，在启动诉讼程序之前，喀麦隆从未提出质疑和反对，足以构成默认以及确立权利的基础。① 作为回应，喀麦隆认为在国际判例法中，石油实践在划界中只能赋予有限的意义。因为沿海国对大陆架的权利是固有的，不取决于沿海国行使该权利。在G点以南不远区域，存在一个喀麦隆、赤道几内亚和尼日利亚三国特许权的重叠区域，因此该区域不存在一条事实上的分界线可以作为划界的基础。此外，喀麦隆还否认其对于尼日利亚特许权的沉默构成默认，因为尼日利亚当局并没将新的特许权通知喀麦隆。② 国际法院认为："尽管在理论上，当事国之间就它们各自的石油特许权的位置达成明示或默示协议，可能意味着它们就各自拥有的海域达成合意。但是石油特许权和油井本身，不能被视为证明调整或改变临时界线具有正当性的相关情形。如果当事国的石油实践是基于当事国之间明示或默示的协议，那么应当予以考虑。但是在本案中，当事国双方并未就石油特许权达成协议，因此当事国的石油实践不是海洋划界应当考虑的因素。"③

通过对该案判决的分析可以看出，尼日利亚主张在海上划界中

---

① 参见 Land and Maritime Boundary between Cameroon and Nigeria（Cameroon v. Nigeria：Equatorial Guinea intervening），Judgment，ICJ Reports 2002，para. 282。

② 参见 Land and Maritime Boundary between Cameroon and Nigeria（Cameroon v. Nigeria：Equatorial Guinea intervening），Judgment，ICJ Reports 2002，para. 283。

③ 参见 Land and Maritime Boundary between Cameroon and Nigeria（Cameroon v. Nigeria：Equatorial Guinea intervening），Judgment，ICJ Reports 2002，para. 304。

考虑石油活动的理由，仍是其石油活动获得喀麦隆的默认，或者当事国之间就石油活动的范围达成明示或默示协议。但是相较于先前的案件，该案也有一个鲜明的特点，即尼日利亚非常看重石油活动在划界中的作用，甚至将其上升到"决定性因素"[①] 的地位。

在"尼加拉瓜与洪都拉斯领土海洋争端案"中，洪都拉斯认为基于当事国双方之间的默示协议，两国之间存在一条以北纬 15°线为界的事实上的界线。为了证明自己的主张，洪都拉斯提出了一系列证据，其中就包括当事国双方的石油活动。洪都拉斯主张，自从 1906 年西班牙国王作出裁决后，双方有关北纬 15°线的石油特许权实践是一致的，甚至沿着该线进行了协调，这足以表明存在默示协议。洪都拉斯指出其在南至北纬 15°线的区域颁发了一系列的石油特许权，并未引起尼加拉瓜的抗议；同样尼加拉瓜在北至北纬 15°线的区域颁发了一系列的石油特许权。洪都拉斯认为，尽管尼加拉瓜的一些石油特许权区域没有明确其北部边界，但由于尼加拉瓜石油特许权区域的布局和面积，刚好契合将北纬 15°线作为其北部边界，等于承认了该条界线的存在。洪都拉斯还特别提及科科马里纳油井（Coco Marina），一个由两国联合经营的横跨北纬 15°线的油井，可以为尼加拉瓜明确承认有关海上边界的协议，提供决定性的证据。该联合经营油井，是由洪都拉斯联合石油公司（Union Oil Company of Honduras）和位于尼加拉瓜的中美洲联合石油公司（Union Oil Company of Central America）共同经营，并事先得到两国政府的批准。[②] 国际法院认为："有关存在默示协议的证据必须令人信服。确立一个永久海上边界，是一个十分重要的事情，不能轻易推定存在默示协议。一条事实上的分界线，在某些情况下相当于存在一条经协议的法定边界，更多的时候仅具有临时分界线，或

[①] 参见 Land and Maritime Boundary between Cameroon and Nigeria（Cameroon v. Nigeria：Equatorial Guinea intervening），Judgment, ICJ Reports 2002, para. 303。

[②] 参见 Territorial and Maritime Dispute between Nicaragua and Honduras in the Caribbean Sea（Nicaragua v. Honduras）Judgment, ICJ Reports 2007, paras. 237-239, 257。

者基于特定具体目的分界线（例如分配稀缺资源）的性质。即使有一条在一段时间内提供了便利的临时分界线，也与国际边界存在区别。"① 对于洪都拉斯所提出将尼加拉瓜所颁发的石油特许权作为默示协议的证据，国际法院认为尼加拉瓜在其颁发的石油特许权中，通过使其特许权区域的北部边界处于尚未确定的状态，或者回避提及其与洪都拉斯的边界的方式，对自己与洪都拉斯之间海上边界问题保留了立场。虽然国际法院也注意到，在1961年到1977年的这段时间内，北纬15°线似乎与当事国双方的行为有一定的关联，但是国际法院认为时间跨度短，不足以让国际法院认定当事国之间存在一个法律上的确定的国际海上边界。②

二、作为划界的考虑因素

"也门与厄立特里亚仲裁案"是作者所收集的判例中，唯一明确将当事国的单方面石油活动作为海上划界考虑因素的案件。厄立特里亚认为，众多石油合同的存在足以表明，应当沿着中间线确定海上边界。厄立特里亚坚称，仲裁庭在第一阶段所作出的判决支持了"历史性中间线"，应当将其作为两国海上边界线。厄立特里亚强调，在也门与外国石油公司所缔结的一些石油合同中，在不考虑争议岛屿作为基点的情况下，合同区域从也门海岸一直向西延伸到红海的中间线。厄立特里亚发现，其所缔结的一项石油合同的区域，与也门所缔结的一项石油合同的区域，正好沿着中间线穿越大哈尼什岛（Greater Hanish）。厄立特里亚还指出，也门的一项石油合同中含有一条中间线，将埃塞俄比亚（厄立特里亚的被继承国）标在中间线以西，也门被标在中间线以东。在也门提交仲裁庭的一

---

① 参见 Territorial and Maritime Dispute between Nicaragua and Honduras in the Caribbean Sea （Nicaragua v. Honduras） Judgment, ICJ Reports 2007, para. 253。

② 参见 Territorial and Maritime Dispute between Nicaragua and Honduras in the Caribbean Sea （Nicaragua v. Honduras） Judgment, ICJ Reports 2007, paras. 254, 256。

份地图中，两国石油合同区域的边界线，正是沿着双方海岸之间的中间线延伸的。厄立特里亚认为，虽然当事国的石油合同本身不等同于相互接受中间线作为边界，或者接受一条临时分界线，但是在不考虑争议岛屿对海上界线走向的影响的情况下，当事国的石油合同为采用"历史性中间线"（Historical Median Line）划分红海海域，提供了一个具有说服力的基础。① 仲裁庭在其最终判决中将石油合同视为划界应当考虑的因素，"认为两国的海上界线应当是一条多用途的单一中间线，尽可能的是两国相向的大陆海岸线之间的中间线。这种方法不仅符合类似情况下的实践和先例，同时也为当事国双方所熟知……在不考虑岛屿争端的情况下，也门、埃塞俄比亚和厄立特里亚所缔结的海上石油合同在一定程度上，支持了在厄立特里亚和也门之间的相向海岸以中间线划分各自管辖权"。② 值得一提的是，虽然仲裁庭直截了当地认定石油合同在一定程度上支持了中间线的划界方法，但是并没有给出这一结论的具体理由。不过本书认为，通过双方当事国过去的石油实践，可以看出双方原先石油合同的地理范围一直沿着中间线划分，这就表明长期以来，双方当事国已经通过各自的实际行动，就石油活动的范围达成合意，这也足以支持本案中的石油合同应当作为划界的考虑因素。

三、判定单方面石油活动能否作为海洋划界考虑 因素的标准

通过对上述案例的分析，不难发现每一起案件中都有当事国主张应当将其先前的石油活动作为划界的考虑因素，但是仅有一例判决是将先前的石油活动作为划界的考虑因素，其余判决均未予以考虑。这也印证了"巴巴多斯-特立尼达和多巴哥仲裁案"判决中的

---

① 参见 The Eritrea-Yemen Arbitration（Phase 2：Maritime Delimitation），3 October 1996，para. 79。

② 参见 The Eritrea-Yemen Arbitration（Phase 2：Maritime Delimitation），3 October 1996，para. 132。

论断，"与资源相关的标准，在国际法院和仲裁庭的判决中会被谨慎对待，国际法院和仲裁庭并没有普遍的将这一因素作为影响划界的相关因素"。① 即便如此，所有判决在分析是否应当将原先的石油活动作为海上划界的考虑因素时，其所适用的标准是一致的，即是否存在临时协议、默认、明示或默示协议。遗憾的是，上述所有判决并没有对这些基本概念进行详细的阐述，只是零星地提及这一问题。为此，我们觉得有必要对它们进行详细分析，以了解单方面石油活动在何种情况下，方才构成临时协议、默认、明示或默示协议的效果。

（一）临时协议

"Modus Vivendi" 虽然译为中文也是"临时协议"，但并不是一个国际法上的专门术语，主要是指争端当事国在争端最终解决之前，达成的初步、临时或过渡协议。② "临时协议是一个典型的有缺陷的国际法行为，通常都会被后来更为详尽和正式的国际协议所取代；临时协议通常不具备法律拘束力，其主要功能在于暂停有关临时协议规定的事项的冲突，以便当事国之间在争端解决之前，进行和平且富有成效的互动。"③ 临时协议通常用于指代非正式和临时的政治安排，必须和条约进行区分，条约是国际层面上当事国之间更为稳定的协议，如停战协议或者投降协议，随后会被实质性的

---

① Arbitration between Barbados and the Republic of Trinidad and Tobago, relating to the Delimitation of the Exclusive Economic Zone and the Continental Shelf between Them, Decision of 11 April 2006, Reports of International Arbitral Awards, Vol. XXVII, 2008, para. 241.

② 参见 Wojciech Burek, Modus Vivendi, Max Planck Encyclopedia of Public International Law, available at www. mpepil. com, last visited on 22 October, 2017。

③ 参见 W. Michael Reisman, Unratified Treaties and Other Unperfected Acts in International Law: Constitutional Functions, Vanderbilt Journal of Transnational Law, Vol. 35, No. 3, 2002, p. 738。

和平条约所取代。① 早在 1974 年"英国与冰岛渔业管辖权案"的判决中，国际法院就对临时协议的内涵进行了阐述，"1973 年的临时协议没有将自己描述为争端的解决，除了具有明确的期限外，无疑还具有临时安排的性质，既不损害当事国的权利，也不规定任何一方放弃有关争端事项的主张"。② 这也就意味着，该案中的任何一方当事国，不得依据该项临时协议，妨碍国际法院依据争端事实本身作出判决，也不得迫使国际法院作出驳回一方法律主张的判决。对于石油活动同样如此，即使当事国之间因为石油活动达成某项临时协议，任何一方都不得将其作为支持自己划界主张的依据。正因为这个原因，对于"利比亚与突尼斯大陆架划界案"判决中，认定临时协议作为划界考虑因素的做法，埃文森法官（Judge Evensen）明确提出反对意见，他认为："一项临时协议含有两个基本要素：首先，争端解决之前的临时协议具有临时性；其次，这一安排不得对当事国双方造成损害。"③ "Modus Vivendi"这一术语在 19 世纪和 20 世纪之交以及 20 世纪上半叶时，曾得到广泛使用，主要涉及渔业、海上划界以及商业关系，但是现在使用其表示具有法律拘束力的做法已经消失，截止到 2011 年，联合国条约集中使用这一表述的条约共 33 个，最后一个的注明日期为 1977 年。④ 其实，通过对上述案例的梳理，也会发现这一趋势。在目前收集到的涉及石油活动的海洋划界案中，只有"利比亚与突尼斯大陆架划界案"和"缅因湾划界案"提及临时协议这一术语，从 1984 年之后的所有相关案件中再未出现这一表述，只剩下默认、明示或默示

① 参见 Don E. Scheid, Modus Vivendi, in Deen K. Chatterjee（ed.），Encyclopedia of Global Justice, Springer 2011, p. 705。

② Fisheries Jurisdiction（United Kingdom v. Iceland），Judgment, ICJ Reports 1974, para. 38.

③ Continental Shelf（Tunisia/Libyan Arab Jamahiriya），ICJ Reports 1982, Dissenting Opinion of Judge Evensen, p. 292.

④ 参见 Wojciech Burek, Modus Vivendi, Max Planck Encyclopedia of Public International Law, available at www. mpepil. com, last visited on 22 October, 2017。

协议的表述，足见在海洋划界案中，临时协议已逐渐淡出历史舞台。本书认为临时协议的淡出也在情理之中，临时协议涉及的是有关海上划界的问题，属于事关国家领土主权的重大事项，必须经国家权力机关批准后，方才具有法律效力。① 临时协议这一术语本身就表明其尚不具备法律效力，自然就无法作为确定海上划界方法的考虑因素，既然都不能作为海上划界的考虑因素，当事国当然也不会提及这一问题，久而久之就成为了历史。鉴于临时协议仅具有历史意义，本书就不再分析如何通过单方面石油活动，判定是否存在临时协议。

（二）默认

"默认"是上述诸多案例中出现频率很高的一个术语。"字典对于默认解释就是默示同意，本质上是一个消极的概念，是指一国在面对构成威胁或侵害其权利的情形时，所表现的不作为，该国不打算以一种积极的形式作出回应，默认通常是在需要以一种积极回应以表示反对的情形下，采取沉默或不抗议。"② 布朗利（Ian Brownlie）也认为："没有提出抗议的行为模式，通常被描述为默认。"③ 通过这些表述，不难发现抗议对于能否认定默认，起着决定性的作用。通常说来，"抗议就是构成抗议国的正式反对，从而使得被抗议国知晓，抗议国不会承认抗议直接针对的行为的合法性，不会默认该行为所创造的或者将要创造的情形，也无意在此情形下放弃自己的权利"。④ 既然当事国的消极不作为会催生默认，那么默认又会产生何种法律效果呢？"在国际社会中，一国原本有违现行国际法的行为或措施，会因为其他国家，特别是利益相关国

---

① 参见李浩培：《条约法概论》，法律出版社 2003 年版，第 21 页。

② I. C. MacGibbon, the Scope of Acquiescence in International Law, British Year Book of International Law, Vol. 31, 1954, p. 143.

③ Ian Brownlie, Recognition in Theory and Practice, British Year Book of International Law, Vol. 53, No. 1, 1982, p. 201.

④ 参见 I. C. MacGibbon, Some Observations on the Part of Protest in International Law, British Year Book of International Law, Vol. 30, 1953, p. 298。

家没有提出有效的抗议，就可以产生有效的法律权利。"① 在"缅因湾划界案"的判决中，国际法院也明确指出，默认源自于善意和公平这两个基本原则，默认等同于，通过会被另一方当事国理解为同意的单方面行为，所表现出来的默示承认。② 迈克尔·拜尔（Michael Byers）声称，默认本质上源自于"合法例外原则"。③ "默认的功能等同于同意，被史密斯教授（Professor Smith）描述为'国际法的立法过程'，使得先前仍在发展的规则以及尚未形成的权利盖上了合法性的印章……默认的价值在于，作为认可某一行为合法性并排除其非法性的一种形式，同时提还供了一个客观而实际的标准。"④ 一旦通过默认，使得一国的不法行为符合现行国际法，表示默认的国家就不得再否认该行为的合法性。⑤

虽然默认是用以排除不法行为的违法性，但是鉴于其在划界中的重要地位，因此在实践中是不能轻易地推定存在默认。⑥ 第一，在认定当事国的行为是否构成默认时，应当对默认进行严格意义上的解释，确保默认规则得到实际而可接受的适用。不是当事国的沉默都可以被解读为默认，关键取决于沉默作出的环境。"如果一国

---

① Phil C. W. Chan, Acquiescence/Estoppel in International Boundary: Temple of Preab Vibear Revisited, Chinese Journal of International Law, Vol. 3, No. 2, 2004, p. 422.

② 参见 Delimitation of the Maritime Boundary in the Gulf of Maine Area, Judgment, ICJ Reports 1984, para. 130。

③ 参见 Michael Byers, Custom, Power and the Power of Rules: International Relations and Customary International Law, Cambridge University Press 1999, pp. 106-107。

④ I. C. MacGibbon, the Scope of Acquiescence in International Law, British Year Book of International Law, Vol. 31, 1954, p. 145.

⑤ 参见 Phil C. W. Chan, Acquiescence/Estoppel in International Boundary: Temple of Preab Vibear Revisited, Chinese Journal of International Law, Vol. 3, No. 2, 2004, p. 424。

⑥ 参见 Kaiyan Homi Kaikobad, Some Observations on the Doctrine of Continuity and Finality of Boundaries, British Year Book of International Law, Vol. 54, No. 1, 1983, p. 126。

在被告知某一情形，或者某一情形广为人知时，并且该国当时可以或应当提出抗议，但是该国一直保持沉默，那么就可以理解为默认，或者放弃提出相反的主张。"① 对于这一观点，我们可以从以下三个方面进行解读。

（1）如果认定一国的沉默是默认，就必须以其知晓某一情形作为前提条件。由于默认通常是隐含的，而非真实存在的，需要通过对当事国的行为进行分析而推定得出，如果一国都不知晓某一情形，默认就根本不可能存在。② 那么如何认定一国是否知晓某一情形？最直接的方法就看该国是否得到通知，也就是说，当一方当事国在提出主张或作出行为后，是否将此情况及时通知其他当事国。早期的观点并不认为正式通知是默认成立的必要条件，③ 但是本书认为这一观点已经不合时宜，在上文提及的一些案件中，一方当事国是否发出正式通知，往往成为案件争论的焦点之一。例如，在"缅因湾划界案"中，加拿大主张从 1964 年起，在乔治浅滩的东北部，实施了由其授权的地震勘探研究，而美国当局也知晓这一行为；但是美国政府却认为，加拿大从未发表过官方的公告或者其他的出版物，以期自己的海洋主张为世界所知晓，美国无法通过间接的方式推断这种主张的存在。④ 同样在"喀麦隆与尼日利亚划界案"中，尼日利亚认为其长期的石油实践，构成了默认的基础；同时，尼日利亚否认自己没有履行通知的义务，它认为有关其石油实践的信息无论如何都是可以公开获得的。但是喀麦隆并不认同尼日利亚的观点，主张不应该从其对于尼日利亚颁发的石油特许权的沉默中作出任何猜测，因为尼日利亚当局并没有像其曾经承诺的那

① I. C. MacGibbon, the Scope of Acquiescence in International Law, British Year Book of International Law, Vol. 31, 1954, p. 170.

② 参见 D. H. N. Johnson, Acquisitive Prescription in International Law, British Year Book of International Law, Vol. 27, 1950, p. 347。

③ I. C. MacGibbon, the Scope of Acquiescence in International Law, British Year Book of International Law, Vol. 31, 1954, pp. 176-178.

④ 参见 Delimitation of the Maritime Boundary in the Gulf of Maine Area, Judgment, ICJ Reports 1984, paras. 131, 134。

样，将新的石油特许权通知喀麦隆。① 为了消除这种原本可以避免的争论，本书认为任何一方当事国在争议海域单方面实施石油活动后，应当及时的正式通知其他当事国，更何况如今的通讯技术十分发达，可以很便捷地给其他当事国发出正式通知。

（2）当事国可以或应当提出抗议，却保持沉默。进行抗议似乎是一国的一种本能的自我保护机制，因此一国在适当情形下未提出抗议，那么国际法庭在审查该国给出的未进行抗议的理由时，就会持有一定程度的怀疑。②

（3）当事国的这种沉默持续了较长的时间。因为根据沉默而推定的默认，会随着沉默持续的时间长度，而成比例的得到加强。虽然关于持续时间的长度没有一个具体的标准，但是可以从已有案件找到一些参照。例如，在"英国与挪威渔业案"中，国际法院认为挪威国内法所规定的划界方法为国际社会所默认，整个沉默的时间从 1869 年一直到 1933 年，持续了 64 年。③ 而在前文多次提及的"缅因湾划界案"中，对于 1964 年到 1969 年 11 月加拿大发放勘探许可证，美国政府在这 5 年时间内没有作出回应，而国际法院分庭仅认定为迟延，尚不构成默认。④ 第二，在判定是否构成默认时，还应注意另一个限制性规定，即在当事国之间的争端已经公开化之后，也就是在关键日期确定之后，不应再主张任何一方的沉默构成默认。因为此时有关争端的重大事实均已发生，⑤ 当事国之

---

① 参见 Land and Maritime Boundary between Cameroon and Nigeria (Cameroon v. Nigeria：Equatorial Guinea intervening), Judgment, ICJ Reports 2002, paras. 282-283。

② 参见 I. C. MacGibbon, the Scope of Acquiescence in International Law, British Year Book of International Law, Vol. 31, 1954, p. 171。

③ 参见 Fisheries Case (United Kingdom v. Norway), Judgment, ICJ Reports 1951, p. 138。

④ 参见 Delimitation of the Maritime Boundary in the Gulf of Maine Area, Judgment, ICJ Reports 1984, para. 138。

⑤ 参见 L. F. E. Goldie, the Critical Date, the International and Comparative Law Quarterly, Vol. 12, No. 2, 1963, p. 1251。

间的海洋主张已经出现基本的对立，意味着在争端解决之前，双方各自的立场是不会发生改变的，这也就为自此之后当事国的行为定下了基调，那就是即使针对其他当事国的某些行为未提出抗议，也不能认定为默认。

前文已经提到，一方当事国要想主张其单方面石油活动，获得其他当事国的默认，必须要证明该活动发生在关键日期之前，而且已经将相关情况，及时的正式通知其他当事国，其他当事国在收到通知后的相当长的一段时间内没有提出抗议。稍加分析就会发现，这一系列的标准很难全部满足，尤其是在将实施单方面石油活动的信息正式通知其他当事国后，其他当事国肯定会提出抗议。因此试图以默认为由，将单方面石油活动作为海上划界的考虑因素的想法，实施起来困难重重，这也正好解释了为什么前述案例的判决中，均未出现认定存在默认的情形。

（三）明示或默示协议

在上述案件中，"明示或默示协议"也是一个被反复提及的术语。其中明示协议不难理解，就是指当事国之间就各自石油活动的范围，达成明确的协议，可以直接通过协议的字面意思，知晓当事国之间已就各自拥有的海域达成合意。虽然明示协议简单明了，但是在实践中却难觅其踪迹，原因在于当事国之间很难就争议海域内的石油活动范围达成明示协议，否则争议海域也就不复存在。至于"默示协议"这个术语，本身也不难理解，就是说当事国之间未就石油活动达成明示协议，只能从当事国各自的石油活动，发现当事国之间就石油活动的地域范围达成合意。需要指出的是，不能因为默示协议和默认表述相近，而想当然地认为二者关系密切。实际上，这两个术语之间的区别是明显的。首先，默认是一个单方面行为，能否构成默认，就取决于默认国的一方的态度；而默示协议本是一个双方行为，需要当事国之间达成合意。其次，默认需要默认国消极的不作为，从而推定其同意；而默示协议则需要当事国的积极作为，只有通过对全体当事国的行为进行分析，方能发现当事国之间已经就某些事项达成合意。① 鉴于默示协议的存在与否，取决于当事国之间是否存在合意。因此，只要能够通过全体当事国的石油活动，发现当事国之间已就争议海域内各自活动的范围达成一致，那么就可以作为海上划界的考虑因素。

那么究竟如何通过当事国的石油活动，认定默示协议呢？实践中对于默认协议的认定，也有着很高的标准，正如"尼加拉瓜与洪都拉斯领土海洋争端案"中的国际法院所指出的，"有关存在默示协议的证据必须令人信服，确立一个永久海上边界，是一个十分重要的事情，不能轻易推定存在默示协议"。② 对于洪都拉斯所提交的证据，本书认为具有一定的说服力，特别是两国石油公司联合经营，横跨北纬 15°线的科科马里纳油井。虽然尼加拉瓜主张，"两国联合经营的行为，刚好表明在没有就海上边界达成协议的情况下，任何一方的石油公司都无法进行单方面开采。如果真如洪都拉斯所主张的存在默示协议，那么就没有必要进行跨国合作，完全可以由对该油井享有所有权的国家的石油公司单方面开发"。③ 但是本书认为尼加拉瓜这一观点有待商榷，即便双方就北纬 15°线为海上边界达成默示协议，如果发现单一油气田跨界分布，基于维护矿藏的完整性，同样也有必要进行共同开发，所以尼加拉瓜将联合经营作为反驳存在默示协议的理由，略显牵强。虽然洪都拉斯的主张具有一定的说服力，但国际法院最终还是没有认定当事国之间存在默示协议。这就意味着主张存在默示协议的一方当事国负有很高

---

① 参见 Coalter G. Lathrop, Sovereignty over Pedra Branca/Pulau Batu Puteh, Middle Rocks and South Ledge (Malaysia/Singapore), American Journal of International Law, Vol. 102, 2008, p. 834。

② 参见 Territorial and Maritime Dispute between Nicaragua and Honduras in the Caribbean Sea (Nicaragua v. Honduras) Judgment, ICJ Reports 2007, para. 253。

③ 参见 Territorial and Maritime Dispute between Nicaragua and Honduras in the Caribbean Sea (Nicaragua v. Honduras) Judgment, ICJ Reports 2007, para. 248。

的举证责任，必须提出一系列令人信服的证据,① 而不是简单的罗列当事国在争议海域所实施的石油活动。即便是"也门与厄立特里亚仲裁案"，仲裁庭将先前石油合同作为划界考虑因素的结论，也不是轻易得出的，仲裁庭花了很大篇幅分析当事国双方的原先石油合同，特别是分析这些石油合同的区域分布，在发现双方的石油合同是沿着中间线分布后，方才认定当事国之间，已就中间线作为管辖权分界线达成默示协议。有趣的是，仲裁庭没有直接指明当事国之间存在默示协议，而是直接认定石油合同在一定程度上支持了中间线的划界方法。② 此外，时间因素也是不可或缺的。如果时间跨度短，当事国在争议海域能够实施的石油活动数量有限，直接影响用于认定默示协议的证据数量，因此时间跨度宜长不宜短。目前，对于时间的跨度并无确定标准，仅有个别案件判决可作参考。例如，在"尼加拉瓜与洪都拉斯领土海洋划界案"的判决中，国际法院认为在 1961 年到 1977 年的这段时间内（跨度为 16 年），即使当事国的石油活动与北纬 15°线存在关联，但是时间跨度短，不足以认定默示协议；而在"也门与厄立特里亚仲裁案"中，仲裁庭分析的既有石油合同，集中分布在 1972 年到 1993 年的这段期间（跨度为 21 年），在仲裁庭看来，就足以认定默示协议。

四、结论

通过以上分析可知，争端当事国的单方面石油活动若要成为海上划界的考虑因素，必须满足一些条件，即通过其石油活动证明存在默认或者默示协议。无论是主张默认或默示协议，提出该主张的当事国都负有很高的举证责任，而成功的先例更是寥寥无几。众所

---

① 参见 Abhimanyu George Jain, Maritime Disputes（Peru v. Chile），American Journal of International Law, Vol. 109, 2015, p. 385。

② 参见 The Eritrea-Yemen Arbitration (Phase 1: Territorial Sovereignty and Scope of Dispute), 3 October 1996, paras. 389-439。

周知，中国对南沙群岛及其附近海域拥有无可争辩的主权，其他声索国的单方面石油活动严重侵犯中国的海洋权益，完全是非法无效的。中国政府从来没有承认这些活动的合法性，并多次提出抗议，因此其他声索国是无法通过其单方面石油活动证明存在默认或默示协议，这些单方面石油活动自然不可能成为日后海洋划界的考虑因素。

第十章　极地周边国家的共同开发问题

一、极地周边国家共同开发概述

从探索与发现的角度而言，人类对极地地区的认知已有数百年的历史。人类在 19 世纪的初期发现了南极大陆，而在更早的 17 世纪便开始探索北极航道。从资源开发和利用的角度而言，人类也在很早便意识到南极大陆蕴藏着丰富的矿产资源、南大洋地区蕴藏着丰富的渔业资源，北极的因纽特人则在更早的时间开始利用沿岸平原地区的原油资源。然而，由于极地地区的气候异常恶劣，因而长期以来极地地区人类活动的规模要远小于世界上的其他地区。近半个世纪以来，随着全球性的气候变化和人类科学技术的进步，南大洋已成为重要的渔场，而北极地区的油气资源开发也取得了一些成效。在未来全球能源与资源的供应环节，极地地区的重要地位将更加凸显。但是，由于现有的极地资源开发法律制度并不统一，各极地周边国家在极地资源开发方面的国家利益并不完全一致，部分极地周边国家的大陆架划界状况尚不明确，因而未来的开发进程仍将面临较多的法律阻碍。在应对这些阻碍的诸多方案中，以开发争议海域油气资源和"跨界油气资源"为目标的共同开发制度，已经在极地和极地周边地区得到了数次适用，正朝着习惯国际法规则的方向演进。共同开发能否成为主导性的方案尚难以预测，但在资源的实际开发过程中，各国的共同开发实践已经取得了一些成效。由各项"共同开发协议"所创造的稳定秩序，将为我国参与极地资源开发提供更多的机遇。

（一）极地资源状况简介

1. 北极地区资源状况。北极地区的范围界定，存在多种方案。通常意义上的北极地区，是指北纬 66°34′以北的陆地和海洋，① 但如果采用植被特征等标准，则可以得出其他的划分结果。例如，使用 7 月份陆地 10°等温线、泰加林分布线等不同的标准，北极地区的面积都将有所不同，甚至有人将北纬 60°以北的地区称为"高北地区"。② 在北极地区，美国、加拿大、丹麦、挪威和俄罗斯拥有北冰洋沿岸的海岸线，被称为"北极五国"，芬兰、冰岛和瑞典虽然没有北冰洋沿岸的海岸线，但其领土伸入北极圈内，这三国与"北极五国"合称"北极八国"，它们是"北极理事会"的会员国，在北极事务中发挥着主导作用。随着各国对北极地区勘探、开发的不断深入，北极地区的巨大资源潜能也在不断地被证实。

早在 1920 年，人类便在加拿大的马更些河谷打出了陆上油井，③ 但其实际的开发价值比较有限。直至 20 世纪 60 年代，人类才在阿拉斯加地区发现了有商业开发价值的油田。④ 随后，多家大型能源公司对北极地区的勘探、开发投入了更大的精力。1968 年，阿科公司和标准石油公司在阿拉斯加的普拉德霍湾（Prudhoe Bay）进行了油气钻探，该油田于配套的油气管道建设完成后在 1977 年开始投产。壳牌公司和英国 BP 石油公司也相继在美、加交界的波弗特海（Beaufort Sea）发现了油气资源，但由于开采成本过高而

① 参见刘惠荣、董跃：《海洋法视角下的北极法律问题研究》，中国政法大学出版社 2012 年版，第 1 页。
② 为最大范围地研究高纬度地区的油气资源开发活动，笔者认可"高北地区"的定义，但这并不等于否认"北极五国"和"北极八国"在北极事务中的主导地位。参见章成：《北极海域外大陆架划界问题研究》，南昌大学硕士学位论文，2012 年 6 月，第 14 页。
③ 参见高峰：《世界上另一个能源宝库——北极》，载《防灾博览》2014 年第 9 期，第 15 页。
④ 参见 Andrew Bishop et al, Petroleum Potential of the Arctic：Challenges and Solutions, Oilfield Review, Vol. 22, 2010, p. 36。

未能进行商业化开发。

目前，随着全球气候的变暖和油气开采技术的不断成熟，能源企业获取北极地区油气资源的难度正在逐步降低，而北极地区巨大的能源潜力也在不断吸引能源企业的注意力。依据 2008 年美国国家地质调查（The US Geological Survey）报告的统计结果，在不考虑技术和经济风险的情况下，北极地区未发现的资源包括 900 亿桶原油、1.669×10^{16} 立方米的天然气和 440 亿桶天然气析液。[1] 由于对"未发现"的认定存在不同的标准，测定资源总量的方法也各有不同，这一数据，较之 2000 年的调查报告有明显的下降，较之其他机构的研究结果（如奥斯陆大学所作的"全球能源评估"报告——World Petroleum Assessment）也有一定的出入。[2] 同时，由于我们目前能够获取的地质数据尚不充分，未来北极地区的资源潜力评估结果将随着地质调查数据的变动而变动，[3] 但现有的调查结果已确认北极地区存在大片的富油区和富气区，这仍然展示了未来油气资源开发的良好前景。[4]

从目前各北极国家的国内能源政策来说，各国政府对本国大陆架上能源开发活动的限制已逐步放宽。例如，奥巴马政府与阿拉斯加州政府曾对阿拉斯加国家石油储备的开采规模存在较为严重的分歧，[5] 但特朗普当选美国总统之后，美国联邦政府对北极能源开发的限制已逐步放开。再如，国有资本长期在俄罗斯国内的能源部门

---

① 参见 U. S. Department of the Interior, Circum-Arctic Resource Appraisal: Estimates of Undiscovered Oil and Gas North of the Arctic Circle, U. S. Government Reports 2008, p. 1。

② 参见 Elena Conde, Sara Iglesias Sánchez, Global Challenges in the Arctic Region: Sovereignty, Environment and Geopolitical Balance, Routledge 2016, p. 229。

③ 参见 Donald L. Gautier et al, Assessment of Undiscovered Oil and Gas in the Arctic, Science, Vol. 324, 2009, p. 1178。

④ 参见 Donald L. Gautier et al, Assessment of Undiscovered Oil and Gas in the Arctic, Science, Vol. 324, 2009, pp. 1176-1177。

⑤ 参见 The Wilson Center, Opportunities and Challenges for Arctic Oil and Gas Development, The Wilson Center Reports, 2014, p. 4。

中占据垄断地位,但普京于 2012 年第三次当选总统之后,开始推行一系列的"北极能源政策",逐步放宽外资参与能源开发的限制,① 并加强了与美国能源企业的合作。而挪威、冰岛等国则更早开始了油气资源开发方面的国际合作。总之,各北极周边国家政府已很难以环保为由而对开发活动予以绝对禁止。

除油气资源之外,许多大型渔场(如巴芬湾、巴伦支海等),也遍布北极地区,这些渔场渔业资源的年捕获量可达世界总量的8%-10%。② 由于北极地区存在多种权属性质不同的海域,因而专属经济区制度、渔业保护区制度、区域渔业管理制度等多种制度在北极地区内都有不同范围、不同程度的运用。北极地区的渔业资源管理与共同开发,是一项十分复杂的法律问题。鉴于篇幅有限,本书主要探讨北极地区的油气资源共同开发问题。

2. 南极地区资源状况。与北极地区相类似,南极地区也拥有非常大的资源潜力。就南极的非生物资源来说,南极大陆蕴藏着丰富的铁矿和煤矿资源,而南极大陆附近的大陆架上则具备较大的油气资源开发潜力。依据 20 世纪苏联、澳大利亚和我国地质学家的调查结果,南极大陆的克鲁尔山、米勒山、库克山、阿蒙森山地区、埃尔斯沃斯地等区域都存在大型矿区,③ 而南极大陆的煤炭储量也占世界总储量的 11%。④ 尽管南极大陆铁矿的品位并不算十分优异,煤质也难以适应现代工业生产的需要,但它仍然为未来的资源开发提供了一个可能的选项。除铁矿与煤矿资源之外,南极大陆沿岸地区也是较为重要的能源宝库。20 世纪 80 年代,便有外国学

---

① 参见程春华:《极能源开发新动向》,载《国际石油经济》2012 年第5 期,第 55 页。

② 参见邹磊磊:《南北极渔业管理机制的对比研究及中国极地渔业政策》,上海海洋大学博士学位论文 2014 年,第 50 页。

③ 参见邹克渊:《南极矿物资源与国际法》,现代出版社 1997 年版,第22~23 页。

④ 参见潘敏:《国际政治中的南极——大国南极政策研究》,上海交通大学出版社 2015 年版,第 128 页。

者认识到罗斯海和威德尔海湾是南极洲比较有希望的油气区,① 而
依据我国学者近年来的预估,罗斯海盆地的地质资源总量可能高达
91.5 亿吨。②

　　由于受《南极环境保护议定书》的制约,在 2048 年以前南纬
60°以南地区的商业性矿产开发活动皆被禁止。当前,南极地区资
源开发的重点是磷虾和犬牙鱼。其中,南极磷虾尽管营养价值较
高,但若要实现资源的有效利用,捕捞后的冷藏和加工工艺需要达
到较高的水准。③ 从近年来南大洋南极磷虾的捕捞情况来看,每年
的年捕捞量不足 30 万吨,④ 与 2007—2008 年度设定的 76 万吨的
目标相去甚远。与南极磷虾相比,同样富含高营养价值的犬牙鱼则
面临着过度捕捞的风险。人类自 20 世纪 70 年代起对南大洋的深海
鱼类开展商业化捕捞,几年时间便导致多种渔业资源枯竭。⑤ 目
前,"南极生物资源养护委员会"出台的涉及犬牙鱼的养护措施累
计已达 205 项,⑥ 较之南极磷虾,犬牙鱼的年捕获量十分有限。

　　除渔业资源外,南极地区的微生物资源、生物遗传资源的开
发,也是一项各方热议的话题。由于这些资源与传统的油气资源差
异较大,所涉及的法律问题也十分复杂,因而这些资源的开发尚未
形成统一的制度。不过,与矿产、油气资源开发所需面临的 20 年

---

　　① 参见 [新西兰] F. J. 戴维著,朱永明译:《南极洲边缘及其可能的
油气远景》,载《海洋地质译丛》1986 年第 3 期,第 63 页。

　　② 参见杜民、邓希光等:《南极罗斯海盆地油气地质条件及资源潜力研
究》,载《极地研究》2016 年第 1 期,第 113 页。

　　③ 参见邹磊磊:《南北极渔业管理机制的对比研究及中国极地渔业政
策》,上海海洋大学博士学位论文 2014 年,第 24 页。

　　④ 2015 年的年捕捞量为 225466 吨,2016 年的年捕捞量为 260174 吨。
See Commission for the Conservation of Antarctic Marine Living Resources
(CCAMLR), Krill Fishery Report 2016, CCAMLR Reports 2016, p. 5, available at
https: //www. ccamlr. org/en/system/files/00%20KRI48%202016%20v1_1. pdf。

　　⑤ 参见缪圣赐、邱卫华等:《南极周边海域犬牙鱼资源及其渔业概况》,
载《渔业信息与战略》2015 年第 1 期,第 63 页。

　　⑥ 参见 https: //www. ccamlr. org/en/search/site/toothfish? page = 4&f%
5B0%5D=bundle%3Aconservation_measure。

解禁期不同，这些资源的开发已列入各方协商的议程。因此，我国的政府和企业需要做好充分的准备，以应对可能到来的开发机遇。

（二）与极地资源开发相关的国际条约和国际组织

1. "南极条约体系"下的南极资源开发。18 世纪至 19 世纪的探险家在踏上南极大陆之后，其所属的各国政府纷纷依据"先占"规则宣示主权。然而，与美洲、非洲、澳洲等殖民地所不同的是，南极地区既不适合殖民者生存，也没有原住民居住于此，因而现在南极大陆并未如澳大利亚等国独立建国，也未如非洲的殖民地走上了"民族自决"的道路。同时，由于当初有能力探索南极大陆的国家并不多，因而现今主要的南极法律制度（即"南极条约体系"）总体而言是比较封闭的。

"南极条约体系"主要包括《南极条约》、《南极海豹养护公约》、《保护南极动植物议定措施》、《南极生物资源养护公约》和《南极环境保护议定书》等。这其中，《南极条约》通过巧妙的条款设计，冻结了各方的领土主权要求，但对资源的开发并没有施加过多的限制。1964 年签订的《保护南极动植物议定措施》由于时过境迁，已经不是各方关注的焦点。1972 年签订的《南极海豹养护公约》主要针对海豹的捕获量，而南极海豹目前尚未面临严重威胁，因而海豹资源的养护也不是当今的中心议题。

在"南极条约体系"中，对矿产开发活动影响最大的是 1998 年生效的《南极环境保护议定书》。针对南极的矿产资源开发问题，各方曾于 1988 年起草的《南极矿产资源活动管理公约》最终没有生效，① 取而代之的《南极环境保护议定书》则对南纬 60°以南地区的商业性矿产开发活动进行了为期 50 年的冻结，即 2048 年

---

① 依照《南极矿产资源活动管理公约》，一国开展矿产开发活动，既须符合《南极矿产资源活动管理公约》的相关规定，也必须符合"环境责任议定书"的规定。这为《南极环境保护议定书》的协商谈判埋下了伏笔。参见吴依林：《从南极条约体系演化看矿产资源问题》，载《中国海洋大学学报（社会科学版）》2009 年第 3 期，第 12 页。

之前各国都不能在这一区域开发矿产。当前，智利等国已开始在南极地区开展小范围的油气资源开发活动。① 不过，随着科技水平的提升和"南极条约体系"内外各国国力的不断变化，我们也很难预测未来矿产资源开发管理制度的走向。② 届时《南极环境保护议定书》的修订，很有可能成为国际社会争议的焦点。

就生物资源的开发与养护问题而言，1982 年生效的《南极生物资源养护公约》和随后建立的"南极生物资源养护委员会"，发挥着最为重要的作用。特别是该委员会近年来推动建设的各南极海洋保护区，对南极渔业资源的开发利用影响很大。以 2016 年新建立的"罗斯海公海保护区"为例，保护区中的禁渔区面积高达 112万平方千米，而"特别研究区"和"磷虾研究区"中渔业资源的商业化开发也面临较多的限制。③ 同时，委员会的成员国政府需每5 年递交一份报告，并向归其管辖的渔船发放养护措施副本。除已建成的"南奥克尼保护区"、"罗斯海保护区"之外，"东南极海洋保护区"、"威德尔海海洋保护区"的建设已处在动议阶段。

综上可见，仅就南极大陆和周边海域而言，目前南极生物资源开发的法律制度，更类似于配额制的"集体开发制度"，而针对争议海域油气资源或跨界油气资源开发的"共同开发制度"，其适用空间明显小得多。但是，这并不妨碍部分南极周边国家（如靠近南极的拉丁美洲国家）在争端解决谈判或促进能源合作时对该制度加以运用，也不妨碍未来"南极条约体系"解体时各国政府将其作为一项争端解决方案予以考虑。

2.《海洋法公约》在极地地区的适用。1982 年通过的《海洋

---

① 2008 年智利国家石油公司在麦哲伦区一处油气田打出了两口天然气井，每天可产气约 42.5 万立方米，参见潘敏：《论南极矿物资源制度面临的挑战》，载《现代国际关系》2011 年第 6 期，第 50 页。

② 参见潘敏：《国际政治中的南极——大国南极政策研究》，上海交通大学出版社 2015 年版，第 139 页。

③ 参见范鹏飞：《南极海洋保护区法律问题研究》，武汉大学硕士学位论文 2017 年，第 31 页。

法公约》，原本希望"解决与海洋法有关的一切问题"①，但由于"南极条约协商国组织"和"北极理事会"的存在，且《海洋法公约》并没有针对极地海域而做过多的特定条款设计，因而其在极地地区的具体适用存在一定的特殊性。

就南极地区来说，由于"南极条约体系"的封闭性较强，因而全球性的《海洋法公约》在实践中几乎很难在南极地区得到直接的适用。目前已经建立的"南奥克尼保护区"、"罗斯海保护区"所采取的渔业资源养护标准，都远高于《海洋法公约》所设定的标准，而南纬60°以南海域禁止商业性采矿的规定，则直接排斥了"国际海底区域"采矿制度的适用。然而，由于《海洋法公约》赋予了各沿岸国建立大陆架和专属经济区的权利，因而《南极条约》冻结的主权是否包括专属经济区和大陆架中的"主权性权益"，即南极地区的各主权声索国能否在各自的南极属地建立"南极大陆架"和专属经济区、各国递交的外大陆架申请能否将外大陆架延伸至南极附近海域，目前来说争议很大。"南极条约体系"外的国家对这一问题也十分关注。

相比南极大陆的附近海域，《海洋法公约》在北极地区的适用空间则大了许多。除了《海洋法公约》第234条所规定的"冰封水域"条款之外，第三次海洋法会议期间并未出现过为北极地区制定专项条款的动议。② 与资源开发问题相关的"专属经济区"、"大陆架"、"国际海底区域"制度，理论上都可以在北极海域得到直接适用。然而，因为《海洋法公约》的诸多规定存在模糊性，所以其在北极资源开发问题上的适用效果并不显著。这主要体现在以下三个方面：

其一，《海洋法公约》并没有确立明确的划界原则，第298条

---

① 《海洋法公约》序言的开头为"本公约缔约各国，本着以互相谅解和合作的精神解决与海洋法有关的一切问题的愿望"。

② 参见 Uwe Jenisch, Sovereign Rights in the Arctic Maritime Policies and Practices after UNCLOS III, German Yearbook of International Law, Vol. 28, 1985, p. 303。

规定的"强制争端解决机制"也将海域划界争端排除在外，因而《海洋法公约》所确立的划界原则只能为各国提供参照，而各国的划界谈判往往会出现较大的分歧，难以达成一致意见。

其二，就北极海域生物资源的养护和濒危物种的保护而言，《海洋法公约》第 65 条和第 120 条所规定的"生物资源养护义务"过于宽泛，很难为各国政府采取行动提供明确的指引，而这一义务具体标准的制定，在实践中比较依赖相关的国际组织。①

其三，由于《海洋法公约》自身"普遍性公约"的性质，其对很多细节问题难以作出回应，因而它也并未就北极地区的油气资源开发活动进行规制。因此，北极地区虽不像南极地区那般基本排斥《海洋法公约》的适用，但在北极资源开发过程中，较之北极理事会和北极周边各国政府，《海洋法公约》只是提供了最基础的法律框架。

3. 《斯匹次卑尔根群岛条约》在北极地区的适用。于 1925 年生效的《斯匹次卑尔根群岛条约》，为斯瓦尔巴群岛建立了一项十分特殊的资源管理制度。就资源开发来说，依据该条约的规定，相对于该条约的其他缔约国，挪威对斯瓦尔巴群岛享有"受限制的主权"，即其他缔约国有权在斯瓦尔巴群岛的领水捕鱼，亦有权在岛上开展采矿活动；② 但挪威同样有权制定相关的沿海贸易法规，也有权在受其他缔约国监督的情况下对采矿活动制定采矿规章。相对于非缔约国而言，挪威则对斯瓦尔巴群岛拥有完全的主权。这种资源管理的安排，是一种独特的"集体开发制度"，与《海洋法公约》所建立的海域管理制度存在较大的差异。目前各缔约国对斯瓦尔巴群岛的渔业资源管理制度存在较大的意见分歧，而分歧的焦点在于挪威在斯瓦尔巴群岛周围建立渔业保护区的合法性。

---

① 参见 Rothwell, Donald R, The Law of the Sea and Arctic Governance Arctic Law: The Challenges of Governance in the Changing Arctic, American Society of International Law Proceedings, Vol. 107, 2013, p. 275。

② 参见卢芳华:《论斯瓦尔巴群岛的法律地位》，载《江南社会学院学报》2013 年第 1 期，第 77 页。

在专属经济区制度兴起的浪潮中，斯瓦尔巴群岛领水之外的渔业资源，也引起了挪威政府的关注。为了不引发其他缔约国的强烈反对，挪威于 1977 年在该岛周围划定了"渔业保护区"而非"专属经济区"，但即便如此，除挪威本国之外，至今仍没有一个缔约国完全赞成"渔业保护区"制度；① 即便是在保护区中占有较大渔业收益的俄罗斯，也明确反对该制度的建立，双方也时常因海岸警卫队的检查行为发生冲突。"渔业保护区"的问题，实际上是《斯匹次卑尔根群岛条约》和《海洋法公约》的适用冲突问题。若是充分考虑前者签订时"开发与和平利用该地"的目的而不过分拘泥于文字规定，挪威建立"渔业保护区"似乎侵犯了其他缔约国的权利。同时，由于挪威针对"渔业保护区"的行政管理措施强度并不大，亦有学者认为挪威并未在该区域"建立起实质意义的管辖权"②。然而，学者的解释并非有权解释，我们也很难保证挪威在未来不会采取更有效的管理措施。而若要通过缔约国之间的磋商或第三方机制（如国际法院）否认来"渔业保护区"的合法性，目前看来难度较大。

除渔业资源开发问题外，岛屿及岛屿周边海域的矿产资源开发问题目前也存在争议。近年来，俄罗斯北极煤矿公司在斯瓦尔巴群岛的采矿活动因挪威政府在岛上建立植物保护区而作罢。该企业后来讽刺道："北极煤矿公司在哪里开矿，那个地方都会成为植物保护区。"③ 同时，尽管目前各国政府尚未在斯瓦尔巴群岛附近海域开展大规模的油气资源开发活动，但是挪威政府近年来通过划界谈

---

① 有学者将其他缔约国的态度分为"部分支持派"、"反对派"和"保留派"，参见卢芳华：《制度与争议：斯瓦尔巴群岛渔业保护区权益的中国考量》，载《太平洋学报》2016 年第 12 期，第 12 页。

② 参见刘惠荣、张馨元：《斯瓦尔巴群岛海域的法律适用问题研究——以〈联合国海洋法公约〉为视角》，载《中国海洋大学学报（社会科学版）》2009 年第 6 期，第 3 页。

③ 参见［挪威］盖尔·荷内兰德著，苏平等译：《北极政治、海洋法与俄罗斯的国家身份——巴伦支海划界协议在俄罗斯的争议》，海洋出版社2017 年版，第 62 页。

判、递交外大陆架申请等多种形式来确认其对"斯瓦尔巴群岛大陆架"的主权性管辖，这也遭到了英、美等国政府的反对。①

由于《斯匹次卑尔根群岛条约》是在特定的历史条件下制定的，其所确立的特殊的"集体开发制度"，不同于"共同开发制度"，目前看来也很难推广至整个北极地区，而围绕"渔业保护区"和"斯瓦尔巴群岛大陆架"的争议，在短期内也难以解决。我国作为缔约国之一，应充分利用条约赋予的权利，在斯瓦尔巴群岛的资源开发进程中获取更大的收益。

4. 北极理事会在北极资源开发中的作用。在更广阔的北极区域，北极理事会比《斯匹次卑尔根群岛条约》发挥着更大的作用。尽管北极理事会并不能算作严格意义上的政府间国际组织，其自身也不能主动执行由其制定的很多法律文件，② 但作为北极周边国家力图控制北极事务话语权的主要工具，北极理事会仍然为北极资源的开发做了大量的"预备立法"工作。

首先，"北极五国"于 2008 年联合发布的《伊卢利萨特宣言》（The Ilulissat Declaration），③ 十分关注北冰洋可能面临的环境污染损害，同时认可现有国际海洋法规则在北极地区的继续适用，④ 反对在北极地区另行建立综合性的法律制度。这表明北极地区不会面临"全面禁止开发"的局面，但同时也意味着在北极圈内享有大片专属经济区与大陆架的"北极五国"将继续在北极资源的开发问题上享有主导权。⑤ 由于"临时安排制度"是《海洋法公约》

---

① 参见刘惠荣、张馨元：《斯瓦尔巴群岛海域的法律适用问题研究——以<联合国海洋法公约>为视角》，载《中国海洋大学学报（社会科学版）》2009 年第 6 期，第 4 页。

② 参见 http：//www. arctic-council. org/index. php/en/about-us。

③ 中文译本见［俄］伊万诺夫主编，熊友奇译：《北极地区：国际合作问题》（第三卷），世界知识出版社 2016 年版，第 206~208 页。

④ 参见吕亚楠：《北极资源开发的法律制度研究》，辽宁大学硕士学位论文 2012 年，第 8 页。

⑤ 参见吴琼：《北极海域的国际法律问题研究》，华东政法大学博士学位论文 2010 年，第 225 页。

规定的解决划界争端的重要方式，因而《伊卢利萨特宣言》并不排斥北极周边国家"共同开发"重叠海域的油气资源。

其次，"北极理事会"的下属的"北极海洋环境保护工作组"（Protection of the Arctic Marine Environment，简称 PAME）和"突发事件预防、准备和反应工作组"（Emergency Prevention，Preparedness and Response，简称 EPPR）为北极地区油气资源的开发问题起草了详细的"行动指南"。其中，PAME 主要负责制定《北极海上油气指南》（Arctic Offshore Oil and Gas Guidelines），EPPR 负责《北极海上石油污染预防和应对合作协定》（Agreement on Cooperation on Marine Oil Pollution，Preparedness and Response in the Arctic）草案的拟定。从两项法律文件的内容来看，环境污染防治、安全生产是两者重点关注的事项。2009 年制定的《北极海上油气指南》是一份较为全面的法律文件，[1] 涉及环境影响评价、环境监督、开发实践、应急计划等多项内容，而 2014 年的修订版本则在借鉴既有实践经验的基础上，为海上安全生产提供了相应的法律规范。[2] 与之相对应，2013 年通过的《北极海上石油污染预防和应对合作协定》对石油污染的防治作出了相应规范，[3] 尽管这份文件的正文较为简略，但其详尽的附件为防治义务的履行提供了具体的标准。

最后，为提升北极地区资源开发的商业化程度，促进企业与政府部门的交流，在北极理事会的支持下，"北极八国"于 2014 年

---

① 参见 https：//www. norskoljeoggass. no/Global/HMS-utfordringer% 20i% 20nordomr% C3% A5dene/Underlagsmateriale/Generelt/Arctic-Oil% 20and% 20gas-Guidelines_Arctic%20Council%202009. pdf。

② 参见 https：//oaarchive. arctic-council. org/bitstream/handle/11374/418/Systems% 20Safety% 20Management% 20and% 20Safety% 20Culture% 20report. pdf? sequence = 1&isAllowed = y。

③ 参见 https：//oaarchive. arctic-council. org/bitstream/handle/11374/529/EDOCS-2067-v1-ACMMSE08_ KIRUNA _ 2013 _ agreement _ on _ oil _ pollution _ preparedness _ and _ response _ _ in _ the _ arctic _ formatted. PDF? sequence = 5&isAllowed = y。

新设立了"北极经济理事会"。依照"北极经济理事会"的设立宗旨，它是一个财政、机构皆独立于"北极理事会"的机构。① 然而，由于"北极经济理事会"在很大程度是由"北极理事会"一手缔造的，且双方之间存在着"递交报告"与"提出建议"的关系，因而在未来北极地区经济发展的过程中，"北极经济理事会"能否独立地发挥其自身的咨议功能，为北极地区各项产业的发展提出具有建设性的意见，目前尚待实践的检验。值得注意的是，"北极经济理事会"并未设置"观察员"席位，其"执行委员会"（Executive Committee）和"管理委员会"（Governance Committee）的成员目前皆由"北极八国"国民和北极土著居民构成，因而它的封闭性较"北极理事会"有所增强。我国政府和企业如何融入"北极经济理事会"框架下的北极开发进程，将成为未来可能面临的一项挑战。

（三）极地周边国家的大陆架划界和共同开发现状

由于大部分极地地区尚不存在集体开发油气资源的区域性或国际性制度安排（斯瓦尔巴群岛除外），因而由极地周边国家独自在其本国的大陆架上开发油气资源，或由两国、多个国家对争议海域的资源和跨界油气资源进行"共同开发"，将是实现极地油气资源开发的主要路径。对于"共同开发制度"的适用来说，各国的海域划界状况是十分重要的因素。

1. 南极地区的大陆架划界。对南极地区的海域划界而言，"南极条约体系"和《海洋法公约》存在较大的冲突，这种冲突主要表现在两个方面：一是南极大陆的主权声索国，可否基于其对南极大陆的领土主权而建立相应的大陆架；二是这些国家基于本国领土而产生的大陆架和外大陆架，可否延伸进入南纬60°以南的

---

① 参见郭培清、董利民：《北极经济理事会：不确定的未来》，载《国际问题研究》2015年第1期，第104页。

区域。①

由于《南极条约》第 4 条第 2 款规定条约有效期内的活动，不创立在南极洲的任何权利，因而七个主权声索国无论基于何种事由，似乎都不能在南纬 60°以南的海域主张大陆架或外大陆架，但实际情况却并非如此。对于第一项法律冲突，目前七个主权声索国中仅有阿根廷明确主张 200 海里的"南极大陆架"，这也遭到了许多国家的明确反对。澳大利亚和挪威虽在向大陆架界限委员会递交的申请中要求建立"南极大陆架"，但两国请求委员会对这一事项暂缓考虑，因而尚未招致他国的强烈反对；英国、法国、新西兰递交的申请虽不涉及"南极大陆架"的问题，但是三国皆明确保留建立其本国"南极大陆架"的权利；而智利则尚未递交其申请。可见，上述七个主权声索国都不会轻易放弃建立"南极大陆架"的权利。

就第二项法律冲突来说，也存在一些实例。例如，澳大利亚所属岛屿的大陆架可以延伸至南纬 60°以南，且大陆架界限委员会作出的建议对这部分大陆架的法律地位表示认同。② 再如，英、阿的几个争议岛屿，甚至智利的本土，其大陆架都可能延伸至南纬 60°以南的区域。然而，与"南极大陆架"相比，此类大陆架的建立并未招致来自其他国家的反对。出现差异的原因在于，"南极大陆架"的权利来源为各声索国对"南极大陆"的主权，在"主权冻结"的情况下，由主权派生的主权性权利自然会引发利益相关国的警惕；而在各国本土和管辖岛屿的主权不存在争议的情况下，③因本土和相关岛屿的大陆架自然延伸进入南纬 60°以南区域，虽然表面上与《南极条约》的明文规定相悖，但由于这部分大陆架权利来源的合法性不存在问题，因而很难从根本上否定这部分大陆架

---

① 参见潘敏：《国际政治中的南极——大国南极政策研究》，上海交通大学出版社 2015 年版，第 75 页。

② 参见朱瑛、薛桂芳：《大陆架划界对南极条约体系的挑战》，载《中国海洋大学学报（社会科学版）》2012 年第 1 期，第 11 页。

③ 即便英、阿对相关岛屿的主权归属存在争议，但对岛屿的性质不存在争议，即双方不认为这些岛屿是岩礁，不可以产生大陆架。

的法律地位。

目前看来《海洋法公约》与"南极条约体系"之间的法律冲突短期内难以得到妥善解决，而"共同开发制度"亦基本不可能在南极地区得到适用。首先，由于商业性的矿产开发活动在 2048 年以前都被禁止，因而即便澳大利亚的外大陆架申请得到大陆架界限委员会的审议通过，其在南纬 60°以南区域的开发活动仍会受到限制；其次，即便"南极条约体系"在未来的某一时刻崩塌，要使其他国家承认七个主权声索国的对南极大陆的主权，并非易事，在这之后的南极法律秩序如何构建，很难预测；最后，即便在"南极条约体系"崩塌后，其他国家确认了七个主权声索国对南极大陆的主权合法性，但英国、阿根廷、智利主张的南极领土相互重叠，这大大提升了"共同开发制度"的适用难度。①

2. 北极地区的大陆架划界②。与南极地区相比，尽管北极周边国家在具体的划界原则方面存在争议（如俄罗斯主张的"扇形线原则"长期受到挪威等国的反对），但由于北极地区不存在"主权冻结"的问题，矿产资源开发活动没有被全面禁止，因而北极周边国家的划界谈判，与世界上绝大多数国家的划界谈判不存在显著差异，"共同开发制度"也有更大的适用空间。

就 200 海里以内大陆架的划界状况而言，在过去的数十年间，双边谈判、国际诉讼、仲裁等争端解决方式得到了广泛运用，北极

---

① 例如，中国与日本在东海大陆架的共同开发案，双方争议的大陆架位于东海，且双方的大陆架主张都有一定的合法性基础，但是双方对于确定大陆架基线的岛屿和大陆的主权，并不存在争议。"英国与阿根廷共同开发案"中，两国在对马尔维纳斯群岛主权存在争议的情况下签订了"共同开发协定"，但事后证明，双方其实并没有搁置该群岛的主权争议，双方对于"共同开发"的地域范围也存在根本性的意见分歧。

② 英国杜伦大学（Durham University）的国际边界研究联合会（International Boundaries Research Unit，简称 IBRU）曾绘制北极周边国家的海域管辖图。参见 IBRU, Maritime Jurisdiction and Boundaries in the Arctic Region, 24 July 2008, IBRU Reports, available at http：//172. 16. 24. 173/www. iilj. org/wp-content/uploads/2016/08/Maritime-Jurisdiction-and-Boundaries-in-the-Arctic-Region-Durham-IBRU. pdf。

周边国家也签署了多项划界协定，主要包括 1957 年《苏联政府与挪威政府关于瓦朗厄尔峡湾的海洋边界协定》、1973 年《加拿大与丹麦大陆架划界协定》、① 1981 年《关于冰岛和扬马延岛之间的大陆架协定》、1990 年《美国和苏联大陆架划界协议》、② 1995 年《挪威与丹麦就扬马延岛与格陵兰岛之间的渔区划界协定》、2010 年《俄联邦与挪威王国海洋空间划界和巴伦支海及北冰洋合作条约》等，③ 尚存的争端主要包括加拿大与丹麦对汉斯岛的主权争端以及美国与加拿大在波弗特海的划界争端等。

与 200 海里以内大陆架的划界相比较，北极地区外大陆架的申请、划界，是未来一段时间内"北极五国"争议的焦点，各国外大陆架的总面积也将直接决定国际海底区域的面积。与 200 海里以内的大陆架不同，依据《海洋法公约》第 76 条的规定，外大陆架的宽度主要由海洋底土的地质地貌所决定，不会在法律上自动延展至某一最大宽度，因而各国政府所提交的科学证据、大陆架界限委员会据此所作出的建议，对最终的划界情况影响较大。从目前"北极五国"递交申请和大陆架界限委员会作出建议的情况来看，俄罗斯早在 2001 年便向大陆架界限委员会递交了划界申请，但是该申请招致多个国家的反对，最终被大陆架界限委员会搁置。2015 年，俄罗斯又再度递交了申请，目前大陆架界限委员会尚未给出建议。丹麦、加拿大和挪威也分别向大陆架界限委员会提出了申请，

---

① 在 1973 年签订该协议时，双方对林肯海的划界尚存在一定的争议。2012 年，双方签署了一份新的划界协定，解决了林肯海的划界争议。参见章成：《北极地区大陆架划界争议的法律问题及其应对思路》，载《武大国际法评论》2016 年第 1 期，第 211 页。

② 苏联与美国就楚科奇海和白令海签订的划界协议，虽然俄罗斯杜马至今仍未批准该协定，但双方的实践基本符合该协定的规定，俄罗斯并未越过该协定划定的界线活动。参见章成：《北极地区大陆架划界争议的法律问题及其应对思路》，载《武大国际法评论》2016 年第 1 期，第 212 页。

③ 参见 Yoshifumi Tanaka, Reflections on Arctic Maritime Delimitations: A Comparative Analysis between the Case Law and State Practice, Nordic Journal of International Law, Vol. 80, 2011, pp. 461-465.

但只有挪威的申请获得审议通过。① 由于各国递交的划界案存在较大的重叠范围，如俄罗斯、丹麦和挪威对于罗蒙诺索夫海岭（Lomonosov Ridge）、阿尔法—门捷列夫海岭（Alpha-Mendeleev Ridge）源于哪国大陆的自然延伸，争议很大,② 现有的地质调查研究并不能为解决这些争议提供确切的结论；同时，"北极五国"的外大陆架划界又需要考虑很多其他地区所没有的"特殊因素"（如浮冰、土著居民的生活）等，因而最终划界结果的达成并不能一蹴而就。

值得注意的是，由于美国并未批准《海洋法公约》，因而美国政府暂时不可能向大陆架界限委员会递交大陆架划界申请。据此，我国有学者提出，应将阿拉斯加的外大陆架作为我国未来北极科考的重要方向。③ 然而，美国无法递交申请，并不意味着美国已经失去了阿拉斯加的外大陆架，也不意味着这部分海洋底土应归国际海底管理局管辖。事实上，美国政府的外大陆架主张已延伸到了北极点,④ 美国与加拿大之间就波弗特海的划界争端也涉及外大陆架的划界,⑤ 美国国内亦有学者为化解这一困局而建言献策。因此，笔者认为，在对阿拉斯加的外大陆架进行科考之前，仍应与当地政府和美国联邦政府进行充分的沟通。

3. 极地周边国家的共同开发。从上述对极地地区的法律制度和划界状况的介绍、分析可知，南纬60°以南地区20年内基本不存在大陆架划界、开发矿产资源的可能性，但这并不排斥南极大陆

---

① 参见章成：《北极海域的大陆架划界问题——法律争议与中国对策》，载《国际展望》2017年第3期，第126页。

② 参见章成：《北极海域外大陆架划界问题研究》，南昌大学硕士学位论文2012年，第31页。

③ 参见李学杰、姚永坚等：《北冰洋大陆架划界现状》，载《极地研究》2014年第3期，第395页。

④ 参见章成：《北极海域外大陆架划界问题研究》，南昌大学硕士学位论文2012年，第31页。

⑤ 参见 Seokwoo Lee and Warwick Gullett, Asia-Pacific and the Implementation of the Law of the Sea, Vol. 1, Brill, 2012, p. 208。

的周边国家进行"共同开发"（如阿根廷和英国在马尔维纳斯群岛/福克兰群岛（以下简称马岛）有过共同开发的尝试）。相较而言，北极地区的法律制度安排与南极地区迥然不同，除《斯匹次卑尔根群岛条约》这一特殊的制度安排之外，《海洋法公约》在北极地区得到了较为广泛的适用。较之南极地区，北极地区采用"共同开发"制度的实践更为丰富，适用的前景也更为广阔。

首先，"北极八国"在对 200 海里以内的大陆架进行划界时，已有一些适用"共同开发"制度的实践。例如，在 1981 年冰岛与挪威进行大陆架划界谈判时，两国在调解委员会的建议下，在划定双方大陆架界限的同时设立了一块共同开发区。而在 2010 年挪威与俄罗斯对巴伦支海的划界进行谈判时，两国也对"跨界油气资源"的开发问题进行了磋商。如果将极地范围拓展至"高北地区"，英国与挪威在 1976 年对弗里格气田进行的共同开发，则可以称得上是最早的极地地区共同开发实践。在未来解决波弗特海划界争端的过程中，美国和加拿大完全有可能采用"共同开发"制度。而已划定大陆架界限的国家，在未来发现跨界油气资源时，亦有可能签署共同开发协定。

其次，尽管 200 海里以外大陆架的划界是未来一段时间内"北极五国"争议的焦点，但目前北极周边国家并没有在外大陆架上进行过"共同开发"。而在其他地区的共同开发案中，由于《海洋法公约》对外大陆架的法律制度设计较为复杂，因而对外大陆架进行"共同开发"的实践也极为罕见。由于北极地区的地缘政治和海域状况比较特别，未来由"北极五国"对存在争议的外大陆架进行共同开发，可能成为各方在能源合作方面的一个选项，但要想完全规避"共同开发制度"和外大陆架的申请、审查和开发收益分享制度之间的法律冲突，还面临着诸多的阻碍与挑战。

最后，由于目前北极地区外大陆架的面积尚未确定，因而北极地区的国际海底区域面积也是模糊的。但可以肯定的是，如果"北极五国"可以就外大陆架的划分达成一致意见，国际海底区域的面积并不会在北极地区占据较大比重。同时，由于国际海底区域的开发制度自成一体，因而"共同开发制度"并不能在国际海底区域得到适用。

二、英国与挪威共同开发案

严格来说，英国既不属于"北极五国"，也不属于"北极八国"，因而"英国与挪威共同开发案"并非严格意义上的"极地周边国家共同开发实践"。然而，两国海上油气资源共同开发的初始项目——弗里格气田，其所处纬度约为北纬60°[1]，位于"高北地区"的边缘，已十分接近北极圈，与其他极地油气田的开发面临着相似的自然环境，它们之间的差异并不十分显著。作为世界上第一项跨越两国大陆架边界的油气资源开发项目，两国在对合作协议进行谈判时，面临着国内法相互冲突、国际法规定模糊的困境，如何有效地展开合作、恰当地分配开采权益，十分考验两国政府的智慧。最终，英挪两国在1976年签订了《关于开发弗里格气田并向联合王国输送天然气的协定》（Agreement Relating to the Exploitation of the Frigg Field Reservoir and the Transmission of Gas therefrom to the United Kingdom，以下简称"弗里格气田开发与运输协定"），[2]推动了共同开发的进程。弗里格气田的开发带动了英国与挪威在北海其他几处油气田的开发合作，其法律制度设计对随后的极地国家共同开发实践也有着深远的影响。

（一）"弗里格气田"共同开发的背景

1. 英挪两国政府的划界协定及其面临的困境。在《大陆架公约》于1958年通过之后，英挪两国随后各自以国内立法的形式宣

---

① 参见杨泽伟主编：《海上共同开发协定汇编》（上），社会科学文献出版社2016年版，第152页。

② 中文译本参见杨泽伟主编：《海上共同开发协定汇编》（上），社会科学文献出版社2016年版，第137~152页。

布建立大陆架制度，并于 1965 年签订了《英国与挪威大陆架划界协议》。单从划界的方法来说，两国都采用了"直线基线"的基线设定，并充分考虑到英国设德兰群岛（Shetland Islands）的人口、资源状况，且将该岛作为划界的基点，① 但总体上而言，两国仍然遵循了"等距离中间线"的划界原则。从油气资源开发的角度而言，英挪两国则提早预料到了"跨界油气资源开发"的问题。《英国与挪威大陆架划界协议》第 4 条规定，如果任何单一石油构造或油田……跨越了边界线……而这种构造或油田位于该边界线一侧的部分可以从边界线的另一侧通过方向钻井全部或部分地开采，那么（a）在边界线的任何一侧不得钻井，任何生产区域与边界线的距离不少于 125 米，除非得到双方政府的相互同意；（b）如果出现本条款考虑到的情况，双方政府应尽最大努力就有关在边界线两侧可以进行合作或联合开发作业的方式达成协定。②

弗里格油田于 1971 年在大陆架的两侧被发现，其巨大的商业价值在 1972 年得到了证实。③ 至此，该气田的共同开发事宜就提上了英挪两国政府和能源企业的工作日程。然而，从政府协商的角度而言，英挪两国主要面临以下两大困境：

一是国际法的规定比较模糊。从条约法的角度来说，1958 年《大陆架公约》似乎更关注大陆架的宽度、管辖权、大陆架的勘探活动同其他活动的关系、大陆架重叠区的划界等问题，对"跨界油气资源开发"的制度安排丝毫没有提及。而在英挪两国签订的大陆架划界协议中，虽然对双方规定了避免单边开发、"尽最大努力达成协定"的义务，但由于没有先例可供借鉴，因而具体的谈判方式、理想的谈判效果也缺乏参照。就国际习惯而言，当时也很

① 参见王曦：《岛屿在海域划界中的效力》，大连海事大学硕士学位论文 2013 年，第 12 页。

② 余民才：《跨界海洋石油储藏联合开发的法律分析》，载《清华法学》（第二辑），清华大学出版社 2003 年版，第 256 页。

③ 参见 Total E&P Norge As, Frigg Field Cessation Plan, 9 May 2003, Total E&P Norge As Reports 2003, p. 79。

难从既往的实践中（主要是各国国内的能源立法）归纳出北海周边国家公认的做法。① 从国际判例的角度来说，尽管国际法院在1969 年的"北海大陆架案"的判决中指出，"当两国存在大陆架重叠区时，特别是重叠区中存在单一地质构造的矿藏时，由两国签订共同开发协议是一项解决方案"②，然而，这一判决意见同《英国与挪威大陆架划界协议》中的规定相似，实际上并不能为两国共同开发协议的具体协商工作提供指导。

二是两国国内的能源立法存在一定的差异。依据英国当时的国内法，当英国授予开发许可的企业参与"跨界油气资源"的开发时，英国的能源部长有权指导该企业同其他参与开发的能源企业达成协议，且保有批准、更改或撤销这些协议的权力。③ 而挪威1965 年的能源法令则主要强调政府部门有权对挪威管辖的大陆架的开发活动进行授权，④ 并未对"跨界油气资源"加以单独区分。由于这种立法差异的存在，可能导致挪威的企业不愿同英国的企业签署有关"跨界油气资源"开发的协议，因为不签署这类协议并不违反挪威的国内法；而若签署这样的协议，则协议中的条款将面临被英国能源部长"修改"和"变更"的风险。

2. 英挪两国企业的前期合作。尽管存在上述的法律障碍，分

---

① 参见 Ian Gault, The Frigg gas field: Exploitation of an International Cross-boundary Petroleum Field, Marine Policy, Vol. 3, 1979, p. 305。

② 参见 Case Concerning North Sea Continent Shelf, Judgment of 20 February 1969, ICJ Reports, p. 53, available at http://172.16.24.187/www.icj-cij.org/files/case-related/51/051-19690220-JUD-01-00-EN.pdf。

③ 参见 Ian Gault, The Frigg Gas Field: Exploitation of an International Cross-boundary Petroleum Field, Marine Policy, Vol. 3, 1979, p. 307。

④ 参见 Royal Decree of 9 April 1965 relating to Exploration for and Exploitation of Petroleum Deposits in the Sea-Bed and its Subsoil on the Norwegian Continental Shelf, Article 3, available at https://www.un.org/depts/los/LEGISLATIONANDTREATIES/PDFFILES/NOR_1965_Decree.pdf。

别获得两国开发许可的能源企业,① 在共同开发的领域、先行开发的地点、油气资源的分配等问题上也存在不同程度的分歧,但为有序地、合理地开发弗里格气田的资源,英挪两国的相关企业在1976年之前仍然达成了一系列的协议。

首先,Petronord 公司和道达尔海上石油集团于1973年5月签署了一份《独立专家协定》。在发现弗里格气田具有商业价值之后,两国的开发商对于弗里格油气田的总储量和具体分布状况存在不同意见,特别是在资源的分配问题上,双方分配方案的差额在十个百分点以上。为解决这一争端,双方同意通过独立专家意见的形式确定弗里格气田的总储量和天然气资源在两国大陆架上的分布状况,专家意见的预计完成时间为1974年9月。② 然而,双方的预计显然过于乐观。在经过为期四年的调查之后,由双方委派的戴高乐和麦克斯诺顿公司(DeGolyer and MacNaughton)才于1977年出具了最终的专家意见。③ 该意见认为,弗里格油气田的储量高达268658立方米,约39.18%的资源分布在英国大陆架上,其余60.82%的资源分布在挪威大陆架上。这一意见,对于两国的开发商而言无疑具有法律约束力,随后也获得了两国政府的认可,为推动共同开发的实施作出了重要贡献。

其次,双方于1973年7月份签署了《弗里格气田主要协定》(Frigg Field Main Agreement)和《弗里格气田开发协定》(Frigg

---

① 瑞典一方前期的开发商为 Petronord 公司,其合作伙伴为埃尔夫(Elf)能源公司;英国一方前期的开发商为道达尔海上石油集团(Total Oil Marine Group),available at http://www.kulturminne-frigg.no/modules/module_123/proxy.asp? D=2&C=176&I=431。后期的开发商,挪威一方包括 Elf Norge A/S, Aquitaine Norge A/S, Total Marine Norsk A/S, Norsk Hydro Produksjon a. s. and Den norske stats oljeselskap a. s. 及其继任者,英国一方包括 Total Oil Marine Limited, Elf Oil Exploration and Production(UK)Limited, Aquitaine Oil(UK)Limited。

② 参见 http://www.kulturminne-frigg.no/modules/module_123/proxy.asp? C=130&I=0&D=1&mid=135&iTopNavCategory=118。

③ 该专家意见出具的时间最终晚于两国政府达成《关于开发弗里格气田并向联合王国输送天然气的协定》的时间。

Operating Agreement）。前者主要重申弗里格气田是一块跨界气田，开采权益的分配应以天然气资源在两国大陆架上的分布比例为标准。后者则规定，由两国企业的代表共同组成的"开发委员会"（Operating Committee）是开发的负责机构，同时还对两国企业的分工进行了大致的划分。其中，挪威的开发商侧重油气资源的采集，英方企业则侧重输气管道的铺设。① 然而，这种划分并不十分细致，具体的开发规范、开发过程中的会计程序、油气管道如何铺设等问题，都有待双方进一步的协商。②

最后，双方在输气管道的建设和天然气资源的销售方面也展开了有效的合作。从市场自由交易的角度而言，弗里格气田所生产的天然气销往何处，原本应由两国的开发商自由选择，并不是一项十分棘手的问题。然而，由于修建弗里格气田至挪威本土之间的输气管道成本巨大，且挪威本国的市场当时已趋近饱和，因而弗里格气田的能源产品只能销往英国市场。依据英国国内法的规定，英国煤气公司（British Gas Corporation）对大陆架上所产能源产品享有垄断的经营权，因而挪威一方的选择空间十分有限。在经过两国政府的充分协商之后，挪威于 1974 年 6 月以国内立法的形式，准许弗里格气田所产能源产品销往英国，挪威一方的开发商也于同年 7 月份同英国煤气公司签订了天然气销售合同。

开发商之间签订的一系列协议为油气资源的共同开发逐步扫清了法律制度方面的障碍，其中的诸多条款也最终被《关于开发弗里格气田并向联合王国输送天然气的协定》所借鉴。然而，随着企业之间达成法律文件的数目日渐增多，法律适用出现混乱与冲突的风险也日渐增大。同时，弗里格气田的开采规模较大，在两国能源发展战略中的重要地位也日渐凸显。因此，1976 年英挪两国政府最终决定展开直接合作。

---

① 参见 http：//www.kulturminne-frigg.no/modules/module _ 123/proxy.asp? C = 130&I = 501&D = 2&mid = 135&iTopNavCategory = 118。

② 参见 Ian Gault, The Frigg gas field: Exploitation of an International Cross-boundary Petroleum Field, Marine Policy, Vol. 3, 1979, p. 308。

（二）"弗里格气田开发与运输协定"的主要内容和特点

1. "弗里格气田开发与运输协定"的主要内容。"弗里格气田开发与运输协定"主要包含前言、资源开发、天然气运输、一般规定和附件五大部分，制度设计十分详细。

首先，就弗里格气田的资源开发而言，该协定很好地体现出避免单边开发、推进共同开发的合作精神。该协定前言部分便开宗明义地指出，弗里格气田是一处跨界气田，双方将该气田作为一个整体进行开发。而在开发的具体规则部分，两国政府则对具体参与的开发商提出了一系列的要求。在气田的总储量和资源分布状况尚不十分明确的情况下，两国的开发商已被要求在开展生产活动前，相互签订"共同开采协议"①，递交保护气田的计划。同时，开发商使用开采设备、甚至转让许可证的权利也受到了两国政府的限制。该协定在附件部分对开采设备的种类、数量进行了限定，除在同一地点、为同一目的而进行的正常设备更换外，未经两国政府的共同同意，开发商不得更换开发设备；而依据该协定第 10 条的规定，两国政府实际上禁止开发商转让其许可证上的权益。除开发商的合作义务外，该协定也对两国的政府施加了一定的协商与合作义务。例如，两国政府应采取各种措施对气田的总储量和资源分布状况达成一致意见；再如，为保障弗里格气田的安全生产，两国政府应就开采设备的安全措施进行协商，并有权委派观察员，登临对方大陆架上的开采设备进行检查。此外，该协定还详细规定了开发所得天然气的税收制度，并对部分事项作了定期审查的安排。

其次，在两条输气管道于 1977 年完工之前，② 英挪两国政府便在该协定中对输气管道的管辖与维护、承包商的义务等问题作出

① 参见 Francis N. Botchway, The Context of Trans-Boundary Energy Resource Exploitation: The Environment, the State and the Methods, Colorado Journal of International Environmental Law and Policy, Vol. 14, 2003, p. 233。

② 两条输气管道的终点都在苏格兰，都分别由两段构成，一段连接弗里格气田和苏格兰，一段埋设于挪威的大陆架上，available at http://172.16.24.181/www.abdn.ac.uk/diss/historic/energyarchive/pdf/FTS.pdf.

了规定。其中，输气管道的管辖是一个争议较大的问题。输气管道与"跨界油气资源"同样具备"跨越两国大陆架边界"这一特点，但这种跨界性是否必然会催生两国的"共同管理磋商"，或者说分别由两国对其大陆架上的管道进行管辖，是否会影响另外一国的权益、损害整个油气管道的充分利用，并不存在一般性的结论。在弗里格气田输气管道的管理问题上，由于英国的民法适用于所有针对油气管道的侵权行为，① 且英国法院很有可能针对这些侵权行为行使"共享管辖权"（Concurrent Jurisdiction），因而很有可能爆发英国法院与挪威法院的管辖权冲突或英国法与挪威法的适用冲突。最终，挪威政府在这一问题上作出了让步，双方同意由挪威政府对挪威大陆架上的管道进行管理，但这并不排除该部分管道由英国法院共享管辖、对该部分管道适用英国国内法的可能性。此外，与"资源开发"部分的规定相类似，输气管道的经营者之间也必须签订管理协议，且该管理协议的效力低于"弗里格气田开发与运输协定"，两国政府也有必要对输气管道的安全标准进行磋商，并可以互派观察员对对方的管道部分进行现场检查。不过，双方未能对输气所得利润的税收制度达成一致意见；输气管道所有者转让其对管道所享有的权益，也未受到两国政府的限制。

最后，"一般规定"部分对英挪两国政府的信息交换与披露义务、环境保护义务、工人权益保障义务、紧急状况磋商义务、共同开发管理模式以及争端解决机制等问题作出了规定。这其中，对于工人权益的法律选择，适用"属人原则"而非"属地原则"，即油气工人的社会保障法，并不依据开采设备或者输气管道所处的位置来确定，而是原则上依照其所供职的油气开发商和输气管道经营商的国籍来确定，但也不排斥工人自行选择社会保障法的权利。② 同

① 参见 Woodliffe, J. C, International Unitisation of an Offshore Gas Field, International and Comparative Law, Vol. 26, 1977, p. 347。

② 参见 J. C. Woodliffe, The Offshore Safety Provisions of the Oil and Gas (Enterprise) Act 1982, Journal of Energy & Natural Resources Law, Vol. 1, 1983, p. 48。

时，为避免社会保障法的重叠和适用冲突，两国政府同意每个工人只归属一种社会保障体系。对于共同开发的管理模式，两国政府选择了联合经营模式，即开发的授权、管理、监督等实质性权力仍然保留在两国政府的手中，同时由两国政府各派三名代表组成"弗里格气田咨询委员会"，该委员会可就两国政府所提出的问题进行商议。而在争端解决机制部分，两国政府若不能通过双边协商或"弗里格气田咨询委员会"解决争端，可组建"三人仲裁庭"，即两国各指派一名本国国民担任仲裁员，再由这两名仲裁员选出第三名仲裁员，仲裁庭的裁决对两国政府具有法律约束力。① 该协定中的上述管理模式和争端解决机制，对后来的共同开发案产生了较大的影响，并在"冰岛与挪威共同开发案"和"俄罗斯与挪威共同开发案"中得到了直接的体现。②

2. "弗里格气田开发与运输协定"的特点。作为世界上第一项"跨界油气资源"开发的合作协议，"弗里格气田开发与运输协定"进行了许多创造性的制度设计，其中的诸多制度设计也为后来的共同开发协议所借鉴，但与其他的开发协议相比较，其本身仍然具有鲜明的特点。

首先，该协定的条款设计十分详细。③ 与其他的极地周边国家开发案相比，两国政府在该协定中的制度设计可谓十分详尽。由于弗里格气田的前期勘探与开发主要由企业主导，双方在前期也签订了一系列的法律文件，该协定中的部分条款直接来源于这些法律文件，因而该协定的商业气息比较浓烈。诸多的法律细节问题，如工

---

① 参见 Woodliffe J. C, International Unitisation of an Offshore Gas Field, International and Comparative Law, Vol. 26, 1977, p. 349。

② 2008 年签订的《冰岛与挪威关于跨界油气矿藏达成的协议》和 2010 年签订的《俄联邦与挪威王国海洋空间划界和巴伦支海及北冰洋合作条约》采用了联合经营模式和"协商加仲裁"的争端解决机制，甚至对于未能及时指派或者选定仲裁员的处置方案，都与《关于开发弗里格气田并向联合王国输送天然气的协定》十分相似。

③ 参见 Rainer Lagoni, Oil and Gas Deposits across National Frontiers, American Journal of International Law, Vol. 73, 1979, p. 226。

人权益的保障、输气管道与开采设备的管辖等，在其他的极地共同开发协定或条款中可能仅做原则性的规定或不做规定，而英挪两国政府则在该协定中就"两国国内法适用冲突"这一国际私法问题达成了一致。这在其他的共同开发协定中并不多见。再如，对于生产所得的税收，该协定也规定了一套特有的税收安排，这一定程度上避免了重复征税的问题。这种立法模式，是建立在双方企业有较为成熟的合作经验、两国政府相互熟知对方国内法且能相互包容彼此国内法的基础之上的，对双方的互信程度要求较高。

其次，英挪两国政府对企业的管制较多。从促进企业积极开发油气资源的角度考虑，政府间的共同开发协定应设置保护开发商权益的条款，但在该协定中，两国政府似乎更加关注气田的有序开发，两国政府对企业的限制也随处可见。企业对开采设备、输气管道所采取的安全措施，必须接受两国政府的检查监督，其递交的气田保护计划将面临来自两国政府的定期审查。同时，企业对工人权益保障、环境污染防治也不能掉以轻心。不仅如此，企业还担负着向授予开发许可的政府提供资源分配方案建议的义务。最为重要的是，开发商不得转让其许可证上的权益，甚至其更换设备的权利也遭到了较大程度的限制。因此，尽管该协定的商业气息比较浓厚，但两国的企业实际上需要承担较多的义务，在很多方面并不能背离政府的要求。

最后，英挪两国政府对自身权力的限制也比较突出，这种限制主要体现在两个方面。一是该协定规定了"定期审查制度"，这一制度主要涉及弗里格气田的总储量与分配、气田保护计划问题。①尽管需要定期审查的事项不是很多，审查也必须以一方主动提议为条件（即并非自动审查），但由于审查的时间间隔并不算太长，因而两国政府实际上承担了更多的定期修改开发计划的义务。另一方面，对于气田的开发商和输气管道的经营商之间签订的"共同开

---

① 参见 Onorato, William T, Apportionment of an International Common Petroleum Deposit, International and Comparative Law, Vol. 26, 1997, 335。

采协议"和"管理协议",两国政府有权予以批准或反对,但如果在收到批准申请之日起 45 日内未表示反对,则表示该国政府同意批准。尽管批准这类协议在两国的内政中不算特别重要的事项,但这种"沉默表示同意"的模式,仍然对两国的公权力机关施加了较大的限制。很难想象,如果一国的企业依其国内法向该国的行政机关递交油气开发许可申请,政府部门未在法律规定的时限内对该申请予以处理,该企业便自动获得了开发许可。当然,从避免一国政府滥用权力、阻滞开发进程的角度考虑,这条规定还是有其自身的合理性。

(三)"弗里格气田"共同开发的后续进展

1.《弗里格气田开发与运输协定》的修订。英挪两国于 1998 年对 1976 年签订的《弗里格气田开发与运输协定》进行了修订,修订后的协议于 2001 年经两国外交换文生效。1998 年的协定对资源开发、天然气运输和一般规定这三个主体部分都进行了修订。

首先,在资源开发部分,税收条款是重点修订的条款。1976 年签订的协定,在设计征税的规则时,总体上遵循"属人原则"或者"属物原则",并不受到两国大陆架划界的严格限制,即便一国开发商的开发活动位于另一国的大陆架上,或该国开发商的设备位于另一国的大陆架上,也不影响该国政府对开发设备本身、开发设备的交易以及开发所得的利润进行征税,条款的设置比较详细。相比之下,1998 年修订的税收条款,采用了引证立法模式,条款设置较为简略,仅概括性地指明避免漏征税额、避免双重征税的目的和征税的范围,具体的实施细则参照两国的国内法和相关的国际公约。①

其次,天然气管道的使用规范是修订幅度最大的部分。两相比较,1998 年修订的协定在前言部分的主要修订内容即为"弗里格

---

① 参见杨泽伟主编:《海上共同开发协定汇编》(上),社会科学文献出版社 2016 年版,第 141 页。

气田停产后管道的继续使用问题"和"管道放弃的规制问题"①。
而在具体规则的设计方面，修订后的"天然气运输"部分新增了
多个条款。其中，规制"输气管道最佳利用"的第 21 条，取消了
两国"指示本国管道经营商输送或不输送弗里格气田之外的油气
资源"的权力，② 给予了开发商利用输气管道闲置运输能力的权
利。若开发商难以就该事项与管道经营者达成一致意见，则可以向
其本国政府提出使用申请，经两国政府商议，该开发商有可能获得
使用该管道的权利。同时，若管道经营者准备关闭管道，应提前两
年制定并向相关政府递交关闭计划。

最后，"一般规定"部分条款的修订调整了两国政府的权利义
务关系。这主要体现在以下三个方面。其一，两国政府需要负担就
某些技术事项另行达成协议的义务。例如，依据 1976 年签订的协
议，第 22 条并未不要求测量弗里格气田平台产出、消耗或排除天
然气总量的系统，应符合两国政府相关部门之间的协议；第 23 条
也未规定两国政府应当对开发过程中的环境污染问题制定应急程
序。1998 年修订的协定，则增加了两国政府签订相关协议和制定
应急程序的义务。其二，1998 年修订的协定，取消了"输出至陆
地的气量需经核实"这一要求。其三，1976 年签订的协定，仅概
括性地规定了两国修改条约的权利。而 1998 年修订的协定，则对
两国磋商的效率提出了更高的要求，即一方提出修改动议之后，两
国应在两个月内开展迅速而有效的协商。

2. 弗里格气田的实际开发效果。由于英挪两国的企业在 1976
年之前已经对弗里格气田进行了较为全面的勘探，两条输气管道也
于 1977 年完工，因此在英挪两国政府签订条约、资源的分配最终
得以确定之后，弗里格气田的开发活动迅速展开。

整个气田的开采区由主气田和几个附属气田构成，其中主气田

---

① 参见杨泽伟主编：《海上共同开发协定汇编》（上），社会科学文献
出版社 2016 年版，第 138 页。
② 当然，这一权力的行使以获得另外一国政府的同意为前提。

开采的年限最长，两国企业所投入的精力也最大。在数十年的开发过程中，1977 年至 1985 年是主气田开发的黄金时段，这一时期的开采计划可以分为三个阶段。前两个阶段分别是英国和挪威大陆架上的开采设备的投产。随着这些开采设备陆续投入使用，天然气开采量逐年攀升，并在 1985 年达到顶峰。① 第三阶段是气田的增压工程。由于持续的油气开发会导致气田的压力下降，影响整个气田的开发寿命，因而两国开发商于 1981 年决定将气体压缩设备投入使用。② 自 1985 年之后，主气田的开采量总体上呈现出逐年下降的趋势，特别是 1989 年至 1991 年出现了断崖式下降。③ 这期间，为实现对气田资源的持续利用，两国曾于 1985 年提出了"弗里格未来计划"（Frigg's Future Project），并组织了一次新的地质勘探活动。然而，至 1997 年，由于主气田商业开采的成本过高，两国不得不再次考虑"合理开发弗里格气田"这一问题，而之后的几年间，气田的年产量持续维持在一个较低的水平。2004 年 1 月，经两国政府同意，弗里格气田的"关闭计划"开始实施。在约 30 年的开发过程中，主气田约生产了 1160 亿标准立方米的天然气，有效带动了英国北部沿海城镇的发展，并促进了北欧文化同西欧文化之间的交流。④

除主气田之外，几处附属气田的开发也取得了一些进展。五个附属气田，包括东北弗里格气田（North-East Frigg）、东弗里格气

---

① 参见 http：//www. kulturminne-frigg. no/modules/module _ 123/proxy. asp? C = 154&I = 587&D = 2&mid = 135&iTopNavCategory = 118。

② 参见 http：//www. kulturminne-frigg. no/modules/module _ 123/proxy. asp? C = 138&I = 556&D = 2&mid = 135&iTopNavCategory = 118。

③ 参见 http：//www. norskpetroleum. no/en/facts/field/frigg/。

④ "弗里格"的命名和其他附属气田的命名，基本上源于斯堪的纳维亚的古老神话。而在实际的开发过程中，法国资本和工人的介入也扮演了重要的角色，法国人甚至在挪威的港口城市斯塔万格（Stavanger）建立了自己的学校，available at http：//www. kulturminne-frigg. no/modules/module _ 123/proxy. asp？C = 176&I = 438&D = 2&mid = 136&iTopNavCategory = 176。

田（East Frigg）、里尔弗里格气田（Lille-Frigg）、弗雷气田（Frøy）和奥丁神气田（Odin）气田，一共生产了 857 亿标准立方米的气田。① 不过与主气田相比，这些气田的开发年限都比较短，一般不超过 10 年，弗雷气田的开发年限甚至只有 4 年时间。

3. 弗里格气田的最终关闭。油气田的关闭、开采设备和输气管道的退役，是一个十分复杂的问题。它既需要相关国家考虑到诸多国际法规则对其施加的义务（如不得污染海洋环境、不得对捕鱼活动或其他正常的海洋活动造成干扰等），又需要充分考量关闭油气田的经济支出，以期在各种利益与需要之间达成平衡。② 弗里格气田关闭计划的制定和实施，应当算做一项比较成功的案例。

其一，就关闭工程的准备工作而言，两国的开发商和管道经营商为气田的关闭制定了周密的计划。道达尔石油公司于 2003 年制作了长达 450 页的"弗里格气田关闭计划"，对气田继续使用的可能性、开采过程中产生的废弃物的处理、实施关闭计划所需的支出等事项进行了详细的介绍，并依据各种开发设备和输气管道的特质，在结合当时环境状况的基础上，对实施计划可能造成的环境影响进行了细致的环境影响评估。值得注意的是，计划的附件部分就公共协商机制和当时已有的反馈交流结果进行了汇总。开发商同他利益相关者、非政府组织进行有效的沟通、磋商，在很大程度上可以预防矛盾的产生，便利关闭计划的顺利实施。

其二，就关闭计划的具体实施而言，在整个计划的实施过程中，没有出现过重大的污染事故和安全事故。在弗里格气田的开发

---

① 参见 Norsk Oljemuseum, Oil and Gas Fields in Norway: Industrial Heritage Plan, The Frigg Area, Norwegian Petroleum Museum, 2011, pp. 134-138, available at http://www.norskolje.museum.no/en/home/oil-facts/publications/oil-and-gas-fields-in-norway/。

② 参见 Paul Peters, Alfred H. A. Soons and Lucie A. Zima, Removal of Installations in the Exclusive Economic Zones, Netherlands Yearbook of International Law, Vol. 15, 1984, p. 165。

过程中，曾发生过数次安全事故，其中最严重的一次事故导致五名油气工人死亡，一名工人受重伤。① 而作为迄今为止规模最大的油气田关闭行动，弗里格气田的关闭需要拆除数千吨重的钢筋混凝土设备，因而与资源开发一样，同样是一项极为复杂的工程。关闭计划自 2004 年开始实施，主体工程于 2010 年完成。在长达 6 年的工程期内，并未发生过因施工引起的安全事故，也未对施工区周边的海洋环境造成严重的危害。同时，两国的开发商运用了多项新型技术，并将拆卸所得的材料用于海洋环境科学的研究，② 为未来海上能源产业的发展积累了一定的经验。

（四）"英国与挪威共同开发案"的后续进展

在"弗里格气田开发与运输协定"签订之后，英挪两国又陆续就国家湾油田（Statfjord）、默奇森油油田（Murchison）等跨界油气田的共同开发事项签订了双边协议，并于 2005 年签订了统一的"跨界油气资源开发框架协议"。③

1. 国家湾油田。英挪两国政府于 1979 年签订了《大不列颠与北爱尔兰联合王国政府和挪威王国政府关于开发国家湾油田和运输所产石油资源的协定》（Agreement between the Government of the United Kingdom of Great Britain and Northern Ireland and the Government of the Kingdom of Norway relating to the Exploitation of the

---

① 参见 http：//www. kulturminne-frigg. no/modules/module _ 123/proxy. asp? C = 140&I = 559&D = 2&mid = 135&iTopNavCategory = 118。

② 参见 http：//www. npd. no/en/topics/shutdown-and-removal/temaartikler/ frigg-cessation-took-ten-years/。

③ 这份文件全称为《大不列颠及北爱尔兰联合王国政府与挪威王国政府跨界油气资源开发框架协议》，中文译本见附录一，英文本见 https：// www. gov. uk/government/uploads/system/uploads/attachment _ data/file/243184/ 7206. pdf。

Statfjord Field Reservoirs and the Offtake of Petroleum therefrom）。① 从条款设置的角度而言，与 1976 年签订的"弗里格气田开发与运输协定"相比，该协定的正文虽然没有分为资源开发、资源运输和一般规定三大部分，条款的详略安排也进行了调整，② 但仍然基本涵盖了"弗里格气田开发与运输协定"所规定的各项制度，许多制度（如对开发商转移许可证的限制、争端解决机制、咨询委员会的设立和职权等）并未作出变更。当然，"国家湾油田开发和运输协议"也作出了一些改变，很多制度被进一步细化（如一方政府提议审查的时间节点由 3 项增加到 7 项、两国政府的相关部门需要就环保事项制订应急预案等），税收条款也改用"引证立法"的模式。

就国家湾油田的实际开发进展而言，国家湾油田作为北海地区规模最大的油田，③ 挪威与英国大陆架上的资源分配比约为 85：15，它在历史上为两国政府带来了大量的税收收入。它于 1974 年被挪威的开发商发现，主要的三块开发平台国家湾油田 A 平台、B 平台和 C 平台分别于 1979 年、1982 年和 1985 年投入生产。自 1979 年至 1986 年，该油田的石油产量急剧上升，并在 1986 年至 1994 年间维持了较高的产出水平，④ 该油田所产的石油资源

---

① 英文本见 http：//172. 16. 24. 173/treaties. fco. gov. uk/docs/fullnames/pdf/1981/TS0044% 20（1981）% 20CMND-8282% 201979% 2016% 20OCT,% 20OSLO;% 20AGREEMENT% 20BETWEEN% 20GOV% 20OF% 20UK,% 20NI% 20&% 20NORWAY% 20RELATING% 20TO% 20EXPLOITATION% 20OF% 20STATFJORD% 20FIELD% 20RESERVOIRS% 20&% 20OFFTAKE. pdf。

② 例如，由于该油田所产原油资源的运输，不再依赖管道运输，因而仅以第 12 条规制"石油的运输"。参见 Agreement between the Government of the United Kingdom of Great Britain and Northern Ireland and the Government of the Kingdom of Norway relating to the Exploitation of the Statfjord Field Reservoirs and the Offtake of Petroleum therefrom, Article 12。

③ 参见 Norsk Oljemuseum, Oil and Gas Fields in Norway: Industrial Heritage Plan, The Statfjord Area, Norwegian Petroleum Museum, 2011, p. 175。

④ 参见 http：//www. norskpetroleum. no/en/facts/field/statfjord/。

也曾一度占据挪威原油出口总量的一半。① 自 1994 年之后，该油田的石油产出不断下降，2003 年之后的年产量皆不及 1981 年的产量。然而，该油田并未因此而关闭。由于在该油田开发的早期采用了"气举采油"的方法，即在油井自身的压力不足以将原油喷发出海面时，由能源工人将开采所得的天然气重新注入矿井以保持压力，因而当前该油田在末期仍有开发天然气的商业价值。自 2011 年之后该油田的天然气开采量逐渐攀升，预计该油田的开发寿命将持续到 2020 年。

2. 默奇森油田。在就国家湾油田的共同开发达成协议的 1979 年，英挪两国政府还就默奇森油田的共同开发签署了《大不列颠与北爱尔兰联合王国政府和挪威王国政府关于开发默奇森油田和运输所产石油资源的协定》（Agreement between the Government of the United Kingdom of Great Britain and Northern Ireland and the Government of the Kingdom of Norway relating to the Exploitation of the Murchison Field Reservoir and the Offtake of Petroleum therefrom）。② 由于同属 1979 年签订的油气资源开发合作协议，因而这两项协议的设计体现了英挪两国当年的外交智慧，文本的设计风格十分相似，条款的排列顺序完全相同，每一条规定的内容也大体相同，后者只对前者作了少数几处细节性的修改。例如，一方政府提议审查的时间节点规定由 7 项缩减为 4 项，且这 4 项节点并未完全包含在前者的 7 项节点之内。③ 再如，"石油的运输"条款将"石油运输

---

① 参见 Norsk Oljemuseum, Oil and Gas Fields in Norway: Industrial Heritage Plan, The Statfjord Area, Norwegian Petroleum Museum, 2011, p. 176。

② 参见 http: //172. 16. 24. 175/treaties. fco. gov. uk/docs/fullnames/pdf/ 1981/TS0039% 20 （1981）% 20CMND-8270% 201979% 2016% 20OCT,% 20SLO; %20AGREEMENT%20BETWEEN%20UK,%20NI%20&%20NORWAY% 20RELATING%20TO% 20EXPLOITATION% 20OF% 20MURCHISON% 20FIELD% 20RESERVOIR%20&%20OFFTAKE. pdf。

③ 一方政府针对弗里格气田提议审查的 3 项时间节点，也并未完全包含在默奇森油田开发合作协议所规定的 4 项节点内。由此可见，双方达成的这项规定，是结合每一油气田的特点而具体设计的。

船"一词替换为"输油管道",但也并未如"弗里格气田开发与运输协定"那样规定复杂的管道管理制度。此外,"一般条款和解释"条款取消了"开始生产日期"这一项。

就油田的实际开发而言,默奇森油田在挪威大陆架与英国大陆架上的资源分配比约为 22:78。尽管它于 1975 年便被发现,也在 1979 年投入生产,但无论是其规模还是开发年限,它都远不能与国家湾油田相比,其年产量的巅峰,也仅略高于国家湾油田 2008 年之后的年产量水平。在经历了 1981 年至 1986 年的高效开发之后,其石油资源的年产量便始终维持在一个较低的水平,2000 年之后的年产量始终徘徊在 10 万标准立方米左右。[①] 同时,尽管该油田在前期的生产过程中,也使用了"气举采油"的方法,但其天然气资源并不具备商业开发的价值,天然气的产量几乎可以忽略不计。至 2014 年,英国政府同意了默奇森油田的关闭计划。[②] 与弗里格气田的关闭相类似,默奇森油田的关闭也是一项十分复杂的工程,需要拆除大型的钢筋混凝土设施,同时需要考虑工程支出和环境保护的平衡。[③] 当前,该油田的关闭工程仍在进行中。

3. 框架合作协议的签订。在签订了一系列特定油气田的开发协议之后,英挪两国基于已有的合作经验,于 2005 年签订了框架合作协议,旨在为两国日后所有新发现的跨界油气矿藏的开发提供法律依据。然而,较之以往的开发协议,该框架协议并没有过度抽象化,反而在诸多细节问题上规定更为详尽。具体而言,这份框架合作协定有以下两大特点:

其一,该框架合作协议更加关注油气资源运输能力的利用和发展。随着两国船运业日渐发达,北海大陆架上海底管道网的建设也日渐成熟,如何有效地利用闲置的油气资源运力,也成为两国政府

---

① 参见 http://www.norskpetroleum.no/en/facts/field/murchison/。

② 参见 CNR International, Murchison Field Decommissioning Programmes, CNR International Reports 2014. See https://www.gov.uk/government/uploads/system/uploads/attachment_data/file/340730/MURCHISON_-_DP.pdf。

③ 参见 http://172.16.24.187/www.ingenia.org.uk/Content/ingenia/issues/issue57/Murchison_case_study.pdf。

的一项议题。就管道运输而言，允许管道经营商更为自由地选择运输的入口和出口，① 将有效提高运输效率。对于资源开发商和管道的谈判，英挪两国政府更多地承担了"守夜人"的角色，即在保障公平、透明参与的前提下，鼓励相关企业进行自由竞争与商业谈判。同时，为最大限度地利用已有的运力、有序发展运输产业，该框架协议还授权一家挪威国有公司制定船舶和运输发展计划。然而，英挪两国政府也保留了对管道入口和出口征收关税的权力，且利益受损的经营者可以从关税中获得一定的补偿。

其二，该框架合作协议对争端解决机制规定得十分详尽。该框架协定采用了"调解委员会+独立专家意见"的强制争端解决模式，但"调解委员会"由 5 人而非 3 人构成，且委员会的建议对双方具有约束力。而对于"独立专家意见"这项争端解决机制，两国则规定得更为详细。就作出专家意见的程序而言，该意见需要经历"专家出具初步决定——两国政府反馈意见——专家作出最终决定"三道程序。而框架协议除了将选定专家、专业组织的标准、程序规定的十分详细之外，为保证专家意见的公正性，还附上了专家承诺函的模板，要求专家承诺，在作出最终决定后的 2 年内不得为发生争端的企业服务。如此，"独立专家意见"机制在实践中可以得到更为便利的执行。

可见，在经历了半个世纪的开发之后，北海地区仍然是重要的油气开发区，仍将供应英国一半左右的能源需求量。② 这份力求提高商业效率的框架合作协议，在为英挪两国的进一步合作提供法律保障的同时，也为两国的能源安全提供了更多的保障。

---

① 关于这一问题，欧盟委托相关科研机构进行过研究，也出台过相关立法。See Dnv Kema, Study on Entry-Exit Regimes in Gas, DNV KEMA Energy & Sustainability Reports, 2013, available at https：//ec. europa. eu/energy/sites/ener/files/documents/201307-entry-exit-regimes-in-gas-parta. pdf.

② 参见 https：//www. fircroft. com/blogs/the-past-present-and-future-of-the-north-sea-oil-and-gas-71391914124。

三、冰岛与挪威共同开发案

冰岛与挪威两国就扬马延岛进行的共同开发是一项较为成功的案例。① 扬马延岛是位于冰岛和挪威大陆之间的一个火山小岛，面积为 373 平方公里，距离挪威大陆约 600 海里，距离冰岛东北端约 360 海里。② 尽管挪威很早便在扬马延岛上建立了气象观测站，并将该岛纳入其本国的主权管辖之下，但恶劣的气候、贫乏的资源使其长期为人们所忽略。时至今日，岛上每年的常驻人口只有不到 50 人，且大部分为气象站的工作人员。然而，随着扬马延岛周边海域渔业资源的发现以及三次联合国海洋法会议的陆续召开，扬马延岛很可能依据《大陆架公约》、《海洋法公约》等法律文件而产生专属性的主权权益，因而部分北欧国家就扬马延岛与其本国大陆之间海域和大陆架的海洋权益分配产生了争端（主要的争端包括扬马延岛与冰岛之间的大陆架和专属经济区划界争端，以及扬马延岛与荷兰之间的划界争端，国际法院于 1993 年以司法裁判的方式对后者加以解决③）。其中，挪威和冰岛借助双方成立的调解委员会的帮助，采取"两步走"的谈判战略，通过签订划界协定和划定共同开发区的形式，较为成功地解决了两国之

---

① 奈杰尔·班克斯（Nigel Bankes）教授在"The Regime for Transboundary Hydrocarbon Deposits in the Maritime Delimitation Treaties and Other Related Agreements of Arctic Coastal States"一文中使用了"重大而不寻常的成就"（Significant and Unusual Achievement）这一表述。参见 Nigel Bankes, The Regime for Transboundary Hydrocarbon Deposits in the Maritime Delimitation Treaties and Other Related Agreements of Arctic Coastal States, Ocean Development and International Law, Vol. 47, 2016, p. 154。

② 参见 Michael Byers, International Law and the Arctic, Cambridge Press, 2013, p. 36。

③ 参见 Maritime Delimitation in the Area between Greenland and Jan Mayen（Denmark v. Norway）, available at http：//www. icj-cij. org/en/case/78。

间的划界争端。①

（一）冰挪两国共同开发的背景

1. 渔业纠纷的解决。由于扬马延岛自身资源贫乏，而其周边海域的自然资源也长时间未被发现，因而周边国家对该岛并不十分重视。作为扬马延岛的主权拥有者，挪威在 1963 年划定专属渔区和 1977 年划定专属经济区时，都未对扬马延岛周边海域进行专属权利区域的划定。② 随着挪威渔民于 1978 年在扬马延岛西南海域发现了毛鳞鱼和鲸鱼资源，挪威政府为维护其本国渔民的利益，于 1979 年宣布在扬马延岛周围建立 200 海里的专属经济区。③

2. 挪威此举立刻激起了冰岛政府的抗议。由于海洋渔业历来都是冰岛的国民经济的支柱，④ 且冰岛渔民在扬马延岛附近海域有较长时间的捕鱼历史，因而双方政府围绕"渔业权利"与"大陆架专属经济权利"这两项关键权利，展开了外交互动。双方争议的具体问题包括扬马延岛自身的性质（扬马延岛是岛屿还是岩礁）、扬马延岛附近海域的专属经济区如何划分、冰岛大陆架的延伸范围以及建立共同开发区的可行性。⑤ 由于这些问题较为复杂，双方同意先行讨论"渔业问题"，并设立调解委员会以解决"大陆架问题"。

---

① 参见 Willy Ostreng, Delimitation arrangements in Arctic Seas: Cases of Precedence or Securing of Srategic/Economic Interests? Marine Policy, Vol. 10, 1986, p. 138。

② 参见 Agla Margret Egilsdottir, "Agreement between Iceland and Norway on the Continental Shelf Between Iceland and Jan Mayen," LLM Thesis, University of Reykjavik, 2013, p. 27。

③ 参见 Willy Ostreng, Delimitation arrangements in Arctic seas: Cases of precedence or securing of strategic/economic interests? Marine Policy, Vol. 10, 1986, p. 138。

④ 参见刘立群：《列国志：冰岛》，社会科学文献出版社 2016 年版，第 136 页。

⑤ 参见马晟：《挪威与冰岛共同开发案研究》，武汉大学硕士学位论文 2015 年，第 9 页。

在渔业问题的谈判过程中，冰岛对扬马延岛的岛屿地位进行了否认，并对扬马延岛提出了主权要求。冰岛政府认为，扬马延岛只是冰岛大陆架上的一个隆起点，不能产生专属经济区。挪威政府则认为，依据国际法，扬马延岛无疑是一个岛屿，该岛及其大陆架的主权确定无疑属于挪威。① 经过 1979 至 1980 年为期一年的谈判，双方达成了《挪威与冰岛之间关于渔业和大陆架问题的协定》(Agreement Between Norway and Iceland on Fishery and Continental Shelf Questions)。② 依据这份协定，冰岛有权在扬马延岛与冰岛之间的海域划定 200 海里的专属经济区，挪威也有权在该海域建立专属经济区，但不得与冰岛的专属经济区相冲突（最终挪威专属经济区的实际宽度只有 92 海里）。同时，双方建立一个"联合渔业委员会"(Joint Fisheries Commission) 对该海域中渔业资源的捕捞量等问题进行管理。③

实际上，经过第一阶段的谈判，扬马延岛作为岛屿的性质已得到了双方的间接认可（因为只有岛屿才可以产生专属经济区），对于双方建立专属经济区的范围也有了比较明晰的划定（尽管挪威一方显然对此作了较大的让步），而"联合渔业委员会"的合作也为大陆架划界协议和共同开发条款的达成奠定了良好的基础。然而，无论是在双方展开谈判的 20 世纪七八十年代，还是在相关国家实践和国际司法实践蓬勃发展的今天，④ "单一海洋划界方法"（即大陆架重叠区和专属经济区重叠区的划界使用同一条界线）都未成为一项习惯国际法规则，我们甚至尚不能断言这一方法是否已成为一种趋势，因而双方对专属经济区的划界方案，并不当然成为

---

① 参见蔡鹏鸿：《争议海域共同开发的管理模式》，上海社会科学文献出版社，1998 年版，第 97 页。

② 英文文本：http://www.un.org/depts/los/LEGISLATIONANDTREATIES/PDFFILES/TREATIES/isl-nor1980fcs.pdf。

③ 参见 Elliot L. Richardson, Richardson, Jan Mayen in Perspective, The American Journal of International Law, Vol. 82, 1988, p. 444。

④ 参见黄伟：《单一海洋划界的法律问题研究》，社会科学文献出版社 2011 年版，第 1 页。

双方大陆架的划界方案，有关大陆架划界和共同开发的问题，双方同意借助"调解委员会"的帮助，① 通过第二阶段的谈判加以解决。

3. 大陆架划界协议与共同开发条款的最终签订。在上述四项争议中，第二项争议（专属经济区的划界）已得到了解决，调解委员会的核心任务在于对其他三个问题给出答案。经过三位委员和其他专家的共同努力，两国以调解委员会作出的报告为基础，② 最终就大陆架划界与共同开发事项达成了协议。③

在这份报告中，委员会再次肯定了扬马延岛的岛屿地位。值得注意的是，尽管当时《海洋法公约》处于制订阶段，委员仍然借鉴了条约草案所规定的岛屿标准。结合"四面环水"、"低潮高地"、"支撑人类居住和自身经济生活"等标准，④ 委员会认定扬马延岛具备岛屿的地位，可以产生自身的专属经济区和大陆架。这使两国具备了划定大陆架、达成共同开发协议的可能性。

大陆架的划界属于两国争端的核心内容。调解委员会在组织相关专家对扬马延岛附近大陆架的地理和地质状况进行详细调查的基础上，考虑多种因素，作出了有利于冰岛的划界建议。不过，"自然延伸原则"并没有得到适用，因为地质学家认为，从地理学的角度而言，扬马延海脊（Jan Mayen Ridge）只能算做扬马延岛和冰

① 该委员会由三名委员组成，其中挪威和冰岛各指派一名委员，双方共同推选一名委员。委员会的建议对双方没有约束力，但双方应对建议给予合理的注意。

② Conciliation Commission on the Continental Shelf Area between Iceland and Jan Mayen: Report and Recommendations to the Governments of Iceland and Norway, Decision of June 1981, available at http://172.16.24.180/legal.un.org/riaa/cases/vol_XXVII/1-34.pdf.

③ 《关于冰岛和扬马延岛之间的大陆架协定》，参见杨泽伟主编：《海上共同开发协定汇编》（上），社会科学文献出版社 2016 年版，第 263~266 页。

④ 参见 Conciliation Commission, Conciliation Commission on the Continental Shelf Area between Iceland and Jan Mayen: Report and Recommendations to the Governments of Iceland and Norway, Decision of June 1981, p. 10。

岛形成之前、由一些年轻的海底火山所构成的微型海洋大陆。① 同样的，调解委员会也并未依据"中间线原则"对扬马延岛与冰岛之间的大陆架进行划界；相反，依据"公平原则"、按照"单一海洋划界"的方法，对大陆架划界方案给出了建议。该建议整体上对冰岛比较有利。究其原因，"单一划界"的确可以在很大程度上避免两种法律制度的冲突，但冰岛对石油进口严重依赖，争议海域的油气资源主要也分布在靠近扬马延岛一侧。冰岛的经济弱势地位，成了更重要的因素。《挪威与冰岛之间关于渔业和大陆架问题的协定》所体现的关照冰岛经济利益的原则，在大陆架划界中也得到了了很好的体现。

最后，在明确划分双方大陆架界线的情况下，调解委员会同时作出了在两国大陆架的边界区域设立共同开发区的建议。② 这种共同开发的安排，并不是《海洋法公约》第 83 条所规定的、解决各方划界争端的"临时安排"（Provision Arrangement），而是划界协定的一部分，旨在促进扬马延岛附近海域的石油开发合作，体现出更强的法律确定性。调解委员会在充分借鉴其他的共同开发案例、油气资源可能的分布状况并充分考虑两国国内立法特点的基础上，对共同开发计划给出了详细的建议，该计划涉及区块划定、管理机构设置、法律适用、石油公司的参与方式、环境安全制度等多个方面。当然，这些建议仍然集中体现出对冰岛经济利益的关照，而这些建议也得到了双方的"合理尊重"，大多为最终的大陆架划界协定所吸纳。

（二）"冰岛与挪威共同开发案"的主要内容及其特点

1. "冰岛与挪威共同开发案"的主要内容。依据冰挪两国分

---

① 参见 Elliot L. Richardson, Richardson, Jan Mayen in Perspective, The American Journal of International Law, Vol. 82, 1988, p. 446。

② Kuen-Chen Fu, Equitable Considerations Taken into Account in International Ocean Boundary Delimitation Cases, Chinese (Taiwan) Yearbook of International Law and Affairs, Vol. 6, 1986, p. 10。

别于 1980 年和 1981 年签署的两份划界协议，冰挪两国实际上在渔业资源和油气资源的开发方面都实现了一定程度的"共同开发"。这里主要研究《关于冰岛和扬马延岛之间的大陆架协定》所规定的有关油气资源的共同开发制度。

首先，这一协定是基于地理、地质研究成果和油气资源可能的分布状况，划定了一片面积为 45475km2 的矩形共同开发区。对于这一区域的管理，双方并未设立一个独立的管理机构，而是由双方分别进行管理。具体的方法为：以冰岛的海岸线为基准、以 200 海里为半径划出圆弧线，将矩形共同开发区分为南北两个部分。其中南部区域较小，约 12725 平方千米，由冰岛管辖；北部地区面积较大，约 32750 平方千米，由挪威管辖。然而，若一个油气田属于共同开发区与冰岛大陆架之间的跨界油气资源，则冰岛对其大陆架之上的部分有权进行专属开发，但若属于共同开发区与挪威大陆架之间的跨界油气资源，则由双方共同对挪威大陆架之上的部分进行共同开发，即挪威不能进行专属性质的开发。这一制度设计造成了一定程度的"差别待遇"，并间接地扩大了共同开发区的范围。

其次，两国的共同开发以合资企业经营为主要模式，即两国的政府或石油公司共同出资设立一个新的企业法人，由该法人对共同开发区中的油气资源进行开发。因此，双方实际上并没有针对共同开发区另行设计一套法律制度，而是由两国分别在各自的辖区内，依据其本国的法律，对合资企业进行资源开发授权。在这种联合经营模式下，[1] 双方的合作主要限于资本的合作，而合作的动力，则是对合资企业盈利的共同关心，但资源开发的决定权仍保留在两国政府手中。较之传统的代理制共同开发模式，这种制度设计具备更高程度的灵活性，有利于避免共同开发条款与两国的国内法产生冲突。实际上，在对扬马延岛附近海域的油气资源进行共同开发以前，挪威国内已经形成了一套较为成熟的管理制度，这套制度对大陆架上油气资源开发许可的申请费用、权属性质及有效期等事项皆

① 参见邓妮雅：《海上共同开发管理模式比较及中国的选择》，载《学术探索》2016 年第 3 期，第 62 页。

作出了详细的规定。① 联合经营的模式也很容易为双方所接受。

再次，收益与分配制度设计对冰岛进行了"政策倾斜"。由于调解委员会的报告仅仅确认了扬马延岛周边海域存在油气资源的可能性，而非确定了具有商业开发价值的油气田的具体位置，因而对油气资源进行勘探，当时尚存在较高的商业风险。依照本协定的安排，第一阶段地震、地质测量的费用应由挪威单方面承担。在这一阶段完成之后、实现商业化开采以前，双方应尽力达成协议以使石油公司承担勘探费用。若未能就这一事项达成一致意见，需就双方政府分担勘探费用的比例进行协商。若仍不能达成一致，双方可以建立联营企业来推进勘探工作。若冰岛无意参与联营企业的设立和该阶段的勘探，勘探工作可由挪威一方单独进行。若挪威发现有商业价值的油田，冰岛有权在偿付上阶段部分勘探费用的情况下参与商业化开采，最终的收益分享比例与开采阶段的费用承担比例挂钩。同时，该协定规定冰岛和挪威都有权获取对方共同开发区中25%的开发收益。② 由于挪威管辖的区域远大于冰岛管辖的区域且对共同开发区的管辖存在"差别待遇"，因而冰岛在实际开发中承担的商业风险较低，却可以获取更大比例的开发收益。

最后，冰挪双方在信息分享、环境保护与安全、争端解决等事项上实现了友好合作。海上油气资源全部的开发阶段由勘测、勘探和开采构成，③ 每一阶段工作的完成都离不开参与方的友好合作，而本案中的共同开发制度在勘测阶段就对双方施以信息交换义务。当双方就环保措施与安全措施不能达成一致意见时，两国也可以通过调解委员会的机制加以解决。因此，尽管共同开发条款并没有均等划分双方的经济利益，但仍有助于双方在共同开发的各个阶段和

---

① 参见 Gulnes, Nils B, The Norwegian Petroleum Development, International Business Lawyer, Vol. 3, 1975, p. 31。

② 《关于冰岛和扬马延岛之间的大陆架协定》，参见杨泽伟主编：《海上共同开发协定汇编》（上），社会科学文献出版社 2016 年版，第 263～266 页。

③ 参见董世杰：《单方面利用争议海域油气资源的问题研究》，载《东北亚论坛》2015 年第 5 期，第 37 页。

争端解决的过程中实现友好合作。

2. "冰岛与挪威共同开发案"的特点。与其他的共同开发案例相比较,"挪威与冰岛共同开发案"中的法律制度设计同样围绕管辖区域划分、收益分配、合作模式等问题展开,但其自身在专属经济区、大陆架划界争端的解决过程中,也体现出自身的特点。

一是调解委员会在协定的制定过程中发挥了关键作用。冰岛与挪威间的渔业资源争端和大陆架划界争端能够得以顺利解决,调解委员会可谓功不可没。首先,调解委员会为大陆架划界方案的确定提供了科学的依据,其最终的建议具备相当程度的权威性。① 例如,在大陆架是否适用"自然延伸"规则这一问题上,调解委员会并未笼统地遵循先例,而是召集美国、德国、冰岛、挪威等国的科学家,对扬马延海脊的自然状况进行了仔细研究,最终得出扬马延海脊并非冰岛或扬马延岛自然延伸部分的结论。可以说,无论是对自然状况的调查,还是法律规则的适用,调解委员会的建议都充分考虑到两国的共同利益,都是依据牢固的事实和详细的分析而得出来的,② 其最终对共同开发制度的设计也极富创造性。其次,通过对比调解委员会的报告和双方最终达成的《关于冰岛和扬马延岛之间的大陆架协定》,我们可以发现调解委员会的大部分意见都得到了双方的采纳,这份报告对于扬马延岛的地物性质、两国的大陆架划界方案和共同开发的可行性与模式等问题都给出了令双方满意的答案。最后,在双方最终达成的大陆架划界协定的争端解决部分,三人调解委员会的制度再一次得到了运用。较之调解委员会的报告,协定就环境保护与安全问题的规定有了一定程度的进步与发展。报告认为双方应在各自管辖的共同开发区中适用其本国的环境保护与安全法规,但大陆架划界协议的第9条却增加了一项规定,

① 参见 Christian Tomuschat, Riccardo Pisillo Mazzeschi and Daniel Thürer, Conciliation in International Law: The OSCE Court of Conciliation and Arbitration, Brill, 2016, p. 213。

② 参见 Elliot L. Richardson, Richardson, Jan Mayen in Perspective, The American Journal of International Law, Vol. 82, 1988, p. 446。

允许一方就对方法规的实效性提出质疑，当双方不能就质疑协商一致时，可以组建一个三人调解委员会进行争端解决。① 这表明双方十分肯定调解委员会这一争端解决机制，这在其他的共同开发案中并不常见。

二是侧重冰岛的经济权益是该共同开发案制度设计的核心要素。与其他的共同开发案相比较，在利益分配环节对某一方进行一边倒的倾斜，是十分罕见的现象。② 在本案中，对冰岛经济利益的侧重可谓贯穿整个争端解决过程。冰岛政府在谈判伊始便强调其自身的经济弱势地位，调解委员会的报告也不断提及冰岛对于渔业资源的依赖和油气资源的匮乏，为解决渔业争端而签署的第一份划界协议中多处体现出冰岛分配渔业资源的优势地位，而落实到争议海域划界和油气资源共同开发问题，则体现为冰岛拥有更大范围的专属经济区和大陆架，在承担较低商业风险的情况下却可以获得更高的开发收益。可以说，没有挪威一方所作出的巨大让步，双方的争端不可能如此顺利的得到解决。这种让步，不仅表现为本案中大量经济权益的让与，更表现为作为一项主动放弃主权性权利的国家实践，挪威很有可能创造了一项对自己并不有利的先例（尽管双方曾表示将避免使该案成为一项先例，使用调解委员会的形式推进争端解决也是避免使该案构成先例的一项措施），③ 为自己打开"潘多拉魔盒"。在 1993 年判决的"扬马延岛与格陵兰岛海域划界案

①　参见 Nigel Bankes, The Regime for Transboundary Hydrocarbon Deposits in the Maritime Delimitation Treaties and Other Related Agreements of Arctic Coastal States, Ocean Development and International Law, Vol. 47, 2016, p. 154。

②　在"澳大利亚与东帝汶共同开发案"中，双方约定的收益分配比为澳大利亚占 10%，东帝汶占 90%。但实际上，澳大利亚在几乎垄断了共同开发中的中下游产业，其总体的收益并不落下风。See Robert Beckman and Ian Townsend-Gault eds, Beyond Territorial Disputes in the South China Sea, Edward Elgar Publishing Limited 2013, p. 148。

③　参见 Christian Tomuschat, Riccardo Pisillo Mazzeschi and Daniel Thürer, Conciliation in International Law: The OSCE Court of Conciliation and Arbitration, Brill 2016, p. 210。

（丹麦诉挪威）"中，① 丹麦政府便曾援引"挪威与冰岛共同开发案"中的划界方案，否认等距离中间线的划界方法，要求获得类似冰岛的划界待遇。与此相对，挪威政府则反复强调"挪威与冰岛共同开发案"中的划界方案，只是一项充分考虑经济因素的个案，不能在"扬马延岛与格陵兰岛海域划界案"中加以运用。最终，国际法院也认为每一件海域划界案都是特殊的个案，每个个案所需要考虑的情形及需要侧重的因素各有不同，不存在一成不变的划界规则与方案，进而支持了挪威一方的诉请。② 然而，倘若当时国际法院从国际法"逐渐发展"的角度加以考虑，更加偏向国际实践的连续性，或者认定"挪威与冰岛共同开发案"中挪威的做法符合"禁止反言"的情形，那么挪威或将面临败诉的不利局面。

（三）冰挪双方成功达成共同开发协定的因素

1. 冷战背景下的外交博弈与双方的政治互信。在"冰岛与挪威共同开发案"中，双方得以达成共同开发协定，不仅是双方就经济合作问题进行谈判与妥协的结果，更是冷战大背景下各方外交博弈的产物。在挪威与冰岛就大陆架与专属经济区划界问题进行谈判的过程中，冰岛将这一经济问题与北约在冰岛的军事存在问题联系在一起，不断向以美国为首的北约施压，最终取得了外交博弈的胜利。

在第二次世界大战结束之后，美国通过与冰岛的协议，在冰岛保留了凯夫拉维克（Keflavik）军事基地，这一基地可以称得上是冷战的"前哨岗"。作为封锁苏联海军进入大西洋的重要一环，该基地部署了先进的雷达系统，可以充分监视苏联海军的行踪、收集相关信息。当"冷战"转化为"热战"时，北约可以利用该基地

---

① 参见 Maritime Delimitation in the Area between Greenland and Jan Mayen (Denmark v. Norway)，available at http：//www. icj-cij. org/en/case/78。

② 参见 JonathanI. Charney，Progress in International Maritime Boundary Delimitation Law，American Journal of International Law，Vol. 88，1994，pp. 254-255。

作出第一时间的军事应对。① 在冰岛与挪威就大陆架与专属经济区的划界问题展开谈判时，冰岛政府不断地将该军事基地的撤除问题与划界谈判挂钩，进而向美国政府施压。美国政府则将来自冰岛的压力转移到了挪威一方，声称如果凯夫拉维克基地被撤除，美国将会在挪威的领土上建立类似的军事基地。这显然是挪威政府不愿意看到的结果。无奈之下，挪威政府只得在经济问题上作出适当的让步，以争取更重要的国家安全利益。

事实上，这并不是冰岛第一次使用此种外交策略。在这起共同开发案之前，冰岛与英国曾经爆发过三次"鳕鱼战争"。在英国与冰岛的第一次渔业争端发生之后，冰岛将苏联发展为自己的贸易伙伴；② 在其后的争端解决过程中，凯夫拉维克基地同样是一个十分敏感的话题，而冰岛通过不断地在北约内部向美国施压，最终迫使英国迁就了冰岛的要求。可以说，冰岛特殊的地理位置给了其一定的谈判筹码，而在这项筹码得到较好的运用之后，便很容易使各方在美国的居中调解下实现妥协。

不过，即便美国的居中调解在冰岛与挪威的外交博弈中起到了关键的作用，不可否认的是冰挪双方在政治上的互信仍是共同开发条款能够达成的重要内因。一般来说，发生争端的双方，其外交关系极易因争端而遭受损害，严重时可能会断绝外交关系。在冰岛与挪威海域划界争端的解决过程中，双方并没有出现如三次"鳕鱼战争"中的紧张对峙局面，也极少有双方警察部门或军事力量的介入。相反，在《海洋法公约》尚处于起草阶段、相关国际法规则尚不十分明晰的情况下，冰挪双方表现出强烈的和平解决争端的态度和充分的政治互信，始终坚持通过外交渠道的沟通和调解委员会的介入来解决争端，这是非常难能可贵的，也最终促使双方的划

---

① 参见 Christian Tomuschat, Riccardo Pisillo Mazzeschi and Daniel Thürer, Conciliation in International Law: The OSCE Court of Conciliation and Arbitration, Brill 2016, p. 204。

② 参见楚甲周：《渔业资源、国际资源管理和政治：英冰鳕鱼战争》，载《乐山师范学院学报》2011 年第 3 期，第 123 页。

界争端可以在短短三年内得到较为全面的解决。

2. 相似的文化与历史背景。从两国历史交往的角度来看，双方同属斯堪的纳维亚国家，有着共同的历史文化渊源。冰岛起初是无主地，其早期的移民主要是"维京海盗"时期的挪威农民，[①]因而双方在语言、宗教与文化习俗方面存在着较大程度的相似性。不仅如此，冰岛与挪威有着相似的命运，在历史上曾长期受到其他国家统治，直到 20 世纪初才独立。其中，挪威在 1380 年至 1814年间受丹麦国王的统治，1815 年至 1905 年受瑞典国王的统治，在经过多年的抗争之后，才于 1905 年建立了独立的君主立宪制国家，[②] 而其在"二战"中又遭受到了纳粹德国的侵占，其民族独立之路可谓十分艰辛。而冰岛则在历史上长期受到丹麦王国的统治，直到 1918 年才争取到丹麦对其独立地位的承认，1944 年才建成独立的共和国。在"二战"期间，冰岛也曾遭受英国未提前告知的全境占领。因此，冰挪两国对于来之不易的民族独立与和平局势十分珍惜。

实际上，在两国谈判中扮演重要角色的凯夫拉维克基地，其本身是"二战"时期盟国驻军的遗留产物。该基地最终得以保留至2006 年，并非冰岛自身的强烈需求，而是冷战时期东西方对峙的结果。从冰岛与挪威两国的自身安全需求来说，它们对于外国的军事存在一直保有一种谨慎的态度，双方对于"无核化"的目标也有着共同的追求。因此，双方在相似的文化、历史背景下，又有着共同的外交与安全需要，这在一定程度上也促使双方在短期内实现了妥协。

3. 双方共同的经济利益需要。尽管 1980 年与 1981 年两份协定迁就冰岛一方的做法，在挪威国内掀起了不小的反对声浪，甚至有人提议罢免当时的挪威外交部长，但是从共同开发渔业资源与油

---

① 参见刘立群：《列国志：冰岛》，社会科学文献出版社 2016 年版，第57 页。

② 参见田德文：《列国志：挪威》，社会科学文献出版社 2007 年版，第64 页。

气资源的角度来说，这份协定仍然符合双方共同的经济利益需要。作为对渔业资源依赖较为严重的两个国家，1980 年签订的《挪威与冰岛之间关于渔业和大陆架问题的协定》使双方的资源权属有了较为明确的划分。而作为当时石油生产能力并不突出的两个国家，1981 年达成的共同开发协定则为双方的石油开发合作提供了契机，使他们应对石油危机的能力有所提升。

此外，共同开发协定还明确了扬马延岛附近海域和大陆架的权属，可以吸引更多的域外石油公司前来投资开发。在权属不明的情况下，域外石油公司贸然参与单边石油开发，不仅经济权益容易遭受重大损害，甚至工作人员的生命安全也容易遭受威胁。在"圭亚那诉苏里南"案中，加拿大的 CGX 能源公司在未获得苏里南方面开发授权的情况下，依据圭亚那的开发授权，参与了两国争议海域的单边石油开发。2000 年 6 月 3 日，CGX 能源公司的开采船只被苏里南海军包围，并被要求在 12 小时内撤离争议海域，否则后果自负。① 自该日起，直到仲裁庭最终作出仲裁结果的 2007 年，CGX 能源公司再也没有返回争议海域。为防止类似事件的再度发生，仲裁庭建议双方将制定共同开发协定作为一个可能的选项加以考虑。② 因此，从实现经济稳定发展的角度来说，尽早达成共同开发协议仍然符合双方的经济需要。

---

① 参见 Arbitral Tribunal Constituted pursuant to article 287, and in accordance with Annex VII, The United Nations Convention on the law of the Sea In The Matter of an arbitration between: Guyana-and-Suriname, Award of the Arbitral Tribunal of 17 September 2007, Arbitral Tribunal Reports, p. 142, para. 435. See http: //sedici. unlp. edu. ar/bitstream/handle/10915/37442/Documento _ completo. pdf? sequence＝1。

② 参见 Arbitral Tribunal Constituted pursuant to article 287, and in accordance with Annex VII, The United Nations Convention on the law of the Sea In The Matter of an arbitration between: Guyana-and-Suriname, Award of the Arbitral Tribunal of 17 September 2007, Arbitral Tribunal Reports, p. 153, para. 462. See http: //sedici. unlp. edu. ar/bitstream/handle/10915/37442/Documento _ completo. pdf? sequence＝1。

（四）共同开发案的后续进展

1. 后续法律文件的签署。自 1981 年双方签订《关于冰岛和扬马延岛之间的大陆架协定》之后，为推进共同开发合作的进行，双方又陆续签订了一些法律文件，包括 1997 年签订的《1980 年 5 月 28 日挪威和冰岛关于渔业与大陆架问题的协定以及 1981 年 10 月 22 日由此衍生的扬马延岛和冰岛之间的大陆架协定的附加议定书》（Additional Protocol to the Agreement of 28 May 1980 between Norway and Iceland concerning Fishery and Continental Shelf Questions and the Agreement derived therefrom of 22 October 1981 on the Continental Shelf between Jan Mayen and Iceland）。① 这一协定划定了双方最西部的海域边界。② 另外一份重要的协定是 2008 年双方签订的《冰岛与挪威关于跨界油气矿藏的协议》（Agreement between Iceland and Norway Concerning Transboundary Hydrocarbon Deposits），③ 这份协定对跨界油气资源的开采与管理问题作出了详细的规定，并在争端解决机制方面有了一定程度的进步。

由于双方的大陆架分界线穿越了两国划定的共同开发区，因而本案中的跨界油气资源可以分为三种，分别是跨越双方大陆架分界线的矿藏、跨越共同开发区与冰岛大陆架的矿藏、跨越共同开发区与挪威大陆架的矿藏。④ 在 1981 年双方签订的大陆架划界协定中，仅概括性地规定了第二、三种跨界矿藏的开采权益分配问题，对第一种跨界矿藏的开采收益分配并未提及。开采过程中的环境、安全

---

① 参见 http://www.un.org/depts/los/LEGISLATIONANDTREATIES/PDFFILES/TREATIES/NOR-ISL1997FC.PDF。

② 参见 Alexander, Lewis M et al, International Maritime Boundaries, Vol. 4, Martinus Nijhoff Publishers 1993, p. 2904。

③ 参见 http://www.nea.is/media/olia/JM_unitisation_agreement_Iceland_Norway_2008.pdf。

④ 参见 Nigel Bankes, The Regime for Transboundary Hydrocarbon Deposits in the Maritime Delimitation Treaties and Other Related Agreements of Arctic Coastal States, Ocean Development and International Law, Vol. 47, 2016, p. 148。

问题，原协定仅做了粗略的规定，对共同开发过程中可能出现的其他问题也未能予以充分考虑《冰岛与挪威关于跨界油气矿藏的协议》，对这些弊端都进行了一定程度的纠正。

依据《冰岛与挪威关于跨界油气矿藏的协议》，未经双方一致同意，不得对跨越双方大陆架边界的油气矿藏进行开发。对于此类矿藏的认定，该协议也规定应在充分参照所有相关数据的情况下，由双方共同协商加以确定。如果双方认定一块油气矿藏属于跨界油气矿藏，则对这块矿藏的开发应至少签订两份协议，即双方当事国之间的"联合协定"（Unitisation Agreement）和具体开发商之间签订的"共同开采协定"（Joint Operating Agreement）。前者必须包含跨界油气矿藏的地理、地质特征以及确定这些特征的方法，同时规定了双方采取环保、安全措施的义务以及相互登临对方大陆架上的开采设备的权利。对于开发商的权益，"联合协定"也给予了充分的考虑。开发商不仅有权平等地获取相关资料，同时其开采的许可证，非经双方当事国一致同意，不得变更或撤销。"共同开采协议"则是不同开发商之间的合作协议，其法律效力低于前者。

除对跨界油气矿藏的开发引入了具体的管理制度外，这份协定所规定的争端解决机制也较1981年的协定有很大的不同。1981年协定的达成，主要借助双边协商及调解委员会的建议，其最终规定的争端解决机制仍为调解委员会制度，且仅适用于有关环境、安全事项的争端。2008年达成的协议，将争端解决机制拓展至仲裁和独立专家意见两种，且仲裁结果和独立专家意见对双方都有法律约束力。其中，对一个油气矿藏是否可以视为跨界油气矿藏的问题，若双方未能达成一致意见，应通过仲裁的形式进行；而对跨界油气矿藏的权益分配问题，若双方未能达成一致意见，则由独立专家作出意见的形式进行。这两种争端解决机制，不仅仲裁结果和意见对双方具有强制力，且机制本身也是"强制争端解决机制"，不会因为一方不参与争端解决机制而导致争端解决程序无法继续进行。例如，在一方提起仲裁后，若对方三个月内不委派仲裁员，则提起仲裁的一方有权请求国际法院的院长为对方指派仲裁员。当然，约束力较差的"调解委员会"机制能发展成这种强制性的争端机制，仍然离不开双方充分的政治互信。

《冰岛与挪威关于跨界油气矿藏的协议》，值得注意的是，上述的跨界油气矿藏管理制度和争端解决机制，在情势变更的情况下，可以适用于跨越共同开发区与冰岛或挪威大陆架的油气矿藏。① 这实际上为挪威争取更多的经济权益创造了条件。依照1981年的大陆架划界协议的规定，跨越冰岛大陆架与共同开发区的油气矿藏归冰岛所有，跨越挪威大陆架与共同开发区的油气矿藏应"共同开发"。而依照2008年签订的条约，挪威可以在适当的时候，主张"情势变更"，进而要求就跨界油气矿藏的开发与权益分配问题重新达成协议。这项规定，虽然并未完全推翻1981年的大陆架划界协议，但为重新分配双方的权益留出了一定的空间。

2. 双方共同开发的实际进展。距双方签订1981年的大陆架划界协定，已过去了30多年的时间。在这30多年中，双方在油气矿藏的勘测、勘探、开采和招商引资方面都进行了不同程度的合作，也取得了一定的成就。

就勘测和勘探阶段而言，双方为扬马延岛附近海域的测绘和地质勘探工作投入了大量的精力。在签订1981年大陆架划界协定的过程中，调解委员会就已确定了可能存在油气矿藏的海域，而在1985年、1988年和2001年，挪威原油署（Norwegian Petroleum Directorate）与冰岛的国家能源管理局（National Energy Authority of Iceland）又共同开展了联合的地质调查，进一步明确了共同开发区内部及附近海域中油气矿藏的位置。② 在这些地质调查的过程中，双方绘制了大量的扬马延海脊的地质地貌图，为油气资源的共同开发提供了充足的资料。值得注意的是，1981年的大陆架划界协定考虑到冰岛参与油气资源开发的经验较为薄弱，赋予了冰岛不参与

---

① 参见 Agreement between Iceland and Norway concerning Transboundary Hydrocarbon Deposits, Article 8, available at http：//www. un. org/depts/los/LEGISLATIONANDTREATIES/PDFFILES/TREATIES/NOR-ISL1997FC. PDF。

② 参见 Iceland Ministry of Industry, Geology and Hydrocarbon Potential of the Northern Dreki Area, Icelandic Continental Shelf, Iceland Government Reports 2008, p. 9。

前期勘探、但可以通过支付该阶段的勘探费用而享受后期开采权益的权利。然而，在勘探过程中，冰岛并未将勘探的商业风险全部转嫁至挪威一方，而是积极地参与到勘探过程中，这也体现出双方较强的合作意愿。

就开采阶段和招商引资的工作而言，尽管进展比较缓慢，但仍然取得了一些成就。在2008年双方就跨界油气矿藏开发的问题签订协议之后，两国开始逐步发放石油开采许可，吸引域内和域外的能源公司到扬马延岛附近海域进行开发投资。挪威一方的工作以对扬马延岛附近海域的测绘与环境影响评估为主，整体开发进程较为缓慢。2009年，挪威政府声明不会在接下来的数年中对扬马延岛附近海域的油气资源进行开发。[①] 在2011年，挪威原油署宣布，在2012—2014年间，将斥资1.8亿挪威克朗（约合2300万美元）对扬马延岛附近水域附近的油气资源分布状况进行进一步的测量。而就在这一过程中，挪威的环保部门对开发可能造成的环境污染表示担忧，而挪威政府也一度与冰岛政府协商，希望推迟挪威管辖部分的开发进程。[②]

相比之下，冰岛政府对于油气资源的开采投入了更大的热情。即便遭受到国内环保主义者的抗议，[③] 启动开发进程的2009年又恰逢全球性的经济危机，当年度仅有两家石油公司递交了开发申请，且随后又撤回了他们的申请，[④] 但冰岛政府并未放弃招商引资，最终成功吸引到了包括法罗群岛石油公司（Faroe Petroleum）、英国皇家石油公司（Valiant Petroleum of Britain）等石油公司的投资。特别是，我国的中国海洋石油总公司目前也参与到扬马延岛附

---

① 参见 https：//www.norwegianamerican.com/featured/norway-looks-at-oil-exploration-outside-jan-mayen/。

② 参见 http：//barentsobserver.com/en/energy/2013/03/norway-postpones-jan-mayen-oil-exploration-26-03。

③ 参见 https：//jichanglulu.wordpress.com/2014/03/06/icelandic-environ-mentalists-against-jan-mayen-oil/。

④ 参见 http：//www.nytimes.com/2013/10/02/business/energy-environment/iceland-aims-to-seize-opportunities-in-oil-exploration.html。

近海域油气资源的开发之中，与当地的 Eykon 能源公司（Eykon Energy）成为了合作伙伴。① 这既有利于保障冰岛的能源安全，又有助于中国对外投资渠道的拓展，对双方而言是一个双赢的选择。

四、俄罗斯与挪威共同开发案

俄罗斯与挪威就巴伦支海的共同开发案是新近出现的案例。② 巴伦支海位于挪威的芬马克郡和俄罗斯的卡拉半岛北部，③ 蕴藏着丰富的油气资源和渔业资源。与冰岛和挪威之间的划界争端相类似，俄罗斯与挪威之间的划界争端也是伴随着国际海洋法律制度的发展而产生的。苏联与挪威于 1957 年签订协议、解决领海划界争端之后，又各自依据 1958 年《大陆架公约》宣布它们分别享有 200 海里宽度的大陆架。在大陆架的划界争端尚未解决之际，苏、挪双方又因《海洋法公约》的起草而各自宣布建立 200 海里的专属经济区。苏、挪双方在 1974 年就大陆架划界争端举行了第一次正式会谈。④ 在 40 多年的争端解决过程中，双方围绕等距离中间线原则和扇形线原则的适用展开了激烈的讨论，也曾在渔业管理方面适用 "灰区理论"，制定了临时的管理措施。伴随着冷战背景下的相互猜疑以及渔业利益、油气利益方面的激烈博弈，双方同意以共同开发的形式展开合作，划界争端最终以《俄联邦与挪威王国海洋空间划界和巴伦支海及北冰洋合作条约》在 2010 年的签订和

① 参见 http：//www.eykonenergy.com/。

② 参见 Michat Jan Filipek, Dzmitry Hruzdou, Maritime Delimitation in the Barents Sea and International Practice in Maritime Delimitation, Polish Yearbook of International Law, Vol. 31, 2011, pp. 219-223。

③ 参见 Michael Byers, International Law and the Arctic, Cambridge Press 2013, p. 39。

④ 参见 Alex G. Oude Elferink, The Law and Politics of the Maritime Boundary Delimitations of the Russian Federation: Part 2, The International Journal of Marine and Coastal Law, Vol. 12, 1997, p. 8。

2011 年的换文为标志得到了解决。[1]

（一）两国共同开发的背景

1. 双方早期的谈判与合作历史。巴伦支海的划界争端，可以划分为南部、中部、北部三处争端。南部为挪威与俄罗斯大陆之间、自瓦朗厄尔峡湾湾口向北延伸 200 海里的争议海域；中部为挪威大陆、斯瓦尔巴群岛和俄罗斯大陆之间的、距离双方陆地 200 海里外的争议海域；北部为斯瓦尔巴群岛和俄罗斯的法兰士约瑟夫地群岛、新地岛之间的争议海域。[2]

有关巴伦支海的领土争端和划界争端的解决，俄罗斯与挪威的成功实践始于 1957 年《挪威王国政府和苏维埃社会主义共和国政府关于挪威与苏联在瓦朗厄尔峡湾的海洋边界协定》（Agreement between the Royal Norwegian Government and the Government of the Union of Soviet Socialist Republics concerning the sea frontier between Norway and the USSR in the Varangerfjord）的签署。[3] 这一协定确定了双方在瓦朗厄尔峡湾大部分领海界线，并决定建立边界委员会以解决俄罗斯大陆和挪威大陆之间海域的领海划界争端。然而，随着挪威和俄罗斯分别在 1963 年和 1968 年宣布建立 200 海里的大陆架，大陆架的划界成为双方双边协商的议题。随后，双方又都在 1977 年宣布建立 200 海里的专属经济区，[4] 双方争端的内容日渐复

---

[1] 这份协定的中文译本，参见［俄］伊万诺夫主编：《北极地区：国际合作问题》（第三卷），熊友奇译，世界知识出版社 2016 年版，第 92~100 页。

[2] 参见 Tore Henriksen, Geir Ulfstein, Maritime Delimitation in the Arctic: The Barents Sea Treaty, Ocean Development & International Law, Vol. 42, 2011, pp. 1-2.

[3] 参见 http: //172.16.24.180/www.un.org/depts/los/LEGISLATIONANDTREATIES/PDFFILES/TREATIES/NOR-RUS1957SF.PDF。

[4] 参见 Michat Jan Filipek, Dzmitry Hruzdou, Maritime Delimitation in the Barents Sea and International Practice in Maritime Delimitation, Polish Yearbook of International Law, Vol. 31, 2011, pp. 219-223.

杂,涉及大陆架划界、专属经济区划界、渔业资源管理、油气资源
开发等棘手问题。

在苏联解体以前,双方对上述问题进行了友好的谈判,但进展
比较缓慢。大陆架划界、专属经济区划界问题,由于涉及双方对
"等距离中间线原则"和"扇形线原则"的立场对立,加之冷战背
景下苏联与北约的对峙较为严重,因而双方的谈判一直没有取得实
质性的进展。而关于海上共同开发制度的适用,尽管苏联曾于20
世纪80年代提出过此类构想,但挪威当时出于多种因素的考量而
未予以接受,油气资源开发领域的合作也进展缓慢。然而,巴伦支
海丰富的渔业资源对两岸的苏联渔民和挪威渔民的生活有着直接的
影响,双方于1975年、1976年和1978年签署了一系列的协定,
为处理渔业问题达成了临时安排,对"灰区"(Grey Zone)内的渔
业资源进行了有效的管理。

"灰区"是依据渔业资源的实际分布状况而设定的,其中既包
括大片的争议海域,也包括权属状态明确的两国专属经济区。依据
上述的三项临时安排,双方同意两国的渔船都可以进入对方的专属
经济区捕鱼,① 并同意建立渔业委员会,通过这一平台解决巴伦支
海渔业资源的捕捞配额等问题。② 而对于渔船的管理问题,双方约
定各自管辖悬挂本国船旗的船只,以及虽悬挂第三国船旗、但却由
其颁发捕捞许可证的船只。这些协定中,对"灰区"的管理影响
较大的是1978年签订的《挪威和苏联就巴伦支海临近水域渔业的
临时和实际安排》(Agreement Between Norway and the Soviet Union
on a Temporary and Practical Arrangement for the fishery in an Adjacent
Area of the Barents Sea)。这一协定原本一年一签,但在实践中演化
为双方的"君子协定",长期有效。在实际的渔业监督和管理过程

① 参见 Michael Byers, International Law and the Arctic, Cambridge Press
2013, p. 41。

② 参见 Geir HØnneland, Compliance and Postagreement Bargaining in the
Barents Sea Fisheries, Ocean Development & International Law, Vol. 45, 2014,
p. 190。

中，挪威海岸警卫队也时经常登临苏联的渔船进行检查，但很少扣押苏联的渔船；苏联的渔民虽然很配合这些检查，但却从不在检查的记录上签字。① 总体来说，双方在 20 世纪 80 年代的渔业合作较为融洽，极少出现正面冲突与对峙。这既符合双方渔民的切身利益，又促进了巴伦支海渔业资源的养护与合理开发，更为双方的划界谈判奠定了良好的基础。

2. 双方大陆架划界协定的最终签订。在苏联解体之后，俄罗斯的私有制改革激起了国内矛盾，获取西方援助的失败也使俄国内民众对与西方国家的合作产生了一定的抵触情绪。在此背景下，俄、挪双方的渔业合作与划界谈判也陷入了低谷。在 1998 年的渔业委员会会议上，俄方代表对挪威政府所采取的渔业管理措施进行了指责，俄罗斯北部沿海地区的地方报纸也就渔业配额问题发表了充满民族主义情绪的言论。②

幸运的是，这种对抗的局势并未造成十分严重的影响。在随后的谈判过程中，尽管发生过数起挪威海岸警卫队扣押俄罗斯渔船的事件，双方就斯瓦尔巴群岛的法律制度也存在一定程度的意见分歧，但两国政府的最高层从未放弃通过和平谈判解决划界争端的努力，谈判进程也逐步推进。在 2007 年，双方签订了《俄罗斯联邦与挪威王国政府关于瓦朗格尔峡湾海洋划界协定》，这一协定对 1957 年的领海划界协定进行了部分修订，并对一片有争议的专属经济区和大陆架进行了划分，③ 同时还对"跨界油气资源"的开

---

① 参见［挪威］盖尔·荷内兰德：《北极政治、海洋法与俄罗斯的国家身份——巴伦支海划界协议在俄罗斯的争议》，苏平等译，海洋出版社 2017 年版，第 16 页。

② 参见［挪威］盖尔·荷内兰德：《北极政治、海洋法与俄罗斯的国家身份——巴伦支海划界协议在俄罗斯的争议》，苏平等译，海洋出版社 2017 年版，第 21~22 页。

③ 参见匡增军、欧开飞：《俄罗斯与挪威的海上共同开发案评析》，载《边界与海洋研究》2016 年第 5 期，第 89 页。

采加以规制,① 这使得双方的争议海域面积有了较大幅度的缩小。而双方于2010年4月27日共同发布的《关于在巴伦支海和北冰洋海域划界与合作的联合声明》(Joint Statement on Maritime Delimitation and Cooperation in the Barents Sea and the Arctic Ocean),则在很大程度上确立了最终的划界原则。②

这一声明,涉及划界规则、渔业问题和油气资源的开发问题。就划界的规则而言,声明并没有指明划界需要考虑哪些"特殊因素",但明确提出,在遵守国际法的前提下,将会考虑双方长久以来的立场,并将争议海域划分为面积几乎相等的两部分。渔业问题是这份协议着墨最多的部分,总体的精神在于维护巴伦支海沿岸两国渔民的经济利益,并维持既有渔业管理措施的稳定性。而对于油气资源开发的问题来说,双方在声明中引入了"跨界油气资源"这一新的话题,并提出要对这类油气资源的管理制定详细的实体规则和程序规则。这是双方在海上油气资源共同开发谈判中的一项突破,但这项声明仍然只是一项动议,没有指出制定这些规则需要参考哪些要素。

诚如双方在这份声明的最后部分所言,双方将尽快(As Earlier As Possible)达成最终的划界协议。2010年9月15日,在联合声明发布不到5个月后,两国的外交部长便在时任俄罗斯联邦总统梅德韦杰夫(Dmitry Medvedev)和时任挪威首相延斯·斯托尔滕贝格(Jens Stoltenberg)的见证下,签署了最终的《俄罗斯联邦与挪威王国关于在巴伦支海和北冰洋的海域划界与合作条约》(Treaty between the Kingdom of Norway and the Russian Federation concerning Maritime Delimitation and Cooperation in the Barents Sea and

---

① 参见 Tore Henriksen, Geir Ulfstein, Maritime Delimitation in the Arctic: The Barents Sea Treaty, Ocean Development & International Law, Vol. 42, 2011, p. 8。

② 参见 https://www.regjeringen.no/globalassets/upload/ud/vedlegg/folkerett/030427_english_4.pdf。

the Arctic Ocean，以下简称《俄挪海洋条约》）。① 尽管有着 40 年的谈判与合作历史，但由于双方的沟通细节一直较少对媒体公开，因而协议的签署还是出乎很多人的预料，② 甚至在俄罗斯国内还招致了不少的非议。然而，在俄罗斯将金属国旗插入北极点、北极周边国家的利益冲突有所升级的情况下，③ 这一协定的签署，仍不失为和平解决北极争端的成功范例。

（二）"俄罗斯与挪威共同开发案"的主要内容及评析

1. "俄罗斯与挪威共同开发案"的主要内容。俄挪双方于 2010 年签订的划界与合作条约，涉及专属经济区与大陆架划界、渔业合作和油气资源共同开发三项议题。此处主要讨论第三项议题。

与"冰岛与挪威共同开发案"相类似，《俄挪海洋条约》中的共同开发条款，并不是解决双方划界争端的"临时安排"，而是在界线已经明确的情况下，双方就"跨界油气资源"的开发所达成的正式协议。关于油气田性质的确定，双方规定了一套详细的协商程序。如果一方认为对方大陆架上的油气田延伸到了己方的大陆架上，则双方应当在充分收集和交换地理、地质信息的基础上展开磋商，对油气田的性质作出认定。如果油气田的跨界属性得到了证实，则对该油气田的开发应得到双方的共同同意，否则不得进行单方面的开发。

就巴伦支海跨界油气田的管理模式和法律适用而言，双方采取了"联合经营"的模式。双方同意组建"联合委员会"（Joint Commission），但该委员会的主要职责在于促进双方对"跨界油气

---

① 参见 Charles M. Perry and Bobby Andersen，New Strategic Dynamics in the Arctic Region：Implications for National Security and International Collaboration，The Institute for Foreign Policy Analysis（IFPA）Reports，February 2012，p. 3。

② 参见 Tim Stephens，David L Vander Zwaag，Polar Oceans Governance in an Era of Environmental Change，Edward Elgar 2014，p. 137。

③ 参见孟舒：《俄罗斯与巴伦支海划界争端研究》，华东师范大学硕士学位论文 2015 年，第 50 页。

资源"相关信息的交换与沟通。① 这一机构在一定程度上借鉴了双方建立"渔业委员会"的成功经验,② 对于预防和化解争端有一定的作用,但其并不具备发放开采许可、监督开发作业等实质性的权力,这些权力仍保留在两国政府手中,由两国依据各自的国内法加以行使。在具体的管理过程中,开发某一特定的跨界油气田,需要两国签订"联合协定";同时,需要持有许可证的两国开发商签订"共同开采协定",但后者的法律效力弱于前者。在开采活动的监督方面,双方并未受到大陆架分界线的影响,而是赋予了一方提请检查位于对方大陆架上的油气开发设施的权利,且这种请求一般应当获得准许。③ 此外,协议对开发商的权益也进行了一定程度的保护。对于开发商递交的"共同开采协定",两国政府不得无适当根据地拒绝批准或延迟批准;对已发放的开采许可,未经两国政府同意,也不得加以转让。这些制度设计,与冰岛同挪威在 2008 年达成的有关"跨界油气资源"开发的协定相类似。然而,与"冰岛与挪威共同开发案"所不同的是,俄挪两国的合作仅限于"跨界油气资源",它们并未就开发前期的费用承担问题进行协商,也并未提议通过"联合企业"的方式推进共同开发的进程,更未划定大范围的共同开发区。

就争端解决方式的设计而言,双方既引入了双边的协商机制,又规定了第三方的争端解决方式。其中,"联合委员会"为双方提供了一个双边会谈的场所,④ 双方可以通过谈判或共同选择的其他方式来解决争端。假如上述程序在六个月内未能解决争端,任何一方有权将争端提交一个三人临时仲裁庭,仲裁庭包含一名俄罗斯仲裁员和一名挪威仲裁员,第三名仲裁员,同时也是临时仲裁庭的主

---

① 参见《俄挪海洋条约》附件二第 1 条第 13 款。

② 渔 业 委 员 会 官 方 网 站:http://www.jointfish.com/eng/THE-FISHERIES-COMMISSION。

③ 参见《俄挪海洋条约》附件二第 1 条第 11 款。

④ 参见 Nigel Bankes, The Regime for Transboundary Hydrocarbon Deposits in the Maritime Delimitation Treaties and Other Related Agreements of Arctic Coastal States, Ocean Development and International Law, Vol. 47, 2016, p. 150。

席，由前两名仲裁员共同推选，但其不得是俄罗斯或挪威的国民或常住居民。在一方未能按时指定本国仲裁员，或双方未能就临时仲裁庭主席的推选达成一致意见的情况下，则双方有权提请国际法院的院长加以指定。调解委员会可以处理因"未能签订联合协定"而产生的绝大多数争端，但跨界油气资源的分配是一项例外。这项争端由独立专家作出意见的方式加以决断。仲裁庭的裁决和独立专家的意见，对双方都具有约束力。

2. "俄罗斯与挪威共同开发案"评析。与俄挪两国在巴伦支海的大陆架、专属经济区划界争端和渔业争端相比，"跨界油气资源"的相关规定较少引起各方的关注。划界争端既涉及"等距离中间线原则"和"扇形线原则"的争议，① 又涉及斯瓦尔巴群岛附近海域的权属性质问题，划界的结果对相关的海洋法规则可能产生较大的影响。而在俄挪两国主权性权利的界线明确之后，双方虽然约定对20世纪70年代签订的3项渔业协定加以暂时适用，并增加了"特殊区域"的制度设计，② 但这仍会与两国对专属经济区的主权性管辖出现一定程度的法律冲突，这些冲突曾引起俄罗斯国内渔业组织的不满。相比之下，有关"跨界油气资源"共同开发的协定已屡见不鲜，挪威与俄罗斯达成的共同开发条款也没有进行颠覆性的制度设计。但实际上，有关油气资源的开发问题，双方经历了三十余年的谈判过程，却始终没有爆发过于激烈的冲突。在双方长期冻结巴伦支海争议海域油气资源开发活动的情况下，仍然能够就"跨界油气资源"的开发问题达成协定，这本身也极为难能可贵。

同时，"俄罗斯与挪威共同开发案"在争端制度设计方面也取得了较大的创新。这种创新主要体现在，即便第三方的裁决结果或

---

① 参见 Yoshifumi Tanaka, Reflections on Arctic Maritime Delimitations: A Comparative Analysis between the Case Law and State Practice, Vol. 80, 2011, p. 465。

② 参见匡曾军：《俄罗斯的北极战略：基于俄罗斯大陆架外部界限问题的研究》，社会科学文献出版社2017年版，第129页。

专家意见对双方具有法律约束力，但在仲裁结果与专家意见作出之后，双方仍保有一定的协商空间。依据双方设计的争端解决机制，在仲裁结果作出之后，双方可以依据该结果签订"联合协定"。在仲裁结果仅提供了一个范围或不是十分明晰的情况下，必然要对仲裁结果进行解释，在这一解释过程中，双方仍有相互磋商、达成合意的空间。而对于确定"跨界油气资源"分配的专家意见，双方在尊重该意见、给予该意见约束力的前提下，还约定"可就矿区的另外分配进行协商"①。尽管双方的第三方争端解决机制设计的并不十分完美，特别是并未规定独立专家的指派程序，不过，"俄罗斯与挪威共同开发案"中争端解决机制的创新，可以降低双方对第三方解决机制的抵触情绪，有利于双方尽可能对争端解决方案达成合意。②

（三）双方成功达成共同开发条款的因素

1. 两国国家利益的需要。划定争议海域、增强法律规则的确定性，无疑是参与争议海域划界谈判各方的主要目标，它也符合参与方的国家利益。然而，在双方意见分歧较大的情况下，这一目标并不能推动双方充分地进行协商。在特定情势下，边界与海洋问题的谈判甚至会被当做外交工具加以运用，导致这些争端久拖不决。在俄罗斯与挪威的谈判过程中，预防和消除巴伦支海海域内的争端（如挪威海岸警卫队扣押俄罗斯渔船）只是其中的一项推动因素，两国的其他利益需要（特别是作为大国一方的俄罗斯的需要），对加速谈判的进程起着更关键的作用。

首先，在"冷战"结束之后，与邻国间不确定的陆地与海洋边界，耗费了俄罗斯过多的内政和外交资源。在美苏争霸的"冷

---

① 参见《俄挪海洋条约》附件二第 3 条第 3 款。

② 例如，俄挪两国在谈判中大量引证的 2009 年国际法院对罗马尼亚诉乌克兰黑海划界案的判决，仍令当事国乌克兰对判决不满与质疑。参见匡曾军：《俄罗斯的北极战略：基于俄罗斯大陆架外部界限问题的研究》，社会科学文献出版社 2017 年版，第 132 页。

战"时期，苏联与邻国之间的边界、海洋划界谈判一直较为缓慢。这既是东西方对峙的结果，也隐含着苏联将这些争端作为外交杠杆加以运用、进而制约邻国的考虑。在苏联解体之后，俄罗斯的私有化改革在 20 世纪 90 年代激起了较大的国内社会矛盾，俄罗斯政府需要将更多的精力投入到国内国民经济的发展，而非采取措施制约邻国。自 1990 年起，俄罗斯与邻国的边界和划界谈判明显加速。至 2010 年，俄罗斯已与邻国签订了 16 项边界与海洋划界协定。①

其次，在与挪威签订划界协议的前两年，俄罗斯同格鲁吉亚发生了军事冲突，公开支持阿布哈兹、南奥塞梯地区的独立，该冲突在北京奥运会期间也未能中止。虽然在当时很难断言这是两次独立的外交选择，还是俄罗斯整体外交政策走向的转变，但是毫无疑问的是，同格鲁吉亚、乌克兰之间的冲突导致俄罗斯的国际形象遭受了较大损害，其可能会被认定为国际秩序的破坏者而非建设者。因此，从扭转国际形象的角度考虑，推进与挪威之间的海洋划界谈判，不失为一项值得考虑的选项。

最后，俄罗斯与挪威之间的划界谈判，基本遵循《海洋法公约》的相关规定，这对于维护双方在北极地区的利益也极为有利。当时，关于北极地区的治理，曾出现过不同的声音。部分学者认为，北极地区的治理，应建立综合性的"北极条约"体系。② 作为北冰洋的沿岸国，《海洋法公约》赋予了挪威与俄罗斯建立专属经济区、大陆架的权利，也使双方有权划定北冰洋洋底的外大陆架。此外，双方在 2008 年共同发布的《伊卢利萨特宣言》中都认

---

① 参见 Arild Moe, Daniel Fjærtoft & Indra Øverland, Space and Timing: Why was the Barents Sea Delimitation Dispute Resolved in 2010? Polar Geography, Vol. 34, 2011, p. 153。

② 参见 Olav Schram Stokke, Protecting the Arctic Environment: The Interplay of Global and Regional Regimes, Yearbook of Polar Law, Vol. 1, 2009, p. 349。

同依照既有法律框架体系处理海域划界争端。① 因此，两国依照《海洋法公约》所展开的划界谈判，可以视为强化双方极地利益的一项国家实践。

2. 双方的充分让步。尽管俄挪双方有上述的国家利益需要，但这并不能保证这些利益一定会得到满足。俄挪双方在谈判过程中所做的充分让步，很大程度上推动了上述需要的实现。

首先，俄挪双方在划界方法上实现了较大程度的妥协。在双方的划界谈判中，"扇形线原则"与"等距离中间线原则"的适用分歧，是划界争端久拖不决的症结所在。尽管"扇形线原则"遭到了挪威等北极周边国家的持续反对，很难认为这一原则已成为北极地区的区域习惯法规则，但作为一项苏联在 1926 年便提出的北极领土主张依据，要使俄罗斯主动放弃这一立场殊为不易。而在《大陆架公约》和《海洋法公约》生效之后，挪威长期坚持依据"等距离中间线原则"处理双方的争端。在谈判过程中，俄罗斯提出将"扇形线原则"、"海岸的形状"、"两国海岸线长度的不成比例"、"两岸的人口数量差异"、"俄方的经济、安全利益需要"等作为调整"等距离中间线"的特殊因素。② 最终，双方只申明"海岸线长度不成比例"这一项特殊因素，进而在等距离中间线与扇形线之间选择了一套折中的方案，将两国的专属经济区和大陆架划分为面积大致相等的两部分。

其次，双方在渔业资源分配的问题上没有出现较大程度的失衡。一般而言，位于一国专属经济区之内的渔业资源，非经该国同意，其他国家的渔民不得进行捕捞。然而，考虑到两国渔民的实际利益，且两国对"灰区"渔业管理已积累了多年的经验，因此在俄方放弃"扇形线原则"的情况下，挪威也并未坚持对专属经济

① 参见 Arctic Ocean Conference , The Ilulissat Declaration, Arctic Ocean Conference Reports 2008, p. 1. See http：//www. oceanlaw. org/downloads/arctic/Ilulissat_Declaration. pdf。

② 参见 Michat Jan Filipek, Dzmitry Hruzdou, Maritime Delimitation in the Barents Sea and International Practice in Maritime Delimitation, Polish Yearbook of International Law, Vol. 31, 2011, p. 221。

区内渔业资源的绝对管辖。双方同意 1975 年、1976 年签订的渔业合作协定在 15 年内继续有效，之前两国专属经济区重叠区内的渔业技术规范，于 2010 年划界与合作协定生效后的 2 年内暂时适用。① 此外，挪威通过在部分海域建立"特殊区域"的方式，变相地将俄罗斯的专属经济区延伸到距其陆地 200 海里之外，增加了俄罗斯对渔业资源的控制区域。② 结合近年来的实践状况，双方的渔业合作进展的较为顺利。2016 年 1 月，两国政府部门就渔业活动的监管信息进行了交换。③ 2017 年 5 月 10 日，挪威一艘渔船因涉嫌在俄罗斯管辖海域内非法捕鱼，被俄方扣押。双方随后展开外交协商，于一个月内顺利解决了该争端，④ 双方的渔业合作并未遭受进一步的损害。

最后，为避免可能出现的民族主义情绪，双方的谈判细节一直较少公开，俄方的新闻报道也比较低调。为了避免引起媒体的过多关注，签约会址被选在摩尔曼斯克而非莫斯科，且仅有两国政府的首脑和高级官员参加。签约当天，俄罗斯国内的"海上执行管理委员会"（Maritime Collegium）也举行了会议，但两者并未合二为一，因而俄罗斯的自然资源部部长并未参加签约仪式。⑤ 然而，在签约的消息报道之后，俄罗斯国内的渔业组织表达了强烈的不满。全俄渔业企业和渔业出口商协会（All Russian Association of Fishing Enterprises and Fish Exporters）的主要负责人兹兰诺夫认为，签约

---

① 参见《俄挪海洋条约》附件一第 2 条。
② 参见匡曾军：《俄罗斯的北极战略：基于俄罗斯大陆架外部界限问题的研究》，社会科学文献出版社 2017 年版，第 130 页。
③ 参见 https://thebarentsobserver.com/en/security/2016/01/norway-russia-continue-coast-guard-cooperation。
④ 参见 https://thebarentsobserver.com/en/life-and-public/2017/06/norwegian-trawler-leaves-murmansk-after-3-weeks-arrest。
⑤ 参见 Arild Moe , Daniel Fjærtoft & Indra Øverland, Space and Timing: Why was the Barents Sea Delimitation Dispute Resolved in 2010? Polar Geography, Vol. 34, 2011, p. 157。

意味着俄罗斯人丧失了在巴伦支海西部海域捕鱼的权利，① 摩尔曼斯克的地方杜马也曾向俄罗斯国家杜马提出反对批准该条约的意见，俄罗斯国内还曾召开相关的听证会。这在一定程度上推迟了俄罗斯批准该条约的日期。然而，俄罗斯的国家权力机关并未受到这些反对意见的严重干扰，最终还是批准了该条约。

3. 油气资源开发的共赢选择。"跨界油气资源"的开发，是伴随着海洋边界划定而产生的新问题。然而，充分开发巴伦支海的油气资源、减少因开发"跨界油气资源"所引起的争端，对于俄罗斯和挪威双方来说，都是一个共赢的选择。

对俄罗斯来说，同挪威签订一项共同开发协议，将增加其获取"跨界油气资源"开发收益的机会。囿于其国内的石油开发管理体制，俄罗斯只允许其国有企业对新的油气田进行勘探。由于俄罗斯的大陆本身便蕴含着丰富的油气资源，因而俄罗斯的国有企业对投资巴伦支海油气资源开发的热情不是很高。② 在双方于 2010 年签订划界与合作条约之前，巴伦支海无争议海域油气资源的勘探权归俄罗斯天然气公司（Gazprom）和俄罗斯石油公司（Rosneft）所有。然而，前者当时在亚马尔半岛和库页岛油气资源的开发项目投入了巨大的精力，而后者则对万科尔油气田（Vankor Field）的开发和西伯利亚至中国的油气管道建设更感兴趣。因此，除非改变俄罗斯的国内立法，否则俄罗斯依靠其国有企业获取巴伦支海油气资源开发收益的进程将较为缓慢。相比之下，同挪威进行共同开发，既能以条约的形式确定"跨界油气资源"开发的法律制度，消除单边开发的弊端，又可以吸引国外能源企业参与巴伦支海的油气资源开发，进而获取开发收益，其立法成本较之改变国内立法也更小，因而是一项不错的选择。

---

① 参见［挪威］盖尔·荷内兰德：《北极政治、海洋法与俄罗斯的国家身份——巴伦支海划界协议在俄罗斯的争议》，苏平等译，海洋出版社 2017 年版，第 32 页。

② 参见［挪威］盖尔·荷内兰德：《北极政治、海洋法与俄罗斯的国家身份——巴伦支海划界协议在俄罗斯的争议》，苏平等译，海洋出版社 2017 年版，第 98 页。

对挪威来说，其同样获得了增加油气资源供给的机会。首先，挪威对于"跨界油气资源"的开发并不陌生，上文所述的"英国与挪威共同开发案"与"冰岛与挪威共同开发案"都是较为成功的案例。然而，挪威与英国对弗里格油气田的开采已进行了数十年，现已关闭。挪威与冰岛对扬马延岛附近海域油气资源的开发，在 2008 年之后才真正进入开采阶段。由于来自国内的环保压力较大，挪威一方的开发进程较为缓慢，而与俄罗斯共同开发巴伦支海海域中的跨界油气田，则为挪威的油气资源开发提供了一个新的选项。其次，与俄罗斯国内的能源企业相比，挪威的企业从事海上石油开发的时间更长，经验更丰富，在开采技术和设备上具备更大的优势，其在实际的资源开发过程中更有可能占据主导地位。最后，在与俄罗斯共同开发的过程中，双方可以进一步拓展合作领域，促进两国能源市场的发展。例如，为使开发所得的油气资源销往欧洲大陆，挪威大陆架上油气管道的建设工程，将很有可能为两国的油气市场吸引到大笔的投资款项。①

（四）双方油气资源开发的实效性分析

1. 双方签约前开发进展缓慢。巴伦支海蕴含着丰富的油气资源，俄挪双方在 20 世纪 80 年代便已认识到巴伦支海存有开发油气资源的潜能。然而，作为世界上两个主要的油气资源出口国，俄罗斯与挪威在 2010 年签订划界与合作条约以前，双方对该海域的开发所投入的精力十分有限。

对于巴伦支海中无争议海域的油气资源开发，俄挪双方都取得了一些进展，但开发的效果并不显著，政府的相关政策也缺乏一定的连续性。例如，挪威于 1984 年发现了白雪（Snøhvit/Snow

---

① 参见 Charles M. Perry and Bobby Andersen, New Strategic Dynamics in the Arctic Region: Implications for National Security and International Collaboration, The Institute for Foreign Policy Analysis（IFPA）Reports 2012, p. 42.

White）气田，这一气田直至 2007 年才开始商业化的开采;① 于
2000 年发现了歌利亚（Goliat）油田，但也直至 2016 年才开始商
业化的开采。同时，迫于国内的环保抗议，挪威政府在 2001 年至
2003 年期间没有对该海域颁发新的开采许可。② 2003 年至 2009 年
期间，挪威政府取消了这一禁令，但仍对新的油气开发活动的地域
范围加以限制，即这些活动的地点必须距离特罗姆瑟和芬马克 50
千米以上。俄罗斯在 20 世纪 70 年代开展了对巴伦支海的地震测试
活动，于 1983 年发现了摩尔曼斯克气田，③ 并于 1988 年在距离摩
尔曼斯克 650 千米的海域发现了斯托克曼（Stockman）气田。后者
的预计储量高达 32 万亿立方米，被认为是世界上储量最大的油气
田之一。④ 然而，直到 2003 年，俄罗斯天然气公司的经营战略重
心才向这一油田靠拢，其同国外能源公司的合作也并不顺利，因而
这一气田的开发在 2010 年之前未完全步入正轨。

对于巴伦支海争议海域中的油气资源开发，尽管俄挪双方曾有
过建立"共同开发区"、推动争议海域共同开发进程的动议，但在
2010 年的划界与合作条约签订以前，争议区域的开发活动基本处
在冻结的状态。20 世纪 80 年代，俄挪双方都曾在争议海域中进行
过单方面的石油开发，但最终以相互指责而收场。⑤ 为了缓解这种
对峙的局面，苏联曾于 1988 年提议，在划界争端最终解决以前，
在不影响双方所持划界立场的情况下，可以先建立一片"共同开

① 参见 Elena Conde and Sara Iglesias Sánchez, Global Challenges in the Arctic Region: Sovereignty, Environment and Geopolitical Balance, Routledge 2016, p. 244。

② 参见 Arild Moe, Russia and Norwegian Petroleum Strategies in the Barents Sea, Arctic Review on Law and Politics, Vol. 1, 2010, p. 226。

③ 参见 Andrew Bishop, Chad Bremner et al, Oilfield Review, Vol. 22, 2010, p. 39。

④ 参见 Arild Moe, Russia and Norwegian Petroleum Strategies in the Barents Sea, Arctic Review on Law and Politics, Vol. 1, 2010, p. 231。

⑤ 参见匡增军、欧开飞：《俄罗斯与挪威的海上共同开发案评析》，载《边界与海洋研究》2016 年第 5 期，第 89 页。

发区"，对争议海域中的油气资源进行共同开发。① 然而，由于挪威一方坚持油气资源开发问题的谈判必须以划界争端的解决为前提，且俄方当时不愿在划界原则这一问题上让步，因而"共同开发区"的提议最终被搁浅，双方也再未对争议海域进行过单边开发。

2. 双方签约后的合作进程。在俄挪两国于 2010 年签约之后，双方进行了更为广泛的合作，在资源的勘探、开发、销售等方面都取得了更大的进步。

首先，俄挪两国政府对巴伦支海"跨界油气资源"的开发总体上持支持态度。在条约签订的次年，俄罗斯在大陆架边界地区开始部署勘探工作。② 而在 2016 年 10 月，俄挪两国政府同意签署一项有关地震测试的合作协议。依据这份协定，两国的测绘船只可以自由穿越两国的专属经济区和大陆架边界。这极大地促进了巴伦支海"跨界油气资源"的勘探进程。③ 2016 年 11 月，俄罗斯的自然资源部长同挪威的气候与环境部长、石油与能源部长共同举行了会谈，挪方表示"将继续同俄方发展睦邻友好的关系"、"双方的共同利益不止限于北方，而应包括更广泛的领域"，并愿意在除欧盟禁令之外的所有领域同俄方展开合作。④ 可见，除欧盟和美国因乌克兰危机而对俄罗斯能源产业施加的制裁之外，⑤ 俄挪双方政府本身并不存在较大的矛盾，对巴伦支海的油气资源开发也没有过多的

----

① 参见 Alex G. Oude Elferink, The Law and Politics of the Maritime Boundary Delimitations of the Russian Federation: Part 2, The International Journal of Marine and Coastal Law, Vol. 12, 1997, p. 9。

② 参见 https://sputniknews.com/russia/20110922167030465/#ixzz3iP8l。

③ 参见 http://norwaytoday.info/news/norway-russia-agreed-seismic-mapping-border-areas/。

④ 参见 https://thebarentsobserver.com/en/industry-and-energy/2016/11/political-contacts-reactivating。

⑤ 制裁涉及资金、技术、市场等多个方面，甚至一度禁止当时的俄罗斯石油公司总经理进入美国境内。参见 James Henderson and Julia Loe, The Prospects and Challenges for Arctic Oil Development, Oxford Institute for Energy Studies, 2014, p. 32。

意见分歧。

其次，俄挪两国已分别进行了多轮开采许可证发放，且两国的能源企业进行了多方面的合作。自 2010 年条约签订之后，双方持续推动开采的招标工作，大批能源企业参与到巴伦支海的资源开发进程。其中，挪威自 2012 年至 2016 年，开展了其国内第 22 轮和第 23 轮油气资源开采的招标工作，5 年内累计为 196 家企业（含重复投标的企业）颁发了 269 项生产执照，[①] 在巴伦支海划定了 126 块开发区块，[②] 而于 2017 年开展的第 24 轮招标工作，预计将在巴伦支海划定 93 块新的开发区块。[③] 相较之下，俄罗斯在巴伦支海的开发进展并不顺利。目前俄方已中止巴伦支海的开采许可，这一做法将持续到 2020 年。[④] 在具体的开发环节，俄挪两国的能源企业有一些良性的互动。在 2012 年，俄罗斯国家石油公司和挪威国家石油公司（Statoil）便签订了开发巴伦支海油气资源的合作协定。[⑤] 在 2015 年挪威国内的招标工作中，4 家与俄罗斯有合作关系的企业参与了竞标。[⑥] 在 2016 年，挪威 "北方能源"（North Energy）的一位负责人也曾主动提议，邀请俄方企业在两国大陆架边界附近进行合作开发。[⑦] 总之，俄挪两国的政府在政策方面都给予了一定的支持，两国的能源企业也开展了一些有效的

[①] 参见 http：//www.npd.no/en/Topics/Production-licences/Theme-articles/Licensing-rounds/。

[②] 参见匡增军，欧开飞：《俄罗斯与挪威的海上共同开发案评析》，载《边界与海洋研究》2016 年第 5 期，第 98 页。

[③] 参见 https：//thebarentsobserver.com/en/industry-and-energy/2017/06/norway-offers-oil-companies-93-new-blocks-arctic-waters。

[④] 参见 https：//thebarentsobserver.com/en/industry-and-energy/2017/08/moratorium-offshore-arctic-licenses-will-continue-says-russian-minister。

[⑤] 参见 https：//rogtecmagazine.com/rosneft-and-statoil-agree-on-joint-offshore-operations-in-the-barents-sea-and-sea-of-okhotsk/。

[⑥] 参见 https：//thebarentsobserver.com/en/industry/2015/12/growing-russian-interest-norwegian-oil。

[⑦] 参见 https：//thebarentsobserver.com/en/industry/2016/05/drilling-along-russian-border-norwegian-invitation。

合作。

最后，巴伦支海油气资源的商业化开发，仍有很长的路要走。与挪威海、北海等其他海域相比，巴伦支海的开采规模仍然比较有限。挪威每年在巴伦支海新打油气井的数量仍无法与前两者相提并论，① 短期内世界能源市场能为巴伦支海油气资源开发所提供的推动力也比较有限，高昂的生产成本使该地区的油气产品很难适应市场的需要。② 同时，该海域内的开发活动目前仍以地理、地质的数据获取为主，尚有大量的资源未得到准确的勘探。③ 近年来，部分巴伦支海中的油气开采项目遭遇了挫折，俄罗斯天然气公司于2016 年撤出了在巴伦支海的油气开发项目，④ 俄罗斯的自然资源部部长也因开发进程缓慢而建议政府不再颁发新的开采许可证。⑤这一限制可能将持续到 2020 年。⑥ 然而，巴伦支海已经展现出强大的能源开发潜力，其对保障未来的世界能源安全可能会发挥重要的作用。

五、英国与阿根廷共同开发案

与上述三项北极周边国家的共同开发案不同，"英国与阿根廷

---

① 即便在 2010 年的划界与合作协定签订之后，至 2015 年挪威在巴伦支海新建的油气井总数仍然落后于挪威海和北海。参见 Norwegian Petroleum Directorate, Resource Report 2016, Norwegian Government Reports, 2016, p. 16。

② Juha Käpylä, Harri Mikkola & Toivo Martikainen, Moscow's Arctic Dreams Turned Sour? Analysing Russia's Policies in the Arctic, Briefing Paper, 2016, Vol. 192, p. 4.

③ 参见 Norwegian Petroleum Directorate, Resource Report 2016, Norwegian Government Reports, 2016, p. 3。

④ 参见 https: //thebarentsobserver. com/en/industry/2016/06/gazprom-withdraws-barents-sea。

⑤ 参见 https: //thebarentsobserver. com/en/industry/2016/08/no-more-licenses-russian-shelf。

⑥ 参见 https: //thebarentsobserver. com/en/industry-and-energy/2017/08/moratorium-offshore-arctic-licenses-will-continue-says-russian-minister。

共同开发案"属于为数不多的南极周边国家共同开发的案例。英国与阿根廷之间的马尔维纳斯群岛主权争端（简称"马岛主权争端"，英国称马尔维纳斯群岛为福克兰群岛）长期悬而不决，成为两国外交关系最主要的障碍。1982 年"马岛战争"结束之后，在各种因素的推动下（主要因素为阿根廷国内政权的更迭），两国政府恢复了外交关系，并在渔业资源保护和海洋油气资源共同开发等领域展开了合作。这其中，《英国和阿根廷关于西南大西洋近海活动合作的共同宣言》（以下简称《共同开发宣言》）的签订，一度为双方的油气资源合作提供了非常良好的前景，但是由于《共同开发宣言》自身不具备法律约束力、共同开发区中缺乏可供商业化开采的油气田、阿根廷国内民族情绪爆发等因素，双方的共同开发合作最终走向破裂，未能取得更大的成效。关于此共同开发案的详细情况，本书第十一章将作专章研究。

六、极地周边国家共同开发的特点和趋势

上述四项共同开发案，虽然与极地的地缘政治和法律制度都有着密切联系，但每一件共同开发案都有其特定的历史背景，其背后的推动因素与最终所取得的实际开发效果也差异显著。由于短期内南极地区的商业性矿产开发活动并不会解禁，而北极地区的双边划界争端也所剩无几，因而未来"共同开发制度"在极地地区的适用受到了一定的束缚。然而，"共同开发制度"正朝着习惯国际法规则的方向演进，[①] 其在美加波弗特海划界争端的解决进程中仍有较大的适用空间，也可以为未来可能出现的跨界油气资源开发争端提供良好的解决方案，但在外大陆架区域的适用将面临较多的法律障碍。在"集体开发制度"的地域适用范围十分有限的情况下，双边的共同开发合作仍是极地周边国家解决资源开发争端的重要方案。

---

① 参见杨泽伟主编：《海上共同开发国际法问题研究》，社会科学文献出版社 2016 年版，第 115 页。

（一）极地周边国家共同开发案的特点

1. 开发模式以"联合经营模式"为主。在上述四项极地共同开发案中，参与共同开发的双方基本都选择了"联合经营模式"，即在双方政府保有开发授权等实质性权力的情况下，设立相关的咨议机构。在"英国与挪威共同开发案"中，英挪双方为推动弗里格气田的开发而设立了"弗里格气田咨询委员会"，作为审议相关问题的专业性机构，在国家湾油田和默奇森油田的开发过程中也建立了类似的委员会，而英挪双方在 2005 年签订的"跨界油气资源开发框架协议"中则设立了咨议性质的"框架论坛"。在"冰岛与挪威共同开发案"中，冰挪双方的油气资源共同开发合作更多地依赖两国政府的直接沟通，并未在签订的正式法律文件中规定设立相关的咨议机构。然而，双方海域划界以及共同开发合作协定的达成，离不开"联合渔业委员会"、调解委员会等咨议性机构的辛勤工作。在"俄罗斯与挪威共同开发案"中，俄挪双方在借鉴双方渔业合作经验的基础上，设立了促进信息沟通与交换的"联合委员会"。在"英国与阿根廷共同开发案"中，虽然英阿双方对"联合委员会"的工作寄予了很高的期望，但"联合委员会"仍然只能进行研究并向两国政府作出建议，并不具备管理职能。

极地国家对联合经营模式的选择，是参与国双边关系、各自的能源开发能力以及参与国国内法律冲突协调的难易程度等多种因素作用的结果。由于极地周边国家基本都有一定的油气资源开发能力和招商引资能力，不存在巴林、东帝汶这样完全没有能源工业基础的国家，因而"代理制"模式很难在极地地区得到适用。同时，"超国家管理模式"的适用空间也比较有限，因为即便参与国的双边关系良好，但是要充分地协调双方的国内立法冲突或在共同开发区中另设立一套新的法律制度，进而使参与国的相关当局将其权力移交至一个超国家机构，这对于国内能源管理体系和法律制度都比较完善的极地周边国家（特别是北极八国）和以跨界资源开发为主的极地地区来说，并不是一个高收益性的方案。因此，"联合经营模式"更符合极地周边国家的利益诉求。

2. 政府与企业的权利义务相似。除"英国与阿根廷共同开发案"之外,其余三项北极周边国家共同开发案尽管详略不一,但是对参与方政府和企业的权利、义务都作出了一定的规定,且这些规定之间存在一定的共性。

就政府的权利和义务而言,政府的权利主要是对开发许可的授权。由于三项北极周边国家开发案都采用了"联合经营模式",因而政府保留了颁发许可证的权利。然而,这一权利的行使又受到一定的限制,如需要提前与对方政府进行沟通、未经另一国政府同意不得撤销或变更已有的许可证等。同时,双方政府还享有对跨界油气资源开发活动进行监督、委派咨议机构成员、仲裁庭或调解委员会成员等权利;政府的义务主要是信息的交换、披露等,包括在油气田定性阶段(即认定某一油气田是否属于跨界油气资源)的信息交换,以及在争端解决过程中充分地交换意见。

就企业的权利和义务来说,企业合法的勘探、开发权益受到共同开发协定的保护,双方的政府不得无故撤销企业享有的合法权益;企业的义务是多方面的,除了遵守两国的国内法、甚至欧盟的相关法律之外,还要配合两国政府的检查。此外,依据三项共同开发案中最新签订的共同开发协定,在具体油气田的开发过程中,双方的企业要订立"共同开采协议",并指定"联合经营人"。这种商业运营模式,在弗里格气田的开发过程中便得到了运用。而目前的实践表明,这种模式既便于双方政府的管理,也符合企业的经营规律。

3. 争端解决机制的趋同性。除"英国与阿根廷共同开发案"之外,其余三项北极周边国家的共同开发案都规定了争端解决机制,且这些争端解决机制也存在较大的相似性。参与国解决争端的第一步,都是试图通过双边协商或咨议机构达成解决方案,若双方未能就解决方案达成一致意见,则将启动强制性的争端解决程序,即通过"独立专家意见"解决双方对资源权属划分比例的争端,通过"强制仲裁或调解"解决双方的其他争端。

强制争端解决程序的建立、健全,是极地周边国家共同开发合作中的一大进步。在"弗里格气田开发与运输"协议中,英挪双方仅规定了"强制仲裁程序"，双方企业聘请的独立专家对资源权属划分比例作出的意见，最终获得了两国政府的认可；而在 2005 年的"跨界油气资源开发框架协议"中，不仅规定了"强制调解程序"，还对"独立专家意见"程序作出了详细规定。在冰岛与挪威于 1981 年签订的《关于冰岛和扬马延岛之间的大陆架协定》中，仅针对安全生产、环境保护的争端引入了"调解委员会"机制，且调解委员会的建议不具有法律约束力；而双方 2008 年就跨界油气资源开发达成的协定中则引入了"独立专家意见+强制仲裁"的程序。在"俄罗斯与挪威共同开发案"中，俄挪双方直接规定了"独立专家意见+强制仲裁"的机制，但俄挪双方在承认独立专家意见和强制仲裁结果具有法律约束力的情况下，仍为双方留下了另行协商的空间。由于在这三项共同开发案中，最新签订的协议都不针对特定的跨界油气田，因而强制争端解决机制可以在很大程度上避免双方冗长的谈判，以专业性的意见或结果推动共同开发的进程。

当然，应当看到这些共同开发案中的争端解决机制，并不完全相同，① 也不是所有的争端解决机制都很完善。与"英国与挪威共同开发案"相比较，在"冰岛与挪威共同开发案"和"俄罗斯与挪威共同开发案"中并没有对独立专家的选任标准、薪酬标准等细节问题作出规定，因而仍有进步、完善的空间。

（二）极地周边国家共同开发案的成功要素

1. 和平稳定的双边关系。上文所述的四项极地周边国家共同开发案，都与划界争端的解决、跨界油气资源的开发有着密切的联系，但其历史背景不同，最终取得的开发成效也各异。"英国与挪威共同开发案"发生在第四次中东战争期间，全球性的能源危机加速了双方的和谈进程；冰岛与挪威两国渔民对扬马延附近海域渔

---

① 例如，在"英国与挪威共同开发案"中，调解委员会的人数为 5 人；而在"冰岛与挪威共同开发案"和"俄罗斯与挪威共同开发案"中仲裁庭的人数为 3 人。

业资源的争端，则是两国政府启动"冰岛与挪威共同开发案"的重要因素；"俄罗斯与挪威共同开发案"的出现虽然有些出人意料，但双方实际上也有着长期的合作史和谈判史；"英国与阿根廷共同开发案"则是双方为化解"马岛主权争端"而进行的一次尝试。总体上来说，只有"英国与阿根廷共同开发案"遭遇了失败，这也凸显出双边关系在共同开发合作过程中的重要作用。

共同开发制度，本身就是解决争端的一种方式。然而，如何在争端解决的过程中避免争端升级和双边关系的破裂，十分考验两国政府的智慧。"英国与挪威共同开发案"发生在两国大陆架划界协议达成之后，因而两国的谈判只需要关注资源的分配比例和商业活动的具体制度。在随后的开发过程中，英挪两国的双边关系并没有出现较大的裂痕，取得的实际开发效果也十分显著。"冰岛与挪威共同开发案"涉及大陆架界限划分和"共同开发合作"两项议题，谈判的过程与美国、北约的介入也有着直接的关系。尽管最终的谈判结果使挪威让渡了更多的权利，但双方后来的关系显然没有因此而受到较大的影响。"俄罗斯与挪威共同开发案"中，虽然身为北约成员国的挪威与继承苏联大部分领土的俄罗斯在国家安全利益方面存在一定程度的冲突，且身为欧盟成员国的挪威必须执行欧盟对俄罗斯的经济制裁措施，但是两国对于促进巴伦支海的能源开发合作并没有较大的意见分歧，两国的双边关系也并没有因为欧盟的禁令而全面走向破裂。"英国与阿根廷共同开发案"，本是英阿双方在马岛战争结束之后一次修复双边关系的努力，但是双方显然难以真正搁置马岛主权争端，战争给两国民众带来的创伤也很难在短期内得到平复。在实际的开发过程中，阿根廷不够稳定的外交政策和单方面退出共同开发合作的外交选择，成为"英国与阿根廷共同开发案"失败的主要原因。尽管英阿双方的冲突，并没有再度上升至兵戎相见的程度，但这仍然为未来的合作蒙上了一层阴影。

综上可见，一项共同开发案的成功，不仅需要两国在共同开发协议或条款的谈判阶段，充分地交换意见、友好地进行磋商，更需要双方在具体的执行过程中保持稳定、良好的外交关系，避免采取单方面的行动，危害或阻碍共同开发合作的进程。否则，当双边关系的裂痕波及双方的共同开发合作时，合作难免走向停滞乃至失败。

2. 详尽的制度设计。如果将上述四个极地开发案的实际效果加以对比的话，我们可以发现"英国与挪威共同开发案"所取得的成效最为显著。两国自 20 世纪 70 年代起，已基本实现了对弗里格气田、国家湾油田、默奇森油田等油气田的有效开发，保障了英国油气资源的稳定供应。相较之下，"冰岛与挪威共同开发案"的进展则较为缓慢。冰挪两国虽然早在 1981 年便签订了大陆架划界协议，但此后双方的合作主要局限于勘探工作，直至 2008 年双方才签订了简略的划界油气资源开发协定，而实际的招商引资进程则更晚。"俄罗斯与挪威共同开发案"由于启动较晚，未来的成败尚不好预测，但目前俄罗斯一方的开发进程已遭受到一些挫折，挪威一方也未能在巴伦支海实现商业性的油气资源开发。"英国与阿根廷共同开发案"遭遇了全面失败，在为数不多的地质勘探工作没有取得实效之后，两国的政府最终中断了开发进程。

共同开发合作涉及多方面的问题，包括共同开发区块的面积大小、开发合同的类型、开发商的招标、共同开发协议的有效期、共同管理机构的职能与特点等;① 在跨界油气资源的开发协议中，还会涉及跨界油气矿藏的认定与资源分配比例、信息交换义务、争端解决机制等问题。② 从已有的共同开发实践来看，各国签订的"共同开发协议"详略各异，很多简略的共同开发协议根本不会全面规制这些问题。很难认定共同开发案的成功与共同开发协议的详略有必然的联系，因为即便双方的共同开发协议比较简略，开发过程中的细节问题仍可以通过开发商之间的协议加以规制，产生的争端也可以通过友好磋商加以解决。不过，仅就极地周边国家的共同开

① 参见 Mark J. Valencia, Taming Troubled Waters: Joint Development of Oil and Mineral Resources in Overlapping Claim Areas, San Diego Law Review, Vol. 23, 1986, p. 670。

② 参见 Nigel Bankes, Recent Framework Agreements for the Recognition and Development of Transboundary Hydrocarbon Resources, International Journal of Marine and Coastal Law, Vol. 29, 2014, p. 671。

发案而言，过于简略的共同开发协议显然不能为各国的共同开发提供制度保障。

对比三项北极地区的共同开发协议，我们可以发现，2008 年签订的《冰岛与挪威就跨界油气矿藏达成的协议》和 2010 年签订的《俄联邦与挪威王国海洋空间划界和巴伦支海及北冰洋合作条约》，一定程度上可以看做"英国与挪威共同开发案"中一系列共同开发协议的缩略版。前两项协议充分借鉴了后者的"双层协议"、① 咨议机构、争端解决机制等制度，但对油气管道的管理、税收制度等事项并未做规定，对很多规定的执行、实施也缺乏进一步的制度安排。② 三项共同开发案，挪威都参与其中，但挪威只在和英国的谈判中详细探讨了两国国内法的差异等细节问题，2005 年双方签订的"框架协议"也并未进行精简，而挪威在与冰岛和俄罗斯的谈判中则对这些问题加以忽略。这种差异，并不能通过前两者并不针对特定油气田、没有必要设计的过于详细加以解释，③ 实际上体现出"共同开发案"的参与方对未来开发进程的不同态度。

如果说"冰岛与挪威共同开发案"、"俄罗斯与挪威共同开发案"将开发过程中细节规范的制定授权给了开发商，那么"英国与阿根廷共同开发案"则将整个开发案的成败寄托于仅具有咨议功能的"联合委员会"。英国、阿根廷两国政府和企业的角色，在两国签订的《共同开发宣言》中得到了全方位的弱化。这份权利义务关系不甚明确、又缺乏强制争端解决机制保障的共同开发协议，最终也没有得到很好的执行。

3. 充分的地质勘探工作。从解决两国争端的角度来说，共同开发协议的签订、争议海域或跨界油气资源开发问题的解决，的确

---

① 即两国政府需要签订共同开发协议或条款，开发商之间需要签订"共同开采协议"，前者的效力高于后者。

② 例如，前两项协议并未制定监督员制度，也未要求两国的相关权能部门就"应急计划"的制定展开磋商。

③ 因为英国与挪威在 2005 年签订的"框架协议"也不针对特定的油气田，但却十分的详细。

是两国政府成功合作的范例。然而，两国政府所签订的"共同开发协议"，仅相当于油气资源开发过程中的"立法阶段"，两国政府对能源企业的管理，与各国国内的行政管理事务也不存在本质的区别。"法律的生命终点不是逻辑，而是经验。"① 一项共同开发案最终取得的成效如何，即两国政府的"共同开发立法"能否为两国创造能源开发收益，负责具体开发的能源企业也扮演着十分重要的角色，而它们对于具体的开发工作也更为熟悉。② 尽管各国的国有能源公司往往在共同开发的过程中参与较多，它们的活动也不完全是出于商业目的，或多或少地会体现出各国政府的某些政治意图，但如果能源公司长期不能在开发过程中获益，两国的共同开发合作也很难在事实上维持下去。

能源公司要想在开发过程中盈利，取决于多重因素。开采成本的高低与市场供需情况的变动，都会对能源公司的盈亏产生重要的影响。然而，如果共同开发区块内不存在具备商业开发价值的油田，后续的开采与销售都无从谈起。从"弗里格气田"和"默奇森油田"的开发过程可见，一个油气田的开发寿命，大约在40年左右，而高产的水平也只能维持5到6年，即便极地地区油气田的开发因现阶段技术不够成熟，开采年限较其他地区会更长，但准确定位这些具有商业开发价值的油气田，也比随后的开发活动更具挑战性。因此，在共同开发的过程中，前期充分的地质勘测、勘探活动，是后续活动得以顺利开展的前提。

"英国与挪威共同开发案"的进展之所以十分顺利，与两国能源企业前期的勘探工作密不可分。依靠前期的勘探，两国的能源企业不仅确定了油气资源的详细方位，而且就划分油气资源的方法达成了一致意见。这为后续的开发进程扫清了诸多障碍。"冰岛与挪威共同开发案"在启动阶段，尽管未能确定油气田的详细位置，

① ［美］E. 博登海默：《法理学：法律哲学与法律方法》，邓正来译，中国政法大学出版社2004年版，第159页。
② 参见 Robert Beckman et al, Beyond Territorial Disputes in the South China Sea, Edward Elgar Publishing Limited 2013, p. 328。

但两国仍然依照调解委员会的建议，在具备油气资源潜力的海域划定了共同开发区。"俄罗斯与挪威共同开发案"中，虽然两国能源企业在 20 世纪 80 年代的单边开发活动很快被两国政府叫停，但各项地质调查报告都认为巴伦支海有巨大的能源潜力，因而在两国政府签订大陆架划界协议之后，两国企业很快上马了一批勘探和开发项目。相较之下，"英国与阿根廷共同开发案"中的共同开发区块，则是两国政府在缺乏详细地质数据的情况下，凭借主观意愿划定的。尽管共同开发区块中缺乏油气资源，并非导致该案失败的决定性因素，但如果两国企业可以向两国政府建议，在存在油气资源的海域设立共同开发区块，并在这些区块中顺利进行油气资源开发合作，两国政府对待该案的态度或许不会在数年内急转直下，两国的企业也不会落得颗粒无收的结局。

（三）共同开发制度在极地地区的发展趋势

1. 共同开发制度向习惯国际法规则发展。关于共同开发制度是否已成为一项习惯国际法规则，目前存在一定的争议。持支持说的学者认为，参照《海洋法公约》的相关规定、联合国大会的相关决议、国际司法机构的判例、相关的双边国家实践和权威公法家学说，对两国共享的自然资源进行共同开发，无疑已成为一项习惯国际法规则。① 持否定说的学者则认为，"在某一地区看似合理的法律义务，因法律概念的差异而在其他地区并不具有约束性"、"不进行积极的合作并不意味着违反国际法"②。同时，亦有学者认为，基于数目众多的共同开发案和各国政府对"共同开发制度"产生的"法律确信"，目前共同开发制度正朝着习惯国际法规则的

① 参见 David M. Ong, Joint Development of Common Offshore Oil and Gas Deposits: "Mere" State Practice or Customary International Law? American Journal of International Law, Vol. 93, No. 4, 1999, p. 801。

② Masahiro Miyoshi, The Basic Concept of Joint Development of Hydrocarbon Resources on the Continental Shelf, International Journal of Estuarine & Coastal Law, Vol. 3, 1988, pp. 9-10.

方向演进。①

笔者认为，两派学者之所以会就这一问题给出截然不同的答案，是因为两派学者对共同开发制度之下的权利义务范围存在不同的理解。在两国解决海域划界争端时，"共同开发制度"显然只是一种选项；而在两国解决跨界油气资源开发的争端时，签订"共同开发协议"也不是强制性的义务，因为一国政府完全可以放弃或让渡这部分主权性权利。② 然而，无论是争议海域的共同开发，还是跨界油气资源的共同开发，参与国至少应履行以下两项义务：一是进行善意谈判，二是禁止单边开发。如果将这两项义务作为共同开发制度的核心要素，那么在共同开发案越来越多的今天，共同开发制度显然正在朝着习惯国际法规则的方向演进。在四项极地周边国家共同开发案中，参与国的实践也基本没有违反这两项义务。

其一，上述共同开发案的参与国，在共同开发协议或条款的谈判过程中，都进行了善意的磋商。依照《海洋法公约》第74条和第83条的规定，"有关国家应……尽一切努力作出实际性的临时安排"。这两条规定，虽然不要求有关国家一定要达成协议，但"尽一切努力"要求双方不能简单地交换意见，持续坚持己方立场而不做任何变通。③ 三项北极地区的共同开发案，双方都有着长时间的谈判与磋商历史，"冰岛与挪威共同开发案"更是充分吸收了来自调解委员会的专家意见；"英国与阿根廷共同开发案"虽然以阿根廷单方面退出合作而收场，共同开发协议的条款设计也过于简略，但是双方至少在《共同开发宣言》的谈判阶段达成了一致意见。

---

① 参见杨泽伟：《论海上共同开发的发展趋势》，载《东方法学》2014年第3期，第77页。

② 在共同开发合作的过程中，两国可以选择"代理制"的开发模式，即开发完全由一国政府负责，另一国政府可以获得部分开发收益，但一国完全放弃划界油气资源开发收益的情形是十分罕见的。

③ 参见 Robert Beckman et al, Beyond Territorial Disputes in the South China Sea, Edward Elgar Publishing Limited 2013, p. 328。

其二，上述共同开发案的参与国，在达成共同开发协议或条款的前后，都没有故意地进行单边开发。在"英国与阿根廷共同开发案"中，两国能源企业各自的前期勘探活动并没有演变为单方开发活动；在"冰岛与挪威共同开发案"中，两国最初的争议焦点集中于渔业资源的分配问题，两国的能源企业在大陆架划界协议签署之后也并未进行单方面的开发活动；在"俄罗斯与挪威共同开发案"中，两国的能源企业曾在80年代有过小规模的单边开发尝试，但很快为两国政府所禁止；在"英国与阿根廷共同开发案"中，英国在共同开发区外的单方开发行为，是导致阿根廷单方面退出合作的因素之一，但英国并没有故意实施《海洋法公约》所禁止的单方开发行为，因为英国并不认为共同开发区之外的马岛附近海域，属于英国与阿根廷之间的争议海域，即英国认为对该部分海域的油气资源进行开发，是其主权和内政的一部分。

综上可见，极地周边国家在处理争议海域油气资源开发争端和跨界油气资源开发争端时，并不会主动违反这两项义务。可以说，除南纬60°以南地区因受到"南极条约体系"的限制、斯瓦尔巴群岛存在自身的法律体系之外，共同开发制度正逐步演变为一项可以在广大极地地区和极地周边地区适用的国际习惯法规则。

2. 跨界油气资源开发是极地地区共同开发的主要形式。上文所述的四项极地周边国家共同开发案中，跨界油气资源开发类型的共同开发案有三例，仅"英国与阿根廷共同开发案"属于争议海域油气资源的共同开发。由于目前南极和北极周边国家200海里以内大陆架的划界已基本完成，目前仅剩"美国与加拿大波弗特海划界争端"、"汉斯岛主权争端"等为数不多的争端，因而大陆架重叠区的面积已十分有限，跨界油气资源的共同开发将成为各国政府在油气资源共同开发过程中的主要选择。

除上述三项北极周边国家之间的共同开发案之外，在其他极地周边国家进行划界谈判时，都没有对跨界油气资源的开发问题进行谈判，且其中的原因并不清楚。① 然而，这并不意味着极地周边国家丧失了共同开发跨界油气资源的可能性，也不意味着签订共同开发协议就完全没有必要。随着极地地区地质勘探活动的不断推进，未来仍有较大概率发现跨越两国大陆架边界的油气资源；而在未发现跨界油气资源的情况下，提前签署与共同开发相关的框架协议，也不乏先例。除英国与挪威签订的框架协议之外，冰岛与挪威在2008年签订的跨界油气资源合作协议、俄罗斯与挪威在2010年签订的大陆架划界协议，也并不针对特定油气田的开发。同时，在极地地区之外的其他地区，各国签订"框架协议"的案例也越来越多，如法国与加拿大于2005年签订了跨界油气资源开发协定、特立尼达和多巴哥与委内瑞拉于2007年签订了跨界油气资源开采协议等。② 由于尚未在北极地区、南极周边国家管辖的大陆架中发现更多的跨界油气资源，"冰岛与挪威共同开发案"、"俄罗斯与挪威共同开发案"的条款设计也不很详细，因而目前极地周边国家缺乏签订详细的框架协议的动力。然而，在200海里以内大陆架的划界已基本完成的情况下，未来如果能够发现大规模的跨界油气资源，共同开发制度无疑将为这些油气资源的开发提供强有力的法律保障。

（四）未来可能出现的极地共同开发区块

1. 美加波弗特海共同开发的可能性分析。与巴伦支海的划界争端类似，美国与加拿大对波弗特大陆架的划界争端，③ 既是现代

---

① 参见 Nigel Bankes, The Regime for Transboundary Hydrocarbon Deposits in the Maritime Delimitation Treaties and Other Related Agreements of Arctic Coastal States, Ocean Development and International Law, Vol. 47, 2016, p. 144。

② 参见 Nigel Bankes, Recent Framework Agreements for the Recognition and Development of Transboundary Hydrocarbon Resources, International Journal of Marine and Coastal Law, Vol. 29, 2014, p. 668。

③ 参见 James S. Baker & Michael Byers, Crossed Lines: The Curious Case of the Beaufort Sea Maritime Boundary Dispute, Ocean Development & International Law, Vol. 43, 2012, p. 73。

海洋法发展的产物，也表现为"扇形线原则"与"等距离中间线原则"之间的冲突。作为北极地区为数不多的待划界海域，波弗特海划界争端的解决，虽有着良好的前景，但也面临着诸多的困难。

争端的源头可以追溯至 1825 年。依据英国和俄罗斯在 1825 年签订的陆地边界划界协定，两国的陆地边界线为西经 141°线，这条线可以延伸至冰封海域。① 随着美国于 1867 年从俄罗斯手中购买了阿拉斯加，加拿大随后成为享有完全主权的英国自治领，美国与加拿大成为波弗特海划界争端的当事方。就 200 海里以内大陆架的划界而言，加拿大认为 1825 年所划定的界线，同样可以成为两国大陆架和专属经济区的划界线；而美国则认为，1825 年条约并不包含此目的，等距离中间线才是现代海洋法中的一般性规则。② 由此，在距离海岸线 200 海里的海域内，形成了一块三角形争议区。结合《维也纳条约法公约》所确定的解释规则，学者们可以对 1825 年条约的效力范围得出不同的结论。然而，若要美加两国政府放弃本国的立场、进而损失大片专属经济区和大陆架，或者将争端提交国际司法机构，并非易事。

在 200 海里以外的大陆架，则是另外一番景象。如果美加两国对 200 海里以外大陆架的主张，仍沿用 200 海里以内的主张方案，将缩小其本国的外大陆架面积。若依照等距离中间线进行划界，美国将比加拿大占据更多的专属经济区和 200 海里以内大陆架，但是由于加拿大的"班克斯岛"（Banks Island）和"帕特利克王子岛"（Prince Patric Island）的存在，若继续依照等距离中间线原则进行外大陆架划界，加拿大将占据更大面积的外大陆架。因此，美加两国很有可能采取"内外有别"的谈判策略，导致争议区域面积的

---

① 参见 James S. Baker & Michael Byers, Crossed Lines: The Curious Case of the Beaufort Sea Maritime Boundary Dispute, Ocean Development & International Law, Vol. 43, 2012, p. 74。

② 参见 Clive Schofield & Ian Townsend-Gault, Of Parallels and Meridians: Implications of Barents Sea Dispute Resolution for the Beaufort Sea, International Zeitschrift, Vol. 7, 2011, p. 3。

扩大。同时，由于美国尚未加入《海洋法公约》，在美国不能递交外大陆架申请案的情况下，波弗特海外大陆架范围的确定，也很有可能受到影响。

随着美加两国的元首和政府官员在 2010 年前后不断表态，①希望尽快解决波弗特海的划界争端，因而两国的部分学者在当时对争端的解决进度持十分乐观的态度。然而，双方自 20 世纪 70 年代末开始的划界谈判，至今未能取得成效。未来争端如何解决，存在多种方案，包括"签订共同开发协定"、"考虑土著权利的前提下进行特殊划界"等。甚至有学者认为局部的合作意义有限，应在充分考虑国家安全、经济潜能、环境保护等问题的基础上，建立一套综合性的机制。② 在笔者看来，参照已有的四项极地周边国家共同开发案，在波弗特海适用共同开发制度，具有良好的前景。

首先，两国推进双边合作的意愿较强，且已在其他领域进行过相关的合作。作为双边关系十分紧密的邻国，美国与加拿大虽然在波弗特海的划界问题上存在争端，但这并非两国外交事务的中心议题，争端本身也没有升级或恶化的趋势。加拿大于 2013 年向大陆架界限委员递交的申请只涉及大西洋部分，并不涉及北冰洋。③ 美国随后递交的意见也表示，只要加拿大的申请和委员会的建议不影

---

① 例如，在《俄挪海洋条约》签订不久之后，加拿大外长劳伦斯·坎农公开敦促美国就波弗特海争端达成妥协。匡增军、欧开飞：《俄罗斯与挪威的海上共同开发案评析》，载《边界与海洋研究》2016 年第 5 期，第 100 页。再如，前任美国总统奥巴马和加拿大前理哈珀也曾表示愿意快速解决两国之间的边界纠纷。参见 Clive Schofield & Ian Townsend-Gault, Of Parallels and Meridians：Implications of Barents Sea Dispute Resolution for the Beaufort Sea, International Zeitschrift, Vol. 7, 2011, p. 4.

② 参见 Betsy Baker, Filling an Arctic Gap：Legal and Regulatory Possibilities for Canadian-U. S. Cooperation in the Beaufort Sea, Vermont Law Review, Vol. 34, 2009, p. 64.

③ 参见 http：//www.un.org/Depts/los/clcs_new/submissions_files/submission_can_70_2013.htm.

响美加之间的大陆架重叠区划界，美国不会提出反对意见。① 因此，假如美加两国可以就争议海域的共同开发问题达成一致意见，或者在大陆架划界完成后签署跨界油气资源的共同开发协议，两国也很难因协议的执行问题爆发大规模冲突。同时，美加两国已在波弗特海中进行过多次合作。例如，双方依据 1998 年《美加北极合作协定》而开展了多次科考合作，两国海岸警卫队也会定期进行磋商。② 值得注意的是，在美加两国存在外大陆架重叠区的情况下，波弗特海北部外大陆架的海图测绘工作是由两国破冰船合作完成的。③ 这表明美加两国在处理海洋事务时有着良好的协作。

其次，波弗特海蕴藏着丰富的油气资源，未来能源公司盈利的前景比较良好。与巴伦支海的油气资源开发活动相比，波弗特海的油气资源开发活动启动的更早，能源公司投入的精力也更大。截至 2013 年，在西经 141°线以东海域，经加拿大授权的能源公司已经进行了 92 次勘探，④ BP、壳牌等能源企业也为波弗特海的能源开发投入了大量的资金。⑤ 这些开发活动，不乏争议海域内的单边开发活动。而在美国于 70 年代提出抗议之后，加拿大的单边开发活动现已终止。然而，这些单边开发活动表明，双方的争议海域内存在大量的油气资源，且能源企业已大致可以确定这些油气田的分布位置。尽管除阿拉斯加的北坡油田之外，波弗特海已有的勘探活动

---

① 参见 http：//www. un. org/Depts/los/clcs_new/submissions_files/can70_13/2014_11_12_USA_NV_UN_001. pdf。

② 参见 Betsy Baker, Filling an Arctic Gap：Legal and Regulatory Possibilities for Canadian-U. S. Cooperation in the Beaufort Sea, Vermont Law Review, Vol. 34, 2009, p. 77。

③ 参见 Betsy Baker, Filling an Arctic Gap：Legal and Regulatory Possibilities for Canadian-U. S. Cooperation in the Beaufort Sea, Vermont Law Review, Vol. 34, 2009, p. 72。

④ 参见 Lin Callow, Oil and Gas Exploration & Development Activity Forecast, Salmo Consulting Inc. Reports 2013, pp. 4-5。

⑤ 参见 James S. Baker & Michael Byers, Crossed Lines：The Curious Case of the Beaufort Sea Maritime Boundary Dispute, Ocean Development & International Law, Vol. 43, 2012, p. 71。

未能发现其他大规模的、具有商业开发价值的油气田,① 波弗特海的资源开发要想在短期内取得如"弗里格气田开发"一般的显著效果,并不现实,但根据预测,在现有技术条件下,能源企业有能力在 15 年内完成对波弗特海的地质测绘和钻井勘探工作。这表明技术问题并非波弗特海油气资源开发将面临的主要问题,只要美加两国政府可以就争议海域的油气资源开发问题达成一致意见,能源企业很有可能对争议海域的油气资源开发表现出极大的兴趣。

最后,美加两国对共同开发协议的设计,很难出现较大的漏洞。作为两个国内法制比较健全、国际法学科又比较发达的欧美国家,美国和加拿大如果在未来展开共同开发合作谈判,即便双方在具体制度层面存在不同意见,只要双方不将共同开发制度单纯当做缓解争端的政治工具,那么双方很难设计出残缺不全的共同开发协议文本。同时,美国和墨西哥已于 2012 年启动了共同开发合作,美国、加拿大在未来的合作中也可以充分借鉴该案的经验与教训。

当然,共同开发合作的谈判,不可能一蹴而就。在美加两国政府处理划界争端、考虑各种合作选项时,共同开发制度是否比其他的合作方案更具优越性,目前看来也没有明确的结论。同时,波弗特海两岸因纽特原住民的传统捕鱼权等权利很可能与能源公司的开发权利相冲突,来自原住民的抗议很可能对油气公司的开发活动造成阻碍。然而,无论是对波弗特海的争议海域油气资源进行共同开发,还是在双方划界完成后共同开发跨界油气资源,前景都很美好。

2. 外大陆架共同开发的阻碍。如前所述,目前对外大陆架进行"共同开发"的案例十分罕见,外大陆架的法律制度也较为复杂。随着北极地区资源开发进程的不断推进,在"北极五国"争议的外大陆架进行"共同开发",② 虽然不失为一个选项,但若要完全破除在外大陆架上适用共同开发制度所面临的法律障碍,仍需

① 参见 Lin Callow, Oil and Gas Exploration & Development Activity Forecast, Salmo Consulting Inc. Reports, March 2013, p. 14。

② 参见 Tim Stephens, Polar Oceans Governance in an Era of Environmental Change, Cheltenham 2014, p. 115。

国际社会尽更大的努力。笔者以丹麦、挪威和俄罗斯争议的几处海岭为例，对可能面临的障碍予以说明。

与 200 海里以内大陆架的共同开发相类似，外大陆架的共同开发也必然伴随着两国或多国的"划界"，而在外大陆架权属划分的过程中，"北极五国"对"大陆架界限委员会"的态度就十分重要。若三国认可"大陆架界限委员会"的权威性，即三国对这些海岭的权属划分以委员会的建议为前提，则依照委员会的既往实践，三国对这些海岭只能"搁置争议"而不能"共同开发"。在一国单独递交外大陆架申请案时，委员会只有两种选择，要么在收到其他国家的反对意见之后，将申请搁置，要么在未收到其他国家反对意见的情况下，作出建议，认定海岭属于该国大陆的自然延伸。由于三国对海岭的权属存在争议，很难不相互提出反对意见，那委员会有较大概率会作出"搁置争议"的选择。当然，三国也可以依据《大陆架界限委员会议事规则》附件一的第 4 条，向委员会递交"联合申请"。这一做法不乏先例，如法国、冰岛、西班牙、英国为避免比斯开湾和凯尔特海中可能出现的大陆架重叠区，选择向委员会递交了"联合申请"。① 然而，较之于单独递交申请，"联合申请"显然对各国的政治意愿提出了更高的要求。由于俄罗斯于 2015 年选择了重新单独递交申请，② 因而三国目前递交"联合申请"的前景似乎不很乐观。同时，委员会对"联合申请"做出的建议，"不考虑这些国家间划定的边界"，因而只有当委员会的建议对"联合申请"予以认可，三国才有可能就划界、共同开发的具体安排展开谈判。

若三国依照 2012 年国际海洋法法庭在"孟加拉诉缅甸案"中的判决，认定大陆架界限委员会的功能在于"绘制大陆架外部界

---

① 参见 Peter Ripley, Unlocking Oil and Gas Reserves in the Arctic Ocean: Is there a Conventional Solution to Delimitation of the Maritime Boundaries? Journal of Energy & Natural Resources Law, Vol 29, 2011, p. 273。

② 参见 http://www.un.org/Depts/los/clcs_new/commission_documents.htm# Statements by the Chairman of the Commission。

限"而非争端解决。① 在其他国家很难对海岭的主权提出要求的情况下，三国可以避开"大陆架界限委员会"，通过司法裁判等方式解决外大陆架的划界纠纷。然而，三国目前似乎无意弱化委员会的角色，而司法裁判显然也不是三国都赞成的争端解决方案。同时，外大陆架的开发还涉及向国际社会分享开发收益的问题，在具体分享机制形成之前，② 如何处理好三国与域外国家之间的收益分配关系，从而既能推动资源开发的进程，又能向国际社会公平地分享开发收益，也是一个不小的挑战。

七、中国对极地自然资源开发的参与

如果说未来的极地地区自然资源开发存在多种可能的法律制度安排，那么"共同开发制度"只是其中的一个选项，甚至不会成为主要的选项。我国并不是南极大陆主权声索国，也不是"北极八国"之一，不对大面积的极地自然资源享有主权性权利，因而在进军极地自然资源开发这一领域时，可供选择的路径也比较有限。具体到"共同开发制度"，这项制度只是为我国的能源企业提供了更为稳定的法律环境，我国政府很难参与到极地周边国家的双边划界谈判或跨界油气资源开发的谈判中去，③ 仅就目前来看，我国政府无力从根本上改变极地地区的法律秩序。而作为一项比较敏

---

① 戴宗翰、范建得：《国际海洋法法庭"孟加拉湾划界案"之研析——兼论南海岛礁划界之启示》，载《比较法研究》2014年第5期，第143页。

② 参见杨泽伟：《〈海洋法公约〉第82条的执行：问题与前景》，载《暨南学报（哲学社会科学版）》2014年第4期，第32页。

③ 尽管在"冰岛与挪威共同开发案"中，"调解委员会"的人员构成十分比较国际化，但"调解委员会"的形式毕竟比较少见。在未来极地周边国家进行谈判时，我们很难想象这些国家会邀请中国的地质专家或国际法专家参与其中。同时，我国专家的参与，是否一定会为我国的能源企业创造更多的便利条件，并不好断言。美国在"冰岛与挪威共同开发案"中起到了居中调解的作用，但美国企业对扬马延岛附近海域资源的开发兴趣似乎不大。

感的议题，我国能源企业在参与极地地区自然资源开发时，即便良好地遵守了极地周边国家的国内法与相关的国际协定，也很难消除极地周边国家的猜疑。① 然而，人民群众日益增长的美好生活需要，对我国的能源安全保障提出了更高的要求。在我国能源企业"走出去"的过程中，② 我国绝不能轻易放弃极地这一重要的能源宝库，也不应在极地资源的开发浪潮中滞后于日、韩等其他的"近北极国家"。在"北极八国"进一步加强对北极地区的控制之前，我国应尽可能地获取极地开发权益；而对未来"南极条约体系"可能出现的变动，我国也应做好充分的准备。

（一）中国政府与企业的参与方式

1. 准确定位中国在极地事务的角色。就南极地区而言，我国是《南极条约》的缔约国，在南极开展了一系列的科考活动，又于 2017 年举办了第 40 届"《南极条约》协商国会议"，在南极事务中所扮演的角色，只稍逊于南极大陆主权声索国及美国、俄罗斯。然而，目前看来无限期有效的"南极条约体系"，未来是否会出现较大的变动，我们并不清楚。③ 具体到矿产资源开发领域，距离《南极环境保护议定书》设定的"解禁期"只剩下 20 年左右的时间。有学者指出，目前在南极地区进行采矿，技术问题已不是最

---

① 例如，俄罗斯海军曾指责中国，声称中国在北冰洋开采资源，俄海军要防范中国。参见陆俊元：《北极地缘政治与中国应对》，时事出版社 2010年版，第 341 页。

② 依据国家发展改革委、商务部、人民银行、外交部发布的《关于进一步引导和规范境外投资方向的指导意见》，鼓励开展的境外投资包括，"在审慎评估经济效益的基础上稳妥参与境外能源资源勘探和开发"。参见 http：//www. gov. cn/xinwen/2017-08/18/content_5218720. htm。

③ 陈力教授认为，"南极条约体系"可能朝着"南极组织"的方向发展，参见陈力、屠景芳：《南极国际治理：从南极协商国会议迈向永久性国际组织?》，载《复旦学报（社会科学版）》2013 年第 3 期，第 144 页。但是，"南极条约体系"同样存在着崩塌，或向其他模式发展的可能性。因为在条件成熟的时候，南极大陆的主权声索国，肯定不愿意永久冻结南极大陆的主权性权益，而联合国也有可能在未来的某一时刻更多地介入南极事务。

主要的障碍。① 因此，我国的能源企业应在接下来的 20 年中充分评估南极大陆及其附近海域的自然资源状况，提升在严寒地区开展商业化开发的能力。

就北极地区而言，"北极八国"在北极事务中的主导话语权是一个难以回避的话题。由于"北极理事会"观察员的权力受到各种限制，② 有学者将观察员的对北极事务的参与称之为"戴着镣铐起舞"，③ 而"北极经济理事会"不设立观察员的做法，似乎将域外国家的"镣铐"强化为"监禁"。未来相当长的一段时间内，我国虽然可以凭借观察员的身份而争取到诸多的北极权益，但也无力争取到与"北极八国"平起平坐的位置。为避免在极地资源开发中陷入被动局面，我国政府在力保每次观察员资格都可以审核通过的情况下，保证我国享有最低程度的开发权益。具体而言，以下两方面值得注意。

其一，要避免"北极八国"对北极地区实现全面控制。目前北极大部分地区权属划分的主要依据是《海洋法公约》，我国享有参与国际海底区域矿产开发和北冰洋公海渔业资源开发的权利，在未来有可能获得北极地区外大陆架开发的分享收益。从 2008 年"北极五国"签订《伊卢利萨特宣言》时的表态来看，"北极八国"无意改变这些海域和海洋底土的权属性质。然而，在大面积的北极地区外大陆架并未划定的情况下，北极地区国际海底区域的范围也尚不确定。而全球范围内日渐兴起的海洋保护区建设热潮，也有可能催生北极海洋保护区的建设，进而对公海捕鱼自由施加更多的限制。同时，我们应当警惕北极八国在北极地区建立"区域习惯法"规则，即以北极周边国家对北极地区的长期管理、其他

---

① 参见潘敏：《论南极矿物资源制度面临的挑战》，载《现代国际关系》2011 年第 6 期，第 51 页。

② 例如，我国作为观察员，并不具有投票权，无权在年会上发言，不能参加部长级会议，但可以列席北极理事会的会议。参见刘惠荣主编：《北极地区发展报告（2015）》，社会科学文献出版社 2015 年版，第 265 页。

③ 参见刘惠荣、陈奕彤：《北极理事会的亚洲观察员与北极治理》，载《武汉大学学报》2014 年第 3 期，第 38 页。

国家对这些管理活动默示同意为由，排斥域外国家对公海与国际海底区域资源的开发，进而实现对整个北极区域的控制。

其二，中国的政府应关注北极区域内的其他组织，通过这些平台了解更多的北极地区资源开发前景。不可否认，"北极理事会"在北极事务中扮演着重要的角色，但除"北极理事会"之外，北极地区还存在"国际北极科学委员会"等组织，① 这些开放性的合作机制，也会或多或少地涉及水文、地质等与资源开发密切相关的领域。尽管这些机制并不能替代"北极理事会"，也不能改变北极地区既有的法律秩序，但如果能有效参与这些合作平台，我国将会为未来的开发工作做更充足的准备。

2. 推动政府间框架合作协议的签订。由于我国对"北极理事会"的相关决议不能施加决定性的影响，因而"北极理事会"的相关决议只可能最大限度地符合"北极八国"的利益，而非我国的利益或全人类的共同利益。然而，仅就资源开发活动而言，我国政府仍然可以通过与"北极八国"分别签订双边合作协议的形式，来为我国企业争取更多的机遇。

这方面比较成功的实践是 2012 年温家宝总理在访问北欧各国期间，同冰岛签署的《中国与冰岛关于北极合作的框架协议》等一系双边合作文件。不知道出于何种原因，两国政府都没有公布"框架协议"的文本。然而，从新闻媒体的报道来看，两国的合作领域包含资源开发等多项领域，② 特别是中石化集团也在访问期间与冰岛的能源公司签署了地热能合作协议。③ 有外国媒体认为，中国当时深化同冰岛之间的双边合作，实际上是为了争取"北极理事会"的观察员席位而做准备。④ 在我国已获得观察员席位的情况

① 参见刘惠荣主编：《北极地区发展报告（2015）》，社会科学文献出版社 2015 年版，第 205~207 页。

② 参见刘惠荣主编：《北极地区发展报告（2015）》，社会科学文献出版社 2015 年版，第 281 页。

③ 参见 http://finance.qq.com/a/20120422/000285.htm。

④ 参见 http://barentsobserver.com/en/arctic/china-strengthens-arctic-cooperation-iceland。

下，不妨尝试与剩余的北极七国也签订双边合作协定。

　　具体而言，俄罗斯可以成为我国争取的首要目标。自中俄两国的边界问题得以最终解决以来，两国在多个领域进行了良好的合作。具体到能源领域，俄罗斯是中国油气资源的重要来源国，两国在基础设施建设等方面的合作也取得了一定的成效，两国的能源公司也进行了良好的互动。中石油曾于 2010 年与俄罗斯的能源企业签订能源合作框架协议，① 中石油也对亚马尔半岛的能源开发投入了很多的资金。就政府层面的合作而言，中俄两国目前已经建立了"中俄能源合作委员会"，为协调双方的能源合作创造了有利平台。在北极开发已上升为俄罗斯国家战略但其自身又面临欧美经济制裁的情况下，② 我国政府不妨尝试与俄罗斯就北极地区的能源开发、航运等问题签订框架协议，为我国的能源企业创造更多的便利条件。除俄罗斯之外，我国与北欧的其他国家（包括瑞典、荷兰、芬兰和丹麦）也有着不错的合作前景，条件成熟时也可以考虑与这些国家签订框架合作协议。

　　对于南极地区而言，由于现在商业化的采矿活动被禁止，因而当前合作的主要内容是科学考察与生物资源养护，我国即便与南极大陆的主权声索国签署双边合作协定，也不会涉及资源的开发。然而，在 2048 年的"解禁期"到来之后，南极矿物资源开发的格局将会朝着哪种方向演进，尚不好预测。届时为保障我国在南极地区的开发权益，也可以考虑同相关国家展开双边合作。

　　当然，框架合作的签订，也需要我国政府付出更多的外交资源。《中国与冰岛关于北极合作的框架协议》签订的重要背景是，我国在 2008 年全球性经济危机期间对冰岛进行了援助，因而当时的双边关系十分紧密。因此，如何具体地选择外交政策，仍然需要充分地利弊权衡。

---

　　① 参见王旭熙：《中俄北极能源合作研究》，上海师范大学硕士学位论文 2016 年，第 16 页。

　　② 参见钱宗旗：《俄罗斯北极能源发展前景和中俄能源合作展望》，载《山东工商学院学报》2015 年第 5 期，第 38 页。

3. 能源企业参与程度的提升。在南极地区的商业化开采禁令解禁之前，对能源企业而言，短期内北极地区显然比南极地区更具吸引力。作为我国参与极地事务的一股重要力量，我国的能源企业目前在北极开展了一系列的开发项目，并取得了一些初步的成效。

在这些项目中，最引人注目的是中石油集团参与的亚马尔半岛LNG（液化天然气）开发合作。依据该项目的开发合作协议，俄罗斯的诺瓦泰克公司占据 50.1% 的股份，法国道达尔公司（French Total）和中石油集团各占据 20% 的股份，中国的"丝路基金"则占据了 9.9% 的股份。① 该项目得到了习近平、普京等两国领导人的高度关注，② 中俄两国的能源企业也在基础设施建设、破冰运输等方面实现了良好的合作。根据前期的勘探，亚马尔地区约蕴藏有1.3 万亿的天然气，该项目将于 2019 年全面投产，且中石油将接收第一批 LNG 船货。③ 尽管有欧美学者认为，中国企业对该项目的参与，主要是为了向法国企业学习先进的极地开发技术，④ 且中俄的双边关系、俄方对该项目所给予的特殊优惠政策，对该项目的推进起着关键作用。然而，不容否认的是，该项目的成功将为中国企业的后续参与奠定良好的基础。

除亚马尔 LNG 项目之外，对于北极地区的两个主要共同开发海域（扬马延岛附近海域和巴伦支海）以及北极其他地区，我国企业也不同程度地参与了一些开发项目，但都处在勘探阶段。在中国与冰岛于 2012 年签订"框架合作协定"之后，中国海洋石油总公司于 2013 年同冰岛当地的 Eykon 能源公司（Eykon Energy）就

---

① 参见 Christopher Weidacher Hsiung, China and Arctic Energy: Drivers and Limitations, The Polar Journal, Vol. 6, 2016, p. 252。
② 参见吴淼:《牵手"一带一路"——明珠闪耀北极》，载《中国石油报》2015 年 9 月 15 日第 005 版。
③ 参见 http://finance.ifeng.com/a/20171027/15748224_0.shtml。
④ 参见 Christopher Weidacher Hsiung, China and Arctic Energy: Drivers and Limitations, The Polar Journal, Vol. 6, 2016, p. 252。

海上能源资源的勘探展开合作。① 从目前已有的新闻报道来看，中冰两国的能源企业对勘探的结果持乐观态度。而对于开发风险较高的巴伦支海，我国的能源企业也进行了有限的参与。例如，中国海洋石油总公司曾于 2013 年购买过巴伦支海的地质数据，② 中海油田服务股份有限公司也曾于 2015 年同挪威和俄罗斯的能源公司签订过勘探合作协议。然而，在巴伦支海，我国企业似乎更乐意同俄罗斯政府进行合作，尚未参与过挪威国内的油气资源开采许可招标工作。

当然，我国企业的参与方式仍有一定的局限性。由于北极地区的开发前景尚存在较大的不确定性，因而在具体的开发项目上投入大量的资金，较收购当地企业和设立"合资企业"而言商业风险更高。近年来，其他的近北极国家（如韩国）对收购北极地区的当地能源企业展现出浓厚的兴趣，我国也有过相关的收购案例。③在未来开发北极能源资源的过程中，我国企业可以在外资限制不很严格的北极周边国家，更多地参与资本合作。

（二）中国企业参与极地开发的区位选择

1. 参与斯瓦尔巴群岛开发的可能性。由于我国是《斯匹次卑尔根群岛条约》的缔约国，享有开发岛上与其领海内各类资源的权利，因而斯瓦尔巴群岛也是我国极地资源开发的一个可能区块。然而，结合挪威政府近年来的相关国内立法与行政管理措施，以及各缔约国对斯瓦尔巴群岛大陆架问题的不同立场，我国对斯瓦尔巴群岛进行大规模开发的可能性并不高。

就斯瓦尔巴群岛的陆上矿产开发活动来说，目前已受到了较大的限制，市场前景也并不乐观。矿产资源的开发是斯瓦尔巴群岛最

---

① 笔者曾向 Eykon 能源公司（Eykon Energy）申请阅览其与中海油合作的相关资料，但可惜对方并未提供。

② 参见 Christopher Weidacher Hsiung, China and Arctic Energy: Drivers and Limitations, The Polar Journal, Vol. 6, 2016, p. 249。

③ 参见 http://www.ccpit.org/Contents/Channel_3965/2016/0322/598572/content_598572.htm。

重要的经济活动，距今已有百余年的历史。自 1899 年岛上的第一船矿产运至挪威大陆起，① 美国、俄罗斯和挪威本国的企业、探险家，都曾为该岛矿产的开发作出过重要的贡献。在《斯匹次卑尔根群岛条约》签订之后，挪威的国有矿产公司在矿产开发活动中逐步占据主导地位，而俄罗斯的矿产公司也占有少量的矿场。结合近年来的情况，笔者认为我国企业进军该岛的采矿行业并不可行。首先，俄国企业的采矿活动被挪威政府以环境保护为由叫停一案，孰是孰非并不好评判，这起事件是孤例还是挪威政府未来的长期政策也不好预测，但这至少表明我国企业也有可能遭遇同样的困局；其次，我国国内的能源结构以煤为主，煤炭资源并不匮乏，减轻石油资源的对外依存度才是保障我国能源安全的重点。② 斯瓦尔巴群岛本身的矿产资源以煤为主，并没有蕴藏丰富的油气资源，因而我国的企业对该岛"舍近求远"的开发并非良策；最后，挪威本国企业近年来对该岛的开发已陷入僵局，持续的亏损使开发进程举步维艰。2017 年 10 月，受制于长期低迷的矿产价格，挪威的一家从事岛上矿产资源开发的企业选择了大规模裁员，裁员人数占到了员工总人数的 3/4。③ 若我国的企业对该岛进行开发，大量的矿产产品势必会贩至临近的国家（如挪威和俄罗斯)，④ 而这些地区不景气的矿产市场，显然不允许我国企业对斯瓦尔巴群岛的开发投入大量的人力和物力。

就斯瓦尔巴群岛附近海域的油气资源开发来说，各缔约国的立场也不相一致。与斯瓦尔巴群岛"渔业保护区"的问题相类似，该岛的大陆架问题也是《斯匹次卑尔根群岛条约》与《海洋法公约》相冲突的结果。挪威政府为实现对斯瓦尔巴群岛附近海洋底

---

① 参见 https：//www. spitsbergen-svalbard. com/spitsbergen-information/history/mining. html。

② 参见黄进主编：《中国能源安全若干法律与政策问题研究》，经济科学出版社 2013 年版，第 7 页。

③ 参见 https：//www. spitsbergen-svalbard. com/2017/10/12/coal-mining-in-sveagruva-is-history. html。

④ 因为将该岛的矿产资源运至我国，将会极大地增加能源企业的成本。

土的专属管辖，声称斯瓦尔巴群岛的大陆架是挪威本土的自然延伸，这一观点自然也难以获得其他缔约国的认同。然而，即便如此，就挪威政府近年来的举动来看，挪威并不打算主动承认其他缔约国享有在斯瓦尔巴群岛大陆架上平等开发的权利，对已经发生的开发活动也采取了诸多限制措施。① 其中，最引人注目的是俄罗斯与挪威就斯瓦尔巴群岛附近海域油气资源的勘探活动所爆发的争议。俄罗斯参股的"北极海洋地质探险公司"（Marine Arctic Geological Expedition（MAGE））曾于 1980 年至 1998 年和 2002 年对斯瓦尔巴群岛附近的海洋底土展开过科学调查，调查的项目包括与油气资源开发相关的地震测试，且最终的数据没有向挪威政府公布。随后，挪威政府于 2005 年声明其他国家不得在斯瓦尔巴群岛附近从事油气资源开发活动。② 而挪威政府于 2015 年开放斯瓦尔巴群岛附近的油气开发区块招标，同样遭到了俄罗斯的强烈反对，③ 因为挪威政府的这一行为带有明显的主权管理性质。除俄罗斯之外，英国、意大利、荷兰等国虽然在这一问题上与挪威政府意见向左，④ 但尚未爆发正面的冲突。笔者认为，我国应采取模糊化的处理方式，声明我国"尊重挪威政府对斯瓦尔巴群岛的主权，但保有该条约赋予的所有权利"。在必要的时候，可联合其他的缔约国，共同就挪威政府的主权性管理活动交换意见。这样既不与挪威政府爆发正面的冲突，又不丧失未来开发斯瓦尔巴群岛附近海域油气资源的权利。

---

① 参见康文中：《大国博弈下的北极治理与中国权益》，中共中央党校博士学位论文 2012 年，第 35 页。

② 参见 Pedersen, Torbjorn, The Svalbard Continental Shelf Controversy: Legal Disputes and Political Rivalries, Ocean Development & International Law, Vol. 37, 2006, p. 348。

③ 参见 https://www.spitsbergen-svalbard.com/2015/05/12/russia-protests-against-norwegian-oil-development-in-the-barents-sea.html。

④ 参见 Torbjørn Pedersen, International Law and Politics in U.S. Policymaking: The United States and the Svalbard Dispute, Ocean Development & International Law, Vol. 42, 2011, p. 123。

综上可见，对斯瓦尔巴群岛陆上和大陆架矿产、油气资源的开发，势必会与挪威政府发生矛盾，短期内的盈利状况也不乐观，这显然不是一个明智的选择。因此，斯瓦尔巴群岛不应成为我国参与北极资源开发的主要区位。

2. 参与阿拉斯加地区开发的可能性。尽管我国在斯瓦尔巴群岛的开发可能会面临一些现实的挑战，但在受《海洋法公约》规制的北极其他地区，却可以有更多的选项。从各方面条件来看，美国的阿拉斯加州与其临近的波弗特海，是一个可以考虑的开发区块。

首先，油气资源开发是阿拉斯加州的主要产业，阿拉斯加州政府对极地资源开发持大力支持的态度。依据"阿拉斯加石油与天然气协会"（Alaska Oil and Gas Association）的统计，油气开发产业累积为阿拉斯加州提供了超过 11 万份工作岗位，约占该州所有工作岗位的 1/3,[1] 而在阿拉斯加州开展油气资源开发项目的 14 家能源公司，则在 2016 年为该州政府贡献了约 17.5 亿美元的税收。[2] 正是由于油气资源产业在该州所占据的重要地位，因而阿拉斯加州政府一直对油气资源产业的发展持支持态度，甚至制定了"勘探许可证专项计划"（Exploration Licensing Program），鼓励能源企业对未开发的区域进行勘探。[3] 在过去美国联邦政府对极地能源开发并不十分支持的情况下，阿拉斯加州政府仍然坚持为该州的油气资源产业创造条件。值得注意的是，2017 年 9 月，阿拉斯加州政府所属的天然气开发公司对中国市场表达了浓厚兴趣。[4] 我国能源企业可以以此为契机，寻求开展合作的机遇。

其次，自特朗普当选美国总统之后，美国联邦政府对极地资源开发的限制已逐步放开。在奥巴马政府执政时期，阿拉斯加州政府

---

① 参见 https：//www. aoga. org/facts-and-figures。

② 参见 McDowell Group Anchorage Office, The Role of the Oil and Gas Industry in Alaska's Economy, Alaska Oil and Gas Association Reports 2017, p. 43。

③ 参见 http：//dog. dnr. alaska. gov/services/explorationlicensing。

④ 参见 http：//news. xinhuanet. com/2017-09/03/c_1121595084. htm。

一直未能与联邦政府就极地资源开发问题达成一致意见。由于美国自身的能源安全保障体系十分完善，而近年来的业岩气技术革命又增加了油气资源的供应量，在油气资源产品并不十分紧缺的情况下，北极地区的能源开发并不是美国联邦政府的核心事务。在国内环保主义者的压力之下，时任美国总统于 2015 年 1 月签署了总统备忘录，取消了数个北极周边海域开放区块的开发许可。① 在这一大背景下，BP 石油公司中止了其在阿拉斯加的勘探项目，而我国企业也未能成功进入阿拉斯加州的能源行业。② 然而，在特朗普当选总统之后，美国联邦政府对极地能源开发的态度出现了转变。2017 年的 7 月份，美国海洋能源管理局审批通过了一家意大利能源企业在阿拉斯加北坡油田的开发项目。③ 结合特朗普在 2017 年 5 月份"愿意开发动植物保护区"的表态，④ 我们有理由相信我国企业参与阿拉斯加州开发的政策障碍将逐步减少。

最后，国外的能源公司已在开展过一些能源开发项目，该州的油气管道建设已初具规模。由于阿拉斯加的能源开发已经有了较长时间的历史，因而早在 20 世纪 70 年代开发阿拉斯加北坡油田时，便修建了贯穿阿拉斯加全境、全长 800 英里的运输管道。⑤ 作为一项曾有效带动当地经济发展的大型工程，近年来该管道的运营却遭遇了危机。由于北坡油田的产量在 2010 年之后持续走低，甚至一度接近该管道能够运行的最低运量要求，⑥ 因而该管道面临被关闭

---

① 参见 Andrew Hartsic et al, Next Steps to Reform the Regulations Governing Offshore Oil and Gas Planning and Leasing, Alaska Law Review, Vol. 33, 2016, p. 22。

② 参见刘惠荣主编：《北极地区发展报告（2015）》，社会科学文献出版社 2015 年版，第 367 页。

③ 参见 https：//thinkprogress. org/more-drilling-north-slope-38f3a94b5833/。

④ 参见 http：//money. cnn. com/2017/05/25/investing/alaska-arctic-oil-drilling-trump-anwr/index. html。

⑤ 参见 Ryan J. Morgan, Steven A. Rhodes et al, Alaska, ONE J：Oil and Gas, Natural Resources, and Energy Journal, Vol. 2, 2016, p. 121。

⑥ 参见 Center for Strategic and International Studies, Arctic Petroleum：Alaskan Development and International Frameworks, CSIS Reports 2011, p. 9。

的风险。然而，如果在现阶段对该管道进行关闭，也需要一笔不俗的费用。如果我国的企业能够参与阿拉斯加的资源开发项目，则既有的管道将会在很大程度上为油气资源的运输提供便利条件。

（三）中国参与极地开发的障碍

1. 开发与运输成本过高。首先应当明确的是，在不存在资金和技术障碍的情况下，一国不会轻易地让外国企业参与其管辖范围内盈利前景良好的油气田的开发。例如，俄罗斯政府可以允许中石油集团参与亚马尔半岛的开发，但基本不会让中国的能源公司在高加索油田的开发中分一杯羹。因此，若我国能源企业只能参与具体的开发项目，则未来将不得不选择气候条件恶劣的高纬度开发区块。而对这些区块进行开发，我国企业将面临高昂的开发与运输成本。

首先，严酷的气候条件对开发的技术、设备提出了更高的要求。[1] 在高纬度地区开展油气资源开发活动，开采设备的建设、使用、维护都与低纬度地区存在较大的差别。为适应恶劣的气候条件，能源企业需要对开采设备的升级投入更多的资金，而开采设备日常的维护也将耗费更多的精力。就北极陆上油气资源的开采来说，严寒与暴风雪是开采设备需要面临的主要挑战，而对于北极海上油气资源的开发来说，在浮冰环绕的海域建设海上开发平台，较之陆上开采基地的建设更为困难。在海上开发平台建成之后，除严寒与暴风雪之外，还需要格外注意气候变化对平台的潜在威胁。在全球气候变暖的大背景下，北极冰层的变化将对海上开发平台的安全造成重大威胁。[2]

其次，即便我国的能源企业能够有效参与极地油气资源的开发，产品的运输也是一项不容忽视的问题。尽管目前加拿大的西北

---

① 参见李洁：《北极地区油气资源开发国际合作机制研究》，载《武大国际法评论》2015 年第 2 期，第 92 页。

② 参见韩学强：《俄罗斯北极大陆架油气资源勘探开发战略规划概要》，载《石油科技论坛》2012 年第 6 期，第 46 页。

航道和俄罗斯的东北航道，只承担国际海运业务中的一小部分运量，但从长远来看，我国在开发北极地区的油气资源时若要节约运输成本，自然希望有效利用这两条北极航道。① 然而，加拿大显然不愿意承认西北航道属于用于国际通行的海峡，而俄罗斯也不会轻易放弃"自愿领航制度"所带来的丰厚收益。因此，中国要想更为便利地利用这两条航道，将会牵涉到一系列复杂的问题。降低运输成本的一个可能选项是将开发所得的产品就近销售，但这需要我国对附近的能源市场作出更为准确的判断，并结合当地的经济立法同国外的能源企业展开谈判。②

　　最后，在极地地区开展油气资源开发活动，人力资源成本也会直线上升。我国能源企业若将开发领域拓展至极地，工人的待遇与福利问题同样值得关注。若参与我国企业开发项目的工人主要是我国的石油工人，则能源企业不仅需要向这些工人支付更高的补贴，也需要在工人的培训方面投入更多的精力；若参与的主体主要是当地的工人，则我国企业需要关注当地的劳工成本与社会保障法律。在从事跨界油气资源的开发时，我国企业还需要认真应对来自监督员的检查。同时，极地地区严酷的气候环境意味着开采工作随时可能被打断，但在工人避风期间，能源企业又不可能停发工人的工资。因此，在选定开发项目时，我国的能源企业也应当谨慎考虑后期的人力资源成本。

　　依据俄罗斯能源部门的统计，只有当油价至少达到 52 美元时，

---

　　① 目前，亚马尔半岛开发所得的天然气资源，已通过俄罗斯的东北航道进行运输。参见 Han-Chang Yu，Jam es Bond，《北极航道的未来》，载《中国远洋航务》2017 年第 4 期，第 67 页。
　　② 在"英国与挪威共同开发案"中，由于修建弗里格气田至挪威大陆的输气管道成本过高，挪威选择将开发所得的资源全部销售至英国市场，但依据英国当时国内立法的规定，英国煤气公司（British Gas Corporation）对大陆架上所产能源产品享有垄断的经营权，因而挪威一方的选择空间十分有限，这对挪威一方的谈判技巧提出了更高的要求。

北极海域内的油气开发才会盈利。① 而较之中东地区和非洲地区每桶 5 美元以内的生产成本，北极地区高达 30 美元每桶的生产成本显然没有竞争力。② 在生产成本得以有效降低之前，北极在能源供应环节并不能替代中东和北非的作用，但作为一块资源宝地，我国也不应轻易放弃可能的开发机遇。

2. 环境污染的风险较大。在 2010 年墨西哥湾原油泄漏事件发生之后，海上石油开发所可能引发的环境污染事件，引起了人们的高度关注。而脱胎于环境事项工作组的北极理事会，在北极资源开发的过程中，也不会主动降低环境保护标准。我国的能源企业要想顺利地在北极开展能源开发项目，也不能对可能面临的环境风险掉以轻心。

首先，油气资源开发、运输过程中的原油泄漏，将会对极地环境造成显著的损害。北极地区是一块能源资源宝库，但同样也是很多极地生物和濒危物种的栖息地。一旦发生石油泄漏事故，大面积的极地生态环境将会受到严重影响。③ 同时，较之低纬度地区，北极地区对油气资源开发的设备与技术提出了更高的要求，但同样也对环境污染事件的善后处置提出了更高的要求。④ 在恶劣气候条件下，净化遭到污染的海水、关闭石油泄漏的源头并遏制污染的蔓延，并不是一项容易实现的目标。此外，环境污染事件的善后处理不仅将耗费能源企业大量的人力物力，更将使其自身、乃至其所属

① 参见王淑玲：《俄罗斯北极大陆架油气资源现状及开发前景》，载《中国矿业报》2017 年 6 月 9 日第 004 版。

② 参见李洁：《北极地区油气资源开发国际合作机制研究》，载《武大国际法评论》2015 年第 2 期，第 92 页。

③ 例如，1989 年 3 月 24 日，埃克森所属的油轮瓦迪兹号在阿拉斯加州威廉王子湾触礁，泄漏了 1100 万加仑原油。该事故导致威廉王子港的鱼和野生动物大量消亡，最后波及了 1400 多平方公里的海面，严重破坏了当地的生态环境。孙凯、张佳佳：《北极"开发时代"的企业参与及对中国的启示》，载《中国海洋大学学报（社会科学版）》2017 年第 3 期，第 74 页。

④ 参见 Nicolas Cornel, SarahE. Light, Wrongful Benefit & Arctic Drilling, UC David Law Review, Vol. 50, 2017, p. 1871。

的国家遭受舆论的指责，承担相应的社会责任。因此，在参与极地开发项目时，我国企业应尽力提高安全生产水平，降低非不可抗力情形下爆发环境污染事件的概率。

其次，北极理事会的一系列指导文件对安全生产措施提出了更高的要求。尽管北极理事会本身并不负责一系列指导文件的实施，但这并不代表这些文件在实践中不会得到遵守。目前也没有一家能源企业公开挑战这些指导文件所确立的相关规则。从北极理事会的构成来看，六个工作组的工作内容都与环境污染的防治、动植物资源的养护相关，而环境问题也一直是北极理事会各类会议的一项中心议题。① 在参与极地开发项目时，我国企业应努力使自身的技术设备、生产水平达到这些指导文件所确立的环境标准，并依照这些指导文件认真履行相关义务（如制定详细的应急预案等）。同时，我国企业也应当与政府部门进行及时互动，了解北极理事会对环境问题的最新态度，以便对未来的环保标准、盈利前景作出更为准确的判断。

最后，与中国国内的开发项目不同，北极地区的油气资源开发项目更容易遭到环境保护组织的阻碍。客观来说，我国国内的环境保护组织在实践中的作用比较有限，② 但在环境保护运动十分发达的欧美国家，则是另外的景象。在"冰岛与挪威共同开发案"中，对环境问题的担忧推迟了挪威政府的招标进程。而在更为极端的案例中，环保组织的工作人员甚至会登上能源公司的开发平台与运输船只，举行抗议活动。2012 年至 2015 年，绿色和平组织已至少组

---

① 例如，2017 年 10 月 26 日，芬兰作为本届北极理事会的主席国（任期为 2017—2019 年），召集的第一次会议，核心议题为"污染防治和教育"。参见 https：//www. arctic-council. org/index. php/en/our-work2/8-news-and-events/475-sao-oulu-2017-02。

② 例如，对于环保 NGO 如何有效介入突发环境事件的信息公开，我国尚则缺乏明确的法律依据。参见施志源：《互联网时代突发环境事件信息公开的主体制度创新——以环保 NGO 的参与为突破口》，载《法学评论》2017 年第 3 期，第 172 页。

织过三次针对能源公司的抗议活动。① 为防止类似的抗议活动对我国未来的开发项目造成干扰，我国能源企业有必要对不同组织的活动地点、方式提前进行相关研究，并在学习其他国家能源公司处理方式的情况下，准备好相关预案。不过，国外的执法、司法环境与国内存在较大的不同，一般情况下，应尽量避免对这些抗议者采取过于强硬的措施。

3. 与原住民权利的冲突。北极地区的油气开发需要关注的另外一个问题是原住民的权利问题。20 世纪下半叶之后，随着各国的原住民逐渐联合起来，开展超越国界的合作，② 原住民权利运动蓬勃发展，国际社会开始广泛关注原住民的权利问题，联合国也通过了《联合国原住民权利宣言》等一系列法律文件，为原住民权利的保护奠定了法律基础。

具体到北极区域层面，北极原住民的力量也不可小觑。在北极理事会的机构设置中，"因纽特人北极圈大会"、"萨米理事会"等原住民组织拥有永久观察员席位，其地位高于其他的观察员。③ 而在北极理事会的具体运行中，原住民甚至拥有一定程度的"否决权"。2013 年欧盟申请成为北极理事会的观察员，由于其发布的海豹产品出口禁令与北极原住民的权益相冲突，申请最终未获通过。就北极周边各国制定的原住民国内立法和采取的原住民政策而言，原住民的自治权益也得到了广泛的承认。斯堪的纳维亚半岛三国国内甚至设立了"萨米议会"④。

中国政府虽然一贯支持原住民权利运动，⑤ 但我国企业在参与

---

① 参见孙凯、张佳佳：《北极"开发时代"的企业参与及对中国的启示》，载《中国海洋大学学报（社会科学版）》2017 年第 3 期，第 73 页。

② 参见刘惠荣主编：《北极地区发展报告（2015）》，社会科学文献出版社 2015 年版，第 246 页。

③ 参见潘敏：《北极原著民研究》，时事出版社 2010 年版，第 293 页。

④ 参见潘家祥：《北极治理中原住民非政府组织的地位和作用》，上海国际问题研究院硕士学位论文 2013 年，第 12 页。

⑤ 参见彭秋虹、陆俊元：《原住民权利与中国北极地缘经济参与》，载《世界地理研究》2013 年第 1 期，第 36 页。

极地资源开发时，其开发活动很有可能会与原住民的权利发生冲突。如果不采取有效措施规避和协调这种冲突，我国企业的开发进程很可能会受到干扰，甚至我国的观察员席位都会受到威胁。为防范这些风险，我国企业应立足于北极各国原住民社区的基本状况，在符合各国关于原住民国内立法的情况下，开展自然资源开发活动。在加拿大的努纳武特区，我国的企业已经进行了一些成功的实践。在符合当地"租赁商业不动产——综合政策"的前提下，我国控股的矿业公司成功参与了努纳武特区的镍矿资源开发，① 有效带动了当地的经济社会发展。

就长远的开发来看，对缺乏资金、技术但蕴藏丰富自然资源的原住民聚居区进行投资，确是一个可行的方案，但这些区块的开发仍然与我国国内的资源开发项目有着较大的区别，我国企业不能轻视同当地政府和原住民的磋商与沟通。应当承认，我国政府和企业对大型工程项目开工前的公开听证、环境影响评估、拆迁补偿等环节，较改革开放初期已经取得了长足的进步，但在北极地区进行选址开发时，我国的国有企业并不能享受我国政府行政力量所带来的诸多便利。因此，在某一原住民聚居区投资，我国企业除了要将环境影响评价信息充分地进行披露之外，还要对可能产生的法律风险、后续的收益分享比例进行充分的考量，因为过高的法律风险将很有可能导致开发进程的中断，而失衡的收益分享比例则会导致开发项目难以盈利。② 另外需要注意的是，尽管我国的投资与开发将会有效带动原住民聚居区的基础设施建设与经济发展，甚至有可能

---

① 参见潘敏、夏文佳：《近年来的加拿大北极政策——兼论中国在努纳武特地区合作的可能性》，载《国际观察》2011 年第 4 期，第 28 页。

② 例如，美国国会于 1971 年通过了《阿拉斯加原住民土地权利处理法案》，决定将阿拉斯加 11.6% 的土地归还给原住民，并赔偿约 10 亿美元经济损失。这笔资金的一半来自联邦国库，另一半从当地的石油收益中抽取。这一法案也使得当地原住民成为阿拉斯加最大的土地私有团体。参见彭秋虹、陆俊元：《原住民权利与中国北极地缘经济参与》，载《世界地理研究》2013 年第 1 期，第 36 页。再如，我国企业如果在波弗特海开发油气资源，也将同原住民的传统捕鱼权发生冲突，这也势必会涉及补偿或收益分享的问题。

大规模地提升原住民的经济收入水平，但我国企业还是应当尊重当地的文化与生活习惯，切不可给人以"新一代的殖民者与资源掠夺者"的印象。

八、结论

　　南极和北极地区存在迥异的油气、矿产资源开发制度。南极地区的商业化矿产开发活动，距离解禁还有约 20 年的时间，但解禁之后的制度安排尚不好预测；北极地区的油气、矿产开发活动较之南极地区更为兴盛，规制北极资源开发的主要法律文件包括《海洋法公约》、《斯匹次卑尔根群岛条约》、北极理事会的相关指导文件以及北极周边国家的国内立法。除斯瓦尔巴群岛之外，尽管大部分极地地区尚不存在集体性的资源开发制度，但部分极地国家已开展了双边的共同开发合作。结合上述四项已有的极地周边国家共同开发案，我们可以得出以下几点认识：

　　1. 四项共同开发案，或经历了双方企业的前期合作，或经历了渔业等相关领域的政府间合作，因而共同开发合作的达成，往往是一个渐进的过程，并不会一蹴而就。然而，漫长的前期谈判进程并不能确保共同开发合作最终取得成功。能源企业若想在共同开发合作中获利，一是需要稳定的法律秩序，二是需要具有商业开发价值的油气田，因而双方的外交关系、共同开发合作具体制度的设计情况与共同开发区或跨界油气田内的资源分布状况、开发难易程度，都会对共同开发案的最终效果产生影响。从上述四项共同开发案的最终结果来看，双边关系稳定、商业属性明显的"英国与挪威共同开发案"最终取得了良好的开发效果，双方合作的范围也由最初的弗里格气田拓展至更多的北海油气田；因双边的大陆架划界而衍生出来的"冰岛与挪威共同开发案"和"俄罗斯与挪威共同开发案"，法律制度的设计虽然也比较完善，但是两国政府对协议达成之后的开发前景并没有进行充分预估，实际的开发效果也不尽如人意；"英国与阿根廷共同开发案"的政治属性则明显大于商业属性，双方根本性的意见分歧最终致使共同开发合作走向破裂。

2. 在未来一段时间内，《海洋法公约》仍将是北极广大地区最为基础的海域属性划分规则，而随着越来越多的国家在国家实践中采用共同开发制度并对之产生法律确信，共同开发制度正在朝着习惯国际法规则的方向发展。由于全球范围内的 30 余件共同开发案的地域范围都位于合作双方 200 海里以内的大陆架，且北极地区的内大陆架划界已基本完成，因而除波弗特海、汉斯岛附近水域尚存在适用"争议海域共同开发"制度的可能性之外，未来跨界油气资源共同开发将成为北极周边国家共同开发的主要形式。北极地区的外大陆架划界，是国际社会关注的焦点，但要对外大陆架适用共同开发制度，则共同开发制度需要与大陆架界限委员会的审查程序和外大陆架开发收益的国际社会分享机制相协调，因而尚面临诸多的法律困境。

3. 北极地区的油气资源开发，现阶段与中东地区、北非地区相比，并不具有竞争力，但我国不能因此放弃参与北极地区开发的机遇。我国政府应准确定位自身在北极事务中的角色，充分利用自身在北极理事会和其他北极区域性组织中的权利，并积极同"北极八国"开展北极事务中的双边合作。对我国的能源企业来说，我国虽然拥有《斯匹次卑尔根群岛条约》赋予的资源开发权益，但短期内要参与该岛的矿产、油气资源开发，尚面临不小的现实挑战；而法律、政策阻碍逐渐变小、基础设施比较完善的阿拉斯加，则是一块可供考虑的开发区块。同时，我国企业应对极地开发的高昂成本有充分的心理准备，并谨慎评估可能出现的环境污染风险，避免同北极原住民的权利发生冲突。

第十一章 英国与阿根廷共同开发案

一、英国与阿根廷共同开发案的背景

（一）英国和阿根廷福克兰群岛/马尔维纳斯群岛争端的历史由来

英国和阿根廷关于福克兰群岛/马尔维纳斯群岛①的争端最早可以追溯到大航海时代。那时，西班牙和葡萄牙是西方殖民活动的先行者，特别是哥伦布于 1492 年发现美洲大陆后，两国争夺殖民地的矛盾日益激化。为了调和两国矛盾，1493 年 5 月，教皇亚历山大六世（Alexander VI）发布一道圣谕，以佛得角群岛以西 300 海里处为界，界线以西的地方，无论是否发现，属于西班牙，界限以东的地方，无论是否发现，属于葡萄牙。1494 年 6 月，西班牙和葡萄牙又签订《托德西拉斯条约》（The Treaty of Tordesillas），从而实现了葡萄牙对巴西、印度、东印度和非洲的管辖，西班牙对

---

① 英国和阿根廷两国存在主权争议的岛屿有福克兰群岛/马尔维纳斯群岛（Falkland/Malvinas），南乔治亚岛（South Georgia）和南三文治岛（South Sandwich），由于两国的共同开发只涉及福克兰群岛/马尔维纳斯群岛海域，因而本文的争议岛屿也只涉及福克兰群岛/马尔维纳斯群岛及其海域。在文章中，一般用"争议岛屿"来代替岛屿的正式名称，然而，出于在特定部分为表达两国各自的态度，有时会使用"福克兰群岛"或者"马尔维纳斯群岛"。福克兰群岛/马尔维纳斯群岛由东西两个大岛和 200 余个小岛组成，面积约 1.2 万平方公里。参见宋晓平编著：《列国志·阿根廷》，社会科学文献出版社 2005 年版，第 82 页。

中美洲大部分，南美洲以及亚洲菲律宾的管辖。① 从以上论述来看，由于争议岛屿处在南美洲南部的地理位置，根据该条约，毫无争议地受西班牙的管辖。因而作为历史性权利（History Title）的这一主张，成为当时作为西班牙殖民地的阿根廷对于争议岛屿享有主权的理由之一。②

早期，究竟是哪个国家最先发现争议岛屿，学者们持不同的观点。一些学者主张西班牙最早发现该岛，因为在 1522 年、1541 年、1544 年、1561 年和 1562 年西班牙出版的海图中，明确表明了争议岛屿的位置。③ 而另外一些学者主张英国最先发现，具体事实是：第一次发现争议岛屿的是伊丽莎白时代的航海家约翰·戴维斯（John Davis），他于 1592 年 8 月 14 日将船"希望号"（Desire）开进这个群岛。另外，1594 年 2 月，理查德·霍金斯（Richard Hawkins）看到了该岛，但没有登陆，他给该岛取名为"霍金斯处女地"。④ 不过，关于第一个登陆者，学者们一致认为是英国"福利号"（Welfare）船长约翰·斯特朗（John Strong），他于 1690 年 1 月登岸，并以福克兰子爵的名字命名该岛为福克兰群岛。⑤

---

① 参见杨泽伟：《国际法史论》，高等教育出版社 2011 年版，第 27 页、第 90 页；参见陈德恭：《现代国际海洋法》，海洋出版社 2009 年版，第 23 页；参见 Alferd P. Rubin, History and Legal Background of the Falkland/Malvinas Disputes, in Alberto R. Coll & Anthony C. Arend（eds.），The Falkland War: Lessons for Strategy, Diplomacy and International Law, Allen & Unwin 1985, p. 11。

② 参见 Fabiän Raimondo, The Sovereignty Dispute over the Falkland/Malvinas: What role for the UN?, Netherlands International Law Review, Vol. 59, Issue. 3, 2012, p. 403。

③ 参见 Wayne S. Smith（eds.），Toward Resolution？The Falkland/Malvinas Dispute, Lynne Rienner Publisher 1991, p. 47。

④ 参见伊恩·约翰·斯特兰奇：《福克兰群岛》，武汉大学外文系译，湖北人民出版社 1977 年版，第 23 页。

⑤ 参见 Wayne S. Smith（eds.），Toward Resolution？The Falkland/Malvinas Dispute, Lynne Rienner Publisher 1991, p. 15。参见伊恩·约翰·斯特兰奇：《福克兰群岛》，武汉大学外文系译，湖北人民出版社 1977 年版，第 23~24 页。

后来，在 1713 年的《乌特勒支条约》和 1763 年的《巴黎条约》中，英国同意并确认了西班牙对于南大西洋领土及其海域的控制权。① 1764 年法国人在东福克兰岛登陆并建立殖民据点路易斯港（Port Louis），英国人于 1766 年在西福克兰岛建立艾格蒙特港（Port Egmont）。不过在西班牙的抗议下，法国人将路易斯港卖给了西班牙。同时，西班牙在 1770 年将英国人从岛上驱逐。英国人在 1771 年返回该岛，由于经济原因于 1774 年从岛上撤离，但他们在岛上留有旗帜和纪念碑，以宣示英国对于该岛的占有和所有权。②

从 1774 年开始，西班牙一直占有争议岛屿，直到 1811 年拉丁美洲独立战争爆发，西班牙从该岛撤离。拉丁美洲独立战争后，成立拉普拉塔联省共和国，作为阿根廷共和国的前身，该共和国在 1820 年派代表重新占领该岛，并宣示对于该岛的主权。后来在 1826 年，阿根廷共和国成立，并宣布自己对于争议岛屿的主权。1833 年，英国重新占领该岛，在岛上建立行政机构，从而对该岛行使管辖。

从 1833 年到 1982 年，英国一直对于争议岛屿行使管辖权。"二战"之后，随着民族独立运动的兴起，第 43 届联合国大会于 1960 年发布了《关于赋予殖民地国家和人民独立的宣言的决议》，确认了民族自决原则作为殖民地国家独立的指导原则。关于争议岛屿，联合国大会发布第 2065 号决议，要求双方"在考虑《联合国宪章》和《关于赋予殖民地国家和人民独立的宣言的决议》目标以及岛上人民利益的基础上进行谈判，从而找出一条和平解决双方

---

① 参见 Wayne S. Smith（eds.），Toward Resolution？The Falkland/Malvinas Dispute，Lynne Rienner Publisher 1991，pp. 1-2. available at http：//www. cancilleria. gov. ar/es/history，last visited on December 21，2017。

② 参见 Wayne S. Smith（eds.），Toward Resolution？The Falkland/Malvinas Dispute，Lynne Rienner Publisher 1991，pp. 15-16。

争端的途径"①。

为解决争议岛屿的归属，在 1955 年，英国曾向阿根廷提议，将两国有关争议岛屿主权归属争端提交国际法院，然而，阿根廷不接受国际法院的管辖权。后来，英国也不倾向于将争端提交国际法院，因为它认为由于自己主张的法律依据较弱，法院可能对其作出不利的判决。② 英国和阿根廷于 1966 年开始就争议岛屿的主权归属问题进行秘密谈判，两国分别在 1970 年、1971 年和 1972 年进行过官方的正式谈判，但是英国在谈判中避免谈论有关争议岛屿的主权问题，从而使得双方的谈判进展缓慢。双方富有成果的谈判是在 1974 年英国工党政府上台后，提议采取 "以主权换治权"（Leaseback）③ 的措施，即 "英国承认阿根廷对于争议岛屿的主权，但英国将会租借该岛屿若干年，从而将该岛主权真正移交给阿根廷政府的时间向后推移"。④ 在笔者看来，这一提议是最接近于通过谈判解决争议岛屿主权归属问题的方案。然而，由于争议岛屿民众倾向于维持现状，加之国内保守势力的阻挠，最终使该提议未

①　Sonia AM Viejobueno, Self-determination v Territorial Integrity: the Falkland/Malvinas Dispute with the Reference to the Cases in United Nations, South Africa Yearbook of International Law, Vol. 16, No. 1, 1990-1991, p. 22.

②　参见 Micheal Waibel, Falkland Island/Isias Malvinas, Max Plank Encyclopedia of Public International Law, available at http: //opil. ouplaw. com/view/10. 1093/law: epil/9780199231690/law-9780199231690-e1282? rskey = 0mPaOJ&result = 1&prd = EPIL, last visited on December 21, 2017。

③　"Leaseback" 意为 "在出卖财产时所作出的一项明确表示，即卖方将会在产品卖出时起继续向买方租用产品一段时间"。直译即 "售后回租"。参见 Bryan A. Garner（eds.），Black's Law Dictionary（Eight Edition），Thomson, 2004, p. 909. 结合后文英国承认阿根廷对于争议岛屿的主权，而将争议岛屿租借一段时间，英国的做法类似于以主权换治权的做法，故将 "Leaseback" 翻译为 "主权换治权"。

④　Wayne S. Smith（eds.），Toward Resolution？The Falkland/Malvinas Dispute, Lynne Rienner Publisher 1991, p. 57.

能付诸实施。①

阿根廷政府为应对国内经济和政治危机，转移国内民众的注意力，于 1982 年 4 月以武力占领争议岛屿，英国表示严重抗议并派军队开赴南大西洋，使得两国之间爆发军事冲突。最终，英国赢得军事冲突的胜利并继续实际控制该岛。但是，从两国军事冲突结束至今，阿根廷一直声称自己对于争议岛屿享有主权。特别是它于 1994 年 8 月将该主张写入本国宪法。② 从目前来讲，两国对于这一争端的解决处于僵局状态。

（二）英国和阿根廷关于争议岛屿的各自主张

1. 英国关于争议岛屿的主张。英国的主张以 1982 年两国冲突为界限。冲突之前英国主张占有（*uti possidetis*），冲突之后英国强调不使用武力和民族自决。英国认为，它的主张是依据首先发现该岛并在随后进行持续的占领，而且从 1833 年起，它就一直对于争议岛屿进行事实上的控制，因而对该岛享有主权。③ 从当时的国际判例来看，英国对于争议岛屿进行了长期和平的展现主权（continuous and peaceful display of sovereignty），因而似乎可以取得

---

① 参见 Ruben de Hoyos, Islas Malvinas or Falkland Island：The Negotiation of a Conflict, in Controlling Latin American Conflict, in Wayne S. Smith（eds.），Toward Resolution ？ The Falkland/Malvinas Dispute, Lynne Rienner Publisher 1991, p. 60。

② 阿根廷宪法于 1994 年 8 月 24 日生效，在其过渡条款（Transnational Provision）第一条中明确规定：鉴于马尔维纳斯、南乔治亚群岛和南三文治群岛及相关海洋和极地区域构成阿根廷领土完整的一部分，阿根廷国家确认对上述区域享有合法和永久的主权。在尊重原住居民生活方式和符合国际法原则的情况下，收回上述领土并完全行使主权构成阿根廷人民永恒且不可放弃的目标。参见《阿根廷共和国宪法》，available at http：//oxcon. ouplaw. com, last visited on December 21, 2017。

③ 参见 Alice Ruzza, The Falkland Islands and the UK v. Argentine Oil Dispute：Which Legal Regime ？ Goettingen Journal of International Law, Vol. 3, No. 1 , 2011, p. 74。

该岛的主权。① 然而，随着联合国的成立和非殖民运动的兴起，争议岛屿作为英国殖民地的这一特点已经被一系列联合国大会决议所确立，英国的主张处于不利地位。② 因而，英国将主张逐渐转向民族自决和不使用武力。③ 一方面，民族自决原则由联合国大会的一系列决议所倡导，得到了诸多新兴国家的支持。英国的这一主张可以将争议的解决由英国政府转移到争议岛屿的民众。英国声称："英国不会在福克兰群岛的主权方面对阿根廷作出让步，除非岛上居民希望这么做。④" 而争议岛屿居民对于该岛屿作为英国的海外领土的这一事实十分满意，不愿意改变现状。⑤ 另一方面，由于阿根廷在 1982 年武力入侵争议岛屿，英国以自卫为由出兵。"在国际

① 仲裁员马克斯·胡伯（Max Huber）在帕尔马斯岛（Island of Palmas）仲裁案的裁决中指出：发现权，如果没有条约进行最为有利或者广泛的解释，仅仅是一个为未充分发展的权利（inchoate title），一个未充分发展的权利是不能优先于基于长期和和平展现主权而产生的的明确权利。（The title of discovery … cannot prevail over a definite title founded on continuous and peaceful display of sovereignty）参见 Island of Palmas Case, Report of International Arbitrational Reward, Vol. II, April 1928, p. 869; 参见 C. R. Symmons, Who Owns the Falkland Island Dependencies in International Law? An Analysis of Certain Recent British and Argentinian Official Statements, The International and Comparative Law Quarterly, Vol. 33, No. 3, 1984, p. 732, note. 39。

② 参见 Sonia AM Viejobueno, Self-Determination v Territorial Integrity: the Falkland/Malvinas Dispute with the Reference to the Cases in United Nations, South Africa Yearbook of International Law, Vol. 16, No. 1, 1990-1991, p. 22, note. 9。

③ 参见 Jorge O. Laucirica, Lessons From Failure: The Falkland/Malvinas Conflict, available at http://blogs.shu.edu/diplomacy/files/archives/laucirica.pdf. p. 89, last visited on December 21, 2017。

④ Roberto Laver, The Falkland/Malvinas: A New Framework for Dealing with Anglo-Argentina Sovereignty Dispute, The Fletcher Forum of World Affairs, Vol. 25, No. 2, 2001, p. 148.

⑤ 参见福克兰群岛政府网站, available at http://www.falklands.gov.fk/self-governance/relationship-with-argentina, last visited on December 21, 2017。

法上，使用武力在自卫的条件下是合法的。"① 并且在国际关系中不使用武力或以武力相威胁已经被《联合国宪章》以及一系列国际法律文件所确认，因而阿根廷的使用武力行为使其在国际舆论和国际道德上处于不利地位。同时，争议岛屿上的民众因阿根廷的入侵而增强了他们团结一致的决心，坚定了他们对于争议岛屿的立场。② 因此，从以上两个方面来讲，虽然英国对争议岛屿的占有带有殖民的特点，但目前为止，英国在争议岛屿的主权问题上占有主动权。

2. 阿根廷关于争议岛屿的主张是领土完整。阿根廷认为，自己对于争议岛屿的主权是从西班牙继承的。③ 西班牙首先发现并且对于争议岛屿进行了有效占领。1774 年英国撤离争议岛屿后，西班牙继续占领该岛，并于 1781 年将英国留在岛上象征主权的纪念碑毁坏；同时，英国政府对于在 1820 年到 1833 年联省共和国以及随后的阿根廷共和国对于争议岛屿的占领并没有提出异议。④ 而 1833 年英国对于争议岛屿的占领行为一直以来受到阿根廷政府的抗议。后来在 1884 年，阿根廷曾经向英国建议将争议岛屿的主权争端提交国际仲裁，但遭到了英国的拒绝。⑤ 1945 年联合国成立后，非殖民运动兴起，殖民地人民的民族自决权作为殖民地获得独立的理由得到了联合国的支持。而对争议岛屿来说，岛屿上的居民

---

① ［英］马尔科姆·肖：《国际法》（第六版），白桂梅等译，北京大学出版社 2011 年版，第 395 页。

② Wayne S. Smith（eds.），Toward Resolution？The Falkland/Malvinas Dispute，Lynne Rienner Publisher 1991，p. 77.

③ 参见 http：//www. dailymail. co. uk/news/article-445174/Argentina-terminates-Falklands-oil-agreement-UK. html # ixzz3XKy8bHjf，last visited on December 21，2017。

④ 参见 Alferd P. Rubin，History and Legal Background of the Falkland/Malvinas Disputes，in Alberto R. Coll & Anthony C. Arend（eds.），The Falkland War：Lessons for Strategy，Diplomacy and International Law，Allen & Unwin 1985，p. 16。

⑤ 参见阿根廷政府网站 http：//www. cancilleria. gov. ar/es/history，last visited on December 21，2017。

却倾向于使争议岛屿作为英国的海外领土，并保持自身的特点。①
英国适时地将其对于争议岛屿的主张转变为尊重该岛屿人民的民族
自决权。而阿根廷认为，英国在 1833 年占领该岛后驱逐了岛上的
原著居民，而现在岛上的居民大多是从英国本土迁移过来的，不是
原著居民，因此不能适用民族自决权。② 1982 年两国军事冲突后，
尽管阿根廷试图通过武力取得争议岛屿主权行动遭受失败，但是并
没有改变它对于争议岛屿拥有主权的立场。然而，武力的使用也使
得阿根廷丧失了在道义上和舆论上的主动性。一方面，英国对于争
议岛屿在事实上的占有并没有改变；另一方面，岛屿上的居民对于
将岛屿主权交还给阿根廷持抵触态度。③ 因此，从目前来看，阿根
廷在争议岛屿的主权问题上处于劣势。

二、英国与阿根廷共同开发的发展历程

英国与阿根廷共同开发实践的依据是两国在 1995 年 9 月 27 日
签订的《英国和阿根廷关于西南大西洋近海活动合作的共同宣言》
（Joint Declaration of Cooperation over Offshore Activities in the South
West Atlantic，以下简称《共同开发宣言》）。《共同开发宣言》详
细规定了两国进行近海油气资源共同开发的原则、形式和具体措
施，此次合作是两国在 1982 年关于争议岛屿主权归属问题爆发军

① 在争议岛屿居民看来，自己并不是阿根廷的居民，也不像阿根廷所
说的争议岛屿属于英国的殖民地，他们认为争议岛屿属于英国的海外领土，
除防务和外交属于英国外，岛上的居民享有充分的自决权。在他们眼里，阿
根廷是他们生活的破坏者。参见福克兰群岛政府网站，http：//www.
falklands. gov. fk/Self-governance/relationship-with-argentina，last visited on December
21，2017。

② 参见阿根廷政府网站 http：//www. cancilleria. gov. ar/es/history，last
visited on December 21，2017。

③ 参见 Wayne S. Smith（eds.），Toward Resolution？The Falkland/
Malvinas Dispute，Lynne Rienner Publisher 1991，p. 77；另外，参见福克兰群岛
政府网站 http：//www. falklands. gov. fk/Self-governance/relationship-with-argentina，
last visited on December 21，2017。

事冲突后进行的一次重要的合作。然而，两国共同宣言的达成并非一蹴而就，因为在共同宣言签订之前，两国相继在 1990 年 2 月 15 日和 1990 年 11 月 28 日分别签订了的《英国和阿根廷关于重建外交关系的共同声明》（Joint Statement of Re-establishing Diplomatic Relations between Britain and Argentina 以下简称《外交声明》）和《英国和阿根廷关于渔业资源保护的共同声明》（Joint Statement on the Conservation of Fisheries between UK and Argentina，以下简称《渔业声明》）。从涵盖范围上来讲，表明了两国合作的领域不断扩展；从内容上来讲，这些文件又有着一脉相承的特点。① 因此，从《外交声明》到《渔业声明》再到《共同开发宣言》，是两国合作不断深化的过程，同时也清晰地展现了两国共同开发合作的发展历程。这一部分笔者将叙述《外交声明》和《渔业声明》签订的背景及其内容，以描绘两国进行共同开发合作的发展历程。

（一）英国和阿根廷关于重建外交关系的共同声明

1. 背景。英阿两国就争议岛屿主权归属问题爆发军事冲突之后，两国的外交关系也随之断绝。此后，英国及欧共体采取措施对阿根廷实施经济制裁。同时，美国在对英阿两国争端调停不成后，也转而对阿根廷实施经济制裁。② 这些制裁使得阿根廷国内经济困难。它恢复与英国外交关系的动力就是其不断恶化的经济形势。③

---

① 从《外交声明》到《渔业声明》再到《共同开发宣言》，两国合作的领域涉及军事互信、航行、渔业合作和油气资源开发合作，合作的领域不断拓展和深化。同时，这些文件的条款也有一定的相似性，即都规定了"不损害条款"（Non-prejudice Clause）即两国都同意在展开合作时不涉及其关于争议岛屿的立场问题，也就是说，两国之所以开展合作是因为它们搁置了争议岛屿的主权问题。

② 参见 Lisa L. Martin, Institutions and Cooperation: Sanctions during the Falkland Islands Conflict, International Security, Vol. 16, No. 4, 1992, pp. 150-151。

③ 参见 Malcolm Evans, The Restoration of Diplomatic Relations between Argentina and the United Kingdom, The International and Comparative Law Quarterly, Vol. 40, No. 2, 1991, p. 476。

同时，对于争议岛屿军事行动的失败也使得以加尔铁里为首的军政府倒台，从而结束了该国当代史中最黑暗的军人独裁统治，进入民主宪政阶段。① 新政府上台后对国内进行民主改革，努力消除前任政府的影响，从而为英阿两国恢复外交关系奠定了政治基础。同时，对于阿根廷的经济制裁也使得英国付出了巨大的代价。② 基于此，英国也有意愿与阿根廷改善关系。在此背景下，两国于 1990年 2 月 16 日在西班牙首都马德里签署了《英国和阿根廷关于重建外交关系的共同声明》。

2. 主要内容。该外交声明由五个部分构成，包括一个正文和四个附件：

（1）正文。外交声明的正文一共有 18 段。其中，主要内容集中在第 5 到 17 段。而需要强调的是，在第 2 段中，双方"确认了两国在 1989 年 10 月 19 日所达成的有关争议岛屿的主权方案（Sovereignty Formula）适用于这次会议和其结果。"③ 第 5 段中，双方同意根据第 2 段所达成的主权方案，展开以下方面的合作，包括：第一，建立双方军队的"临时互相通报和磋商机制"（Interim Reciprocal Information and consultation system），旨在增进两国互信；第二，在福克兰群岛／马尔维纳斯群岛与大陆之间建立直接交流；第三，达成双方海空军活动的行为规则；第四，达成旨在便利在西南大西洋进行搜索和营救的紧急情况处理机制；第五，建立有关飞行和航行安全和控制的信息交流体系；第六，在该声明生效一年内继续对以上事项进行双边谈判和审查。第 6 段规定了该声明的生效时间，即 1990 年 3 月 31 日；第 7 段规定了两国外长的双边会晤机

① 参见宋晓平编著：《列国志·阿根廷》，社会科学文献出版社 2005年版，第 85~86 页。

② 参见 Lisa L. Martin, Institutions and Cooperation: Sanctions during the Falkland Islands Conflict, International Security, Vol. 16, No. 4, 1992, pp. 164-172.

③ 这里所说的主权方案（Sovereignty Foumula）和下文所讲的"不损害条款"（Non-prejudice Clause）含义相同，即两国之间的合作不损害两国对于争议岛屿的立场。

制，旨在达成有关捕鱼方面的合作，包括交换有关捕鱼方面的数据，以及在特定区域内鱼类种群总量数据分析方面的信息，双方同意共享以上信息，并讨论了对于渔业资源共同开发和保护的可能性；在第 8 段中，双方决定建立"南大西洋事务工作组"（Working Group on the South Atlantic Affairs）处理以上事项，并规定了工作组的定期会晤机制；在第 9 段中，双方代表考虑到了争议岛屿与大陆之间的联系，同时，英国代表承认了阿根廷存在便利争议岛屿和大陆之间交流和商业机会的意愿；在第 10 段中，双方考虑到了一些阿根廷公民的亲属埋葬在该岛上这一情况，基于人道主义考虑，同意在国际红十字委员会（ICRC）主持下举行公墓吊谒活动，并通过外交途径，达成定期吊谒的协定；在第 11 段中，双方代表同意通过外交途径，修改合作协定的可能性及愿望；第 12 段规定了双方同意通过外交途径进行两国《促进和保护投资协定》的谈判；第 13 段规定了双方同意废除两国国民互访的签证要求；在第 14 段中，双方意识到了保护环境的重要性，并同意通过双边以及在国际组织内进行环境保护有关的合作。第 15 段规定了双方在打击毒品犯罪方面的合作，包括信息交流，控制交易以及在毒品交易中追踪、冻结、没收方面的合作。在第 16 段中，双方注意到了国际政治和经济发展相互依赖和一体化的趋势，特别是在欧共体和拉丁美洲国家层面上，同意通过外交途径对这一趋势进行磋商。在第 17 段中，双方同意将这一共同声明的文本及附件提交联合国大会作为官方文件，同时英国和阿根廷将分别将这一文本提交欧共体主席与委员会和美洲国家组织。

（2）附件一，临时相互通报和磋商机制。该机制的目的旨在增强两国的互信并毫不迟延的尽快恢复两国的外交关系，该附件包括七个部分。

第一部分是直接通讯联系（Direct Communication Link）。该联系是建立在两国军事机关之间，并受到两国外交部的监督。它包括声音和/或者电子传输（Voice and/or Telex Transmission），该联系会全天候进行，并且每周至少测试一次设备。

第二部分是概念的定义。包括船舶、飞行器和战斗单位的定义。

第三部分是军事行动中信息的互换，这也是该附件中比较重要的部分。一方面，这些信息包括：海军 4 艘以上的舰艇和空军 4 架以上的飞行器的移动，超过 1000 人和超过 20 单位飞行器的训练，以及超过 500 人或 20 单位飞行器的两栖部队和空降部队的移动。另一方面，该附件指出了该措施适用的区域。此外，该部分还规定了通知的时间不能超过 48 小时，以及对于违反该措施而产生紧急情况的处置。

第四部分是核查，该核查是通过观察员船舶（Observer Ships）和由信息交流而实现的磋商的方式来实现的。

第五部分，双向互访，该互访将根据不同情况通过外交途径达成。

第六部分，国际惯例的适用，规定在遇到该附件没有规定的情况时，适用国际惯例。

第七部分，持续时间，这一机制将会通过定期的外交和技术会议进行修订，该会议将会在外交声明生效后一年内召开，并通过外交途径召集。

（3）附件二，海军和空军单位接近的安全措施。在该附件中，首先，规定了两国海军和空军在行动、移动以及演习过程中所应该注意的事项，包括"不应带有敌意、明确的展示意图、演习中的预防和审慎、个别武器使用的限制"。其次，指明了两国军队在行动中所适用的国际规则[1]。最后，明确了在涉及第三方关切的情况下两国信息交换的义务。

（4）附件三，海上和空中的搜索与营救。该附件主要规定了搜索和营救的主要程序：该程序是位于争议岛屿上的英国军队司令部和同时设在阿根廷领土上的两个西南大西洋区域搜索营救协调中心（SAR Co-ordination Centers of Southwest Atlantic Area），它们分别是位于阿根廷乌斯贝亚（Ushaia）的海上救援协调中心和位于阿

---

① 这些规则包括 1944 年《国际民用航空器公约》附件六和 1972 年《国际海上避碰规则》。

根廷里瓦达维亚港（Comodoro Rivadavia）的空中救援协调中心，两国的搜索救援中心共同参与行动，同时与国际救援组织合作。

（5）附件四，航行安全。包括船舶航行安全和飞行器飞行安全。关于前者，该附件要求交换航行方面的信息，并规定由国际海事组织规定的区域协调机构对该区域的海员发布通知；关于后者，英阿两国同意通过提供有关空中管制、警告、搜索救援、通信和气象服务方面的信息来方便阿根廷飞行信息中心的运行，并促进争议岛屿和空中救援协调中心关于在识别航空器和双方机场建设过程中的信息交换，同时在出现紧急情况时，双方同意方便双方或第三方飞行器降落，并作出积极反应。

（二）英国和阿根廷关于渔业资源保护的共同声明

1. 背景。英国和阿根廷外交关系的恢复推动了两国渔业声明的签署，《外交声明》第7段就对两国进行有关捕鱼方面的合作作出了规定。"渔业问题成为两国恢复外交关系后所要解决的首要问题。"① 早在两国外交关系恢复之前，英国于1986年在争议岛屿附近建立了福克兰群岛临时保护和管理区（Falklands Islands Interim Conservation and Management Zone），单方面对渔业资源进行保护。然而，英国的这一措施措施与阿根廷主张的区域重合。② 同时，由于这一地区缺少保护渔业的相关法律，各个地区的渔船都可以在此进行活动而不需要相关的许可，③ 从而使得该地区的渔业资源受到

① Peter J. Beck, Fisheries Conservation: A Basis for a Special Anglo-Argentine Relationship? The World Today, Vol. 47, No. 6, 1991, p. 103.
② 这个临时管理区的范围是以争议岛屿的中心为固定点，以150海里为半径所划出的圆形区域，而由于当时《海洋法公约》并未生效，这与阿根廷主张200海里的领海发生重叠。参见 R. R. Churchill, Falkland Islands - Maritime Jurisdiction and Co-Operative Arrangements with Argentina, International and Comparative Law Quarterly, Vol. 46, Issue. 2, 1997, p. 463。
③ 据资料显示，在这一地区进行捕鱼的渔民来自远东，东欧和西欧。参见 Peter J. Beck, Fisheries Conservation: A Basis for a Special Anglo-Argentine Relationship? The World Today, Vol. 47, No. 6, 1991, pp. 102-106。

了巨大的破坏。两国在渔业方面共同关注的焦点就是过度捕捞问题，从而需要建立有效的保护措施。① 基于此，两国在1990年2月15日签订《外交声明》之后，又于同年的11月28日签署了《渔业声明》。

2. 主要内容。《渔业声明》一共有6段和1个附件，前者规定了该声明的主要内容，后者标明了该声明所适用的地理范围。在第1段中，第（1）和（2）部分规定了"不损害条款"（Non-prejudice Clause），表明了双方进行渔业合作的原则，即不损害和改变两国关于争议岛屿的主权立场。第2段指出为了保护该区域的渔业资源，两国同意建立临时的合作机制：包括建立南大西洋渔业保护委员会（South Atlantic Fisheries Commission）和在规定的区域内采取商业捕鱼的临时总量禁止措施。第3段规定了委员会的组成和运行机制，该委员会由两国代表组成，并且每年会晤至少两次。第4段规定了委员会的功能，包括：第一，依据《外交声明》第7段，向两国收集信息②；第二，对收集到的信息进行评估；第三，就保护近海渔业资源的重要种群向两国政府提出共同科学研究建议；第四，根据国际法，向两国政府提供建议在国际水域内保护迁移和回溯的鱼类种群；第五，监督第2段规定的禁止措施和建议的实施。第5段规定了禁止措施的生效时间；第6段中两国政府表示将根据该声明制定相关的行政措施。

三、英国与阿根廷《共同开发宣言》内容的实证分析

经科学考察发现，争议岛屿附近的海域蕴藏着丰富的油气资

---

① Malcolm Evans, The Restoration of Diplomatic Relations between Argentina and the United Kingdom, The International and Comparative Law Quarterly, Vol. 40, No. 2 , 1991, p. 480.

② 这些信息包括：捕鱼船队、合适的捕鱼数量以及重要回溯鱼类的总量分析方面的信息。参见 David Freestone, UK/Argentina Co-operation on Fisheries Conservation, International Journal of Estuarine and Coastal Law, Vol. 145, No. 6, 1991, pp. 145-148。

源。英阿两国基于各自对于争议岛屿的主权主张,扩展到了争议岛屿附近海域的油气资源。两国在恢复外交关系后,曾于 1991 年 11 月建立英阿碳氢化合物高级别联系小组(UK-Argentina High Level Contact Group on Hydrocarbon Matters),这个小组负责交换信息和通报两国政府在南大西洋事务上的态度。① 此外,1994 年《海洋法公约》的生效在一定程度上加剧了这个区域内的海洋争端。特别是其中的"专属经济区"(EEZ)和"大陆架"(Continental Shelf)条款为双方对争议岛屿海域附近的油气资源的管辖提供了法律依据。② 同时,福克兰群岛当局在 1994 年和 1995 年分别颁布了《近岸矿产法令》(Offshore Minerals Ordinance)和《近岸石油许可条例》(Offshore Petroleum Licensing Regulation)两部国内法,为在福克兰群岛的大陆架上开采和开发油气资源创制了综合的法律体系。③ 不同层面的法律制度在一定程度上会引起法律适用的无序,而且单方面的立法也会加剧两国在争议岛屿主权问题和自然资源开发利用的争端。考虑到这些因素,以及在两国关系不断升温、各领域的合作不断开展的背景下,合作成为两国关系发展的主流,使得两国签订《共同开发宣言》有了一定的政治基础。

(一)英国和阿根廷《共同开发宣言》的主要内容

英国和阿根廷于 1995 年 2 月 27 日签订了《西南大西洋近海活动的共同宣言》,该宣言被视为两国进行共同开发合作的法律文件。该宣言包括七部分和一个附件,内容分别是:适用范围、合作措施、共同委员会、委员会职能、搜索和营救、管理措施和在履行

① 参见 T. W. Wälde & Andrew McHardy, Argentina-United Kingdom: Joint Declaration on Cooperation over Offshore Activities in the Southwest Atlantic, International Legal Materials, Vol. 35, No. 2, 1996, p. 302。

② 参见萧建国:《国际海洋边界石油的共同开发》,海洋出版社 2006 年版,第 57~65 页。

③ 参见 R. R. Churchill, Falkland Islands – Maritime Jurisdiction and Co-Operative Arrangements with Argentina, International and Comparative Law Quarterly, Vol. 46, Issue. 2, 1997, pp. 468-469。

该宣言各个阶段的合作义务，附件明确了两国进行共同开发区域的具体位置。以下将详细介绍两国《共同开发宣言》的具体内容：

1. 适用范围。第一部分明确了《共同开发宣言》的适用范围，即该宣言只适用于福克兰/马尔维纳斯群岛，不适用于南乔治亚群岛和南三文治群岛。① 除了规定宣言的适用范围外，最重要的是这一部分确立了两国在关于争议岛屿附近开展合作的立场：即共同开发活动不改变两国在有关争议岛屿及其附近海域的主权或者领土、海洋管辖权的立场，同时两国及第三方在执行该宣言的过程中，不构成对于两国在有关争议岛屿及附近海域的主权或者领土、海洋管辖权的立场的确认、支持或者反对。这就是主权方案（Sovereignty Formula）或者"不损害条款"（Non-prejudice Clause）。这一条款同样规定在两国的外交声明和渔业声明中。因此，从这一点可以看出这第三个文件有着一定的相似性。换言之，两国的共同开发合作同样是建立在搁置争议岛屿主权的基础之上进行的。

2. 合作措施。第二部分规定了两国在开发和开采近海油气资源的原则，即近海油气工业开发和开采碳氢化合物要根据合理商业原则和良好油田开发的一般做法。并且规定了两种合作的措施：第一，通过建立由两国政府代表所组成的联合委员会的方式进行；第二，通过在附件中划定的 6 个区块中协调双方活动的方式进行，每个区块的面积约为 3500 平方千米。

3. 联合委员会。第三部分规定了联合委员会的构成及其定期会晤机制。联合委员会将由两国的代表组成并每年至少会晤两次。委员会的建议将由双方以共同协商的方式作出。

4. 委员会的职能。这是宣言中最重要的部分，这一部分由五段构成。

第一段规定了联合委员会的主要职能：向两国政府提交建议，制定保护大西洋海洋环境的标准，上述行为均应考虑相关国际条约

---

① 在英国和阿根廷岛屿主权争端中，涉及的岛屿包括福克兰群岛/马尔维纳斯群岛、南乔治亚群岛和南三文治群岛。但是在《共同开发宣言》第一段的最后部分，两国明确规定该宣言只适用于福克兰群岛/马尔维纳斯群岛。

及国际组织的建议。

第二段规定，在所划定的区块内协调两国的行动，该区块是两国的特别合作区。并建立从属于联合委员会的下级委员会（Sub-committee），并规定了该下级委员会的职能：第一，通过双方建立合营公司或者公告的方式在每个区块内鼓励商业活动；第二，寻求在每一区块提名公司，所提名的公司为保护环境提供相应措施；第三，由每一区块内的公司向两国政府提交的项目发展计划提出建议，包括每个区块之间的界限；第四，寻求在未来所有运营的方面的紧密合作，包括全部费用、特许使用费、运费、税款以及时间的协调，商业性条款及条件、推荐标准的使用；第五，建议应基于双方已知的地理数据作出，基于附件中的沉淀结构，未来区域中的附加区块的确定，将由两国政府在委员会建议的基础上决定。

第三段规定了为促进存在主权和管辖权争端的海洋区域的油气资源的开发和利用，双方应采取的措施：第一，为开发、生产和基础设施的使用而促进双方产业之间的合作，包括合营公司的组成和合营项目的运营；第二，在与海床有关的科学研究、活动开展和商业运营方面从双方政府和运行公司收集信息，并遵守商业秘密；第三，通过商业承诺的方式建议双方政府协调研究工作；第四，为使近海活动在安全、健康和有监管的条件下进行，向双方政府提交建议。最后，这一部分还规定了政府尽速通知的义务：即双方政府将会采取适当措施，在公司开发活动方面得到尽速的通知。

第四段规定在双方已知的地理数据的基础上，向政府建议在适当的时间推进特别区域合作的深入，其中的规定类似于第4部分第2段的条款。

第五段规定了在未来可能出现的事项上委员会的职能：对未来所可能出现的任何事项作出考虑并向两国政府提出建议，包括根据良好油田开发的一般做法，管道建议和基础设施的有效利用而达成的统一运营的可能要求。

5. 搜索和营救。宣言规定，关于之前两国达成的搜索和营救的安排将适用于近海活动。

6. 管理措施。宣言规定：双方政府将会根据第 4 段的规定，为在区域内达成的有关油气资源开发和利用的共同宣言，而采取适当的管理措施。双方同意这种规制公司活动的措施将会在第 1 段所达成的主权方案下实施。同时，双方将会为两国公司真正参加开发活动创造条件。并且规定了双方交换与开发利用活动相关的信息。双方还同意避免采取行动或者施加情况，影响和干扰在该区域内进行的碳氢化合物的开发活动。

7. 执行该宣言各个阶段的合作义务。在这一部分，双方同意由商业运营者在近海活动的各个阶段展开合作，包括最终废弃设施的制度。

8. 附件。在附件中，双方在争议岛屿西南海域确定了以经纬度表示的 13 个点，这些点经过依次连接后所形成的区域为两国确立的共同开发区，为两国《共同开发宣言》适用的范围。①

值得注意的是，《共同开发宣言》中并没有规定宣言的终止日期以及在特别区域内进行勘探和开发活动的刑事管辖权。② 即使这样，英国政府认为："达成这种谅解是受欢迎的，因为这是一种增进在边界区域勘探和开发油气资源氛围的有利因素。"③

(二) 英国和阿根廷《共同开发宣言》的法律效力探究

1.《共同开发宣言》是否存在法律拘束力的判断标准。这里将围绕《共同开发宣言》是否构成国际法上有拘束力的条约展开讨论。换言之，该共同宣言是否为双方创设了国际法上的权利和义

---

① 具体有关共同开发区位置图示见文章附录三。

② 参见 Ana E. Bastida, Adaeze Ifesi-Okoye, Salim Mahmud, James Ross and Thoma Wälde, Cross-Border Unitization and Joint Development Agreement: An International Law Perspective, Huston Journal of International Law, Vol. 29, No. 2, 2006-2007, p. 410。

③ Masahiro Miyoshi, The Joint Development of Offshore Oil and Gas in Relation to Maritime Boundary Delimitation, Maritime Briefing Vol. 2, No. 5, International Boundaries Research Unit 1999, p. 27.

务。而关于某一文书是否属于条约，是一个困难的问题。① 著名国际法学者马尔科姆·肖认为："确定国际法律文件的地位不是其名称，而是从相关情况推演出来的各方的意图，即他们是否有意在它们之间就相关问题创造有拘束力的法律关系。"② 关于这一点，国际法院的一些判决值得借鉴。

在"卡塔尔诉巴林案"中，围绕两国接受沙特对它们领土争端的调停，在三方之间于 1990 年 12 月 15 日签署的备忘录是否构成有拘束力的条约问题。国际法院认为："为确定一项协定是否构成条约，法院必须考察该协定的事实条款（actual terms）和其签订的特别情形（particular circumstance）。"③ 国际法院在详细考察了该备忘录的内容后，认为该备忘录不像巴林所说的仅仅是简单的会议记录，它包含了对双方在六个月内找出解决争端方式义务的重新确认，从而为双方创设了权利和义务，因此构成国际条约。④

同时，在"希腊诉土耳其案"中，国际法院也阐述了确认某一文书是否构成条约的标准。在该案中，争议的焦点之一就是两国于 1975 年 5 月 31 日达成的和平解决争端的《布鲁塞尔公报》中所包含的，关于将两国爱琴海大陆架的争端提交国际法院裁决的规定是否约束双方，即该公报是否构成有拘束力的条约。关于双方就该公报的形式是否构成条约的争论，国际法院认为："《布鲁塞尔公报》是否属于条约从根本上取决于性质和内容，即所要表达的东

---

① 参见 H. Thirlway, The Law and Procedure of the International Court of Justice, British Yearbook of International Law, 1991, pp. 4-5, 转引自［英］安托尼·奥斯特：《现代条约法与实践》，江国青译，中国人民大学出版社 2005 年版，第 15 页。

② ［英］马尔科姆·肖：《国际法》（第六版），白桂梅等译，北京大学出版社 2011 年版，第 95 页。

③ Maritime Delimitation and territorial Questions between Qatar and Bahrain, Jurisdiction and Admissibility, Judgment, I. C. J. Report. 1994. p. 112, para. 23.

④ 参见 Maritime Delimitation and territorial Questions between Qatar and Bahrain, Jurisdiction and Admissibility, Judgment, I. C. J. Report. 1994. p. 112, para. 25。

西，而不能简单的注重其形式。而要确定该公报的性质和内容，需要考察其事实条款（actual terms）和签订时的特别情形（particular circumstance）。"① 通过考察公报的内容和公报签订前后两国政府的换文后，国际法院得出结论："双方外交部长代表各自政府，无意对于双方中的一方单方面将争端提交法院作出承诺。布鲁塞尔公报不能作为法院对于双方争端享有管辖权的基础。"②

通过对以上两个具有代表性的案例的分析，对于某一文书是否构成条约，我们可以总结以下几点：

第一，国际法上文书的形式并不重要。就以上两个案例来看，"备忘录"和"公报"显然不属于规范的具有法律约束力的条约的形式。同时，针对以"宣言"形式为名称的某一国际法文书，李浩培先生认为："宣言是否属于条约取决于其外部表现，特别是其所用的文字。"③

第二，该文书所使用的语言是确定其是否为条约的重要标准。尽管条约法并不要求条约使用某种特殊的措辞，但一些实务部门的工作人员都会仔细地选择术语。④ 上述两个案例中法官的判决都支持了这一观点。对于依据条约所使用的语言如何确定其是否具有法律拘束力，一边都会体现在关键术语上。比如某一国际文书的制定者倾向于使其成为具有法律约束力的条约的话，会选择"应当（shall）"，"同意（agree）"，"承担（undertake）"，而如果他们只是使其成为没有法律拘束力里的文件时，他们会选择："愿意（will）"，"决定（decide）"，"执行（carry on）"。⑤ 由此来看，术语的选择对于判断某一国际法文书是否属于有拘束力的条约是很

---

① Aegean Sea Continental Shelf, I. C. J. Reports 1978, p. 3, Para 96.

② Aegean Sea Continental Shelf, I. C. J. Reports 1978, p. 3, para. 107.

③ 李浩培：《条约法概论》，法律出版社 2003 年版，第 24 页。

④ 参见 ［英］安托尼·奥斯特：《现代条约法与实践》，江国青译，中国人民大学出版社 2005 年版，第 18 页。

⑤ 英国著名条约法专家奥斯特先生对条约术语的选择问题做过详细总结。参见 ［英］安托尼·奥斯特：《现代条约法与实践》，江国青译，中国人民大学出版社 2005 年版，第 398 页。

有帮助的。

第三，某一国际文书是否构成国际法上有拘束力的条约还要看签订该文书的特别情况。关于特别情况，在"希腊诉土耳其案"中，国际法院考察了两国在签订《布鲁塞尔公报》前后的相关实践，即在 1975 年 1 月和 1975 年 10 月希腊政府和土耳其政府关于争端解决的外交换文。由此可见，这种特别情况就是指在签订某一国际法文书前后双方的实践，这些实践可以反映出缔约双方对于该文书的观点，进而能够推测双方是否存在使得该文书具有拘束力的意向。"在现代条约法中，名称并不能决定该文件的地位，具有决定性作用的是是否将该文件视为具有法律拘束力文书的意向。"①

同时，除了在实践中反应双方是否具有缔约意向之外，双方是否受该文书的拘束也可能体现在以下两个方面：第一，该文书的内容中是否存在强制性争端解决条款。虽然争端解决条款是否存在并不能直接体现文书的法律拘束力。然而，其中如果规定了将争端交予第三方裁判或者仲裁的条款，这样的条款的存在很难与缔结一项没有法律拘束力文件的意向的解释相一致的。② 第二，该文件是否在联合国或者其他国际组织进行登记。对此，李浩培先生认为："虽然某一国际法律文书的登记与否并不能直接反映其法律拘束力。一个应登记而未登记的条约，并不能丧失其基于一般国际法的效力。"③ 在"卡塔尔诉巴林案"中，就巴林对于卡塔尔在向国际法院诉讼 10 天之前将备忘录进行登记所产生的异议问题，法院认为："一项条约迟登记或者不登记，并不能对条约的效力产生任何

① ［英］安托尼·奥斯特：《现代条约法与实践》，江国青译，中国人民大学出版社 2005 年版，第 20 页。

② 参见 H. Thirlway, The Law and Procedure of the International Court of Justice, British Yearbook of International Law, 1991, pp. 7-8, 转引自，［英］安托尼·奥斯特：《现代条约法与实践》，江国青译，中国人民大学出版社 2005 年版，第 28 页。

③ 李浩培：《条约法概论》，法律出版社 2003 年版，第 188 页。

影响。"① 然而，一个文书已经或者没有提交登记的事实可能构成有关国家对于其地位意向的证据。② 换言之，一项文书没有登记可能会暗含当事国对于该文书拘束力的否认。反过来讲，如果当事国认为某一条约地位特别重要并对双方具有约束力，可能就会选择到联合国或某一国际组织登记。最明显的例子是《中英两国关于香港问题的联合声明》由两国在联合国进行了登记。③

综上所述，结合国际法院的判决和国家实践，我们可以总结出判断一项国际法文书是否构成国际法上有拘束力的条约时的相关标准：其中最主要的是该文书的内容和缔结该文书的国家是否存在受该文书约束的意图，前者可以通过该文书中所使用的术语进行判断，后者则要考察签订该文书前后相关国家的实践。此外，该文书中是否含有强制性争端解决条款，是否在联合国或者其他国际组织进行登记。在此，需要注意的是，后面两个标准在证明力方面不及前面的两个标准。通常来说，它们只是从一个侧面来反映一个文书的拘束力，因此在证明过程中起辅助作用。

2. 判断标准在《共同开发宣言》中的运用。本部分通过将上述判断标准在《共同开发宣言》中的运用，将说明宣言是否真正对两国具有法律拘束力。需要说明的是，因为第一部分中所列举的四个判断标准的重要性有所差异，因而在运用过程中不会面面俱到。而是就宣言的文本和英阿两国的实践两部分着重进行阐述，其他的判断标准的援用则会稍作说明。

（1）英国和阿根廷《共同开发宣言》文本分析。在构建《共同开发宣言》文本过程中，术语的选择将会反映出两国对于该文本是否有法律拘束力的态度，而在宣言内容分析的过程中，我们将会着重考察反映宣言是否有拘束力的重点术语。在此笔者将对宣言

① Maritime Delimitation and territorial Questions between Qatar and Bahrain, Jurisdiction and Admissibility, Judgment, I. C. J. Report. 1994, p. 112, para. 29.

② 参见［英］安托尼·奥斯特：《现代条约法与实践》，江国青译，中国人民大学出版社 2005 年版，第 271 页。

③ 参见［英］安托尼·奥斯特：《现代条约法与实践》，江国青译，中国人民大学出版社 2005 年版，第 22~23 页。

中有代表性的三个术语"应当（shall）"，"愿意（will）"和"同意（agree）"进行考察，进而探究其法律拘束力。

第一，"应当（shall）"的分布情况。一般来说，当某以文本中出现施加义务的术语如"应当（shall）"时，代表了该文件具有拘束力。通过对于宣言文本的考察，在整个宣言文本中，"应当（shall）"的出现的频率有 4 次，其中有两次出现在了第 1 段中，这 1 段的内容大致如下：此共同宣言或者任何后续之类似共同声明及会议不应当被解释为：改变联合王国关于福克兰群岛……领土主权……管辖权的立场。改变阿根廷共和国关于福克兰群岛……领土主权……管辖权的立场。承认对于联合王国或者阿根廷共和国关于福克兰群岛……领土主权……管辖权的立场的支持。联合王国，阿根廷共和国……执行共同宣言……的行为均不应当构成……就福克兰群岛……主权或者海洋管辖权立场的确认、支持或者反对。另外两次出现在第 3 段和第 4 段的（b）中：委员会将由来自两国的代表组成并至少一年会晤两次。委员会的建议应当由双方共同协商达成。在 2（b）段所规定的区块内协调双方活动。这些区块作为特别合作的区域。这项合作将由从属于联合委员会的下级委员会执行，下级委员会应当定期会晤。

通过对术语"应当（shall）"的分布考察，我们可以发现，该术语在宣言中出现的次数的频率相当少。这一点可以反映出双方在拟定该宣言文本的过程中可能避免使用过多表示义务性的术语，从而尽量回避相互施加太多的义务。同时，"应当（shall）"的分布主要集中在第 1 段中。本文对于第 1 段的内容已经有所提及，主要内容是关于双方搁置争议岛屿的主权争端。也就是说，"应当（shall）"在第 1 段的使用反映了双方试图对于在搁置关于争议岛屿的主权争端的问题上，试图施加义务。然而，这种规定义务的方式也存在一定的缺陷。比如，如果有一方在合作的过程中重新提起对于争议岛屿主权要求的话，如何根据宣言进行救济。换言之，如果有一方违反这一义务的话如何处置，在宣言中并没有规定。此外，"应当（shall）"在关于联合委员会作出建议的方式和下级委员会定期会晤中的使用，不是特别的凸显出使用"应当（shall）"

311

的意义，因为其中并没有涉及有关双方重大的利益事项。因此，通过对"应当（shall）"分布情况的考察，我们可以发现，双方在宣言中规定义务从而使其具有拘束力的可能性很小。

第二，"愿意（will）"的分布情况。经统计，"愿意（will）"总共在宣言文本中出现 14 次。与"应当（shall）"的分布情况正好相反，"愿意（will）"在第一部分只出现一次，而在其他部分数量居多，其他部分的内容包括"合作措施"、"联合委员会及其职能"等内容。换言之，这些内容涉及两国共同开发活动细节方面的规定。根据奥斯特先生的观点：如果缔约方无意缔结一项有法律拘束力的文件，它们就不用"应当（shall）"，而用一些少义务语气的词语，如"愿意（will）"。① 因而我们可以看出，对涉及共同开发细节的规定方面，比如规定合作措施、设立联合委员会以及规定该委员会的职能方面，两国选择义务语气较弱的术语"愿意（will）"，从中可以反映出两国倾向于在共同宣言的具体实施方面回避承担相关义务。

第三，"同意（agree）"的分布情况。作为表示义务性的术语"同意（agree）"在宣言中出现 4 次，分别出现在第 1、2、6、7 段。其中，它的分布可以归为以下两类：

第一类，表示双方同意搁置有关争议岛屿的主权争端，分别分布在宣言第 1 段和第 6 段：大不列颠及北爱尔兰联合王国政府和阿根廷共和国政府同意在两国于 1989 年 10 月 19 日在马德里达成的共同宣言中所包含的有关主权的如下规则……②两国政府同意这种规制公司活动的措施将服从第一段所达成的主权规则……

第二类，表示双方同意进行合作，分别分布在宣言的第 2 段和第 7 段：两国政府同意根据宣言中的相关规定为在南大西洋鼓励海洋活动方面进行合作……为执行本宣言中的不同安排……两国政府

① 参见［英］安托尼·奥斯特：《现代条约法与实践》，江国青译，中国人民大学出版社 2005 年版，第 28 页。

② 这种规则即搁置双方对于福克兰群岛/马尔维纳斯群岛、南乔治亚群岛和南三文治群岛的主权争端。

同意通过商业行为者以不同近海活动的形式进行合作。

通过"同意（agree）"术语在宣言中的分布我们可以发现：一方面，两国仍然将确定双方义务的意向规定在了搁置主权争端的条款内。正如从宣言文本中可以看出，含有义务性术语的"应当（shall）"和"同意（agree）"在这一条款中的运用体现了双方试图将搁置争议的规定确定为对两国具有拘束力的条款的意向。不过，正如前文所指出的那样，这种搁置争议条款本身存在缺陷；此外，双方在合作方面试图规定义务。然而，这种合作条款过于空泛，而宣言中有关合作细节规定上有使用非义务性术语"愿意（will）"，使得双方确立合作条款义务的意图大打折扣。因此，通过"同意（agree）"这一有拘束力的术语在宣言中的使用所要反应出双方使得宣言成为有拘束力条约意图方面本身，并没有很强的说服力。

综上所述，通过考察"应当（shall）"，"愿意（will）"和"同意（agree）"在宣言中的分布和使用情况，我们可以得出以下结论：

首先，非约束性术语在宣言中的数量要大于约束性术语，说明了缔约双方可能刻意回避将宣言变成一个对双方有约束力的国际法文件；其次，具有约束力术语的使用，如"应当（shall）"，"同意（agree）"，大部分局限于第一部分搁置主权争端的条款中，这似乎说明双方意图使这一条款具有拘束力，然而，这一条款由于规定模糊，并且双方在后续行动中并没有遵守该条款，可以看出其实该条款很难约束双方；最后，在宣言中涉及共同开发细节方面，双方没有使用具有拘束力的"应当（shall）"，而使用了不具有拘束力的"愿意（will）"，进一步说明了两国在共同宣言的具体实施方面刻意回避承担相关义务。因此，在宣言术语的选择和使用方面，两国不太可能有意使宣言成为在国际法上有拘束力的条约。

（2）英阿两国围绕《共同开发宣言》所进行的相关实践。王铁崖先生认为："在国际法的渊源中，国家实践占有重要的地位。"① 除了通过《共同开发宣言》文本能够反映双方对于该宣言是否具有约束力的意图之外，两国在签署《共同开发宣言》后所进行的实践，同样能够反映它们是否有意受宣言的约束。在"希腊诉土耳其案"中，国际法院为了确定双方是否存在使两国签订的《布鲁塞尔公报》成为国际法上有拘束力条约的意向，专门考察了两国于1975年1月和1975年10月的两个外交换文，以此来确定两国的意图。② 而在英阿两国签署《共同开发宣言》后，围绕《共同开发宣言》，同样存在以下实践：

第一是《英国政府就英国和阿根廷两国外交部长签署的西南大西洋近海活动合作共同宣言的宣言》③，这一宣言代表了英国政府就与阿根廷签署的《共同开发宣言》所持的态度。在宣言中，英国政府除了对它与阿根廷达成的这一宣言表示欢迎，并对两国的合作前景持乐观的态度以外，英国政府还明确了对于争议岛屿拥有主权和管辖权的明确立场。宣言第3段写道："共同宣言确保了英国政府对于福克兰群岛及周边海域的主权和管辖权，英国政府毫无疑问拥有这一岛屿的主权和管辖权。"此外，英国政府在这一宣言中还对阿根廷政府的行为表明了态度："英国政府意识到阿根廷政府拟颁布法律向在福克兰群岛附近海域作业的公司收取费用，英国政府不能接受阿根廷政府以这些公司在福克兰群岛大陆架上活动为理由而向它们收费的行为。"

第二是《阿根廷政府就英国和阿根廷两国外交部长签署的西

---

① 王铁崖：《国际法引论》，北京大学出版社1998年版，第2页。

② 参见 Aegean Sea Continental Shelf, I. C. J. Reports 1978, p. 3, para. 100-103。

③ Declaration of the British Government with regard to the Joint Declaration signed by the British and Argentina Foreign Minister on Co-operation over Offshore Activities in the South West Atlantic. See http：//fiassociation.com/shopimages/ pdfs/1995/Joint-Declaration-on-Cooperation-Over-Offshore-Activities-in-the-South- West-Atlantic. pdf.

南大西洋近海活动合作共同宣言的声明》①，这一声明代表了阿根廷政府就与英国签署的《共同开发宣言》所持的态度。同样，阿根廷政府在该声明中对于两国签署《共同开发宣言》表示欢迎，认为这一宣言"能够在更高的层面上维持两国友好而诚挚的关系"。然而，阿根廷政府同样认为该宣言确认了它对于争议岛屿的主权，声明第3段写到"协议保证了阿根廷共和国对于马尔维纳斯群岛及其附近海域不可剥夺的权利。"此外，阿根廷认为："该宣言不应当（shall）以任何方式被解释为承认或支持英国政府对有关争议岛屿及其附近海域拥有主权的立场。"

第三是双方在签订《共同开发宣言》后各自的单方行为。对于英国来讲，是在共同开发区外的单方面勘探和开发措施；对于阿根廷来讲，是重新提出了关于进行争议岛屿的主权争端的谈判。这些行为是导致两国共同开发实践失败的原因，对此，笔者将在第五章进行详细论述。而单从这些行为就可以直接看出《共同开发宣言》对双方并没有拘束力，双方不认为其中的条款对其施加了义务。

从以上两国对《共同开发宣言》的态度来看，宣言中规定的搁置主权的条款对于它们几乎都没有约束力。一方面，双方都无视宣言中第一段关于搁置主权争议的规定，而主张自己对于争议岛屿及其附近海域拥有主权；另一方面，阿根廷政府还对宣言作出有利于自己的单方面解释：宣言中"不能解释为承认和支持双方对争议岛屿的立场"的规定，在阿根廷看来是不能解释为承认和支持英国对于争议岛屿的主权立场，反过来讲，宣言似乎可以解释为支持和承认阿根廷对于争议岛屿及其附近海域的主权的主张。这一点肯定是不能被英国所接受的。因此，尽管宣言中存在关于搁置主权

---

① Statement by the Argentina Government with regard to the Joint Declaration signed by the Foreign Minster of Argentina and the United Kingdom on Exploration and Exploitation of Hydrocarbons. See http：//fiassociation. com/shopimages/pdfs/1995/Joint-Declaration-on-Cooperation-Over-Offshore-Activities-in-the-South-West-Atlantic. pdf.

争端的规定，但两国都对其视而不见，反而都主张自己对于争议岛屿及其附近海域的主权。两国的这种态度从实质上反映了它们并没有以最大的诚意搁置对于争议岛屿的主权归属争端，这也就为其失败埋下了伏笔。

（3）其他标准在《共同开发宣言》中的适用。前文已提到，这些审查某一国际法文书是否有拘束力的其他标准包括：该文书是否含有强制性争端解决条款、是否在联合国或者其他国际组织进行登记。虽然这些标准在确定英阿两国的《共同开发宣言》的拘束力方面可能有些牵强，但至少提供了一种分析该宣言是否有约束力的思路。

第一，《共同开发宣言》是否存在强制性争端解决条款。实际上，在共同宣言文本中并不存在强制性争端解决条款，而且《共同开发宣言》中也不存在诸如通过"谈判"、"协商"、"调停"来就解决争端的任意性争端解决条款的规定。因此，两国如果在合作的实践过程中出现争端，宣言并不能提供明确的规则指引。值得注意的是，宣言中存在的联合委员会以及下级委员会的定期会晤机制或许暗含着可以通过协商或者谈判的方式解决争端的意向。而且一般来讲，由于谈判总是可能的，这种条款很少在条约中出现。①

第二，《共同开发宣言》是否在联合国或者其他国际组织进行登记。经过笔者查阅，《共同开发宣言》并没有在联合国登记。②正如前面已经提到的那样。登记可能构成证明当事国对于该条约地位意向的证据，但不是绝对的，这一点在证明某一国际法文件是否构成有拘束力的条约方面，说服力较弱。

四、英国与阿根廷共同开发案核心问题解读

英国与阿根廷共同开发实践有以下特征：首先，在上文提到的

---

① 参见［英］安托尼·奥斯特：《现代条约法与实践》，江国青译，中国人民大学出版社 2005 年版，第 39 页。

② 参见联合国条约集数据库 https：//treaties. un. org/Pages/UNTSOnline. aspx？id＝3，last visited on December 21, 2017。

三个文件中都无一例外的将"不损害条款"纳入其中；其次，两国能够在军事冲突后开展合作，可以说政治意愿占了很大的比重；再次，两国在合作过程中对于合作区块位置的选择也是一个值得研究的问题①。因此，在本章中，笔者选取了"不损害条款"、政治意愿和两国共同开发"区块"的选择这三个问题进行重点分析，进而得出规律性认识。

（一）"不损害条款"

1. "不损害条款"的具体内容及其在共同开发实践中的作用。通过在第二章和第三章对于《外交声明》、《渔业声明》和《共同开发宣言》内容的介绍，我们可以发现：这三个文件都包含了"不损害条款"②。这个条款的主要内容如下：

（1）此共同宣言或后续之相似共同声明及会议不应当被解释为：

a. 改变联合王国关于福克兰群岛、乔治亚群岛和南三文治群岛及相邻海洋区域的主权或者领土及海洋管辖权的立场。

b. 改变阿根廷共和国关于福克兰群岛、乔治亚岛和南三文治岛及相邻海洋区域的主权或者领土及海洋管辖权的立场。

c. 承认对于联合王国或者阿根廷共和国就福克兰群岛、乔治亚岛和南三文治岛及相邻海洋区域的主权或者领土及海洋管辖权立场的支持。

---

① 两国的共同开发区位于争议岛屿的西南方位，位置在争议岛屿和阿根廷领土之间。笔者认为：既然将争议岛屿的主权归属问题进行搁置，那么在争议岛屿周边的海域开展合作是无可厚非的。后来事实证明，英国只选择在争议岛屿的西南方位靠近阿根廷领海的区域内进行合作，而在远离阿根廷领海的争议岛屿的东部和北部却拒绝与阿根廷进行合作。而根据争议岛屿油气资源及开采位置分布图，争议岛屿的油气资源主要分布在该岛的北部。从这一情况似乎可以看出：英国只承认在双方存在重叠的海域（专属经济区和大陆架）权利的争议，而对于争议岛屿不存在主权归属争议。

② 也有学者称其为"不影响条款"，参见何秋竺：《争议区域石油资源共同开发法律问题研究》，武汉大学 2010 年博士学位论文，第 39~42 页。

（2）联合王国、阿根廷共和国或者第三方在执行本共同宣言或者后续相似共同声明及会议的任何规定，或者作为结果的行为，或者活动，均不应构成对于联合王国或者阿根廷共和国就福克兰群岛、南乔治亚岛和南三文治岛及相邻海洋区域的主权或海洋管辖权立场的确认、支持和否认。存在主权和管辖权争议的区域在执行该共同宣言和作为该宣言的结果，不应以任何方式拓展。

以上关于英阿两国"不损害条款"的内容的规定"是国际上诸多的共同开发案例中规定比较详细的"。① 此外，在其他一些共同开发案中，同样存在"不损害条款"。例如：在荷兰和联邦德国就埃姆斯河口进行共同开发所签署的《关于埃姆斯-多拉德条约补充协定》中保留了两国尚未确定的边界问题，而对这一地区的油气资源进行共同开发，从而开辟了在尚未划定边界的相邻地区进行共同开发的先例。②

在"巴林与沙特阿拉伯共同开发案"③、"日本与韩国共同开发案"④、"伊朗与沙迦共同开发案"⑤、"澳大利亚与印度尼西亚共同开发案"中⑥，都有类似搁置争议的规定。同时，在中韩两国签订的《渔业协定》第 14 条和《中日东海原则共识》⑦，以及英国国际法和比较法研究所编纂的共同开发示范协议文本第 4 条也都

---

① 萧建国：《国际海洋边界石油的共同开发》，海洋出版社 2006 年版，第 107 页。

② 参见秦晓程：《与海底资源共同开发有关的几个国际法问题》，载《政法论坛》2000 年第 1 期，第 138 页。

③ 参见蔡鹏鸿：《争议海域共同开发的管理模式：比较研究》，上海社会科学出版社 1998 年版，第 187 页。

④ 参见蔡鹏鸿：《争议海域共同开发的管理模式：比较研究》，上海社会科学出版社 1998 年版，第 129 页。

⑤ 参见蔡鹏鸿：《争议海域共同开发的管理模式：比较研究》，上海社会科学出版社 1998 年版，第 196 页。

⑥ 参见蔡鹏鸿：《争议海域共同开发的管理模式：比较研究》，上海社会科学出版社 1998 年版，第 239 页。

⑦ 参见段杰龙主编：《中国国际法实践与案例》，法律出版社 2011 年版，第 144 页，第 151 页。

有同样的规定。①

共同开发实践一般分为跨界的共同开发和争议海区的共同开发，前者是共同开发双方不存在划界争议的前提下所进行的共同开发实践，而后者是开发双方在尚未对争议海区划界的情况下，有关国家在临时性的基础上专门就争议海区的共同开发签署协议。② 上述存在"不损害条款"的共同开发实践无一例外的属于争议区的共同开发。换言之，"不损害条款"成为了在争议海区进行共同开发实践必不可少的条款。

2. "不损害条款"的国际法依据。"不损害条款"的国际法依据主要有：

第一，和平解决国际争端原则。在争议区进行的共同开发实践中，"不损害条款"的作用就是将双方关于争议岛屿的及其相关海域的主权进行搁置，在不涉及双方争议的基础上进行共同开发合作，避免了使用武力或者以武力相威胁，从而起到了和平解决国际争端的作用。这符合《联合国宪章》及相关国际法的规定。《联合国宪章》在第2条第3项规定："各会员国应以和平方法解决国际争端，俾免危及国际和平、安全及正义。"此外，《联合国宪章》第33条第1项规定："任何争端当事国，于争端继续存在足以危及国际和平与安全之维持时，应尽先以谈判、调查、调停、和解、公断、司法解决、区域机关及区域办法之利用，或各国自行选择之其他和平方法，求得解决。"同时，《国家权利义务宣言（草案）》第8条规定："各国有以和平方法解决与他国国际争端之，俾免危及国际和平、安全及正义之义务。"③ 另外，《海洋法公约》第279条规定："各缔约国应按照《联合国宪章》第2条第3项以和平方法解决它们之间有关公约的解释和适用的任何争端，并以此目的以

---

① 参见萧建国：《国际海洋边界石油的共同开发》，海洋出版社2006年版，第236页。

② 萧建国：《国际海洋边界石油的共同开发》，海洋出版社2006年版，第30页。

③ 参见王铁崖、田如萱主编：《国际法资料选编》，法律出版社1986年版，第45~46页。

《联合国宪章》第 33 条第 1 项所指的方法求得解决。"

第二，国家领土主权原则的限制。在国际法上，领土主权是指国家对其领土范围内的人和物所行使的最高的和排他的权力，它包括领土管辖权、领土所有权和领土主权不可侵犯。其中，"领土所有权是指国家对其领土范围内的一切土地和资源拥有占有、使用和支配的权力"。① 由此可见，国家领土范围内的自然资源构成了国家领土主权的一部分，国家对在其领土范围内的自然资源享有专属和排他的所有权，并有权自主对其进行开采。国家的这一权利在联合国大会 1962 年 12 月 14 日通过的《关于自然资源永久主权宣言》和 1974 年 12 月 12 日通过的《各国经济权利义务宪章》这两个决议中得到确认。② 另外，在《海洋法公约》中，除了国家在内水和领海内的自然资源专属于沿海国以外，规定沿海国对于其专属经济区内和大陆架上的自然资源享有勘探和开发为目的的主权权利。③ 虽然《海洋法公约》对于沿海国在其专属经济区和大陆架上的自然资源所享有主权权利不是国家主权原则下的领土所有权，但是从贯穿于《海洋法公约》整体的"以陆定海"原则中我们可以这样认为，"沿海国在其专属经济区和大陆架上对自然资源所享有的主权权利实际上是以沿海国对陆地领土的主权为依据的"，④是沿海国领土主权的延伸。

就"不损害条款"本身而言，它实际上就是将国家领土主权

---

① 杨泽伟：《主权论—国际法上的主权问题及其发展趋势研究》，北京大学出版社 2006 年版，第 84~85 页。

② 参见王铁崖、田如萱主编：《国际法资料选编》，法律出版社 1986 年版，第 20~22 页、第 837~849 页。

③ 《海洋法公约》第五十六条第 1 款："沿海国在专属经济区内享有 (a) 以勘探和开发，养护和管理海床上覆水域和海床及底土的自然资源（无论生物或者非生物资源）为目的的主权权利，……。"同时。第七十七条第 1 款规定："沿海国为勘探大陆架和开发其自然资源为目的，对大陆架行使主权权利。"

④ North Sea Continental Shelf. Judgment, I. C. J. Reports 1969, p. 3, para. 19.

中的自然资源主权剥离了出来。以英国和阿根廷两国所面临的实际情况来看，双方均不愿意在有关争议岛屿的主权问题上作出妥协，而争议岛屿附近海区内可能存在丰富油气资源的这一事实使得双方出于经济利益的考虑能够开展共同开发合作。换言之，在将主权争议进行冻结的前提下开展自然资源共同开发的合作，实际上就是将国家对自然资源的所有权从国家对领土的所有权中分离了出来，从而对于自然资源共同享有所有权。这实际上构成了对于国家领土主权原则的限制。

双方的这一实践，是符合国际法的发展潮流的。因为在新的全球化背景下，将国家利益仅仅强调于维护自己安全经济和政治利益的绝对主权观已经不可取了。如果仅仅局限于本国的绝对主权，有时可能带来国际合作的困境。就共同开发实践来讲，双方可能要在冗长的主权和划界谈判和搁置主权与划界争议而进行资源的共同开发之间作出抉择。[1] "我们认为，国际法是发展的，国际法的学说也应随国际法的发展而发展。"[2] 出于国际合作，维护共同利益的需要，各主权国家就要作出适当牺牲，让渡部分主权权利，这样才能使本国在全球化进程中实现更大的利益。[3]

第三，海洋法中的临时性安排。在《海洋法公约》第 74 条第 3 项规定："在达成第 1 款规定的协议（指专属经济区划界协议）前，有关各国基于谅解和合作的精神，尽一切努力作出实际性的临时安排，并且在此过渡期间内，不危害或者阻碍最后协议的达成"；同样，第 83 条第 3 项对于在大陆架划界协议签署之前的临时性措施作出了类似的规定。英阿两国及其一些国家在共同开发实践中规定将双方争议岛屿及其海域的主权和管辖权进行搁置，实际上

---

① 参见 David M. Ong, Joint Development of Common Offshore Oil and Gas Deposits: "Mere" State Practice or Customary International Law? The American Journal of International Law, Vol. 93, No. 4, 1999. p. 776。

② 李浩培：《国际法的概念与渊源》，贵州人民出版社 1994 年版，第 26 页。

③ 参见杨泽伟：《国际法析论》（第四版），中国人民大学出版社 2017 年版，第 256 页。

就是一种在双方争端之外的临时性安排。这种临时性安排是符合临时性措施的效果的，即"不危害有关各方权利、主张或立场的一般规则"。① 而这种临时性措施又进一步构成了双方在争议海域进行油气资源共同开发的前提，从而达到了临时解决双方岛屿及其海域主权和管辖权争端的效果。

（二）政治意愿

共同开发实践从本质上来讲是一种解决海洋争端的临时性安排。在众多共同开发实践中，"这些临时性安排是国家自主行使权力的结果，并同时考虑到各自的国家利益"。② 同时，共同开发从本身来讲不是国际法所特别要求的，在所涉双方政府无政治意愿的情况下是不能证明有效的。③ 另外，共同开发是一项政治色彩浓厚的国际合作行动，双方政治意愿的强弱贯穿于共同开发协议的实施及其后续行动等各个环节。④ 共同开发并不是一项国际法上的义务，它是建立在国家睦邻友好与合作的政治意愿之上的国家性任择行为。⑤ 由此可见，政治意愿构成了共同开发的关键因素。⑥ 尤其是像英国和阿根廷在争议区进行的共同开发实践，双方之所以能够

---

① ［斐济］萨切雅·南丹、［以色列］沙卜泰·罗森主编：《1982 年〈海洋法公约〉评注》，吕文正等译，海洋出版社 2014 年版，第 737 页。

② Vasco Becker-Weinberg, Recalling the Falkland Island（Malvinas）Sovereignty Formula, Ocean Yearbook, Vol. 27, 2013, p. 427. Vasco Becker-Veinberg, Joint Development of Hydrocarbon Deposit in the Law of The Sea, Springer 2014. p. 7.

③ 参见 David M. Ong, Joint Development of Common Offshore Oil and Gas Deposits: "Mere" State Practice or Customary International Law? The American Journal of International Law, Vol. 93, No. 4, 1999. p. 802。

④ 参见杨泽伟：《"搁置争议、共同开发"原则的困境与出路》，载《江苏大学学报（社会科学版）》2011 年第 3 期，第 72 页。

⑤ 参见常明霞：《论海洋油气资源共同开发在国际法中的法律基础》，中国政法大学硕士学位论文 2005 年，第 38 页。

⑥ 参见贾宇：《中日东海共同开发的问题与前瞻》，载《世界政治经济论坛》2007 年第 4 期，第 51 页。

搁置争议进行共同开发合作，实际上就是出于务实的考虑，以期望实现双赢的结果。

在英国和阿根廷共同开发实践中，双方之所以能够达成共同开发协定，政治意愿同样发挥了重要的作用。前已述及，双方在军事冲突后意欲改善两国关系是双方进行合作的直接原因。从政治意愿上讲，两国都期望共同开发实践能够达到双赢的目的。因此笔者将通过国际关系中博弈论，对两国进行共同开发实践的动因进行剖析。

在国际关系中，博弈论是运用数学方法研究处于利益冲突的双方在竞争性活动中制定最优化胜利策略的理论，它试图解决的问题是什么样的行为最为合理？如何抉择才能获胜？[1] 博弈论包括以下几个要素：（1）弈者，即参与者或行为者；（2）收益；（3）规则；（4）信息条件；（5）每一行为者用来达到目的战略；（6）进行博弈的整体环境；（7）动态的相互作用，在这个过程中，一方的选择促使对方改变选择。[2]

通过对以上要素的把握，考虑到双方在冲突后都有改善两国关系的意愿，以及在争议岛屿附近海域存在与其资源可能会给双方带来经济利益的情况。双方针对争议海域资源开发或者不开发将存在以下四种情形（表 11-1）：

表 11-1

阿根廷 ＼ 英国	不开发（b_1）	开发（b_2）
不开发（a_1）	a_1b_1	a_1b_2
开发（a_2）	a_2b_1	a_2b_2

我们假定两国的政策制定者都是理性行为者，都试图获得收益

---

① 参见倪世雄等：《当代西方国际关系理论》复旦大学出版社 2001 年版，第 305~306 页。

② 参见倪世雄等：《当代西方国际关系理论》复旦大学出版社 2001 年版，第 306 页。

的最大化。而双方的收益来自两个方面，一方面是获得油气资源所带来的收益；另一方面是两国关系改善所获得的收益。

就油气资源开发所带来的收益来讲，我们在此假定双方单独开发，开发一方所得收益为 10，不开发一方所得收益为 0；而双方合作开发将所得收益 5。

就改善两国关系所带来的收益来讲，我们假定双方合作开发关系改善所带来的收益为 5，而一方单独开发势必损害两国关系，则带来的收益为 -5，双方拒绝开发不会给两国关系带来收益，则收益为 0。

在双方都不进行开发（a_1b_1）的情况下，双方既没有获得油气资源，也没有改善两国关系，因此双方受益为 0。

在一方单独开发（a_2b_1）和（a_1b_2）的情况下，虽然一方能够获得的油气资源的利益为 10，但是这种行为却恶化了两国的关系，因而所带来的收益是 -5，因此双方收益为 5。

在双方进行合作（a_2b_2）的情况下，油气资源的收益虽然没有一国单独开发所获得的收益多，收益为 5，但是双方合作使得他们的关系得到改善，由此带来的收益为 5，因此双方收益为 10。

由此可得，不同选择下双方收益见表 11-2：

表 11-2

阿根廷 ＼ 英国	不开发（b_1）	开发（b_2）
不开发（a_1）	（a_1b_1）0	（a_1b_2）5
开发（a_2）	（a_2b_1）5	（a_2b_2）10

通过上述双方受益分析可知，双方最优的选择是共同开发争议海域的油气资源。一方面，两国都能够获得油气资源带来的收益；另一方面，也能够改善两国的外交关系。

这就是博弈论下英阿两国共同开发所涉政治意愿因素的分析。从本质上来讲，双方合作根本目的就是实现收益的最大化，而通过共同开发能够带给双方最大的收益，而如果双方中的任何一方不愿意进行合作，在不能保证对方一定不单独开发的情况下，对方单独开发的行为会使其获得比自己更多的收益。因此，从正反两面来讲，在关心自己所得收益以及基于"不想吃亏"的心理作用，两国能够进行合作也就不足为怪了。

不过，有学者称："博弈论是用数学的模式将复杂的国际事件简单化，使生动的国际关系发展趋于僵化状态，因此并不可取。"① 对此，笔者认为，且不论这种分析方法所带来的效果如何，它至少为我们提供了全新的分析问题的思路。国际合作固然要在维护国际和平与安全、和平解决国际争端等道德和法律层面进行分析，但忽视国际关系中国家利益因素的存在将使我们不能全面深入地了解双方合作的动因。因为基于目前国际社会的无政府状态，国家在国际合作过程中仍然是一个精致的利己主义者。

在其他共同开发实践也存在政治意愿方面的考量。比如在"冰岛与挪威共同开发案"中，挪威作出较大让步是基于对抗苏联、维护本国安全和维持两国睦邻友好关系两个方面进行考量的。② 又比如，2008 年《中日东海原则共识》③ 的达成不能说与中日两国在关系解冻之后所进行的高层互访不无关系。④ 而随着2012 年两国关系就钓鱼岛问题持续恶化，双方在东海海域进行共同开发的计划也就搁置了下来。由此可见，共同开发双方在特定时

---

① 倪世雄等：《当代西方国际关系理论》，复旦大学出版社 2001 年版，第 317 页。

② 参见蔡鹏鸿：《争议海域共同开发的管理模式：比较研究》，上海社会科学出版社 1998 年版，第 103~104 页。

③ 该原则共识的内容包括：第一，使东海成为和平，合作，友好之海；第二，在不损害各自立场的情况下，在东海选择一个区块，进行共同开发，双方达成意向性的共同开发区块；第三，日本企业按照中国法律，即《中华人民共和国对外合作开采石油条例》。参加春晓油气田的合作开发。参见段杰龙主编：《中国国际法实践与案例》，法律出版社 2011 年版，第 151 页。

④ 参见杨泽伟：《"搁置争议、共同开发"原则的困境与出路》，载《江苏大学学报（社会科学版）》2011 年第 3 期，第 72 页。

期关系的好坏直接影响到了共同开发活动的进行。

(三) 共同开发"区块"的选择

根据英阿两国的《共同开发宣言》可知，两国的共同开发区位于阿根廷与争议岛屿之间，在争议岛屿的西南方向。两国在《共同开发宣言》中称这块区域为"特别区域"（Special Area），该特别区域被分成了六块，每块 3500 平方公里，总面积约 20000 平方千米，由从属于委员会的下级委员会监督开发。[①]

通过对争议岛屿附近海域地质地质构造图的了解，争议岛屿附近海域存在以下四个地质构造：岛屿北部是北福克兰海盆（North Falkland Basin），南部是南福克兰海盆（South Falkland Basin），东部是东福克兰高原海盆（Falkland Plateau Basin），西部是马尔维纳斯海盆（Malvinas Basin）。通过对比争议岛屿地质构造图和共同开发区位置图可知，两国的共同开发区位于马尔维纳斯海盆。然而，到目前为止，争议岛屿附近四个海盆中，只有北福克兰群岛海盆开采出油气，而且两个油井 PL023 和 PL024 就位于这一区域。同时，福克兰群岛政府还单方面划出一些开发区（Exploration Area），这些开发区包括南北福克兰海盆和福克兰高原海盆，而并不包括两国共同开发区所在的马尔维纳斯海盆。[②] 反观两国的共同开发区，并未发现可供开采的商业性资源。[③] 然而，在北部发现油气资源的情况下，由于阿根廷所主张的争议岛屿海域的范围与英国重合，因而从理论上讲双方可以进一步达成相关协定以促进该区域内油气资源

---

① 参见 T. W. Wälde & Andrew McHardy, Argentina-United Kingdom: Joint Declaration on Cooperation over Offshore Activities in the Southwest Atlantic, International Legal Materials, Vol. 35, No. 2, 1996, p. 302。

② 参见 Vasco Becker-Weinberg, Recalling the Falkland Island（Malvinas）Sovereignty Formula, Ocean Yearbook, Vol. 27, 2013, p. 417, note. 30。

③ 参见 International Boundaries Research Unit（IBRU）, 'Claims and potential Claims to the Maritime Jurisdiction in the South Atlantic and South Oceans by Argentina and the UK', available at http://www.dur.ac.uk/resource/ibru/south-atlantic-maritime-claims. pdf. note. 4。

的共同开发，但是在该区域，两国并无相关共同开发的实践，而是英国选择进行单独开发。① 基于两国对共同开发区块的选择，笔者认为，两国在对"搁置争议"中的"争议"的解释问题上存在分歧。

对于阿根廷来说，这里的争议应该是我们前面所讲的福克兰群岛/马尔维纳斯主权归属的争议。在阿根廷单方面主张的争议岛屿的管辖区域图中，福克兰群岛/马尔维纳斯群岛是包括在其中的，而两国的"特别区域"位于争议岛屿的专属经济区内，而该专属经济区是以争议岛屿为起点所划定的。换言之，阿根廷认为两国共同宣言所划定的"特别区域"是两国在争议岛屿主权归属存在争议的背景下所达成的。而阿根廷对于《共同开发宣言》的态度也反映了这一点，即："宣言保证了阿根廷共和国对于马尔维纳斯群岛及其附近海域不可剥夺的权利。"

对于英国来说，这里的争议不是阿根廷所认为的争议岛屿主权归属的争议，而是两国基于《海洋法公约》所产生的专属经济区和大陆架而出现的海域重叠争议。从位置上来讲，争议岛屿据美洲大陆约 300 英里（约 264 海里），② 《海洋法公约》第 57 条规定："专属经济区从测算领海宽度的基线量起，不应超过 200 海里。"第 76 条第 1 款规定："沿海国的大陆架……如果从测算领海宽度的基线量起到大陆外边缘的距离不到 200 海里，则扩展到 200 海里的距离。"因此，暂且不论岛屿的归属问题，两国的大陆架和专属经济区存在重叠部分。而两国"特别区域"位于南美大陆和争议岛屿之间，同时，英国在签署《共同开发宣言》后的声明中认为：

---

① 在英阿两国的《共同开发宣言》中，对共同开发全区域做出了明确的规定：两国的共同开发区只是局限于争议岛屿的西南方，而并未包括争议岛屿的北部，因此从宣言本身来讲，即使该协定在国际法上构成有拘束力的条约，英国的单方面开采也不构成对宣言的违反。

② 参见 Micheal Waibel, Falkland Island/Isias Malvinas, Max Plank Encyclopedia of Public International Law, available at http://opil.ouplaw.com/view/10.1093/law: epil/9780199231690/law-9780199231690-e1282? rskey = 0mPaOJ&result = 1&prd = EPIL, last visited on December 21, 2017.

"共同宣言确保了英国政府对于福克兰群岛及周边海洋区域的主权和管辖权，英国政府毫无疑问拥有这一岛屿的主权和管辖权。"此外，从英国在北福克兰盆地并没有要求与阿根廷共同开发，而是选择了自己单独开发。基于此，可以看出英国对于争议的解释是和阿根廷存在海区重叠争议而不存在岛屿主权归属争议。

五、英国与阿根廷共同开发案失败的原因

如前所述，英阿两国的共同开发实践在其合作过程中由于对"搁置主权"问题的解释不同，使双方在合作过程中产生了矛盾，也就不可避免地加深了双方的分歧，从而最终为合作的失败埋下了隐患。两国的共同开发合作失败的标志是阿根廷政府在 2007 年 3 月 27 日单方面宣布撤销与英国在 1995 年签订的《英国与阿根廷关于近海合作的共同宣言》。[1] 基于此，笔者认为，两国共同开发实践的失败使得该案对于其他试图通过共同开发解决海域争端的国家有着重要的借鉴意义，因为相关国家可以从反面总结双方共同开发失败的经验和教训。因此，通过分析相关材料，笔者拟从客观和主观两个方面来总结双方失败的原因。

(一) 客观原因

客观原因指双方在共同开发过程基于客观因素的影响，双方意志之外的原因。对于英阿两国的共同开发实践来讲，失败的客观原因是在双方划定的"特别区域"（Special Area）并没有发现可供开

---

① 参见英国《卫报》网站，http：//www.theguardian.com/uk/2007/mar/29/argentina.falklands.（2015 年 10 月 22 日访问）。阿根廷向英国发出的终止《共同开发宣言》的外交照会文本见阿根廷政府网站，http：//www.mrecic.gov.ar/userfiles/documentos-malvinas/1995 _- declaracion _ conjunta _ hidrocarburos__denuncia_2007.pdf. See Vasco Becker-Veinberg, Joint Development of Hydrocarbon Deposit in the Law of The Sea, Springer 2014, p.108。

采的商业性资源。① 共同开发基本的条件之一就是在共同开发区内
存在潜在或者可供证明的资源储藏。② 因为共同开发双方出于经济
利益的考虑而进行合作，双方的共同目标就是通过对共同开发区内
的油气资源进行开发从而获得经济利益，因而可以说，共同开发区
内存在可供开发的油气资源构成了双方开展共同开发合作的基础。
而在英阿两国所划定的共同开发区内，并不存在可供开采的油气资
源，这就使得双方丧失了进行共同开发的必要性。在双方不能够获
得经济利益的情况下，共同开发合作也就没有价值可言，从而也就
使得双方共同开发合作不可避免地走向失败。

（二）主观原因

主观原因是指合作的双方基于各自利益的考虑所作出的选择，
上一章笔者已经论述到，两国之所以进行共同开发而不是单独开
发，是基于"不想吃亏"的心理作用。而如果一方发现自己参与
共同开发仍然会遭受不利的影响，亦或是开发者有其他利益追求高
于共同开发所带来的利益时，其开发的意愿的就不那么强烈，从而
也就有可能使得共同开发的实践走向失败。在英阿共同开发实践
中，可以说双方主观原因对于共同开发的失败的作用要大得多。因
为根据上文可知，在共同开发区域之外仍然存在可供开发的油气资
源使得双方存在继续推进共同开发的可能性。笔者认为双方合作失
败的主观原因包括以下两点：

---

① 参见 Ailice Ruzza, The Falkland Islands and the UK v. Argentine Oil
Dispute: Which Legal Regime ? Goettingen Journal of International Law, Vol. 3,
No. 1, 2011, p. 75. Also See International Boundaries Research Unit (IBRU),
'Claims and potential Claims to the Maritime Jurisdiction in the South Atlantic and
South Oceans by Argentina and the UK', available at http://www.dur. ac. uk/
resource/ibru/south-atlantic-maritime-claims. pdf. note. 4, last visited on December
21, 2017。
② 高之国教授总结的共同开发的基本条件是：第一，领土争端；第二，
潜在和能够证明的资源储藏的存在；第三，国际协定；第四，共同石油运营；
第五，过渡特征。See Zhiguo Gao, The Legal Concept and Aspect of Joint
Development in International Law, Ocean Yearbook, Vol. 13, 1998, pp. 112-113.

第一，主权问题的再提出。"争议岛屿的主权问题构成了英国和阿根廷共同开发实践的核心问题。"[1] 通过上文的叙述可以看出，双方在进行共同开发实践过程中所采取的"搁置主权"的策略是很微妙的：一方面，双方在《共同开发宣言》文本中写入了该搁置争议岛屿主权的内容；另一方面，双方在各自的声明中都宣布对争议岛屿都拥有主权。

此外，对于阿根廷国内的政党来讲，有关争议岛屿主权归属的看法是在未来能否竞选成功的关键因素。"因为对于阿根廷任何一个执政党来说，抛弃对于马尔维纳斯群岛主权的主张无疑等于政治上的自杀。"[2] 因此，对于争议岛屿主权归属的主张就成为阿根廷执政党获取政治资源的资本。在卡洛斯·萨乌尔·梅内姆（Carlos Saul Menem）总统执政期间（1989—1999 年），出于经济利益的考虑，恢复与英国的外交关系并展开了多领域的合作。[3] 1999 年到 2002 年，阿根廷经济持续持续衰退，政局动荡。[4] 2003 年 11 月，

---

[1]　Ailice Ruzza, The Falkland Islands and the UK v. Argentine Oil Dispute：Which Legal Regime？Goettingen Journal of International Law, Vol. 3, No. 1, 2011, p. 77.

[2]　David J. Keeling, Symposium on The Falkland Islands Dispute：A Geopolitical Perspective On Argentina's Malvinas/Falkland Claims, Global Discourse, Vol. 3, No. 1, 2013, p. 164.

[3]　除了文章中介绍的《外交声明》《渔业声明》和《共同开发宣言》外，两国于 1998 年签署《贸易和投资谅解备忘录》和《英国和阿根廷伙伴关系行为议程》。See Micheal Waibel, Falkland Island/Isias Malvinas, Max Plank Encyclopedia of Public International Law, available at http：//opil. ouplaw. com/view/10. 1093/law：epil/9780199231690/law-9780199231690-e1282？rskey＝0mPaOJ&result＝1&prd＝EPIL, last visited on December 21, 2017. 此外，两国还于 1999 年签署联合声明，该声明旨在恢复福克兰群岛飞往南美航线，允许阿根廷护照持有者进入福克兰群岛，清除地雷以及在岛上建立阿根廷阵亡士兵纪念碑等内容。参见英国政府网站 http//：www. fco. gov. uk, last visited on December 21, 2017. 参见 Vasco Becker-Weinberg, Recalling the Falkland Island（Malvinas）Sovereignty Formula, Ocean YearBook, Vol. 27, 2013, p. 413, note. 11。

[4]　参见宋晓平编著：《列国志·阿根廷》，社会科学文献出版社 2005 年版，第 91~96 页。

坚持强硬立场的斯托尔·卡洛斯·基什内尔（Néstor Carlos Kirchner）当选总统，在基什内尔政府任期内，阿根廷对于争议岛屿主权归属的政策是以主权争端是殖民主义问题为前提的，阿根廷的观点是："在21世纪，争议岛屿被一个距离8000英里远的大国控制是毫无意义的。"① 基什内尔上台后随即撤回了阿根廷之前允许争议岛屿和第三国之间的班机穿越阿根廷领空的承诺，阿根廷政府认为："班机穿越不能算是两国关系的改善，除非进行争议岛屿主权归属的谈判。"② 如果说之前两国各自对于争议岛屿的主张是双方各行其是的话，那么这一次阿根廷提议对于争议岛屿的主权归属进行谈判就是对之前两国签署的一系列协定的否定。同时，在2005年，由于阿根廷意欲解决两国的主权争端并在后来拒绝与英国进行谈判，两国在1990年达成《渔业协定》后所组成的南大西洋渔业委员会（South Atlantic Fisheries Commission）提前终止了工作。③ 对于阿根廷在官方层面上出尔反尔，争议岛屿民众表示极度失望。④ 同时，这种失望情绪在一定程度上也代表了英国政府的情绪，两国之间的不信任感与日俱增，从而也就关上了它们之间进行合作的大门。

---

① David J. Keeling, Symposium on The Falkland Islands Dispute：A Geopolitical Perspective On Argentina's Malvinas/Falkland Claims, Global Discourse, Vol. 3, No. 1, 2013, p. 164.

② Claire Taylor & Vaughne Miller, Falkland Island：Twenty Five Years On, Research Paper 07/29, 21 March 2007, available at http：//researchbriefings. files. parliament. uk/documents/RP07-29/RP07-29. pdf. p. 22.

③ 参见 Vasco Becker-Weinberg, Recalling the Falkland Island（Malvinas）Sovereignty Formula, Ocean Yearbook，Vol. 27, 2013, p. 417, note. 30。

④ 在2004年8月采访一位福克兰群岛上的商人时，商人说："在1999年我赞成所有英国和阿根廷签署的协定，我认为那时至少有60%的岛上居民支持这些协定，然而现在我不认为还会有人支持这些协定，阿根廷一次又一次地向我们证明他们是不可信赖的，他们使个协定成为了笑柄，他们没有遵守任何诺言，他们没有表现出任何对协定精神的尊重，他们甚至没有改变我们居住地方的名字，我认为我们不应该再和他们做更多了，无论他们怎么说或者怎么做。"参见英国议会网站 http//：www. publications. parliament. uk, last visited on December 21, 2017。

第二，英国和阿根廷各自的单边行动。英阿两国在《共同开发宣言》之外的单边行动是造成两国共同开发活动失败的另一个主要原因。

英国的单边行动。英国的单边行动表现为在《共同开发宣言》所划定的共同开发区之外进行单方面的开采活动。在两国共同开发活动进行过程中，两国就合作区域的范围产生了争议，从而构成了两国的实质分歧，英国意欲缩小共同开发区的范围并主张保留在其他区域进行单边行动。① 在阿根廷宣布撤销与英国签订的《共同开发宣言》后，阿根廷外交部长塔亚纳（Taiana）将两国在1995年9月签署的《共同开发宣言》描述成"证明英国政府非法和单方面开采属于阿根廷人民资源的合理性工具"。② 这说明阿根廷对英国在共同开发区外单方面开采油气资源的强烈不满。在实际情况中，英国确实在共同开发区外的北福克兰海盆进行了油气开采活动，并没有与阿根廷进行合作。而对于阿根廷对这一协定的终止，福克兰群岛政府认为："我们有权利发展我们的经济，包括油气资源产业，我们正在行使这项权利，而且已经行使了很多年，值得注意的是阿根廷政府在与我们进行油气资源的开发的合作进程中走开了（walk away）。"③ 英国政府对于阿根廷的这一行动表示遗憾（regrettable），认为这将进一步加大两国在未来对于争议岛屿主权

---

① 《共同开发宣言》规定该宣言适用于"西南大西洋主权和管辖权存在争议的海洋区域"，这个区域大约43万平方公里，而英国意欲将合作区域限制在2万平方公里内，并保留在其他争议区域内进行单方行动。See Argentina and the Falkland Islands, available at http：//researchbriefings. files. parliament. uk/Documents /SN05602/SN05602. pdf. p. 14, last visited on December 21, 2017。

② 参见英国《卫报》网站，http：//www. theguardian. com/uk/2007/mar/29/argentina. falklands, last visited on December 21, 2017。

③ 参见福克兰群岛政府网站，http：//www. falklands. gov. fk/response-to-government-of-argentinas-announcement-of-further-action-against-hydrocarbons-exploration-in-the-falklands/, last visited on December 21, 2017。

领域的分歧。① 由此可见，阿根廷政府终止共同开发协定并非基于共同开发区域内没有可供开采的资源，而是英国的单方面开采行动。换言之，如果英国选择与阿根廷在其他领域开采求其资源的话，共同开发协定不至于会落到失败的地步。因为"对于共同开发来讲，它是一种集体行为，与'各个'和'单方'开发相对立"。② 选择共同开发就意味着摈弃任何一方的单边开发行动。如果一方在共同开发协定之外进行单独开发的话，那么另一方就没有理由不会怀疑对方是否有进行共同开发的意愿，以及是否存在进行合作的诚意，因而在这样一种情况下，双方合作的积极性就会大为降低，也就有可能使得共同开发活动走向失败。

阿根廷的单边行动。阿根廷的单方面行动表现为制定国内法和国内措施主张权利范围和对未经其允许在其专属经济区和大陆架上进行油气资源开采的公司进行制裁。关于前者，阿根廷于 2009 年 4 月 21 日根据其第 20489 号法案和《海洋法公约》，向大陆架界限委员会提交了关于主张整个阿根廷外大陆架界限的文件。③ 关于后者，阿根廷于 2011 年 3 月 16 日颁布第 26559 号法案，对于未经许可在其大陆架上进行石油开采和开发的公司吊销其经营许可 5 年到 20 年不等。④ 2014 年，阿根廷又颁布另一项法律对非法在其大陆架上勘探和开发石油的公司进行罚款，并对相关责任人处以最高 15 年的监禁。⑤ 同时，阿根廷还打算对擅自在靠近福克兰群岛海

---

① 参见英国《卫报》网站，http：//www. the guardian. com/uk/2007/mar/29/argentina. falklands，last visited on December 21，2017。

② 余辉：《共同开发海洋矿物资源的国际法问题》，载《中国国际法年刊》，中国对外翻译出版社 1994 年版，第 64 页。

③ 参见阿根廷政府网站，http：//www. cancilleria. gov. ar/es/situation-provisional-understandings，last visited on December 21，2017。

④ 参见阿根廷政府网站，http：//www. cancilleria. gov. ar/es/situation-provisional-understandings，last visited on December 21，2017。

⑤ 参见英国《经济学家》杂志网站，http：//www. economist. com/blogs/americasview/2014/02/oil-and-gas-falklands，last visited on December 21，2017。

域开采石油的三家英国公司和两家美国公司提起诉讼，认为它们的行为是"擅自进入阿根廷领土内实施的非法行为"。① 近期，一名阿根廷法官下令查封在福克兰群岛作业的外国石油公司的资产，这些资产包括总价值达 1.65 亿美元的银行账户、船只和其他财产。② 阿根廷所采取的这一系列措施是对英国采取单边行为在争议岛屿附近海域勘探和开发油气资源的报复，是两国后来无法再一次达成新的共同开发协定的原因。鉴于英阿两国争端目前所面临的僵局形势，从长远角度来看，这些行动不利于两国关系的发展以及争议岛屿主权归属问题的最终解决。

六、比较与借鉴：英阿共同开发案对中国的启示

前述可知，英阿两国的共同开发实践缘于两国对于争议岛屿的主权归属争端。中国与周边国家同样存在包括岛屿主权归属和海域划界在内的海洋争端，与英阿两国实践相类似的是，一直以来，中国也主张和周边国家通过共同开发来达到解决海洋争端的目的。因而英阿两国的共同开发实践对于中国在未来与周边国家进行共同开发实践有着一定的借鉴意义，特别是两国共同开发失败所带来的教训值得中国学习和借鉴。然而，鉴于英阿争端与中国面临的海域争端产生的背景有所不同，因而在进行借鉴时应当通过比较它们不同的特点。只有在区分它们的共性与个性的基础之上，进行借鉴才是有意义的。

（一）英阿海洋争端和中国与邻国海洋争端的比较

1. 共同点
第一，争端内容部分相同。英阿海洋争端的主要内容就是关于

---

① 参见英国广播公司网站，http://www.bbc.com/news/business-32354222,
last visited on December 21, 2017。
② 《阿根廷查封外国油企在马岛资产》，载英国《独立报》2015 年 6 月
28 日报道，转引自《参考消息》2015 年 6 月 30 日，第 4 版。

争议岛屿的主权归属问题，由此产生的次要问题是围绕争议岛屿的主权归属而产生的海域划界问题，因而在两国的海洋争端中，有关争议岛屿的主权归属问题占有很大的比重。同样，在中国与周边国家的海洋争端中，同样存在岛屿的主权归属问题。比如在东海，存在与日本就钓鱼岛主权归属的争端。此外，在中国主张主权的南沙群岛，许多岛屿被其他国家侵占，其中包括越南、菲律宾和马来西亚等。

第二，尝试解决争端的前提相同。在英阿共同开发实践中，两国之所以能够进行合作，前提就是两国搁置了关于争议岛屿的主权争端；从两国进行共同开发合作的发展历程可以看出，无论是《外交声明》、《渔业声明》还是《共同开发宣言》，两国都将"不损害条款"写入其中，即两国之间所进行的合作不损害两国对于争议岛屿的各自立场。同样在中国与邻国的海洋争端中，中国的一贯主张就是"搁置争议，共同开发"。[1]

第三，尝试解决争端的方式相同。在英阿关于争议岛屿的主权归属问题上，两国曾经试图通过在争议岛屿附近海域实施油气资源的共同开发达到解决争端的目的。而对于中国与周边国家的海洋争端来讲，中国一贯的主张就是与争议国家在争议海域实施自然资源的共同开发，因为共同开发能够所体现传统国际法中的协商、谈判、睦邻友好原则，[2] 这也是中国一贯所主张的争端解决方式。

第四，争端都对国家关系影响存在不确定性。英阿争议岛屿主权归属从一开始就是两国关系的核心问题。而1982年两国关于争议岛屿的军事冲突使两国关系跌入谷底，近年来两国之间的合作有助于改善两国关系，但是归根结底，关于争议岛屿的主权归属问题一直是影响两国关系的关键因素。同样，中国与周边邻国关系的好

---

① 参见孙炳辉：《共同开发海洋资源法律问题研究》，中国政法大学博士学位论文2000年，第92~97页。

② 参见周忠海：《论南中国海共同开发的法律问题》，载《厦门大学法律评论》2003年第5辑，第208页。

坏也受到海洋争端的影响。比如在 2012 年日本单方面宣布将钓鱼岛"国有化",遭到中国强烈反对,从而使得两国的关系急剧恶化。又如,黄岩岛事件在一定程度上也影响到了中国与菲律宾两国的关系。

第五,国家政策对争端的加剧与缓和都存在重要影响。在英阿争议岛屿主权归属争端中,两国能够展开合作的主要原因就是两国同意搁置对于争议岛屿的主权争端,而在阿根廷新政府上台后,对前任政府政策作出改变,重新提出争议岛屿的主权问题,从而使得两国的合作破裂。同样对于中国来讲,政策因素对与周边国家的海洋争端也起到了加剧或缓和的作用。以中日钓鱼岛争端为例,两国争端肇始于 20 世纪 50 年代,在 80 年代时中国实行改革开放战略,从日本引入先进科学技术,此时与日本的关系进入"蜜月期",同时在"搁置争议,共同开发"的政策背景下,日本也没有实行对钓鱼岛的极端政策,因而与日本的岛屿争端并没有激化。2006 年开始的两国高层互访,使得两国在 2008 年达成了《中日东海原则共识》。而在 2012 年,日本对钓鱼岛实行"国有化"政策,使得中国以在钓鱼岛附近开展常态化巡航作为应对,从而加剧了两国的海洋争端。

第六,合作文件中政治因素大于法律因素。前已述及,英阿合作文件《共同开发宣言》只不过是两国签订的政治性文件,并无法律拘束力。而在 2002 年中国与南海国家签订的《南海各方行为宣言》同样是一个无法律拘束力的政治性文件。在菲律宾单方面将与中国的海洋争端提交国际仲裁时,中国主张两国签订了该文件从而排除了国际仲裁庭的管辖权。然而仲裁庭在审查该文件后认为,《南海各方行为宣言》不是国际法上有拘束力的条约,中国所主张的仲裁庭无管辖权的理由并不成立。①

2. 不同点

---

① 参见 PCA, Case No 2013-19, The Republic of Philippines vs. The People's Republic of China, Award on Jurisdiction and Admissibility, 29 October 2015, pp. 106-108.

第一，争端内容不同。正如上文所指出的那样，英阿两国的海洋争端主要是有关争议岛屿的主权归属争端，海域划界争端从属于岛屿主权争端。而在中国与邻国的海洋争端中，岛屿主权争端与海域划界争端同时存在，两者是并列关系。比如在东海海域，中国与日本除了钓鱼岛主权归属争端外，还存在着东海大陆架的划界争端。因此，较之英阿岛屿主权归属争端，中国与周边国家的海洋争端更为复杂。

第二，所涉国家数量不同。英阿关于争议岛屿的主权归属争端所涉国家只有英国和阿根廷两方。而中国与周边国家的海洋争端当事方数量多，就东海而言，中国与日本存在钓鱼岛主权归属争端以及东海大陆架划界争端；就南海而言，南海岛礁归属争端与南海海域划界争端，争端所涉六国七方①。因而就争端国家数量来讲，中国与周边邻国的海洋争端的解决更为困难。

第三，争端持续时间长短不同。英阿争议岛屿主权归属争端肇始于19世纪30年代，距今已经持续近两百年，在这两百年中，阿根廷一直没有放弃对于争议岛屿的主权要求并尝试通过各种途径解决。而中国与周边国家的海洋争端发轫较晚。就东海而言，钓鱼岛主权争端起始于20世纪50年代。就南海而言，争端起始于20世纪70年代，一方面在南海海域存在可探明的丰富的油气资源，刺激了周边国家对于南海的"圈地运动"；另一方面由于《海洋法公约》的签署，其中有关"专属经济区"和"大陆架"的规定使得周边国家对南海的主张发生重叠，因此可以说，《海洋法公约》使得中国与南海周边国家的海洋争端更加复杂。

第四，争端所涉岛屿地理环境不同。在英阿两国的岛屿主权归属争端中，争议岛屿的面积为1.2万平方公里，岛上环境适宜人类

① 除中国大陆控制的若干岛屿和中国台湾控制的太平岛外，南沙群岛有45个岛礁被越南、菲律宾、马来西亚侵占，形成了中国、中国台湾、越南、菲律宾、马来西亚、印度尼西亚、文莱六国七方对峙的局面。参见商国珍：《南沙问题国际化趋势》，载《世界形势研究》1993年第18期，第50页。转引自孙炳辉：《共同开发海洋资源法律问题研究》，中国政法大学博士学位论文2000年，第111页。

居住并有常住的居民，具有巨大的开发和利用价值。而在中国与周边国家的岛屿主权争端中，所涉岛屿的面积小，部分岛礁并无人类居住，因而开发和利用的价值不是特别大。不过之所以中国与周边国家海洋争端特别是岛屿主权归属争端的加剧，是因为《海洋法公约》规定的领海、专属经济区和大陆架制度，依据《海洋法公约》，某些岛屿可能享有 12 海里领海、200 海里专属经济区和大陆架，从而使国家享有管辖和控制的水域面积大大增加。

第五，争端所面临的国际政治形势不同。英阿两国争端在 1982 年两国发生军事冲突时被激化。阿根廷因为违反《联合国宪章》中的"不使用武力"和"和平解决国际争端原则"而遭受美国和欧盟的制裁，阿根廷因制裁所面临的经济困难以及英阿两国试图修复两国关系成为了它们进行共同开发的直接动因，在这一过程中，并无第三方国家干预或者挑拨。而中国与邻国的海洋争端所面临的政治背景是美国"重返亚太"以及"亚太再平衡"的战略，从这一点上来讲，美国对于中国与周边国家的海洋争端的直接干预和挑拨在一定程度上加剧了中国与邻国的海洋争端，同时对恶化中国与邻国的关系也起到了一定的刺激作用。

第六，争端的现状不同。英阿两国就旨在搁置争议的共同开发实践自 2007 年被阿根廷单方面终止后两国再无相关合作，目前两国仍在强调各自对争议岛屿拥有领土主权，而英国实际占有争议岛屿，因此两国目前的争端处于僵局状态。而中国与邻国的的海洋争端目前呈现不同的态势。

在东海与日本就东海海域划界与钓鱼岛主权归属问题而言，中国目前处于主动地位，一方面，中国利用日方将钓鱼岛"国有化"的行为，实现了对钓鱼岛的常态化巡航；另一方面，中国目前与日本关系发生微妙变化，两国关系似乎有回暖迹象①，从这一点上讲不排除两国存在就海洋争端再一次展开合作的可能。在南海与东南

---

① 中日韩在 2015 年 11 月 1 日举行三边峰会，这是东京与北京改善关系的最新迹象。载美国《华尔街日报》网站，2015 年 10 月 14 日报道，转引自《参考消息》2015 年 10 月 16 日，第 16 版。

亚诸国就南海岛礁归属与海域划界问题而言，从表面上看，中国处于被动地位。因为在近期，设在海牙的国际仲裁庭裁定，仲裁庭就菲律宾提起的与中国的南海争端在程序方面拥有管辖权。① 而中国认为"该裁决是非法的、无效的，对中国没有拘束力"。② 中国在解决海洋争端的一贯主张是通过双边谈判和协商来解决争端，不接受国际司法程序对于中国与邻国海洋争端的管辖，然而这一次仲裁庭的裁决刺激了其他国家将与中国的海洋争端提交国际仲裁，因而不排除在未来其他国家将与中国的海洋争端提交国际司法程序的可能。不过，由于东南亚国家受中国的经济影响较大，因为海洋争端而与中国关系急剧恶化的可能性不大。但是这种南海周边国家与中国关系"若即若离"的态势也使得南海争端的前景存在较大的不确定性。

（二）危机中存机遇：对中国有利因素分析

通过以上对于英阿两国争端和中国与周边国家海洋争端的比较分析，笔者认为，无论从争端的内容的囊括、到争端的当事国数量的多寡、再到争端所面临的外部国际政治形势的差异，以及争端现状的不同，中国与周边国家的海洋争端要比英阿两国争端更为复杂。然而，如果只分析中国所面临的复杂局面而没有看到对中国的有利因素，在应对争端方面只会"长他人志气、灭自己威风"，同时也会是"只见树木，不见森林"，不能够全面了解中国所面临的海洋形势，也不能够正确地找出相应的解决途径。笔者认为，中国虽然目前所面临的海洋争端比过去任何时候都要复杂，但是同样存在解决与周边国家海洋争端的有利因素，对此，笔者将从以下三点进行剖析：

① PCA, Case No 2013-19, The Republic of Philippines vs. The People's Republic of China, Award on Jurisdiction and Admissibility, 29 October 2015, p. 149, para. 413.

② 参见中国外交部网站，http://www.fmprc.gov.cn/ce/cgct/chn/zgyw/t1310470.htm, last visited on December 21, 2017.

　　首先,中国改革开发以来所取得的经济建设成就,是中国解决海洋争端的基础。目前,中国经济总量已跃居世界第二位。虽然在目前世界经济形势中,中国经济下行压力增大,但是中国仍是全球经济增长的重要引擎。在英阿共同开发案中,两国的合作就是出于经济方面的考虑,经济因素在海洋争端的解决发挥着重大的作用。而与中国有着海洋争端的日本与东南亚国家与中国有着密切的经贸往来,日本科技产品得益于中国巨大的消费市场,而东南亚国家的原材料和商品需要中国的市场,同时其发展依赖于中国的资本和技术。[①] 因而从争端当事国角度来看,只关注与中国的海洋争端,没有看到中国经济发展对其产生的作用是不明智、也是不全面的。对于争端当事国政策制定者来讲,在海洋争端方面与中国闹翻对其经济发展来说也未必是一件好事,而有效地管控与中国的分歧与争端、分享中国经济发展的红利,是目前争端国家政策制定者所要考虑的问题。因此,笔者判断,基于中国在东南亚巨大的经济影响力,中国与周边国家的海洋争端将会继续存在,但是争端激化甚至爆发冲突的可能性较小。鉴于此,中国在争端解决过程中就有了很大的回旋余地,同时又为中国与周边国家在搁置争议的前提下进行合作提供了契机。

　　其次,中国提出的建设"一带一路"倡议为中国与海洋争端国家消除分歧,进行合作,互利共赢提供了机遇。习近平主席分别于 2013 年 9 月和 2013 年 10 月提出了共同建设"21 世纪丝绸之路经济带"和"21 世纪海上丝绸之路"的倡议构想。而后者囊括了与中国有海洋争端的东盟国家。"建设 21 世纪海上丝绸之路的内容包含中国要推动建设的基于海上航行自由,海上共同安全和海洋

---

　　① 东盟各国发展水平不一,较为贫困的国家缺乏基础设施,吸引投资的努力也不太成功,因此很多国家迅速加入了中国发起的"亚投行",支持"一带一路"倡议。但要从中获得收益,需要解决挑战,保持友好。香港《南华早报》2015 年 11 月 12 日文章,转引自《参考消息》2015 年 11 月 13 日,第 2 版。

资源共同开发的新秩序。"① 这种新秩序对与中国有着密切经贸往来的东盟有着巨大的吸引力。因为建设海上丝绸之路体现了中国倡导公共治理和提供公共产品的大国责任。② 东盟国家经济的外向型特点使其需要中国作为其重要的贸易伙伴。21世纪海上丝绸之路建设所倡导的包容开发，互利共赢的理念能够进一步串联、拓展和寻求中国与东盟国家之间的利益交汇点，激发各方的发展活力和潜在动力。③ 因而在"一带一路"的倡议下，由海洋争端所带来的不利影响会被双方合作，共赢的友好氛围所替代。

最后，东盟国家内部的矛盾分歧使得中国能够"各个击破"。美国重返亚洲、制约中国的重要措施之一就是要使中国与周边国家特别是南海国家的海洋争端区域化，而东盟就是一个重要的平台，促使东盟国家联合对抗中国是美国的一贯策略。然而，在最近的东盟防长会议上并未发表针对中国的《联合宣言》使美国认识到东盟并非铁板一块。④ 同时，越南也宣称非常重视与美国、中国的合作关系，越南不会选边站，不会与任何大国结盟对抗其他大国。⑤此外，东盟国家中的老挝、柬埔寨、缅甸、泰国在传统上都是中国的友好邻国，而且与中国并不存在海洋争端，这些国家能够成为中国在东盟发挥作用的主要力量。

综上所述，虽然中国与邻国的海洋争端要远比英阿海洋争端复杂，但是基于中国自身状况以及其所面临的国际环境的差异，中国在处理与邻国海洋争端的问题上依旧存在许多有利因素，它们是促

---

① 张蕴岭：《如何认识"一带一路"的大战略设计》，载《世界知识》2015年第2期，第29页。

② 参见陈万灵、何传添：《海上丝绸之路的各方博弈及其经贸定位》，载《区域经济》2014年第3期，第79页。

③ 参见刘赐贵：《发展海洋合作伙伴关系推进21世纪海上丝绸之路建设的若干思考》，载《国际问题研究》2014年第4期，第2页。

④ 日本《读卖新闻》2015年11月5日报道，转引自《参考消息》2015年11月6日，第14版。

⑤ 中央社河内2015年10月23日电，转引自《参考消息》2015年10月24日，第6版。

成中国与邻国开展合作，进行共同开发的优势所在。

（三）英阿共同开发案对中国的启示

结合前述章节对于英国和阿根廷共同开发产生的背景、发展历程以及最终失败的相关实践的论述，同时通过对比英阿两国的海洋争端和中国与周边国家海洋争端的异同，以及对中国有利因素的剖析，遂得出以下对中国与周边国家进行共同开发的启示：

第一，搁置争端是进行共同开发的前提。前已述及，英阿两国的合作实践无论是《外交声明》和《渔业声明》还是《共同开发宣言》都无一例外地将"不损害条款"纳入其中，即两国所进行的合作不构成对于对方有关争议岛屿主张的承认和支持。正是在这一条件下，两国才进行了一系列的合作。此外，在国际上所进行的争议海域的共同开发实践中，大多数国家都无一例外的选择搁置它们之间的岛屿归属或者划界争议。同时，英阿两国共同开发实践失败的原因之一就是争议岛屿主权问题的再提出。由此可见，争议岛屿主权归属争端是影响两国进行共同开发实践成败的重要因素。对于中国来讲，与周边国家同样存在岛屿主权归属和海域划界争端，无论是从争端的内容还是所涉国家的数量来讲，与英国和阿根廷争议岛屿主权归属争端相比，形势都更为复杂和严峻。鉴于这一情况，期望在短时间内解决这些争端无疑是"天方夜谭"，因此在搁置争议的条件下开展相关方面的合作尤其是进行共同开发就成为中国比较务实的选择。一方面，搁置争议避免了直面争端可能恶化两国关系的风险；另一方面，开展合作尤其是进行油气资源的共同开发使双方能够获得可观的经济利益。从这个层面来讲，搁置争议无疑是一种双赢的选择。

第二，共同开发协定的法律拘束力是保证共同开发顺利进行的重要因素。从英阿共同开发实践的失败带给我们的教训来看，两国所签署的《共同开发宣言》不存在法律拘束力是导致两国共同开发实践走向失败的主要原因。通过第三章论述我们可以发现，两国从一开始在签订《共同开发宣言》时就没有使其成为国际法上真正有约束力的法律文件。首先，从宣言文本的关键措辞的选择来看，条约中一般有约束力的术语只存在于像"不损害条款"（Non-Prejudice Clause）这样空洞的内容之中，而一般具体的实施条款并采用了条约实践中并无法律拘束力的措辞。其次，两国在在签署《共同开发宣言》之后在官方声明之中重申了各自对于争议岛屿的拥有主权的主张。最后，《共同开发宣言》中无相应的争端解决机制使得两国在共同开发过程中所产生的分歧无解决的平台。从反面来讲，如果存在相应的争端解决机制的话，英阿两国围绕共同开发区的范围的分歧可以通过该机制进行解决，可能就不会产生两国对于《共同开发宣言》的不同解读。此外，争端解决机制也可能会成为两国开展对话，消除分歧的场所。对于中国来讲，在未来与周边国家开展共同开发合作时，应通过谈判使共同开发协定成为在国际法上有拘束力的条约，而避免使其成为没有法律拘束力的政治文件。"共同开发缺少有效的法律保障，国家间达成的共同开发协定缺乏有效的拘束力，是中国共同开发实践面临困境的主要原因。"①反观之，有拘束力意味着双方只能按照共同开发协定的规定来行为，从而避免各自的单方行动。同时还应当规定相应的争端解决机制，从而为双方消除分歧、增进互信搭建平台。此外，在目前中国对于国际司法程序解决争端持抵触态度的情况下，还应当将排除第三方司法解决争端明确写入共同开发协定内，"将双边解决方式作为解决我国与周边邻国之间争端的首选解决方式"，②从而保证两国的争端在双边层面通过谈判和友好协商得到解决。

第三，在解决与周边国家海洋争端过程中应当尽量避免使用武力。英阿两国岛屿争端正是阿根廷最先使用武力才导致其在争端中的主动权丧失。然而，在评价阿根廷这一行为是否符合国际法方面产生了问题：一方面，从被殖民地国收复领土这一层面上讲，阿根

---

① 王承志：《共同开发南中国海油气资源的法律问题》，载《中山大学法律评论》2013 年第 2 期，第 136 页。

② 何秋竺：《争议区域石油资共同开发法律问题研究》，武汉大学 2010年博士学位论文，第 180 页。

廷的行为是合法的；另一方面，从和平解决国际争端和不使用武力原则上来讲，它的行为又是非法的。因此就产生了法律适用的困境问题。不过从国际社会的普遍反应来看，阿根廷受到了广泛的批评。这也就启示我们，无论在法律上或者道义上是否占有优势，都应当尽量避免使用武力。而我国政府的一贯主张就是通过谈判和平解决南沙群岛等领土争端，反对使用武力。①然而，笔者注意到，有些学者认为当相关争端威胁到中国的主权和领土完整时，中国应考虑用军事后盾以备不时之需。② 对此，笔者认为，应当分情况考虑：如果与周边国家海洋争端急剧恶化，相关国家以武力强行侵占中国控制的岛屿时，或者联合其他国家进行上述行为时，使用武力是合法的，也是维护我国领土主权的必要措施；然而，如果在争端没有激化，尚存其他方式解决争端的可能，中国不应首先使用武力。对此，中国在争议海域进行的常态化执法行动是较为合理的选择。

第四，循序渐进是进行共同开发活动的重要步骤。通过对英阿共同开发发展历程的考察，笔者认为，两国之所以能够签订《共同开发宣言》，是因为之前的《外交声明》和《渔业声明》已经奠定了两国进行合作的基础。协定的涵盖范围囊括了安全、通信、救援、航行和渔业等众多领域。从《外交声明》到《渔业声明》再到《共同开发宣言》是一个合作领域不断扩展、合作机制不断成熟、合作意愿不断增强的过程。对于中国来讲，与周边国家进行共

---

① 中央军委副主席范长龙在香山论坛发表主旨演讲时表示：即便在涉及领土主权问题上，中国也绝不轻言诉诸武力，避免擦枪走火，始终坚持与当事方直接友好协商，解决分歧争端。美国之音网站，2015 年 10 月 17 日报道，转引自《参考消息》2015 年 10 月 18 日，第 8 版。另见王铁崖主编：《国际法》，法律出版社 2004 年版，第 200 页。

② 参见潘军：《南海 200 海里以外外大陆架划界案问题研究》，载《中国国际法年刊》，法律出版社 2012 年版，第 425~426 页。

同开发应该是一个循序渐进的长期过程，不应一蹴而就。① 具体来讲，在目前与周边国家难以达成共同开发协定的情况下可以先在其他领域，比如安全、渔业、航行、救援等领域案展开合作，从而增进互信、深化合作，等到时机成熟，各方面条件具备时，再开展共同开发协定的谈判。有的学者也认为共同开发不仅可以适用于油气资源，国家实践证明，水资源和渔业资源也可以进行共同开发。② 对于中国而言，这方面的实践是存在的：如中国和日本在 1997 年 11 月 11 日签署，2006 年 6 月 1 日生效的《中日渔业协定》，该协定在东海海域设立"暂定措施水域"，相当于渔业的"共同开发区"；③ 中国与韩国为共同养护和合理利用海洋生物资源，在 2000 年 8 月 3 日签订了《中韩两国政府渔业协定》作为专属经济区划界前的临时安排；④ 2004 年 6 月 30 日生效的《中越北部湾划界协定》和《中越北部湾渔业协定》；2005 年 3 月 14 日中国与菲律宾和越南签署的《在南中国海协议区联合海洋地震工作协议》。同时中国与东南亚国家就打击海盗方面也展开了卓有成效的合作⑤。这些合作不仅是是落实"搁置争议、共同开发"的具体成果，而且是增进共识，深化合作的具体措施，为最终解决南海争议创造了条件。⑥

第五，政治意愿是推动共同开发的关键。共同开发首先是为了

---

① 参见杨泽伟：《论海上共同开发"区块"的选择问题》，载《时代法学》2014 年第 3 期，第 10 页。

② 参见 Willian T. Onorato, Apprtionmant of an International Common Petroleum Deposit, International and Comparative Law Quarterly, Vol. 17, Isssue 1, 1968, pp. 93-97.

③ 参见陈德恭：《现代国际海洋法》，海洋出版社 2009 年版，第 4 页。

④ 参见段杰龙主编：《中国国际法实践与案例》，法律出版社 2011 年版，第 144 页。

⑤ 参见邹克渊：《南海资源活动与海上安全合作问题》，载《北大国际法与比较法评论》2005 年第 5 期，第 68~71 页。

⑥ 参见金永明：《中国南海断续线的法律性质及线内水域的法律地位》，载《中国法学》2012 年第 6 期，第 46 页。

解决政治问题而提出来的临时性安排，虽然名义上是"开发"，但实质上并非资源的开发与利用问题，其重点在于"共同"，强调争议双方能够秉持谅解和合作精神，平等协商，解决争议。① 在这个过程中，双方的合作意愿就显得尤为重要。英阿共同开发的实践就是两国在衡量其所产生的收益上所进行的务实的合作。② 因为两国的共同开发不仅能改善两国的关系，同时又能得到经济利益。因而对双方来讲是一种双赢的选择。政治意愿要求中国与周边国家进行海洋合作，一方面，需要中国切实地拿出合作的意愿；另一方面，也需要对方真心实意地进行合作。缺少任何一方的合作意愿，要想实现共同开发基本上是不太可能的。另外，政治意愿也可以成为中国在筛选共同开发伙伴的标准。对于像有些政治意愿不强，倾向于通过第三方争端解决程序解决争端的国家，中国不应当对其抱有太大的期望，但也不能否认双方存在共同开发的可能；而对于那些有意向想要与中国进行共同开发的国家，中国应当重点关注，并努力与其达成合作。

第六，保持政策的稳定性和连续性有利于共同开发活动的顺利进行。如前所述，共同开发是一项政治性活动，与国家的政策密切相关。英阿的共同开发实践就与阿根廷的国家政策密切相关，在梅内姆政府时期，由于政府急于振兴国内经济，就暂时搁置了与英国的岛屿主权争端。而在基什内尔政府时期，却重新提出了与英国的岛屿主权争端，从而导致了两国共同开发活动的失败。同样，就中日海洋争端来看，在 2008 年两国关系回暖的过程中签署了《东海原则共识》，拟与日本在东海进行油气资源的共同开发，而在 2012 年日本政府单方面宣布"购岛"使两国关系急剧恶化，共同开发也就没有办法进行下去。由此可见，政治因素对于共同开发活动的

---

① 参见姜延迪：《国际海洋秩序与中国海洋战略研究》，吉林大学博士学位论文 2010 年，第 121 页。

② 参见罗国强：《〈中日东海原则共识〉与东海共同开发——结合钓鱼岛与防空识别区问题讨论》，载《法学论坛》2015 年第 1 期，第 42 页。

影响充满不确定性。基于此，保持共同开发双方政策在实践上的稳定性和连续性就显得尤为必要。对此，双方可以将各自对于共同开发的政策写入签署的共同开发协定中，通过谈判使各自的国家政策变成双方共同遵守的法律，从而保证共同开发活动的持久进行。

第七，共同开发区内存在已知的油气资源是共同开发合作成功的保证。共同开发合作的最终目标是为了开发区内的油气资源，因而油气资源是否存在成为决定共同开发合作能否成功的重要保证。英国和阿根廷共同开发实践最终失败的原因之一就是在开发区内不存在可供开采的油气资源。因此，对于中国来讲，要探明开发区内存在可供开采的油气资源才可能会使得共同开发活动继续进行。具体来说，在进行共同开发协定谈判之前，双方可以先达成初步合作协议，由开发实力强、技术先进的一方在拟开发区域内进行初步勘探，在确定开发区内存在可供开采的油气资源的情况下再进行共同开发协定的谈判。在这一过程中，先行勘探一方所支出费用从双方以后分得的利益中优先支付。而且即使没有勘探出油气资源，勘探费用也可以通过谈判由双方共同分担。这样一来既保证了合作的公平，又不会损害双方的关系，从而能够保证双方以后存在继续进行合作的可能。

七、结论

英国和阿根廷的共同开发实践缘起于两国之间的岛屿主权争端。在冲突之后两国所进行共同开发合作的实践中，笔者似乎看到了它们冰释前嫌的希望。然而，两国合作的失败以及当前所产生的僵局又在提醒着我们，通过共同开发解决海洋争端的努力依然任重而道远。英阿两国共同开发合作的这样一个结果使它在全球众多共同开发实践中并不那么出众，甚至会成为批判的对象。① 但在笔者

---

① 参见罗国强：《"共同开发"政策在海洋争端解决过程中的实际效果：分析与展望》，载《法学杂志》2011 年第 4 期，第 15 页。

看来，结合中国目前所面临的情况，总结其经验得失，对中国将来进行共同开发未尝不是一件好事。此外，我们也应当结合对中国的有利因素，恰当地评价共同开发在海洋争端解决过程中的实际效果。

共同开发是在海洋争端尤其是海区重叠或者划界争议得不到解决的前提下，相关国家实践所发展出的灵活的规则①，有些学者甚至认为它是一项正在形成中的国际习惯法。② 适用于共同开发的法律应该在有关国家相互协调，相互合作基础上形成。③ 而在实践过程中需要参考相关经验、结合自身实际情况。

英阿两国的共同开发实践无疑为我们提供了这样的实践。通过以上对于英国和阿根廷共同开发实践的考察，笔者发现两国的合作呈现"冲突—僵局—合作—争吵—僵局"的动态过程，在这样一个过程中，开始的合作动因是两国基于"搁置主权争议"的务实态度而作出的明智决定，而后来由于各自在共同开发协定外的单方行动，以及阿根廷基于政策原因重新提出争议岛屿主权谈判而最终导致两国共同开发实践的失败。这一过程实际上是一个政治和法律因素交织、相互影响的过程。在笔者看来，共同开发活动是一个争端解决的过程而非最终目标。正如国际关系中新自由主义学派的代表人物基欧汉所说："合作并非是导向自由主义的目标，也不意味着利益的和谐，而是一个讨价还价、充满争议、相互协调的过程。"④ 对于共同开发这一处理双方海洋争议的实践来讲，同样是

---

① 参见 Rainer Lagoin, Oil and Gus Deposits Across National Frontiers, American Journal of International Law, Vol. 73, No. 2, 1979, p. 243。

② 参见 Zhiguo Gao, The Legal Concept and Aspect of Joint Development in International Law, Ocean Yearbook, Vol. 13, 1998, p. 123。

③ 参见 Willian T. Onorato, Apprtionmant of an International Common Petroleum Deposit, International and Comparative Law Quarterly, Vol. 17, Isssue 1, 1968, p. 102。

④ ［美］罗伯特·基欧汉：《霸权之后：世界政治经济中的合作与纷争》（增订版），苏长河等译，上海人民出版社 2012 年版，第 207 页。

双方讨价还价，充满争议，相互协调的过程。因此，期望通过共同开发一劳永逸地解决双方之间的海洋争端是不可能也是不现实的，因为国家之间争端解决的过程永远会是一个"争端—冲突—协调—合作—新争端"的不断循环过程，因而，对于中国来讲，将共同开发视为与周边国家进行合作的一个过程，并且以理性的眼光审视其中可能出现的困难与挑战，并做好积极的应对，才是正确的选择。

第十二章　马泰与马越共同
开发案的比较

一、概述

　　泰国湾和南海都属于半闭海，都存在多个沿海国，大部分海域未划界。除了海域划界争议外，还存在岛礁主权争议。其沿海国具有多样性，政治制度和经济发展水平各不相同。

　　与南海不同的是，泰国湾的沿海国都是东盟成员国，相互之间关系友好。更为重要的是，泰国湾大部分海域争端都得到了解决，其中部分争议海域实现了划界，部分争议海域实现了共同开发。目前，泰国湾是世界上共同开发最密集、成功率最高的海域，其中"马来西亚与泰国共同开发案"（以下简称马泰共同开发案）和"马来西亚与越南共同开发案"（以下简称马越共同开发案）是争议海域共同开发的典范。①

　　马泰共同开发案是意识形态相同、经济发展水平相近的国家间共同开发。马越共同开发案是意识形态不同、经济发展水平相异的国家间共同开发。马泰和马越共同开发案不仅具有代表性，而且越南、马来西亚也是南海争端国。鉴于此，本章将马泰和马越共同开

---

　　① 之所以将马泰和马越共同开发称为争议海域共同开发的典范，主要原因在于争议海域共同开发一共有 20 多例。但是其中付诸实践而且取得商业成功的却很少。而马泰和马越共同开发案不仅付诸实践，而且取得了商业上的巨大成功，为相关国家带来实实在在的政治利益。二者的共同开发制度都有可取之处，因此称之为争议海域共同开发的典范。

发案作比较研究，探讨二者海域争议、共同开发的背景、共同开发区的选择、"先存权"的问题和共同开发制度等异同，从中得到一些规律和启示，为未来南海共同开发提供一些合理化建议和切实可行的解决办法。

二、大陆架划界争议

越南、泰国和马来西亚的领海基线都采用直线基线，都主张12海里领海、24海里毗连区、200海里专属经济区和大陆架，都主张"单一划界原则"和"等距离-中间线"原则的划分重叠海域边界。马来西亚和泰国（以下简称"马泰"）、马来西亚和越南（以下简称"马越"）在泰国湾都存在大陆架划界争议。

（一）马泰海上争议

马来西亚与泰国在距其海岸约38海里外的大陆架海域存在争议。泰国主张该国所属的鼠岛（Ko Losin）是有效的领海基点且享有专属经济区和大陆架。[①] 泰国以该岛为基点，赋予该岛完全划界效力，根据"等距离-中间线"原则，划分其与马来西亚大陆架边界。

马来西亚则认为鼠岛是一个无人居住的高潮时高于海平面1.5米的岩礁，根据《联合国海洋法公约》的规定其"不能维持自身的经济生活"。[②] 因此，该岛不享有专属经济区和大陆架。而且该岛距泰国海岸29海里，不能作为领海基线的基点，因此该岛对划界不产生任何影响。马来西亚以两国大陆海岸线为准，采用"等距离-中间线"原则，平均划分两国大陆架。

虽然马来西亚和泰国海域主张的依据、适用的划界原则和规则

---

① Nguyen Hong Thao, Vietnam and Joint Development in the Gulf of Thailand, Asian Yearbook of International Law, 1999, pp. 139-140.

② Clive Schofield, Maritime Claims, Conflicts and Cooperation in the Gulf of Thailand, Ocean Year Book, Vol. 22, 2008, p. 98.

相同，但是两国领海起算的基点不同并赋予鼠岛不同的划界效力。由此，两国之间形成一块重叠争议海域，面积约为 8000 平方公里。①

（二）马越海上争议

1971 年 6 月 9 日，南越以距离其海岸 55 海里的土珠岛（Thu Zhu）为基点并赋予该岛完全划界效力。② 越南统一后，继承南越的大陆架主张，采用"中间线原则"，平均划分与马来西亚的大陆架边界。

马来西亚不认同越南的大陆架主张，认为土珠岛远离越南海岸，该岛不能作为领海基点；而且根据相关国际法规则，认为其领海基线明显偏离了海岸一般方向。③ 马来西亚划分两国大陆架边界时，未考虑土珠岛的划界效力，以马来西亚的热浪岛（Island of Redang）和越南的南端金瓯角（Cape Ca Mau）为准平均划分两国大陆架。

两国之间的重叠海域面积约为 2500 平方公里。④

（三）评析

马来西亚和泰国、马来西亚和越南大陆架划界争议比较单纯，主要是对岛礁的划界效力存在争议。也就是说，相关国家在关于岛礁是否可以作为领海基线的基点、是否享有专属经济区和大陆架的

---

① Gerald Blake, Boundaries and Energy: Problems and Prospects, Springer 1998, p. 126.

② 土珠岛，距离越南海岸约 55 公里，面积 10 平方公里，其上有 500~600 名居民，因此越南根据《联合国海洋法公约》第 123 条的规定，主张该岛可享有 200 海里专属经济区和大陆架。

③ 1958 年《日内瓦领海和毗连区公约》第 4 条第 2 款："此种基线的划定不应在任何明显的程度上偏离海岸的一般方向，而且基线内的海域必须充分接近陆地领土，使其受内水制度的支配。"和 1982 年《海洋法公约》第 7 条第 3 款："直线基线的划定不应在任何明显的程度上偏离海岸的一般方向，而且基线内的海域必须充分接近陆地领土，使其受内水制度的支配。"

④ Nguyen Hong Thao, Vietnam and Joint Development in the Gulf of Thailand, Asian Yearbook of International Law, 1999, p. 142.

问题上存在分歧。

　　由于海洋法关于基点、基线和海域划界的规则不明确并且没有一套统一的评估标准，① 马来西亚和泰国、马来西亚和越南为了使自己海域主张最大化，对上述国际法规则的从有利于各自的利益角度出发，对有关的国际法规则做自由和任意解释，在实际运用上存在分歧，因此导致划界争议产生。

三、共同开发的背景

（一）马泰共同开发的背景

　　20世纪70年代，泰国90%的石油依赖进口。② 两次石油危机，石油价格飞涨，导致泰国对外贸易严重赤字，物价上涨，国民经济处于崩溃的边缘。出于自身经济发展对能源的需要，泰国迫切希望开采海上能源。于是，泰国授权外国石油公司开发海洋石油资源，其中部分合同区块位于马泰争议海域。随后，石油公司发现该海域具有商业价值的油气资源。1978年，在马来西亚的要求下两国决定谈判解决海域争议。泰国暂停了对该海域的单边勘探。

（二）马越共同开发的背景

　　冷战后，越南经济面临全面复兴，希望通过发展海洋油气产业，改善国民经济和民生状况。马来西亚从20世纪80年代中期，经济腾飞，海洋油气产业是其提升国家经济实力的支柱产业。其先后特许两个外国石油公司勘探开发该海域的石油资源。这些石油公司在马越争议海域先后钻探了近300口井。美国石油公司埃索

---

① 参见 Hazel Fox et al（Eds），Joint Development of Offshore Oil and Gas，Vol. II，British Institute of International & Comparative Law1990，pp. 177-179；M. J. Valencia and J. M. Van Dyke，Vietnam's National Interests and the Law of the Sea，Ocean Development and International Law，Vol. 25，1994，pp. 222-223。

② 泰国的石油和天然气几乎全部依靠进口。参见胡华生：《泰国天然气与石油的开发》，载《东南亚》1983年第1期，第36页。

（Esso）估计该海域有近 20 亿桶石油和 20000 万亿立方米天然气的储量。[①] 1991 年，马来西亚授权的汉密尔顿石油公司（Hamilton）发现了一个日产 4400 桶的油田，并估计该海域含有 1 万亿立方米的天然气。[②] 1991 年 5 月 30 日，越南公开抗议马来西亚单边勘探开发行为，并向马来西亚外交部发了照会，强调基于双方友好和合作的精神，马来西亚不应该单方授予第三国石油公司开发该争议海域内的资源，同时表达了愿意在尊重国家主权、和平解决争端的国际法基本原则的基础上，与马来西亚谈判解决大陆架划界问题。随后马来西亚暂停了在争议海域的勘探开发活动，接受越南关于谈判的建议。

（三）评析

马泰和马越共同开发案都是在争议海域发现了具有商业价值的石油资源后，保持克制的一方要求单边开发的一方停止单边开发行为，谈判解决重叠海域的划界问题。随后，相关国家接受谈判的邀请，停止单边开发行为，两国正式谈判解决重叠海域的划界问题。可见，经济发展对能源的需求和争议海域存在商业价值的油气资源是促使相关国家解决海域争端的主要动力。

四、共同开发的谈判

（一）马泰共同开发的谈判

马泰共同开发谈判长达 11 年。由于两国关于"鼠岛"的划界效力无法达成共识，因此两国选择共同开发解决争议海域油气资源利用的问题。1979 年 2 月 21 日，两国达成《（马来西来和泰王

[①] Nguyen Hong Thao, Vietnam and Joint Development in the Gulf of Thailand, Asian Yearbook of International Law, 1999, p. 140.

[②] Nguyen Hong Thao, Vietnam and Joint Development in the Gulf of Thailand, Asian Yearbook of International Law, 1999, p. 140.

国）为开发泰国湾两国大陆架划定区域内海床资源而建立联合管理局的谅解备忘录》（Memorandum of Understanding for the Establishment of a Joint Authority for the Exploitation of the Resources of the Sea-Bed in a Defined Area of the Continental Shelf of the Two Countries in the Gulf of Thailand）（以下简称《马泰谅解备忘录》）。1990 年 5 月 30 日，两国签署《马来西亚政府和泰王国政府关于建立马来西亚—泰国联合管理局有关章程及其他事项的 1990 协定》（Agreement on the Constitution and Other Matters Relating to the Establishment of the Malaysia-Thailand Joint Authority）（以下简称《马泰 1990 年协议》），结束了多年的谈判，建立了泰国湾两国重叠大陆架海域的共同开发制度。

（二）马越共同开发协议

1992 年，越南前总理武文杰访问泰国期间，两国决定开始谈判争议海域划界问题。1992 年 6 月 5 日，两国就该海域的划界问题展开谈判。在第一轮谈判中，由于两国关于"土珠岛"的划界效力无法达成一致意见，同意共同开发争议海域的油气资源，签署了《马来西亚和越南社会主义共和国关于两国大陆架划定区域内石油勘探和开采的谅解备忘录》（1992 Memorandum of Understanding between Malaysia and the Socialist Republic of Vietnam for the Exploration and Exploitation of Petroleum in A Defined Area of the Continental Shelf Involving the Two Countries）（以下简称《马越谅解备忘录》）。

（三）评析

两案的谈判时间有明显差别，主要是因为：第一，马泰共同开发谈判时没有任何经验可以借鉴，双方只能摸索前进，为防止争议发生，事无巨细尽量作出明确规定。而马越两国在马泰共同开发谈判经验教训的基础上，扬长避短，只对共同开发事宜作了原则性规定，其他事宜交由两国石油公司自由裁量。因此，马越在很短的时间内就达成了共同开发协议。第二，两个共同开发案中当事国的融合程度不同。马泰共同开发案，合作程度较深，涉及事务繁杂，两国不仅制定专门适用于共同开发区的特别法，还为保障共同开发协议的顺利实施制定了专门的国内法。例如，泰国 1990 年通过了《泰国—马来西亚联合机构法》（Thailand-Malaysia Joint Authority Act 1990, ACT 440），马来西亚于 1990 年通过了《马来西亚—泰国联合机构法》（Malaysia—Thailand Joint Authority Act 1990, B. E. 2533）。而马越共同开发案两国合作程度较浅，主要由两国国家石油公司具体负责共同开发事宜，约定适用马来西亚国内法。①第三，马泰共同开发谈判期间遭遇了外交风波②、政策法律问题③、先存权的问题④以及泰国政变⑤，致使共同开发一再拖延。

---

① 马越共同开发区使用马来西亚国内法，是越南无奈的选择。因为当时越南国内没有相关的法律规范。

② 1979 年 10 月 24 日两国互换批准书后，12 月马来西亚公布了一份官方地图，单方面将共同开发区圈划在本国大陆架边界内。1980 年 4 月，泰国政府就此向马来西亚驻曼谷大使馆提交了一份外交备忘录，认为有悖于《泰马谅解备忘录》关于搁置海域划界的精神原则。

③ 两国关于矿产资源开发的不同法规和政策，如马来西亚采用产品分成制、泰国采用租让制，也导致了共同开发的延迟。

④ 《泰马谅解备忘录》第 3 条第 2 款，承认先存权。此外，还规定如果国内相关法律与《泰马谅解备忘录》相冲突，以备忘录为准。泰国与其享有先存权的德克萨斯太平洋公司对天然气价格和经营管理权发生争执，泰国政府单方面停止德克萨斯太平洋公司在第 17 矿区的开采权。同时还以领土争执为由，暂停了美国特莱登能源公司在 3-13 矿区的勘探工作。由此引发了单方面行为是否违反《泰马谅解备忘录》的争论。See Mark J. Valencia, Taming Troubled Waters: Joint Development of Oil and Mineral Resources in Overlapping Claim Areas, San Diego Law. Review, Vol. 23, 1986, p. 661.

⑤ 在马泰谈判期间，泰国一共发生四次政变，分别为：1980 年 2 月反对党利用石油涨价等经济和社会问题要求召开国会特别会议，弹劾江萨。随后江萨宣布辞职。同年 3 月国防部长兼陆军司令炳·廷素拉暖上将出任总理。1988 年 7 月，泰国举行大选。执政民族党仍占优势。炳·廷素拉暖执意引退。差猜·春哈旺接受国会提名，经国王核准，于 8 月 9 日正式出任泰国第 17 任总理。他是 12 年来第一位民选总理。1991 年 2 月，武装部队最高司令顺通·空颂蓬上将在三军总司令和警察总监的支持下发动政变，推翻了差猜·春哈旺政府。

可见，共同开发的经验、两国合作程度等因素都是影响共同开发谈判的因素。

五、共同开发区的界定

共同开发区（joint development zone）是两国合作开发争议海域资源的特定区域，是共同开发首先要明确的问题。共同开发协议、共同开发活动仅在该区域内有效。

（一）马泰共同开发区

前文已述，两国关于"鼠岛"是否可以作为领海基点和是否具有划界效力观点不同。两国在这个问题都做了让步。根据 1958 年《领海和毗连区公约》第 4 条规定，泰国的海岸线并不符合"极为曲折"的特征，鼠岛也不属于"紧邻海岸"的特征，但是关于什么是"曲折"、"紧邻"1958 年和 1982 年《海洋法公约》没有具体规定和解释。因此，马来西亚同意泰国将鼠岛作为领海基点。但是，根据《海洋法公约》第 123 条的规定，鼠岛属于"岩礁"，不享有专属经济区和大陆架。由此，泰国放弃其原有主张，同意马来西亚的观点，鼠岛不对两国大陆架划界产生影响。最终两国达成共识，即鼠岛作为有效的领海基点，但是不享有 200 海里大陆架的权利，泰国调整了其大陆架主张。两国据此和马来西亚的大陆架划界主张，确定了两国的重叠海域，并排除了越南主张的重叠海域，将剩余的重叠海域作为共同开发区。1979 年马泰谅解备忘录第 1 条对共同开发区的范围作了明确的规定。两国划定的共同开发区，面积约为 7250 平方公里。① 马泰共同开发区呈不规则狭长五边形。

---

① 参见 Hazel Fox ed., Joint Development of offshore Oil and Gas, Vol. II, London 1990, p. 126。

(二) 马越共同开发区

根据 1971 年南越主张的大陆架界限和 1979 年马来西亚颁布的大陆架界限，两国排除涉及泰国的重叠主张海域，将面积约 1000 平方公里的双边重叠区作为共同开发区。① 根据 1992 年马越谅解备忘录第 1 条，该区一共由 6 个坐标点构成，长度超过 100 公里，但是宽度不足 10 公里。② 马越共同开发区呈狭长三角形。

(三) 评析

马泰共同开发区面积大，马越共同开发区面积小。马泰共同开发区的面积是马越共同开发区的面积 7 倍之多。

从马泰和马越确定共同开发区的实践，可以总结出以下一些规律：首先，争端当事国需要明确的划界主张和划界依据。如越南、泰国、马来西亚在共同开发前都提出了明确的大陆架划界主张，并明确了划界原则和方法。其次，争端当事国主张需符合国际法的原则和规定。如果一方的主张不合理，应根据国际法的相关规定做适当的调整。如泰国在马来西亚的建议下调整了其海域划界主张。再次，依据各自的海域划界主张确定重叠主张海域。一般重叠海域即共同开发区。为了避免引发与第三方的争端，一般排除第三方主张的海域，仅限于双边重叠海域。例如马泰和马越共同开发区都排除了第三方主张的重叠海域。最后，明确共同开发区的名称、范围。一般用地理坐标标示并附有地图。例如，马泰和马越共同开发案的共同开发区都用明确的地理坐标点标示并用直线将这些点连接起来。③

---

① 参见 Hazel Fox ed. , Joint Development of offshore Oil and Gas, Vol. II, London 1990, p. 126。

② 参见 Nguyen Hong Thao, Joint Development in the Gulf of Thailand, International Boundaries Research Unit Boundary and Security Bulletin 1999, p. 82。

③ 1979 年马泰谅解备忘录第 1 条和 1992 年马越谅解备忘第 1 条。

六、先存权的问题

"先存权"（preexisting right），是指共同开发协议生效前，一国单方授予第三方石油公司勘探开发争议海域资源的权利，享有先存权的主体一般为外国石油公司。①

虽然根据 1982 年《联合国海洋法公约》第 77 条，一国享有为勘探大陆架和开发其自然资源的主权权利。但是争议大陆架，资源权属未定，一国应征得相关国家的明示同意或者与之合作才能开发争议海域资源。因此，单边授予石油公司勘探开发争议海域资源的行为是非法的。② 但是，海洋石油开发是一项投资巨大的商业活动，如果简单宣布"先存权"无效，会造成资源和财产的巨大浪费。

（一）马泰对"先存权"的处置

早在马泰达成共同开发协议前，泰国就根据国内法，向两家美国公司颁发了专营许可权。合同区块位于马泰争议海域。

马泰共同开发案既不承认也不否认"先存权"效力，采取重新授予的方式解决了"先存权"的问题。根据 1979 年马泰谅解备忘录第 3 条第 2 款，两国的共同开发安排"不得以任何方式影响或减损任何一方迄今授予的特许权、已签发的许可证或者已达成协定或安排的有效性"。也就是说，泰国授权的两个美国石油公司在共同开发区的特许经营权仍然有效。但是这两个石油公司需要与联合管理局重新签订产品分成合同，才能在共同开发区内作业。根据 1990 年马泰协议，联合管理局重新授予美国石油公司 Triton 许可

---

① 海洋石油勘探开发技术掌握在少数发达国家手中，因此沿海国一般将石油开采权授予发达国家的石油公司。
② 张辉:《中国周边争议海域共同开发基础问题研究》，载《武大国际法评论》2015 年第 1 期，第 50 页。

权，同时授予马来西亚国家石油公司 Petronas 评介权。① 两个石油公司缔结合资经营协议。他们再与联合管理局签署产品分成合同，共同承担原合同区块的油气资源勘探和开发。

马泰共同开发案，对"先存权"问题的处理是各方妥协的结果。马来西亚对泰国单方授予的先存权做了妥协，作为回报分享原有合同区块一半的收益。享有"先存权"的石油公司放弃专属的石油开发许可权，仍享有开发共同开发区油气资源的权利，但是需要与马来西亚石油公司合作开发，将一半利益让与马来西亚的石油公司。泰国虽然放弃了部分石油收益，但是维护了外国石油公司对泰国的投资信心和泰国与石油公司母国的关系，与马来西亚维持了传统友谊，最终和平解决了争议海域资源利用的问题。

（二）马越对"先存权"的处置

在与越南共同开发前，马来西亚分别授予美国埃索（Esso）石油公司、美国和澳大利亚合资的汉密尔顿（Hamilton）石油公司开采权，开发争议海域的石油资源。② 根据 1992 年马越谅解备忘录第 3 条 c 款"鉴于'划定区域'内已存在实际投资，双方同意尽全力保证共同开发区内之前授予的开采权继续有效。"也就是说，马越共同开发案采取直接承认"先存权"效力的方式。1989 年马来西亚与美国和澳大利亚石油公司签订的产品分成合同继续有效。根据马越共同开发协议，原有的合同条款不变，只是越南作为合同方加入原有的产品分成合同，收益由原来的石油公司和越南国家石油公司平均分享。根据谅解备忘录的规定，原来的产品分成合同的经营主体，需要及时向马来西亚和越南汇报勘探开发活动的进展。任何对原有合同的修订、改变和补充都需要经过马来西亚和越南两国的同意方可生效。

---

① Clive Schofield, Maritime Claims, Conflicts and Cooperation in the Gulf of Thailand, Ocean Year Book, Vol. 22, 2008, p. 109.

② Nguyen Hong Thao, Joint Development in the Gulf of Thailand, International Boundaries Research Unit Boundary and Security Bulletin 1999, p. 81.

越南通过承认马来西亚授予外国石油公司的"先存权",兑现了实实在在的经济收益和政治利益。经济上,越南通过与马来西亚的合作,获得马来西亚的资金和技术支持,并分享了争议海域的石油收益;同时满足其经济发展对能源的需要,并增加国家财政收入,改善国民经济状况。政治上,在马来西亚的大力支持下,越南1995年实现了加入东盟的愿望。马来西亚虽将一半的石油收益让与越南,但是维护了对外资保护的声誉和外国投资对马来西亚的信心,与越南、投资母国保持了友好稳定的关系。没有因为两国划界争议的存在,阻碍争议海域资源的开发和利用。

(三)评析

马泰共同开发案和马越共同开发案对外国石油公司的"先存权"的处置方式不同,马泰采取重新授权的方式,马越采取直接承认的方式。但是处置的结果都是各方妥协的产物,既和平解决了争议海域资源利用的问题,也维护了争端当事国之间友好关系并实现了利益平衡,也保护了外国石油公司的合法权益。

七、共同开发的模式①

共同开发模式是指争议海域共同开发的当事国对共同开发事务监督、管理的方式和共同开发区石油开采的方式。

(一)马泰"共同机构"主导的模式

共同机构是指马来西亚-泰国联合管理局(Thailand-Malaysia Joint Authority)。该机构是根据1990年马泰协议设立的,受两国政

---

① 有的学者将共同开发模式分为:联合经营模式、代理制模式和超国家管理模式。笔者认为这种概括方式不妥,容易引起误解。共同开发无论采取何种模式,都是由共同开发的缔约国授权相关机构或者组织代表两国,代理行使缔约国授予的权利。因此本文从共同开发中发挥主导作用的主体的角度出发,将马泰共同开发概括为"共同机构"主导的模式,马越共同开发概括为"石油公司"主导的模式。

府的监督和管理，代表两国全权负责共同开发区内的石油勘探开发活动，行使行政管理职能并具有独立法人资格。该机构委员主要分别来自两国总理府和相关政府主管部门。委员由两国政府指定，7名高级委员，每个国家指定 1 人为主席。其中能源部在该共同机构中占主导地位，分别有 2 人来自各自的能源部门。

根据 1979 年《马泰谅解备忘录》第 3 条第 2 款的规定，该机构代表两国全权行使共同开发区内的勘探开发的监督和管理的权利。但是从《马泰 1990 年协议》的相关条款规定来看，两国政府在涉及两国主权的重大事项上具有最后的决策权，联合管理局的决议需要经过两国政府的最后批准才能送生效。例如联管局的权力和职能"在政府批准前提下，决定联管局的组织结构"①；依据上述（a）项，任命联管局的首席执行官和其他职员，但是首席执行官和副首席执行官的任命需得到政府的批准②；在政府批准的前提下，准许其实施和缔结与共同开发③。联合管理局在纯商业性事务上才享有全权的决定权。例如《马泰 1990 年协议》根据第 7 条第 1 款和第 2 款 c、d、f、i、j、k 的规定，联合管理局在石油勘探开发的事项上有自主决定权。如"联管局应当管控共同开发区内所有勘探和开发非生物自然资源的活动，也应负责制定政策"，"决定联管局首席执行官和其他职员服务的条款和条件"，"决定共同开发区的作业计划和管理工作计划"，"石油勘探和开发合同勘探和开发期限，承包商的工作计划和预算"，"审查和审计共同开发区与作业相关的承包商的簿册及账目"，"定期清查作业者在石油作业中获取的财产和资产"，"以及接收，整理和储存作业者提供的，与其在共同开发区作业所相关的所有数据"，"批准和授予与共同开发区进行石油作业所需商品和服务相关的标书和合同"，"任命联管局行政管理所必需的委员会，小组委员会或独立专家和顾问团"，"管理联管局、委员会和小组委员会的会议活动"以及

---

① 1990 年马泰协议第 7 条第 2 款 a 项。
② 1990 年马泰协议第 7 条第 2 款 b 项。
③ 1990 年马泰协议第 7 条第 2 款 c 项。

"为履行其职责必需的或附带的其他事项"。需要注意的是，联合管局的权限仅限于共同开发区，对于共同开发区外的国内法和国际法相关的问题上没有权限。

从上述规定可以看出，虽然马泰共同开发案，两国政府在一些重大事务上具有最终决定权，但是主要由联合管理局在共同开发事务中发挥主要的作用，它的职责主要为以下三个方面：第一，作为共同开发区的行政管理机构，行使行政立法权和行政管理权。第三，作为共同开发区的主管机构，监督各方对共同开发协议执行的情况。第二，作为独立法人按照商业原则，经营管理共同开发区的石油勘探开发的事务。马泰模式由共同机构发挥主要作用，因此称之为"共同机构"主导模式。

马泰共同开发模式的特点主要表现为：政府干预程度深，行政色彩浓，制度规范、稳定、可预见性强、复杂。马泰模式的优点是管理主体与负责生产活动的承包方相对独立，可以很好地监督和约束承包方的行为；缺点是效率低、运行成本高。

（二）马越"石油公司"主导的模式

根据《马越谅解备忘录》，两国一致同意由代表马来西亚的马来西亚国家石油公司（Petronas）和代表越南的越南国家石油公司（Petrovietnam）进行石油勘探和开采活动，并由两国石油公司签订商业协议来管理石油勘探和开采活动。

1993 年，越南授权马来西亚石油公司，在协调委员会的建议和监督下，根据《马越谅解备忘录》以及双方签订的商业安排和产品分成合同，全权负责确定区域的石油勘探开发、经营管理。

两国政府只负责批准两国石油公司缔结的商业安排和石油合同，或者解决经两国石油公司调解无效的争议。其他事务完全交由两国石油公司全权负责，两国政府避免对石油开采活动过多的干预。

通过上述分析可以看出，两国国家石油公司在共同开发事务中享有决定权，发挥主要作用。因此，马越共同开发的模式称之为"石油公司"主导模式。

马越共同开发模式具有政府干预程度低，商业色彩浓，政治敏感性低，简单、灵活的特点。马越模式的优点是效率高、运行成本低；缺点是石油公司既是管理者也是被管理者，外部监督和约束不足，容易滋生营私舞弊的行为。

（三）评析

无论是"共同机构"主导的模式，还是"石油公司"主导的模式，其目的都是为了开发共同开发区的石油资源，共同代表当事国规范、监督、管理共同开发区的石油开采活动。

共同开发的模式是由当事国根据各自国情和共同开发区的海域特点决定的。马泰共同开发区面积大，不仅涉及石油资源的开发，而且涉及共同开发区上覆水域的经济活动（例如捕鱼活动）或者其他国家合法权利的行使（例如航行权、铺设管道的权利等）。如果依靠两国的石油公司，不仅无法保证石油商业活动的顺利开展，也无法保障该海域稳定安全的法律制度环境。因此，需要设立专门的共同管理机构，维护共同开发内正常秩序和经济活动。马越共同开发区的面积小，对其他国家的权利行使影响小，马来西亚国家石油公司具有丰富的经验，完全可以处理好相关的石油开发活动，保证其按最符合经济效率的原则运行。目前，马泰和马越共同开发案运行良好，取得了可观的经济收益。实践证明，二者都是最符合当事国利益和海域特点的选择，是成功的共同开发模式。

八、结论与启示

虽然泰国湾与南海主海不同，受地缘政治因素和大国政治干扰因素少，而且马泰和马越共同开发的具体争议焦点、共同开发的背景、谈判的过程、共同开发区面积、对"先存权"处置的方式、共同开发的模式都不同。但是，二者作为成功的争议海域共同开发案例，其务实灵活地解决海域争议的方式，对未来南海共同开发仍有重要的启示意义。

（一）务实灵活的争端解决态度

马泰和马越共同开发都是相关国家本着合作谅解精神，在明确各自的海域主张的基础上根据公平合理、协商一致的原则，考虑对方的诉求，各自让步，体现了一定的灵活性，从而达成了共同开发协议，实现了共赢的结果。

南海共同开发，中国首先需要明确南海海域划界主张和划界原则。因为，明确的海域主张是保证相关国家划界或者共同开发谈判的前提。泰国湾的实践也证明，在划界和共同开发前，需明确各自海域主张。其次，各方应本着灵活务实的精神，既要考虑国际法的规定，也要考虑各自合理的利益诉求，在客观看待各自海域主张的前提下，寻求共同利益采取共赢的方式解决争议。

（二）谈判解决海域争议

泰国湾国家解决海域争议，倾向于通过谈判而非第三方的方式解决相互之间的争议。根据泰国湾国家实践，相关国家只要保持接触和沟通总能解决争议海域问题。例如，马泰共同开发案，其间经历了泰国政变，但是一直保持接触，最终实现了共同开发。中国与其他南海争议国家应建立常态化、制度化的谈判机制。在谈判的过程中，以解决争议海域问题为目的，根据国际法和协商一致的原则，借鉴泰国湾经验，能划界则划界，不能划界则通过共同开发先解决争议海域资源利用问题。具体可以遵循以下原则：

1. 从双边争议海域谈起。泰国湾相关国家在处理海域争议时，为了保证共同开发的有效性，减少别国对共同开发的干扰，主要采取双边谈判的方式。例如，马泰和马越共同开发区都限于双边重叠海域，将涉及第三方的海域排除在外。未来南海共同开发的谈判，也应通过双边谈判解决相互之间的争议，涉及第三方主张的海域先排除在外。通过双边谈判的方式逐步解决南海划界争议。

2. 从无岛礁主权争议的海域谈起。泰国湾的实践证明，单纯的划界争议海域容易实现共同开发。马泰和马越之间的海域争议都不涉及岛礁主权争议。因此，中国宜选择没有岛礁主权争议的海域来优先进行共同开发。在南海，只有印尼与中国没有岛礁主权争议。因此可考虑与印尼谈判解决争议海域划界或者争议海域资源利用的问题。

3. 从面积小的争议海域谈起。具体采取何种共同开发制度安排由相关国家根据海域具体情况自由决定。马越和马泰共同开发模式都是最符合相关国家利益和最适合共同开发区具体海域情况的选择。但从效率、成本、人力、物力、时间的投入和政治敏感性来看，马越共同开发模式更胜一筹。未来如中国与相关共同开发，可借鉴马越共同开发的模式，尽量先选择面积小的海域进行共同开发。中国与文莱争议海域面积相对较小，因此可以考虑先与文莱谈判解决海域划界问题或者共同开发。

4. 同有共同开发经验的国家谈起。马泰共同开发案谈判长达11年，而马越共同开发第一轮谈判就达成了共同开发协议。这主要是因为，马来西亚具有共同开发的经验，因此马越可以借鉴马泰共同开发经验的基础上，扬长避短，迅速实现共同开发。可见，共同开发成功与否，与谈判的时间长短无关，经验是关键。未来南海共同开发宜选择与有共同开发经验的国家谈起。因此，可考虑与越南、马来西亚谈判解决海域划界或者共同开发的问题。

（三）设计合适的共同开发制度

马泰和马越共同开发成功运行20多年，不仅为两国带来了巨大的经济利益、政治利益，而且增进了两国互信，促进了两国关系友好发展，为最终划界创造良好的氛围。因此说，马泰和马越共同开发是争议海域共同开发的典范。两案之所以成功，与其合理的共同开发制度设计不无关系。二者都是相关国家根据各自海域特点和国家实际情况设计的最符合当事国利益的共同开发制度。它们实现了对争议海域的油气资源利益的公平分享，既照顾到了相关国家的利益，也考虑了石油公司的利益。从谈判过程、商业角度和运行效果来看，马越共同开发模式更具有优势。未来南海共同开发，如果争议海域面积大，可以借鉴马泰共同开发的模式；如果争议海域面积小，可以参考马越共同开发的模式。也可根据海域具体情况，创新适当的共同开发模式。

（四）谨慎处理"先存权"

"先存权"问题，既涉及相关国家海域主张和资源主权权利，也涉及外国石油公司的合法权益，还涉及作为授权方的东道国和石油公司母国的关系。在共同开发实践中，相关国家在"先存权"问题的处理上都比较谨慎。南海大部分海域都存在先存权的问题。据美国能源信息署 2011 年的统计，文莱与外国石油公司在南海每天产油 12 万桶，产天然气 4 千亿立方尺。① 印度尼西亚与外国石油公司在每天产油 6 万桶，年产气 2 千亿立方尺。② 马来西亚与外国石油公司在南海每天产油 50 万桶，每年产气 1 万 8 千亿立方尺。③ 菲律宾与外国石油公司在南海每天产油 2 万 5 千桶，年产气 1000 亿立方尺。④ 越南与外国石油公司在南海每天产油 30 万桶，年产气 3 千亿立方尺。⑤ 结合现有国家实践，应谨慎处理南海的

---

① 与文莱合作的外国石油公司主要有：BHP Billiton, ConocoPhillips, Hess Corporation, Kulczyk Oil Ventures, Mitsubishi Corporation, Murphy Oil, PETRONAS, Polyard Petroleum, QAF Brunei, Shell, Total, 参见美国能源情报署网站，http：//www. eia. gov/countries/regions-topics. cfm? fips＝SCS。

② 与印尼合作的外国石油公司主要有：PetroChina, Chevron, CNPC, ConocoPhillips, Eni, ExxonMobil, Husky, KUFPEC, PETRONAS, Santos, Statoil, Total, 参见美国能源情报署网站，http：//www. eia. gov/countries/regions-topics. cfm? fips＝SCS。

③ 与马来西亚合作的外国石油公司主要有：Lundin, BHP Billiton, ConocoPhillips, ExxonMobil, Hess, KUFPEC, MDC O&G, Murphy Oil, Newfield, Nippon, Petrofac, Roc Oil, Shell, Talisman Energy, 参见美国能源情报署网站，http：//www. eia. gov/countries/regions-topics. cfm? fips＝SCS。

④ 与菲律宾合作的外国石油公司主要有：ExxonMobil, Shell, 参见美国能源情报署网站，http：//www. eia. gov/countries/regions-topics. cfm? fips＝SCS。

⑤ 与越南合作的外国石油公司主要有：KNOC, ConocoPhillips, Geopetrol, Premier Oil, PTTEP, Santos, SK Corp, Total, Zarubezhneft, 参见美国能源情报署网站，http：//www. eia. gov/countries/regions-topics. cfm? fips＝SCS。

"先存权"问题。既要维护中国合法的权益，也应考虑南海地区的稳定，维护相关国家和石油公司的利益，避免引发大的争端。

（五）加大中国在南海的勘探力度

争议海域的油气资源储量丰富，是相关国家合作的根本动力，也是共同开发成功的物质保障。马泰和马越共同开发实践证明，掌握争议海域的资源状况有助于激发相关国家共同开发的积极性。马泰和马越共同开发案都是在争议海域发现了具有商业价值的石油资源后，提高了相关国家解决海域划界争议的兴趣，从而正式开始谈判。此外，鉴于"先存权"都得到了保留，中国应加大南海勘探开发的力度，既可以掌握谈判的主动权，也是迫使相关国家与中国谈判解决海域划界或者争议海域资源利用问题的一种手段和策略。同时，通过实践不断提高我国利用海洋石油资源的能力，为共同开发做好技术和经验的准备。

第十三章　"仲裁案"后南海共同开发：机遇与挑战

2016 年 7 月，菲律宾单方面发起的"南海仲裁案"（以下简称"仲裁案"）的裁决结果正式出炉。① 因为仲裁庭在人员组成、管辖权、事实认定和法律适用等方面存在明显的错误，所以中国政府坚持不参与、不接受、不承认的立场。② 然而，一年多来中国与东盟之间关系得到了进一步发展、中菲两国间的关系全面改善。因此，在这种背景下探讨"仲裁案"后南海共同开发的机遇、挑战以及中国的选择，无疑具有重要的现实意义。

一、"仲裁案"后南海共同开发的机遇

"仲裁案"后，南海共同开发面临如下难得的机遇。

（一）中国与东盟关系的进一步发展

自 2016 年下半年以来，南海形势相对降温，并进入沉稳期，③

---

① 参见 PCA Press Release：The South China Sea Arbitration（the Republic of the Philippines v. The People's Republic of China），available at https：//pca-cpa. org/en/news/pca-press-release-the-south-china-sea-arbitration- the-republic-of-the-philippines-v-the-peoples-republic-of-china。

② 参见《中华人民共和国外交部关于应菲律宾共和国请求建立的南海仲裁案仲裁庭所作裁决的声明》（2016 年 7 月 12 日），载中华人民共和国外交部官网 http：//www. fmprc. gov. cn/web/ziliao _ 674904/1179 _ 674909/t1379490. shtml。

③ 参见欧阳玉靖：《南海仲裁案的应对及启示》，载《边界与海洋研究》2017 年第 1 期，第 9 页。

中国与东盟之间关系也得到了进一步发展。① 2016 年 9 月 7 日,中国与东盟成员国的国家元首、政府首脑在老挝万象举行了"第 19 次中国—东盟领导人会议暨中国—东盟建立对话关系 25 周年纪念峰会",并于 9 月 8 日发表了《第 19 次中国—东盟领导人会议暨中国—东盟建立对话关系 25 周年纪念峰会联合声明—迈向更加紧密的中国—东盟战略伙伴关系》、《中国与东盟国家关于在南海适用〈海上意外相遇规则〉的联合声明》、《中国与东盟国家应对海上紧急事态外交高官热线平台指导方针》、《中国—东盟建立对话关系 25 周年纪念峰会发表主席声明》、《中国—东盟产能合作联合声明》等文件。② 这些文件,一方面"强调维护南海和平稳定的重要性"③;另一方面"重申加强对东亚区域合作的承诺,愿就建设包容、基于规则的区域架构继续保持对话与协调""进一步促进中国—东盟战略伙伴关系,以实现互利发展"。④

2017 年 8 月 5 日,第 50 届东盟外长会议在菲律宾首都马尼拉开幕,会议发表的公报不但没有提及"南海仲裁案"的裁决,而且含蓄地批评了美国、日本和其他西方国家,强调除了南海声索国以外,"其他所有国家"也都应当在有争议地区自我克制。此外,会议公报仅仅提到东盟"注意到一些外长(南中国海填海造陆和军事化)表达关切",以作为对越南的让步和安慰;同时,它也间接地向国际社会表明东盟十国对"对南中国海填海造陆和军事化

---

① 参见《第 19 次中国—东盟领导人会议暨中国—东盟建立对话关系 25 周年纪念峰会联合声明》(2016 年 9 月 7 日),http://www.fmprc.gov.cn/web/ziliao_674904/1179_674909/t1395707.shtml。

② 以上文件,均见中华人民共和国外交部网站 http://www.fmprc.gov.cn/web/ziliao_674904/1179_674909/t1395707.shtml。

③ 新华社:《中国—东盟建立对话关系 25 周年纪念峰会发表主席声明》(2016-09-08),载环球网,http://world.huanqiu.com/hot/2016-09/9415228.html。

④ 新华社:《第 19 次中国-东盟领导人会议暨中国—东盟建立对话关系 25 周年纪念峰会联合声明》(2016 年 9 月 8 日),载人民网,http://politics.people.com.cn/n1/2016/0908/c1024-28699188.html。

问题",并未达成共识。① 有鉴于此,一些外国学者和媒体惊呼在南海地区已经形成了"一个中国治下的世界"②。由上可见,中国与东盟关系的改善,为双方进一步开展合作、包括进行共同开发的合作创造了条件。③

(二)"《南海各方行为准则》框架"草案的达成

2017年5月,在贵阳召开的中国与东盟国家落实《南海各方行为宣言》第14次高官会上,达成了"《南海各方行为准则》框架"草案。这是自2013年启动磋商以来,《南海各方行为准则》磋商取得的重要阶段性成果。各方积极评价达成"《南海各方行为准则》框架"草案的重要意义,强调这将为下一步《南海各方行为准则》磋商奠定坚实的基础。2017年8月,在菲律宾首都马尼拉举行的第50届东盟10国外长会及东盟地区系列峰会上,东盟10国外长一致签批了"《南海各方行为准则》框架"草案。④ "《南海各方行为准则》框架"草案的达成以及该草案获东盟10国外长的一致签批,表明了中国与东盟国家取得了更多共识,无疑有利于推动南海共同开发的实施。

(三)南海可燃冰的成功试采

可燃冰是非常规天然气的一种类型,又叫天然气水合物

---

① 参见 Joint Communique of the 50th ASEAN Foreign Ministers' Meeting Manila, Philippines(5 August 2017), available at http://asean. org/storage/2017/08/Joint-Communique-of-the-50th-AMM_FINAL. pdf。

② [菲]理查德·海达里安:《中国是东盟峰会上的"明显赢家"》,载香港《南华早报》网站2017年8月12日,转引自《参考消息》2017年8月14日第14版。

③ 值得注意的是,在2017年11月东盟峰会最后主席声明中,不但没有出现自2014年以来东盟一直在声明中使用的"关切""深表关切"等措辞,而且使用了"注意到东盟与中国的关系改善"这一表述。

④ 参见 Joint Communique of the 50th ASEAN Foreign Ministers' Meeting Manila, Philippines(5 August 2017), available at http://asean. org/storage/2017/08/Joint-Communique-of-the-50th-AMM_FINAL. pdf。

（Natural Gas Hydrate，简称 Gas Hydrate），是分布于深海沉积物或陆域的永久冻土中，由天然气与水在高压低温条件下形成的类冰状的结晶物质，因其外观像冰一样而且遇火即可燃烧，所以又被称做"可燃冰"（Combustible ice）或者"固体瓦斯"和"气冰"。据统计，中国可燃冰储量为 1000 亿吨左右，其中 800 亿吨在南海区域。① 2013 年，中国在珠江口盆地东部海域，通过钻探首次获得了可燃冰样品。2017 年 5 月，中国地质调查局宣布中国在南海成功试采了可燃冰，因此中国成为全球第一个实现在海域可燃冰试开采中获得连续稳定产气的国家。南海可燃冰的成功试采，一方面能增强中国在南海资源开发中的有利地位，另一方面也有助于推动中国与其他南海声索国有关南海共同开发的实施。

（四）中国岛礁建设的成就

从 2014 年初开始，中国在南沙海域部分实际控制的岛礁开展了较大规模的海域吹填和岛礁建设活动。2016 年 7 月，中国政府征用中国民航飞行校验中心一架塞斯纳 CE-680 型飞机分别对南沙群岛美济礁、渚碧礁新建机场成功实施了校验飞行。中国在南沙群岛华阳、赤瓜、渚碧、永暑、美济新建的五座大型灯塔也陆续投入使用。② 虽然中国在南海进行岛礁建设的目的是为了改善中国驻岛人员的生活条件和为国际社会提供更多的公共产品，但是岛礁建设的成就也为中国与其他南海声索国在南海进行共同开发创造了有利条件。换言之，这些岛礁也可以作为中国与其他南海声索国在南海共同开发活动的重要的后勤保障基地。

二、"仲裁案"后南海共同开发面临的主要挑战

虽然"仲裁案"后南海共同开发面临上述诸多机遇，但是南

---

① 参见程春华：《冰火两重天：可燃冰如何影响世界》，载《世界知识》2017 年第 14 期，第 51 页。

② 参见赵文君：《我国南沙群岛有关进驻岛礁 5 座大型灯塔可提供综合导航助航服务》，载人民网 http://military.people.com.cn/n1/2016/0711/c1011-28542970.html。

海共同开发面临的种种挑战同样不可忽视。

（一）其他南海声索国与中国在南海进行共同开发的政治
意愿不强

通过对迄今已有的近 30 个海上共同开发案例的分析可以发现，
海上共同开发是一项政治意愿非常强的国际合作行动。① 无论是
2008 年《中日东海原则共识》的达成，还是 1981 年《挪威与冰岛
共同开发协议》（Agreement between Iceland and Norway on the
Continental Shelf between Iceland Jan Mayen of 22 October 1981）的签
署，莫不如此。特别是，在 1981 年"挪威与冰岛关于扬马延岛的
共同开发案"中，挪威作出了巨大的让步，主要是出于政治因素
的考量，即希望冰岛继续留在北大西洋公约组织，以作为对抗苏联
的前哨。② 然而，在南海虽然一些声索国在与中国政府共同发表的
外交文件中，也表示要推进在南海的共同开发③，但是一直缺乏实
质性的行动。究其原因，其实就是缺乏共同开发的政治意愿，有关

① 参见杨泽伟主编：《海上共同开发国际法问题研究》，社会科学文献
出版社 2016 年版，第 98 页。

② 参见 Elliot L. Richardson, Jan Mayen In Perspective, American Journal of
International Law, Vol. 82, 1988, p. 443。

③ 例如，2013 年 10 月中国、文莱两国发表了《中华人民共和国和文莱
达鲁萨兰国联合声明》，双方决定进一步深化两国关系，并一致同意支持两国
相关企业开展海上共同开发，勘探和开采海上油气资源。紧接着，中国、越
南两国发表了《新时期深化中越全面战略合作的联合声明》，双方同意积极研
究和商谈共同开发问题，在政府边界谈判代表团框架下成立中越海上共同开
发磋商工作组；本着先易后难、循序渐进的原则，稳步推进湾口外海域划界
谈判并积极推进该海域的共同开发。2014 年 11 月，中国国家主席习近平分别
会见前来参加亚太经合组织第 22 次领导人非正式会议的文莱苏丹哈桑纳尔、
马来西亚总理纳吉布时也指出："中方愿意同文方加强海上合作，推动南海共
同开发尽早取得实质进展"；中、马"双方要推进海上合作和共同开发，促进
地区和平、稳定、繁荣"。2015 年 11 月，《中越联合声明》再次强调："双方
将稳步推进北部湾湾口外海域划界谈判并积极推进该海域的共同开发，同意
加大湾口外海域工作组谈判力度，继续推进海上共同开发磋商工作组工作，
加强低敏感领域合作。"

声索国对中国倡导的共同开发不太"感冒"。

（二）其他南海声索国与中国在南海进行共同开发的经济需要不迫切

双方对油气资源的迫切需要，是推进共同开发的关键。例如，在 1976 年"英国与挪威共同开发案"中，英、挪两国政府之所以能够就共同开发北海弗里格气田很快达成共识，是因为双方都希望尽早开发北海的油气资源，以有效应对因 1973 年第四次中东战争所引发的第一次全球性能源危机。① 这说明"国家急需油气资源等经济因素，会促使政府寻找办法先从开发上受益，而不至于使资源的开发利用由于有时甚至会影响国家关系的划界谈判而拖延"。② 虽然中国早在 1993 年就成为了原油净进口国③、2016 年还成为了全球最大的原油净进口国④，为保障能源安全中国对油气资源一直有很大的需求，但是其他南海声索国通过与日、美、俄、印等国的石油公司合作在南海单方面开发的油气资源，不但能满足本国的经济需要，而且还有大量的油气出口。因此，它们缺乏与中国在南海进行共同开发的经济动因。

（三）其他南海声索国与中国在南海进行共同开发的文化同质性不突出

文化因素对共同开发协议的谈判及其实施，也能发挥重要的作

---

① 参见 Agreement between the Government of the United Kingdom of Great Britain and Northern Ireland and the Government of the Kingdom of Norway relating to the Exploitation of the Frigg Field Reservoir and Transmission of gas therefrom to the United Kingdom of 10 May 1976。

② Yu Hui, Joint Development of Mineral Resources-An Asian Solution, Asian Yearbook of International Law, Vol. 2, 1994, p. 123.

③ 参见杨泽伟：《中国能源安全法律保障研究》，中国政法大学出版社 2009 年版，第 15 页。

④ 2016 年中国原油进口量为 38101 万吨，成为世界第一大原油净进口国，中国原油对外依存度上升至 65.4%。

用。① 例如，在已有的近 30 个海上共同开发案例中，比较成功的海上共同开发案例主要集中在北欧、西亚地区。众所周知，北欧地区主要受基督教文化的影响，而西亚地区是穆斯林文化的核心区。然而，在南海地区虽然东盟国家均受儒家文化熏陶和影响，但是东盟国家与中国在文化同质性方面不太强。相反，东盟成员国却强调彼此间的文化认同，并把社会文化共同体作为东盟共同体的三大支柱之一。② 这也是 1979 年"马来西亚与泰国关于泰国湾的共同开发案"③ 和 1992 年"马来西亚与越南共同开发案"④ 取得成功的重要原因。

（四）域外势力的干扰不容忽视

由于种种原因，一些域外国家对南海问题特别关注，因此南海问题呈现出区域化、国际化的趋势。⑤ 例如，2014 年末，美国国务院还发表了《海洋界限：中国的南海主张》（Limits in the Seas：

---

① 参见 Chidinma Bernadine Okafor, Joint Development: An Alternative Legal Approach to Oil and Gas Exploitation in the Nigeria-Cameroon Maritime Boundary Dispute? International Journal of Marine & Coastal Law, Vol. 2, No. 4, 2006, p. 515。

② 在 2015 年 11 月举行的第二十七届东盟峰会上，东盟领导人宣布将在 2015 年 12 月 31 日建成以政治安全共同体、经济共同体和社会文化共同体三大支柱为基础的东盟共同体，同时通过了愿景文件《东盟 2025：携手前行》，为东盟未来 10 年的发展指明方向。2015 年 12 月 31 日，东盟共同体正式成立，参见 http://asean.org。

③ 参见 Memorandum of Understanding between Malaysia and the Kingdom of Thailand on the Establishment of a Joint Authority for the Exploitation of the Resources in the Sea-Bed in a Defined Area of the Continental Shelf of the Two Countries in the Gulf of Thailand, 21 February 1979。

④ 参见 Memorandum of Understanding between Malaysia and the Socialist Republic of Viet Nam for the Exploration and Exploitation of Petroleum in a Defined Area of the Continental Shelf involving the Two Countries 1992。

⑤ 参见 Zewei Yang, Building the 21st-Century Maritime Silk Road: Its Impact on the Peaceful Use of the South China Sea, China and WTO Review, Vol. 2, No. 1, 2016, pp. 94-95。

China's Maritime Claims in the South China Sea）的报告，毫不含糊地支持菲律宾所谓的"南海仲裁案"。① 日本政府则在近些年来以打击海盗活动、毒品走私、非法移民等跨国犯罪的名义，积极参加在南海地区的军事演习，频繁派遣舰船进出南海。2015 年 2 月，日本防卫大臣中谷元曾明确表示"南海局势对日本影响正在扩大"②。值得注意的是，2014 年莫迪就任印度总理以后，印度政府的"东进政策"转变成"向东行动政策"。在莫迪访问华盛顿期间，印度和美国发表了一项联合声明，指出南中国海是对捍卫海上安全和确保航行自由具有重大意义的地区。此外，就在莫迪访问美国之前，印度总统普拉纳布·慕克吉在河内与越南签署了一份近海石油勘探协议。③总之，美国等区域外势力对南海问题的介入和干扰，不但使南海问题更加复杂，而它在某种程度上干扰和阻碍了中国与其他南海声索国之间有关共同开发活动的推进。

此外，岛屿主权争端、"仲裁案"的裁决结果都会对南海的共同开发产生不利影响。因为海上共同开发的实践表明，成功的共同开发活动都是在没有岛屿主权争端的区域进行的；而在南海，其他一些南海声索国对中国南沙岛礁的非法侵占及其主权主张，必然会影响南海共同开发的推进。而仲裁庭明确指出，中国对"九段线"

---

① 参见 the Office of Ocean and Polar Affairs, Bureau of Oceans and International Environmental and Scientific Affairs in the Department of State, Limits in the Seas：China's Maritime Claims in the South China Sea, December 5, 2014, available at http：//www. state. gov/e/oes/ocns/opa/c16065. htm, last visited on September 15, 2017。

② 环球军事报道：《日本称可能介入南海争端、祭三招对付中国海军》（2015 年 2 月 4 日），http：//mil. sohu. com/20150204/n408488518. shtml。

③ 参见［美］迈克尔·库格尔曼：《从向东"看"到向东"行动"：印度自己的重返亚洲政策》，载日本外交学会网站 2014 年 10 月 10 日，转引自《参考消息》2014 年 10 月 14 日第 10 版。

内海洋区域的资源主张历史性权利没有法律依据。① 这种裁决结果，有可能使一些南海声索国与中国在南海进行共同开发的态度更加消极、意愿更加低迷。

三、中国的选择：中国最有可能与哪国率先进行南海共同开发？

如前所述，中国与东盟及其成员国关系的稳定发展，为中国与其他南海声索国在南海进行共同开发创造了有利条件。虽然中国与越南、马来西亚、文莱三国之间的双边关系良好，双方都表达了"在南海进行共同开发的意愿"；况且，越南、马来西亚和文莱也均有共同开发的实践，但是由于中国与越南、马来西亚、文莱三国之间在南沙群岛存在岛屿主权争端，因此，中国与越南、马来西亚、文莱三国在南海进行共同开发的可能性较小。另外，中国与印度尼西亚之间虽然不存在岛屿主权争端，印度尼西亚也有与其他国家进行海上共同开发的实践，但是印度尼西亚政府办事效率较低，"雅万高铁"一波三折就是明显的例证；再加上"南海仲裁案"的裁决结果不利影响，因此中国与印度尼西亚之间在南海进行共同开发的可能性也比较小。相反，中国最有可能与菲律宾率先在南海进行共同开发活动。

（一）"仲裁案"后中菲关系全面改善

"仲裁案"后菲律宾并未主动提出执行仲裁裁决问题，中菲关系反而出人意料地实现了大逆转、两国关系开启了新篇章。② 2016年10月18日至21日，菲律宾总统杜特尔特访问中国，标志着

---

① 参见 PCA Press Release：The South China Sea Arbitration（the Republic of the Philippines v. The People's Republic of China），available at https：//pca-cpa. org/en/news/pca-press-release-the-south-china-sea-arbitration- the-republic-of-the-philippines-v-the-peoples-republic-of-china。

② 参见俞懿春：《欢迎菲中关系翻开新的一页》，载《人民日报》2016年11月1日。

"中菲关系全面恢复和发展，南海问题重新回到双边对话协商解决的正轨"①。2016 年 10 月 21 日，《中华人民共和国与菲律宾共和国联合声明》正式发布。② 该联合声明重申 "争议问题不是中菲双边关系的全部。双方就以适当方式处理南海争议的重要性交换了意见。双方重申维护及促进和平稳定、在南海的航行和飞越自由的重要性，根据包括《联合国宪章》和 1982 年《联合国海洋法公约》在内公认的国际法原则，不诉诸武力或以武力相威胁，由直接有关的主权国家通过友好磋商和谈判，以和平方式解决领土和管辖权争议"③，"双方同意继续商谈建立信任措施，提升互信和信心，并承诺在南海采取行动方面保持自我克制，以免使争议复杂化、扩大化和影响和平与稳定。鉴此，在作为其他机制的补充、不损及其他机制基础上，建立一个双边磋商机制是有益的，双方可就涉及南海的各自当前及其他关切进行定期磋商。双方同意探讨在其他领域开展合作"④。

（二）礼乐滩——中菲南海共同开发的可能 "区块"

随着中菲关系的明显改善，两国能否在南海、特别是能否在礼乐滩（Reed Bank）附近海域进行共同开发问题，成为了国际社会关注的焦点问题。礼乐滩位于中国南沙群岛的东北，在中国 "九段线" 的范围之内，属中国的固有领土。不过，礼乐滩目前处在菲律宾的实际控制之下。事实上，早在 20 世纪 70 年代，菲律宾政府就开始引进外国石油公司在礼乐滩附近海域进行单边勘探活动。2012 年，中、菲两国的石油公司就礼乐滩附近海域的共同开发问

---

① 中国外交部发言人华春莹主持例行记者会的表态（2016 年 10 月 21 日），载中华人民共和国外交部官网 http://www.fmprc.gov.cn/web/fyrbt_673021/jzhsl_673025/t1407728.shtml。

② 《中华人民共和国与菲律宾共和国联合声明》（2016 年 10 月 21 日），载中华人民共和国外交部官网 http://www.fmprc.gov.cn/web/ziliao_674904/1179_674909/t1407676.shtml。

③ 《中华人民共和国与菲律宾共和国联合声明》第 40 条。

④ 《中华人民共和国与菲律宾共和国联合声明》第 42 条。

题进行谈判。当时担任菲律宾菲莱克斯石油公司（Philex Petroleum）董事长兼首席执行官邦义礼南（Manuel Pangilinan）明确提出，计划利用外国石油公司的技术和资金，联合开发礼乐滩的油气资源。① 2013 年 10 月，菲英合资的弗洛姆公司（Forum Energy）与中国海洋石油总公司就在礼乐滩共同勘探油气资源问题进行谈判。② 然而，2014 年菲律宾能源部又宣布启动第五轮能源合同招标，在推出的 11 个油气勘探区块中，第 7 区块位于礼乐滩。因为礼乐滩是中菲两国领土争议的焦点，所以中菲两国有关在礼乐滩附近海域进行共同开发的谈判，迄今没有取得实质性的进展。③

其实，中菲两国有在南海进行共同开发的尝试。例如，早在 2005 年 4 月中国、菲律宾和越南的三国石油公司签署了《在南中国海协议区三方联合海洋地震工作协议》（A Tripartite Agreement on the Joint Seismic Undertaking in the Agreed Area in the South China），该协议区的面积约为 143000 平方公里，④ 被认为朝着"共同开发"迈出的历史性、实质性一步，也是三方共同落实《南海各方行为宣言》的重要举措。⑤

值得注意的是，2017 年 5 月菲律宾特使何塞·德贝西内亚在参加中国主办的"一带一路"国际合作高峰论坛时，强调联合勘探开发南沙群岛的石油等资源可能带来的经济利益，并提议中菲共

---

① 参见《邦义礼南要带进中国公司，前去礼乐滩共同勘探石油》，载菲律宾《世界日报》2012 年 6 月 25 日，第 2 版。

② 参见《能源部长贝蒂诺呼吁邦义礼南尽快与中国石油公司达成协议》，载菲律宾《世界日报》2014 年 1 月 10 日，第 2 版。

③ 参见李金明：《中菲礼乐滩油气资源"共同开发"的前景分析》，载《太平洋学报》2015 年第 5 期，第 84 页。

④ 参见 China, Philippines and Vietnam Sign Agreement To Explore Oil in the South China Sea, Lianhe Zaobao, 15 March 2005, available at http://www.zaobao.com/gj/yx501_150305.html。

⑤ 参见 Liu Zhenmin, The Basic Position of China on the Settlement of Maritime Disputes, China Ocean Law Review, Vol. 2, 2005, p. 22。

同开发南沙群岛。① 2017 年 5 月，菲律宾总统杜特尔特也表示，菲律宾愿意同中国和越南共同勘探南海的自然资源。2017 年 8 月，菲律宾总统杜特尔特批准菲律宾在南海与中国进行联合勘探，有关南海联合勘探项目涉及石油、天然气、海洋生物以及其他自然资源。此外，菲律宾 ABS-CBN 新闻网 2017 年 9 月 28 日报道称，"菲律宾将和中国在争议海域附近联合开采油气"。菲律宾能源部长阿方索·库西也透露说，菲方正寻求与中国和加拿大公司共同推进靠近南海争议水域的一个延宕日久的油气项目。另据《菲律宾星报》2017 年 9 月 28 日报道，菲律宾同中国联合勘探巴拉望油气资源的菲方合同文本已提交给总统杜特尔特审核；合同勘探区域位于巴拉望西北部的卡拉棉群岛，勘探主体为菲律宾、中国和马来西亚公司组成的合资企业。② 综上可见，礼乐滩附近海域最有可能成为中菲两国在南海进行共同开发的"区块"。

四、几点思考

（一）海上共同开发涉及国家重大利益，不可能一蹴而就

在海上共同开发过程中，无论是"区块"的选择，还是共同开发协议的达成及其实施，都事关国家利益，往往举步维艰，需要较长的时间。例如，在"马来西亚与泰国共同开发案"中，马、泰两国从共同开发协议的签署到共同开发活动的最终开展就历经了15 年的时间；而在"澳大利亚与印尼共同开发案"中，两国从开始谈判到协议的达成花了 20 多年的时间。因此，中国与包括菲律宾在内的其他南海声索国在南海共同开发，也要有足够的耐心和反

① 参见《德贝内西亚提议联合勘探开发斯普拉特利群岛》，载《菲律宾每日询问者报》网站 2017 年 5 月 5 日报道，转引自《参考消息》2017 年 5 月 16 日第 16 版。
② 参见《菲律宾推动菲中南海联合开采、合同文本已提交杜特尔特审核》，载"环球网"（2017 年 9 月 29 日），http://world.huanqiu.com/exclusive/2017-09/11295284.htm。

复磋商的心里准备。

（二）利用 21 世纪海上丝绸之路建设、促进南海共同开发

2013 年，中国国家主席习近平先后提出共建"丝绸之路经济带"和"21 世纪海上丝绸之路"的重大倡议。2015 年，中国政府发布《推动共建丝绸之路经济带和 21 世纪海上丝绸之路的愿景与行动》，提出以政策沟通、设施联通、贸易畅通、资金融通、民心相通为主要内容，坚持共商、共建、共享原则，积极推动"一带一路"建设，得到国际社会的广泛关注和积极回应，迄今已有"100 多个国家和国际组织参与其中，一大批合作项目陆续启动"①。而促进、加强与东盟国家包括南海共同开发在内的"海洋资源开发利用合作"，也是 21 世纪海上丝绸之路建设的合作重点之一。②

（三）注重示范作用、争取迈出实质性共同开发的第一步

自从 20 世纪 70 年代末中国政府提出共同开发倡议以来，40 多年过去了迄今没有一例中国与周边国家进行共同开发的成功案例。③ 其中的原因，固然是多方面的。在中菲关系改善的背景下，两国如能在礼乐滩海域迈出共同开发的第一步，就有可能推动中国与其他南海声索国在南海进行共同开发活动。因此，有必要发挥中菲共同开发礼乐滩海域的示范作用，在共同开发的利益分成方面适

---

① 习近平：《开辟合作新起点　谋求发展新动力——在"一带一路"国际合作高峰论坛圆桌峰会上的开幕辞》（2017 年 5 月 15 日），载国家海洋局官网 http：//www.soa.gov.cn/xw/ztbd/ztbd_2017/gjhyj21sczl/xwzx/201705/t20170516_56079.html。

② 参见国家发展改革委、国家海洋局联合发布：《"一带一路"建设海上合作设想》（2017 年 6 月 20 日），载国家海洋局官网 http：//www.soa.gov.cn/xw/ztbd/ztbd_2017/gjhyj21sczl/。

③ 参见杨泽伟主编：《海上共同开发国际法问题研究》，社会科学文献出版社 2016 年版，第 98~102 页。

当做些让步。①

(四) 借鉴并采用灵活的共同开发模式

　　根据已有的近 30 个海上共同开发案例的分析，可以发现海上共同开发并没有固定的模式。② 概言之，海上共同开发主要有代理制模式、联合经营模式和管理机构主导模式三种模式。鉴于此，中国在与其他南海声索国进行共同开发活动中，既要借鉴已有的海上共同开发活动的成功经验，又不要拘泥、局限于现有的海上共同开发模式；而是要基于海上共同开发的具体情况，可以适当创新共同开发模式。例如，在 2002 年"澳大利亚与东帝汶共同开发案"中，东帝汶获得了联合石油开发区内石油收益的 90%，而澳大利亚只占 10%；虽然澳大利亚在石油收益比例分配方面做了较大让步，但是澳方负责下游业务的利润也颇为丰厚。③ 因此，诸如此类的海上共同开发实践，可以为中国与其他南海声索国之间的共同开发活动提供借鉴。

---

　　① 例如，在 1992 年"马来西亚与越南共同开发案"中，越、马两国共同开发"01 和 02 区块'红宝石'气田"，马方占收益的 85%，而越方只占收益的 15%。又如，在 2001 年"尼日利亚与圣多美及普林西比共同开发案"中，尼方获得了共同开发区收益的 60%，而圣方只分享共同开发区收益的 40%。参见 Article 3 of the Treaty between the Federal Republic of Nigeria and the Democratic Republic of Sao Tome and Principe on the Joint Development of Petroleum and other Resources, in respect of Areas of the Exclusive Economic Zone of the Two States 21 February 2001。

　　② 参见邓妮雅:《海上共同开发管理模式法律问题研究》，武汉大学博士学位论文 2016 年，第 20 页。

　　③ 参见 David M. Ong, The New Timor Sea Arrangement 2001: Is Joint Development of Common Offshore Oil and Gas Deposits Mandated under International Law? International Journal of Marine & Coastal Law, Vol. 17, No. 1, 2002, p. 80。

后　记

　　本书是 2017 年度教育部人文社会科学重点研究基地重大项目"维护中国国家权益的国际法问题研究"、国家海洋局海洋发展战略研究所"极地周边国家共同开发研究"项目的阶段性研究成果之一。

　　本书由杨泽伟主编，具体分工如下（以撰写的章节先后为序）：

　　杨泽伟（武汉大学"珞珈杰出学者"、二级教授、法学博士、武汉大学国际法研究所和中国边界与海洋研究院博士生导师、2011"国家领土主权与海洋权益协同创新中心海洋权益的保障与拓展研究创新团队"负责人，教育部哲学社会科学研究重大课题攻关项目"海上共同开发国际案例与实践研究"首席专家）：负责本课题的设计、论证以及本书的策划、统稿工作，并具体撰写后记、第一、二、五、十三章；

　　董世杰（法学博士、武汉大学中国边界与海洋研究院讲师、2011"国家领土主权与海洋权益协同创新中心"研究人员）：第三、七、八、九章；

　　邓妮雅（法学博士、大连海事大学法学院讲师）：第四章；

　　何海榕（法学博士、海南大学法学院副教授）：第六、十二章；

　　陈思静（武汉大学国际法研究所博士研究生）：第十章；

　　王阳（武汉大学中国边界与海洋研究院博士研究生、2011"国家领土主权与海洋权益协同创新中心研究人员）：第十一章。

　　海上共同开发国际法的理论与实践问题非常复杂，加上我们研究这一问题的时间并不长、以及水平有限，因此本书可能会存在不少错漏，敬请读者批评指正。

杨泽伟

2017 年 12 月 27 日